《新經學》編委會

新經學

第二輯

鄧秉元　主編

上海人民出版社

目 録

學術信札

古典新詮

經學歷史

圓桌會談

序跋、資訊

致劉述先家書[1]

劉靜窗

一

述先：

三月廿日來書云："總總而生林林而群者，果何自來哉？"試引《金剛經》句云："如是，如是。如是二字，概括身心乃至宇宙一切，即世離世，不增不減，前後際斷，純亦不已也，細體味之。如來者，無所從來，迎之不見其首。亦無所去，隨之不見其後。故名如來。"一義：迥絶無寄，非言所及，非解所到，唯一真實故。二義：一即一切，一切即一；一中一切，一切中一；一攝一切，一切攝一；一入一切，一切入一；一切攝一切，一切入一切。交參自在，重重無盡故。

次就色宇宙間生物、無生物乃至一切有形、有色、無形、無色之類皆屬之。空即色之空，非滅色而後空，故空不離色，亦不異色，不與有對，一味鎔融，無障無礙，亦名真空，以别於世計之斷空、頑空。二義，略爲剖析，吾人所見世間事物，自家身心，應平放一切事物中等看，則私意易泯，理易會矣。人一切生物。則生老病死，物一切無生物乃至星雲地球，同理。則成住壞空，宇宙通體，刹那刹那，不可想象之極短時間。變易無窮，流行不息。流行故生生不已，五常首仁，四時首春，可思知其故也。流行

[1] 選録自《劉靜窗文存》，上海：上海古籍出版社，2017年。謹向該書主編劉念劬先生致謝。

則不住,住則腐矣死矣。不住故無常,舊科學家計物質最後因素爲原子,原子不可再析再變,即爲常爲我。近説已知非是。且現代物理學家窮物之理,畢竟無物可得;心理學家究心之極,畢竟無心可尋。並可與此意參證。無常故無我,無我故空,明紫柏大師云:"心不自生,生必由塵;塵不自顯,顯必由心。心塵無性,則無生現前;無性心塵,則緣生不廢。"經云:"因緣所生法,我説即是空。"此空迥照,不與諸法事事物物。爲伍,亦不離色而在,宇宙體用流行,原是一片生機,活潑潑地,所謂鳶飛魚躍,海闊天空者也。世人不察,執無常爲常,私身心爲已,癡情莫解,貪嗔紛馳,禍亂相尋,苦難愈增,無常者仍無常,不住者猶不住,望空揮拳,抑何益矣! 此釋尊所以憫衆生、悲顛倒也。思之!《華嚴法界觀門》所謂"觀色無不見空,觀空莫非見色,無障無礙,爲一味法"。深通斯旨,其細味焉。《法界觀門》一書,唐杜順和尚造,文簡義精,可稱千古絶唱,自後賢首大師著《華嚴經探玄記》,清涼大師著《華嚴疏鈔》,益暢其旨。余於觀門,時詠於心,近病中作《觀海鉤玄》一文,思啓初機,緩或可能寄閲。

復次,儒家言易,通有二義,曰變易,曰不易。變易者,明其流行,剛健不息。既流行矣,則必有其所以流行者在,故不易之義所當知也。而"不易"非别有在也,即"變易"之中而灼見焉。程《傳》所謂"至微者理,至著者象,體用一源,顯微無間"者也。《中庸》謂:"《詩》曰'德輶如毛,毛猶有倫','上天之載,無聲無臭',至矣!"王陽明句云:"無聲無臭獨知時,此是乾坤萬有基。"並可於此細味。體超言思,難爲形象,古人所謂"説似一物即不中"。反復涵詠,唯自證知耳!

復次,體用雖明,不成兩橛,而其非一之旨,亦宜辨明,否則依人葫蘆,終嫌儱侗,知其不二仁而後知其不一義,非一非二,究極無言,此中真意,詳説爲難,會得於中,自明機用耳。朱熹語云:"此個道理問也問不盡,説也説不盡,頭緒盡多,須是自去看,看來看去,自然一日深似一日,一日分曉似一日,一日簡易似一日,祇是要熟。"

來書又云:"邇來思考問題,輒夜不能眠。"果能如此用功,何愁此理不能貫徹。讀書知疑,亦是進境,古人爲學,所謂大疑十八,小疑不計其數,觀理如剥筍,層剥層新,不至水落石出不止也。然亦有道焉。孔子謂:“以思無益,不如學也。”又曰:“學而不思則罔,思而不學則殆。”操心過急,欲速不達,幾不貽孟子揠苗助長之譏矣。古德有言:“恰恰用心時,恰恰無心用,無心恰恰用,常用恰恰無。”此所謂善能自用其心者矣。味之,且取効焉。

釋尊拈“菩提心”,孔子拈“仁”字示人。一以自覺覺他,悲智雙運爲事,一切衆生皆有佛性。一以己立立人,仁民愛物爲功,人皆可擴其本有善端,齊於堯舜。互可參通。儒家言忠恕,蓋個體、群體、主觀、客觀,雙融互洽之道也。忠者,覺自立己。恕者,推至於人。敬愛其所在己者,必推此敬、此愛,以至於人。老吾老,及人之老;幼吾幼,及人之幼,則尊其所見所學,亦不敢妄輕人之所見所學矣。萬物並育而不相害,道並行而不相悖,此之謂民主。其爲人也,常有虛明之懷,常存悲憫之願,風度恢宏,斯可以觀世俗趨馳,而取人爲善,與人爲善。流風漸至,孝友仁愛之忱,大行於人群相互之間,如理之和,如樂之協,人皆自主,自其自在宇宙座標中望他。復爲人伴,他在其宇宙座標中望己,則他爲主,我爲伴。主伴互涉,圓融一味,此意得之於《華嚴經》,向後有緣,務望一讀。庶幾融泄天下,共進群龍無首大同之治。古句云:“小鳥枝頭皆朋友,落花水面亦文章。”此略得其意,或猶未深達其趣也,思之!

雖然,苟千劫錮習猶存,貪嗔癡毒未消,以望郅治,猶緣木而求魚也。大本既明,治習之方,不可不辨,東聖西哲,千經萬論,乃至種種設施,種種制度,無非此中機用,或鍼砭一時,或燭義千古,見道有深淺,立論有權實,此須兼善讀史,方能得其脈絡,審其背景,察其影響。默識深通,存乎其人者矣。蓋嘗論之,天下之事,成於大公,壞於一私,是故公其理,則諸家之學可以會通,參會則可互辨而明,否則各持一端,終無以見是也。公其財,則貪黷侵凌,紛紛息止。公其勢,斯無人得執意縱横以爲禍於天下也已。此本一言而喻,然而理欲之爭膠於中,擾攘之勢交於外,教化不行,則末之何者,終亦末之何也已矣。千古賢者所慨在斯,而齗齗孳孳者亦在斯也。思之!中華民族文化遞衍數千載,前人之美,歷史可觀,晚近二三百年,西學燦盛之中,我適沉淪異族,活力抑挫,無以抗衡宇内,百餘歲殷憂重重,思之至痛！苟乾坤不毁,斯文必能繼起,融貫東西,鍼救時弊,爲生民前途開一片曙光,共進郅治,則爲之國人者,必有知所自勉矣。

病餘瘠弱未復,力起作書,聊答所問,其或敘旨未明,幸三復焉可耳!

自在居士

四、四、辛卯(一九五一年)

二

述覽:

來書雖言立志讀書,而誇辭滿紙,無少淡泊淵沉之趣。平日用功,不見得力。蒼茫望天,爲一悄然。爲學非易事也。刊落聲華,十年埋首,妄想都息,真體覿呈。此理精深難言,龍樹門中四論一經宗旨,詳玩可得。近人侈談活潑而厭空寂,妄論也。佛家三法印:一、諸行無常;二、諸法無我;三、涅槃寂静。無常無我,一以空寂爲歸。空寂之意,極深極微。杜順大師《法界觀》中,泯絶無寄一門,綽約稱旨。向下乃有理事無礙、周遍含容之事。如理大用,塵塵灼現。空寂二字,是初學義,亦究竟義,貫徹終始,無盡重重,不可不知。言體用一如者,不錯。體不可見,依用而顯。故言從日用流行中灼然見體者,亦不錯。但須確知用依體立,體爲用源。若不能遠塵摒慮,掃蕩一切名相言思,反躬徹證一回,直如霧裏看花,依稀仿佛中,終無親切真趣也。勉之勉之。西哲爲學,名言分析,乃後得智事。本絶言思之地,而求以言思入,不亦邈乎。若真反躬達本,向後言思達意,左取右宜,卻無不可。否則莊生所謂以有涯之生求無涯之知,殆而已矣。爾言於文哲諸科,欲遍嘗而後快。卻須先識此意。不然,入海算沙,自困而已。夫爲學不博,無以參證衆理,博而無所約歸,記誦汗漫,宋儒所謂玩物喪志之事耳。俗學而已,抑奚取焉?思之思之。至云"瞬息千慮",此生滅法耳,須自誡免。不然,身心兩不得益,且致病焉。薛文清言:"萬起萬滅之私,亂吾心久矣。今當一切掃除,以全吾湛然之性。”試深味之。觀爾爲學，終是情俗摒擋不下，故難望穎悟。陳白沙“靜中養出端倪來”，可以鍼砭爾病。且息心靜坐看妙體，不能親證一番，虚言一如，言活潑，罔人自罔而已。世智辯聰，雖有可觀，於己躬本分，毫不相干。須斂藏精神，自證爲得。涵養省察之功繼之，終生不懈，庶幾入德有門。不然，才捧書本，識得幾個墨字，便思出格爲人。虚誕無根，譬如春花秋謝，無以語松柏也。可慨也夫。翁注《困學紀聞》卷首“管窗箴郉原”及“貞者元之本”兩條，可詳玩。

復次，爾言將來有志從事於教育以及著述之事。學成之後，本願真摯不虚，當可因緣成就。但修己爲人，須有一種平懷，春風明月，生趣欣然，自然無入而不自得。尊賢容衆，沖懷若虚。見與我合，其賢也，吾尊之。見與我反，其賢也，吾亦尊之。至理微芒，反成(謂相反相成)益彰。若以主奴之見，遽爲短長，無以見學者風度矣。至於芸芸之衆，本以利爲歸趨，悲憫而已，不足責也。責之者，内損容量，外成是非。隘矣。從容中道，自得之效也。恃才傲物之士，無以容他，卒至無以自容，將何以見其成己成物之志也夫。滔滔塵海，睚眥相尋，極其所止，古今成悲劇，十方作屠場。蒼茫問天，涕泣奚從。此一念之仁，不可以不存。天地之化，不可以不充也。爲爾勉之。至於著述，古人所不得已之事。尼甫傷麟，乃訂《詩》、《書》。孟軻游止，始成七篇。釋迦説法四十九年，乃曰：“若謂我有所説法者，是爲謗我。”東西聖哲，其心遥契，可想見矣。數十年研理燭微，至於學有專長，見有獨到，思以存焉，以俟正焉，始可勉而爲之。而作辭立論，尤必斟酌入微，純乎學術之至公，出乎此心之至正，庶寡尤悔。不然，俯仰流俗，與伐異同，主奴之見結於中，是非之爭馳於外，圭角未出，其身殆矣，復何以爲貫通東西、爲學成德者乎。《詩》云“既明且哲，以保其身”者，斯之謂也。思之，勉之。少年茁長之時，身體亦宜著意鍛煉，免我勞思。家人清平勿念。余病久衰頽，今後一年，決遠塵絶慮，自爲調攝。向後望勿來書擾我。道理言説不盡，但自珍重耳。

老人啓

癸巳重陽(一九五三年十月十六日)

三

述覽:

每逢佳節,倍思遠人,遊學異鄉,身心調悦否耶? 神情豁朗否耶? 立志從學,善用其心否耶? 能不自拘於生活小圈圈中擾攘是非否耶? 父母唯其疾之憂,爾與冠,善念之。

宇宙身心,體源唯一,而從入之途,厥有二端:一以德性,二以智力。從人心深處確然不可泯處,悟出良知端倪,擴充至盡,天地同根,人我一如,而造化之奥,可以身證德性之至也。剖物析理,精入微芒,開工成事,與世文明,智力之妙也。徹法究竟,此二互融,二而不二。爲學之初,徑途須分,不二而二。從佛法言,一爲真諦,徹身心造化之源;一爲俗諦,彰造化萬殊之功。雖真俗融通,體用無礙,而初學用功,須是深體辨明本末次第,不然,儱統與割裂而已矣。二者致病之道不同,其爲病則一也。

中學長於尊德性,其道問學者,亦所以尊德性也。大段在體上用功,其有得於是者,廓然一天地,泯人我,以造體源之奥,談笑之頃,脱然生死,來去自如,此反躬自證爲學之效也。清明在躬,志氣如神。儒家古今有得於此者,學案之中,斑斑可考。禪宗門下,尤不可以數計,萬不可忽。而不善用無分别智者,則入於顢頇儱統,頹廢無成,斯東學末流之病也。西學長於道問學,其尊德性亦不出道問學也,大段在用上著力,詳析物理,彰明事功,是其效也。而世諦之事,必學而後知,慮而後能,用智分别,能、所不能泯,人、我不能一,縱科技之巧,可奪天工,於自家性命源頭,終是了無交涉。鑿智愈深,人我相見愈熾。近世工業之興,科學之效也。國家之形式與威力,亦與之俱增。爭競無寧,禍亂隨之。一任用智分别,不知體源,末流之病,亦可想見。夫造體源者,非由無分别智門入不可,不善會無分别意,則其勢必流而爲顢頇朦味者矣。通物情者，非由分别智門入不可，用智之鑿，則其勢亦必流於割裂紛亂者矣。夫體用一如，融鎔無間，得於中道者，鳶飛魚躍，何往不宜。失於中道者，體用兩橛，偏廢難成。然中學實能濟西方之窮，西學亦足補東方之偏。苟有大公之懷，豈無郅治之效。執見横於中，利欲膠於外，盡天下聰明才智，爭競無厭，而腥紅遍地，十方屠場，搔首望天，吾無言矣。

儒家肯定人世，但於人心深處，指出德性之真，反躬自證，體驗擴充，以入於鳶飛魚躍的自在境界，從而調融人與人間相互之關係，至於如詩之優美，如樂之和諧，以進世大同，此是道德的，是可以思議的。佛家卻須超越此一層次，必須先從自家身心世界，徹究一回，親證真如，此中境趣，别是一般，迥非世俗人心所可擬議，是超越於世間道德的，是不可思議的。此與西哲所謂不可知者大别，勿附會。强從用上描摹，如華嚴所説"重重無盡境界"。細讀賢首、清涼、李通玄、圭峰諸家論著，可知。然須一一融歸自家身心，方有實益，不然説食數寶而已。西方科、哲兩門實相互交涉，而爲益智有用之學耳。析理剖微，與世文明，功無可議，若證體源，終與中學别是一路，本末須辨，不容混同也。

處世與人之道，宜從忠恕二字善爲體味。盡己之謂忠，推己之謂恕。於己德行有未盡處，未足忠也；以盡己之事苛求於人，而仁愛之意有所壅塞不行，未盡恕也。以此自省，病痛盡多，寡過未能，更何暇議人之疵，責人之未善耶？思之。學有自得者，必是清明在躬，志氣如神，藹然一片春風霽月氣象。此中裝點不得，瞞昧不得。如有未達，且自靜坐涵養出些端倪來。暑假中有暇讀《華嚴疏鈔》或《宗鏡録》否？《大般若經》尤宜一讀，如畏卷數太多，不妨先讀什譯《大品》及《小品》二經。

斯世於純理論之學無所取長，科技之事亦不宜偏廢。有一技之專，庶可以容世資生。生活有託，則研理治學，純爲自己興趣之事，亦可以並存矣。思之思之。世道難論,宜無爭忤,徒亂精神,無益也。刊落聲華,從學術上埋頭努力數載,庶不負本願耳。遠遊深造,擴自胸目,甚好。惟無可爲爾助緣耳。祖傳伯舊誼所託,能藉力否?覞伯如何?心長無及,惆悵而已!家中公公以次,皆平善。蘊近學裁剪縫紉。雖經濟艱辛,而慈愛融泄之情不減,可慰矣。並告冠釋念。

自在老人字

端午節日(一九五四年六月五日)

思無邪

——《詩經》二十一首選析

邵逝夫*

【解題】

《易・繫辭》有云:“一陰一陽之謂道。”《易・序卦》則云:“有天地然後有萬物,有萬物然後有男女,有男女然後有夫婦,有夫婦然後有父子,有父子然後有君臣,有君臣然後有上下,有上下然後禮義有所錯。”

予讀之而有識:“天下之事,莫非陰陽之事;陰陽之事,則莫非男女之事;男女之事,則又莫非情愛之事。故欲天下安定,自當先定男女之情。故《詩》三百以《關雎》爲首,《中庸》以情中節與否立言,《樂》則以情動於中而形於聲爲之本。”

亦識得:“人倫之本,在乎夫婦;夫婦之本,在乎男女之情;男女之情,則在乎交相感應,若無交感,則無情可言。故《關雎》以‘琴瑟友之,鐘鼓樂之’爲感,而《詩》三百多抒男女相懷思念之意。”

亦識得:“吾夫子言‘《詩》三百,一言以蔽之,曰:“思無邪。”’誠乃《詩》教之本旨,千古不廢之言耳。我人但能識得《詩》教‘思無邪’之旨,實能以《詩》教化於人,則民風自歸於‘温柔敦厚’耳。”

---

* 邵逝夫,自由學者。

亦識得:"男女之情,在乎中節而已矣。人乃有情物,有情而不發,不當也;發而不中節,亦不當也;故吾夫子以《詩》爲教。究其實,在乎一耳:但以教人'思無邪','思無邪'則情焉有不中節者歟?"

返顧當世,男女之情泛濫,幾近於無恥,情愛至於無恥,尚有他者可恥歟?迺民風日下,道德淪喪。故予以爲《詩》教"思無邪"之旨,乃今時之所切需者也。故於《〈周南〉旨歸》、《〈蓼莪〉淺析》、《"宵雅肄三"淺述》後,復選抒寫男女無邪之情者二十一首,以發吾夫子"思無邪"之教旨。

予之解詩,可謂沉醉其中,故順情而發,言辭之間,批評、駁斥之意甚重,然於予心而言,尚覺不足耳!實因解詩不慎,則讀之者情不得正,又焉能不辯之乎?故罪我惡我,但隨其便而已!然予亦自信智者當不廢我言矣!

野有蔓草

野有蔓草,零露漙兮。有美一人,清揚婉兮。邂逅相遇,適我願兮。(首章)

野有蔓草,零露瀼瀼。有美一人,婉如清揚。邂逅相遇,與子偕臧。(二章)

《野有蔓草》一詩,乃詩人期待邂逅之詩。"有美一人,清揚婉兮"、"有美一人,婉如清揚"者,詩人之所願偶遇者也。如此者,則自可"適"詩人之"願"。然單是"適我願"則不足,尚須對方與我共願。故終以"與子偕臧"爲期。因若對方弗能與我共願,則衹能淪爲單相思罷了。總之,詩人所願者,乃邂逅而一見鍾情者也。

此詩之旨本極明確,惜乎被古人一解,則枝節橫生,且索然而無味。

若毛《傳》云:"《野有蔓草》,思遇時也,君之澤不下流,民窮於兵革,男女失時,思不期而會焉。""思不期而會"五字自是詩旨,然何必"男女失時”而後“思”之?

少年多情本是常態,又何必牽扯上“君之澤”? 誠牽强附會者也。於予視之,詩人所述衹是一股邂逅之願。若近人戴望舒之《雨巷》:“我希望逢著一個丁香一樣的結著愁怨的姑娘。”所表述者僅是一份期盼而已。

又若清人方玉潤先生云:“此詩必爲朋友期會之詩無疑。士固有一見傾心,終身莫解,片言相投,生死不渝者,此類是也。又何必男女相逢始適願哉?”(《詩經原始》)

又若王先謙先生在泛引諸説而後云:“魯、韓詩説皆以爲思遇賢人,齊詩蓋同。自漢世爲毛詩者以爲男女之詞,而詩之真失。猶幸《左傳》、《説苑》、《韓詩外傳》存大義於幾希,尚可推求而得之矣。”(《詩三家義集疏》)

方、王二先生誠善辯者也。惜乎但依舊文而不顧詩之本義。故程俊英、蔣見元二先生駁斥之説:“方玉潤説這是朋友相期會的詩。王先謙説是思遇賢人的詩,但詩中‘有美一人,清揚婉兮’的描寫顯然是針對一位美麗的女子。方、王之説均不合詩意。”(《詩經注析》)

而道德君子者,則析本詩爲淫詩,更是令人難以釋懷。若朱子云:“與子偕臧,言各得其所欲也。”(《詩集傳》)若誠如此,世間之人當惟欲而無情乎?

今人解此詩亦多臆測之語。若余冠英先生言之爲:“大清早上,草露未乾,田野間一對情人相遇,歡喜之情,發於歌唱。”(《詩經選》)實如此則詩意盡無。若程俊英、蔣見元二先生説:“這是一首戀歌……‘野有蔓草,零露漙兮’兩句是兼賦的興句,它勾勒出一派春草青青、露水晶瑩的良辰美景。緊接著‘有美一人,清揚婉兮’兩句,則使我們彷彿看見一位漂亮的姑娘正在秋波一轉地微笑。四句詩儼然一幅春日麗人圖,真可以説是詩中有畫。”(《詩經注析》)如此則期盼成了現實了。馬乘風、姚奠中諸先生亦犯了類似之錯誤。“這是男女邂逅相遇,而愛好而結合之詩。”(馬乘風《詩經今注今譯》)“這是一首調笑的情歌。”姚奠中(《詩

經選譯》)

由此可見,言詩難矣!

"野",《爾雅·釋地》:"邑外謂之郊,郊外謂之牧,牧外謂之野。"今人言"野"則謂之爲"郊外"。"蔓",本義爲草之一種,葛類植物,此則爲"曼"之假借(見馬瑞辰《毛詩傳箋通釋》),義爲蔓延。"零",落下。"漙",毛《傳》:"漙漙然,盛多也。"有人説首二句"是詩人敘述他們相會的時間和地點,用以起興"(程俊英、蔣見元《詩經注析》)。朱夫子亦云:"男女相遇於田野草露之間,故賦其所在以起興。"(《詩集傳》)素不識,詩人晨起,漫步於原野之間,見野草曼曼,露水盛多,故而生發期盼邂逅之心,情不禁而起興。

所期遇者誰?詩云"有美一人",一個美麗的女子,此人之常情也。"清揚婉兮"四字,乃是對女子之美之描述。"清揚"者,眉清而目秀。"婉",嫵媚之態。"清揚婉兮",昔者所析,皆以爲所言止於眉目,卻不識"清揚"二字述眉目,"婉"一字則述體態。此據下章"婉如清揚"可知,"如",同而。"婉如清揚"即既"婉"而又"清揚"。故知"清揚婉兮"當作"清揚而婉兮"解。可見詩人所期邂逅之美人,乃是一個眉清目秀而體態嫵媚之女子。

"邂逅",此二字本無異議。"不期而會,適其時願。"(《毛傳》)然少許人若著名漢學家高本漢卻節外生枝,解之爲"輕鬆而快樂"(《詩經注釋》)。他的所據則是毛《傳》:"邂逅,不期而會,適其時願。"他將"邂逅不期而會"六字連讀,且指出如果不期而會是注釋"邂逅"的,那一定會寫成"邂逅,不期而會也",或"邂逅,不期而遇貌"。這是典型的臆斷與拘泥。"邂逅"者,即不期而會也,即偶遇也,然此偶遇則不同於其他偶遇,乃是心中有所期盼之偶遇。故毛《傳》强調"適其時願",若無"願"則不足以謂之爲"邂逅"也。與"清揚婉兮"之美人"邂逅相遇"乃詩人内心之願望也,故云"適我願兮"。"適","符合、適當。有'如願以償'之意。"

(程、蔣《詩經注析》)

首章言詩人清晨漫步於野草蔓延、露水豐沛的郊外，頓生邂逅之願，詩人所願者，乃"清揚婉兮"之美人也。亦惟如此者，方可"適我願兮"。

二章之意大體與首章相似，且兩章文辭差别亦不大，惟"漙兮"换爲"瀼瀼"，"清揚婉兮"變爲"婉如清揚"，"適我願兮"變爲"與子偕臧"。

"瀼瀼"者，亦盛多之意，同於"漙兮"。而"婉如清揚"即"婉而清揚"，意爲體態嫵媚而眉清目秀，乃是"清揚婉兮"之變語，意義卻並無變化。故知二章與首章惟末句之意有所不同。"與子偕臧"，"子"指"清揚婉兮"之美人。"偕"，皆。"臧"，善。(有解臧爲藏者，誤也!)"偕臧"，即兩者相善相好。"與子偕臧"揭示了詩人之願望：能與邂逅之人兩廂情願，相善相合。與首章衹是求"適我願"已大不相同。情，尤其是愛情，必然是雙方的，一方之情衹能是單相思罷了。

《野有蔓草》乃詩人對邂逅之期盼與嚮往。而"適我願兮"、"與子偕臧"雖有滿足願望之想，卻絕無絲毫邪惡之念，此等幻想非無邪者，何歟?

澤陂

彼澤之陂，有蒲與荷。有美一人，傷如之何? 寤寐無爲，涕泗滂沱。(首章)

彼澤之陂，有蒲與蕑。有美一人，碩大且卷。寤寐無爲，中心悁悁。(二章)

彼陂之陂，有蒲菡萏。有美一人，碩大且儼。寤寐無爲，輾轉伏枕。(三章)

《澤陂》一詩,詩旨本極清明,乃詩人邂逅一中意之女子,卻又不知如何求之,而生發出幽深之相思。惜乎此詩經前人一解,頓失本旨,且愈説愈雜,愈説愈亂,終亦無以明其本旨。悲夫！説詩豈可不慎乎?

《詩小序》:"《澤陂》,刺時也。言靈公君臣淫於其國,男女相説,憂思感傷矣。"孔穎達《疏》:"作《澤陂》詩者,刺時也。由靈公與孔寧、儀行父等君臣並淫於其國之内,共通夏姬,國人效之,男女遞相悦愛,爲此淫泆。毛(毛亨,《詩小序》之作者)以爲,男女相悦,爲此無禮,故君子惡之,憂思感傷焉。憂思時世之淫亂,感傷女人之無禮也。"(《毛詩注疏》)據此則《澤陂》爲淫詩矣。

方玉潤先生力駁此論,然其在駁後卻又指出《澤陂》乃"賢人君子思治不得,假此以自鳴者",誠一波未平,一波又起也。"曰'碩大且卷',曰'碩大且儼',豈淫女貌乎?曰'傷如之何',曰'涕泗滂沱',縱極相思,亦何至是?故姚氏以爲傷逝作;或又謂傷泄冶之見殺,均與興意不合。蓋起極幽豔,繼乃傷感,故知爲思存作,非悼亡之篇也。大抵臣不得於其君,子不得於其父,皆可藉此以抒懷。詩人所言,或實有所指,或虚以寄興。興之所到,觸緒即來。後世《江南曲》、《子夜歌》,此類甚多,豈篇篇俱有所爲而言耶?但陳靈荒淫,國亂極矣,豈無賢人君子思治不得,假此以自鳴者?如必見一美人字即以爲淫,則天下後世之文,爲美人所冤者多矣!"(《詩經原始》)

近人陳子展先生則以爲《澤陂》爲"女奴憫傷主母之辭",所"憫傷"者則爲以淫蕩聞名之夏姬,"……詩以荷蕳、菡萏之香豔狀有美一人,又極道其憂思感傷之慘,彼時彼地惟有貴婦人夏姬足以當之。而詩云傷如之何,詩人又自洩露其爲賤於妾之女奴"(《詩經直解》)。子展先生於自説頗爲自信,"愚固自信其説之較諸舊有注説尤爲確切者也"。其實亦不可據,衹是自圓其説罷了。

綜合諸説,則程俊英、蔣見元二先生所見較爲妥帖:"這是一首懷人的詩。……聞一多認爲'荷塘有遇,悦之無因,作詩自傷'。"所引聞先生之語誠真達詩者之言。

程、蔣二先生還進一步指出詩人所懷思者,乃是“一個豐肌高大的女子”,且指出在《詩經》時代,“以豐滿壯碩爲美”的審美觀占據上風,甚有意味。“在我國古代,存在著以豐滿壯碩爲美和以婀娜苗條爲美的兩種不同的審美觀,而在《詩經》時代,顯然是前一種審美觀占上風,如《衛風》以‘碩人’稱莊姜,《小雅·車舝》以‘碩女’稱季女。”(《詩經注析》)

多情之少年偶遇一壯碩高大之美女,不由自主地愛戀上了她。然而卻又不知如何方能獲得她的芳心,於是爲之黯然神傷,先是“涕泗滂沱”,繼而“中心悁悁”,終則“輾轉伏枕”,看似思懷之情日益冷淡,其實不然,實乃情感由激動轉變爲深沉,由直抒胸臆轉變爲曲折纏綿。

“澤”,池塘。“陂”,池塘之堤。“蒲”,蒲草,淺水植物,可以織席。“荷”,結合下文之“菡萏”(即爲荷花),則知此荷當爲荷葉也。“傷”有二釋:一曰“思也”,“傷如之何”,意爲“我思此美人,當如之何而得見之”(鄭《箋》)。二曰“傷”爲“陽”之假借字,《爾雅》:“陽,予也”,然則“傷”即第一人稱“我”。“傷之如何”,意爲“讓我如何才好”。二意皆可通,但以前釋爲優。“寤寐”,醒著與睡著,亦即時時。“無爲”,因思念不斷而無所作爲,即沉湎於念想之中而不思作爲。“涕泗”,毛《傳》:“自目曰涕,自鼻曰泗。”則涕即眼淚,泗即鼻涕。“滂沱”,雨大之貌,此則指“涕泗”俱下之貌。

詩人見池邊之荷葉茂盛,懷想起曾經邂逅之美人。不知如何求之,卻又時時掛念,無以忘懷,故心痛不已,傷情一泄而出,“涕泗滂沱”。詩人情感之濃烈著實動人。

“蕳”,有二義:一曰蘭;二曰蓮。毛《傳》:“蕳,蘭也。”鄭《箋》:“蕳當作蓮。蓮,芙蕖實也。”結合首章荷葉與末章“菡萏”,似以“蓮”爲優。“碩”,大也。“碩大”,壯碩高大。“卷”,同“婘”,美好之貌。“中心”,即心中。“悁悁”,憂鬱之狀。

二章始寫美人之美。“碩大且卷”,“碩大”重身材,“卷”則重容顔。而詩人思念之狀雖已不若首章熱切,卻更爲細膩,抑鬱已轉變爲詩人之常態。可見詩人從未曾將所思之人忘卻。

“菡萏”,荷花。“儼”,毛《傳》:“矜莊貌。”此字乃詩眼,詩人何以不知如何求得美人之芳心?實因此女子莊重矜持,而不可冒犯。“輾轉”,翻來覆去。“伏枕”,伏在枕上。輾轉反側無法入眠,多有此動作。朱子《詩集傳》:“‘輾轉伏枕’,卧而不寐,思之深且久也。”可謂確解。

末章交待“傷如之何”之緣由,因此美人“碩大且儼”,不容輕率冒犯。而詩人以荷爲興,亦隱含荷“可遠觀而不可褻玩焉”之意味。衹是苦了詩人,思懷日漸深沉,無力自拔而“輾轉伏枕”。

蒹　葭

蒹葭蒼蒼,白露爲霜;所謂伊人,在水一方;遡洄從之,道阻且長;遡游從之,宛在水中央。(首章)

蒹葭淒淒,白露未晞;所謂伊人,在水之湄;遡洄從之,道阻且躋;遡游從之,宛在水中坻。(二章)

蒹葭采采,白露未已;所謂伊人,在水之涘;遡洄從之,道阻且右;遡游從之,宛在水中沚。(三章)

《蒹葭》一詩,千古絶唱,美輪美奂,尤其“所謂伊人,在水一方”一句,更是歷來傳達思情之絶妙好詞。

“蒹葭”、“白露”本是常見之物,然經此一賦,卻瞬時變得意味深長,充滿著無限之遐想、無限之纏綿;而“在水一方”、“在水之湄”、“在水之涘”,爲我人描畫出一超然脱俗、離塵絶世之女子,宛若神女。而此詩之解正難於此,因詩人所戀所求之女子似可見又似不可見,似存有又似不曾存有,似可覓得卻又似無從覓得,詩意正於此間一點一滴鋪陳開來,愈發蜿蜒,愈發曲折,愈發令人充滿遐思,一種雖求之不得,卻終欲罷不能之迷情充盈於字裏行間。“道阻且長”、“道阻且躋”、“道阻且右”,寫盡了不可求;“宛在水中央”、“宛在水中坻”、“宛在水中沚”,則寫盡了似可求之意味,然而果真“遡游”而至,卻又發覺伊人已然無影無蹤……總而言之,詩中充滿了追思、幻想,也充滿了纏綿、憂思,更充滿了期望與愛慕!

讀莎翁者皆云“一萬個讀者,便會有一萬個哈姆雷特”,予以爲《蒹葭》一詩之意味要遠勝於此,乃是“人間有一有情之男子,便會有一在水一方之伊人”。

關乎《蒹葭》之解,歷來不乏其人,然亦多穿鑿附會,予不意破壞行文之氣氛,故不加引而斥之。而程俊英、蔣見元二先生之解卻甚合於予意,其中有許些見解極其獨到,爲予所不及,故抄録於此,供學人參考:

這首詩意境飄逸,神韻悠長,從文學角度來説,實在是不可多得的佳作。王照圓云:“《小戎》一篇古奥雄深,《蒹葭》一篇夷猶瀟灑。”方玉潤云:“此詩在《秦風》中氣味絶不相類,以好戰樂鬥之邦,忽過高超遠舉之作,可謂鶴立雞群,翛然自異者矣。”他們兩位從整體上點出了此詩的風格和特點。詩以“蒹葭蒼蒼,白露爲霜”起興,這是詩人觸景生情的歌唱,非但將深秋早晨淒清明淨的景色寫得很美,而且點明了詩的時間地點。其下“所謂伊人,在水一方”,是虛點其地,似乎近在眼前。《古詩十九首》:“河漢清且淺,相去復幾許。”意境彷佛近之。然後轉過一筆:“遡洄從之,道阻且長;遡游從之,宛在水中央。”詩人在上下左右地求索,然而遠道阻隔,可望而不可即。真是“盈盈一水間,脈脈不得語”。一個“宛”字,又將實在的處所一筆捺空,所以姚際恒稱贊道:“遂覺點睛欲飛,入神之筆。”全詩不著一個思字、愁字,然而讀者卻可以體會到詩人那種深深的企慕和求之不得的惆悵。方玉潤云:"三章祇一意,特換韻耳。其實首章已成絶唱。古人作詩,多一意化爲三疊,所謂一唱三歎,佳者多有餘音。此則興盡首章,不可不知也。"方氏的評論,尚有未愜。首章"蒹葭蒼蒼,白露爲霜",寫的是秋晨寒露霜重之景;二章"蒹葭淒淒,白露未晞",寫的是旭日初昇,霜露漸融之狀;三章"蒹葭采采,白露未已",則已是陽光普照,露珠將收的時刻了。三章興句,兼刻劃了詩人追求伊人的時地,渲染出三幅深秋早上河邊不同時間的背景,生動地描寫了等待伊人,由於時間推移而越來越迫切的心情,並非"興盡首章"。細細吟哦,餘音是雋永的。(《詩經注析》)

"蒹",又稱荻。"葭",蘆葦。"蒼蒼",有云之爲"淡青色"者,非也!此"蒼蒼"乃是對一種意象之描述,深秋之清晨,湖畔荻花蘆葦茫茫一片,意境深遠而蒼涼,詩人見之,謂之"蒼蒼"。"蒼蒼"二字可見詩人内心之愁思泛濫。"白露爲霜",白露凝而成霜,此深秋之景也。"蒹葭蒼蒼,白露爲霜",天色微明,詩人早早起身,於湖畔漫步沉思,可見詩人於夜間定然"輾轉反側",長夜思懷。

"所謂",所懷想之。"伊人",那人。"所謂伊人",古多以爲實無此一人。然以予視之,當實有之,然卻因某種原因而不可求思,若《漢廣》之男所思之"遊女"一般,然則《蒹葭》之於《漢廣》又深一層矣。詩人已將所懷思之女子升華,成了夢寐以求之情人,甚或已將之美化成仙女。"在水一方",在水之那一方,夢中情人仿佛就在河對岸。《蒹葭》一詩之文學性正在於此,情人似有非有,似實非實,令人爲之思懷,卻又似乎無所思懷……

"遡洄",逆流而上。"從之",追隨伊人。詩人恍惚見夢中情人於對岸獨立,似在俟己,故欲"遡洄從之",然"道阻且長",無以"從之"。"道阻且長"四字,寫盡了相思,有愈從之愈無以從之之感,然伊人又若即在眼前,此種情思自非常人所可體味與思量。"阻",險阻。"長",漫長,幾無盡頭。

“遡洄從之”而不得，倏然回視，卻見伊人又在下游獨立，復又“遡游從之”，“遡游”者，順流而下也。然雖眼見伊人，卻終不可得，“宛在水中央”。“宛”，仿佛。“水中央”三字甚妙，詩人所求之人宛若於細霧中游移之仙子，飄飄然消逝於水面之上，無影無蹤，惟有給詩人留下了無限之愁思與遐想。

“蒹葭淒淒”，“淒淒”，有人云之爲“濕潤貌”，非也！“淒淒”與“蒼蒼”相似，皆爲對意象之描述，與此同時，詩人將自身之情緒寄託其間。“淒淒”二字，可令人思得深秋清晨，湖畔之淒涼、清冷，並宛若親見詩人因相思成愁而淒然於湖畔獨自徘徊。“白露未晞”，“晞”，乾。誠如程、蔣二先生所云，“未晞”二字交代了時間之轉换。

“所謂伊人，在水之湄”，“湄”，水草交接之處，似是岸邊，卻又非岸邊。較之“在水一方”，“在水之湄”似乎具體清晰了許些，然其實卻仍是不可求矣。

“遡洄從之，道阻且躋”，所寫之情意與首章同，惟“躋”字有登高意，與首章之“長”不一，“長”指漫長，有遠而不可得之感。“躋”則高遠，有高而不可攀之意。總而言之，皆不可得也。惆悵之情，彌漫其間。

“遡游從之，宛在水中坻”，“坻”，水中小沙洲。驀然回首，那人卻佇立在下游水中沙洲俟我，故詩人回轉而“遡游從之”，近而視之，卻又飄然而逝，不可相見。

“蒹葭采采”，“采采”，或云“言其盛而可采也”，非也。此“采采”當與“蒼蒼”、“淒淒”同爲意境之描述，乃露水將乾，而秋日之荻花、蘆葦在清風中飄蕩之狀。“采采”二字寫出了詩人内心恍惚之思念情意。“白露未已”，“未已”即將已，亦即將徹底乾了。

“所謂伊人，在水之涘”，“涘”，水邊。伊人就在水邊。“遡洄從之，道阻且右”，“右”，彎曲迂回之意。伊人看似在水邊，然欲從之卻又不得。“遡游從之，宛在水中沚”，“沚”，水中小沙灘。同樣，伊人一會兒在前,一會兒在後,“遡洄從之”不得,“遡游從之”亦不得。詩人上下尋求,終卻求之不得。

經由首章、二章,復讀至三章,愈覺其中愁思濃鬱,愈覺其中惆悵彌漫,誠如程、蔣二先生所説:“全詩不著一個思字、愁字,然而讀者卻可以體會到詩人那種深深的企慕和求之不得的惆悵。”

然而,有這樣一位時而“在水一方”時而“在水之湄”時而又“在水之涘”之“伊人”,時而“宛在水中央”時而“宛在水中坻”時而又“宛在水中沚”之伊人,縱然終生求之而不得,亦當是人生之美妙事矣。

月出

月出皎兮,佼人僚兮,舒窈糾兮,勞心悄兮。(首章)

月出皓兮,佼人懰兮,舒懮受兮,勞心慅兮。(二章)

月出照兮,佼人燎兮,舒夭紹兮,勞心慘兮。(三章)

《月出》,月下懷人之詩,與《蒹葭》有異曲同工之妙,《蒹葭》所懷之人若水上仙子,《月出》所懷之人則爲月下美人;《蒹葭》思求不得而滿懷惆悵,《月出》亦爲之心愁而不安;《蒹葭》所思者乃夢中情人,《月出》所思更是如此,故兩者皆非實寫,而是幻象。幻象之所以出,在乎思之甚念之深而念之切也。《蒹葭》、《月出》皆癡情男兒所爲者也。

《月出》一詩用詞大不同於他詩,故讀之艱澀,難以會通其意,然其中意味綿長,且這些詞構造了一個獨特之情景,令人浮想聯翩。

“皎”,《説文》:“皎,月之白也。”寫月色之皎潔明亮。“佼”,即嬌,美好貌。“佼人”即美人。“僚”,即嫽,美麗貌。“舒”,舒緩,當指身形輕輕移動之狀。“窈糾(音絞)”,女子體態苗條之狀。“勞心”,即懷思之心。“悄”,憂深之意。

《月出》一詩，結構甚有意味，每章四句，四句各有書寫：首句寫月，故知詩人乃是月下懷人，以月爲興，可知詩人心思幽然。次句寫容貌之美好，雖皆爲美好，卻亦竭盡其能，選擇相應之詞來贊譽情人之容顔。三句寫情人之體態，亦各具特色，首章寫體形之苗條，宛若畫幅；二章寫婀娜之姿態，令人幻想；三章則寫身影之輕盈，宛若仙子。四句則寫詩人思念之情。由四句可知，月下美人非實在眼前，卻是詩人之幻象。

"月出皎兮"，幽幽月色之下，最宜懷人。"佼人僚兮"，所懷者美人也。此自然耳，古人有云"情人眼中出西施"，豈妄語哉？其體形則"舒"而"窈糾"，既優雅又苗條。一想到此，詩人便生發急切與之相見之心，然於此明月高懸之夜，所思之人卻不知身在何處，故衹能是"勞心悄兮"，思之深則心勞而憂，此刻則憂思不絶耳。

"皓"，《説文》："皓，日出貌。"此處喻月色之明亮。"懰"，嫵媚貌。"懮受"，指女子之體態婀娜動人。"慅"，心動不安。

"月出皓兮"，如此之月色可謂撩人，使人欲眠不得，惟起身漫步月下，而思懷自無可免。"佼人懰兮"，二句寫情人之容顔。所懷者，美人也，不僅貌美，並且嫵媚動人，教我如何能忘懷？"舒懮受兮"，三句寫體態，首章衹是個苗條，二章卻成了婀娜，情人之姿態愈發生動。"勞心慅兮"，如此思懷，心豈能安哉？

"照"，較之"皓"又更明矣。"燎"，漂亮貌。"夭紹"，指女子之體態輕盈。"慘"，憂愁不安之狀。

"月出照兮"，月色光明照今夜，教我如何不想她？詩人之癡情於月色之中一覽無餘。"佼人燎兮"，二句再寫容貌之美，如此美麗之女子，豈能片刻不相思哉？"舒夭紹兮"，三句再寫體態，舒緩而輕盈，宛若林中之仙子，此一句令予懷及《蒹葭》中"宛在水中央"之仙女耳。"勞心慘兮”,如此思懷,今夜無眠矣!

《月出》一詩,歷來知者頗多,然至明者莫過於方氏玉潤及程俊英、蔣見元二先生。

方先生云:“此詩雖男女詞,而一種幽思牢愁之意,固結莫解。情念雖深,心非淫蕩。且從男意虛想,活現出一月下美人。並非實有所遇,蓋巫山、洛水之濫觴也。”(《詩經原始》)

方先生對《月出》一詩作了精確之概説,程俊英、蔣見元二先生則從句法、用詞和韻律三方面解析了此詩:“這首詩在句法、用詞和韻律三方面都頗有特點。句法上每章四句,前後三句都是上二字雙,下一字單;第三句上一字單,下二字雙,錯綜變化,節奏抑揚,脱盡板滯之感。用詞上除了‘月’、‘人’、‘心’三個名詞、‘出’一個動詞和‘兮’一個語氣詞之外,其餘都是形容詞,而且這些形容詞在《詩經》中多不經見,可能是較多地保留了陳國方言的痕跡。通過這些詞的應用,活脱地描繪出一個月下美人的形象,風神摇曳,綽約多姿,而且抒發了詩人幽思牢愁、固結莫解的情懷。韻律上是通篇句句押韻,而且一韻到底(幽、宵部通韻),加上疊韻詞匯的運用,委婉概況的麗詞美和繁音促節的韻律美相得益彰,讀起來真有賞心悦目的感受,難怪被後人推爲三百篇中情詩的傑構。”(《詩經解析》)

静　女

静女其姝,俟我於城隅;愛而不見,搔首踟蹰。(首章)

静女其孌,貽我彤管;彤管有煒,説懌女美。(二章)

自牧歸荑,洵美且異;匪女之爲美,美人之貽。(三章)

《静女》一詩,歷來爭論較多,誤解更多。引發誤解者,在乎“搔首踟蹰”一句，道德君子皆視“搔首踟蹰”非君子之所爲，故或言《靜女》爲淫奔詩，或言《靜女》爲刺衛宣公强納兒媳之詩，或言《靜女》爲刺衛君無道，夫人無德之詩。

於予視之，此皆道德教條主義作祟，殊不知古之人情感淳樸，言辭更是簡樸而不加修飾，故心急則“搔首踟蹰”，誠一副癡情少年之憨憨態。何必言淫奔、言刺失德無德者歟？亦知古之人受道德束縛之深，誠非我人所可想象者耳。

於《靜女》一詩，今人之解倒也因無甚道德之束縛，故皆能大體把握詩旨，若陳子展先生曰：“《靜女》，詩人熱愛衛宫女史之作。”（《詩經直解》）若余冠英先生曰：“這詩以男子口吻寫幽期密約的樂趣。”（《詩經選》）若程俊英、蔣見元二先生曰：“這是一首男女約會的詩。”且引歐陽永叔之言將《靜女》認定爲“情詩”（《詩經注析》）。又若馬乘風先生曰：“這是男女戀愛之詩。”（《詩經今注今譯》）故知《靜女》一詩言辭清晰，寫情質樸，若無道德觀念之束縛，人人皆可讀出其中之情之意。值得一提者爲陳子展先生，他依據“彤管”考證出詩人所熱愛之女子乃一衛宫女史，甚是有意味。

吾夫子删詩，自有其旨，究其根本，在乎“正情”二字，故曰“思無邪”，故《詩》三百多男女相應相和相思之詩。《關雎》一詩，自相遇相識相知相合而至相和，盡在其間，故居《詩》三百之首，而《卷耳》、《汝墳》、《草蟲》等皆爲思婦懷夫之詩，《桃夭》、《樛木》則寫新婚之女。《大車》、《葛生》、《素冠》則寫生死與共，願以死相隨之情，可謂字字是淚，行行是情，令人讀之愴然而泣下。又有一類述單思之情者，若《漢廣》、《子衿》。而《靜女》一詩，卻又與衆不同耳。寫熱戀之少男少女，其情純潔，其態則少女嬌媚少男憨厚，令人讀之會意，且生意盎然。故予曰，讀《靜女》一詩，須重詩人戀情之純之誠之樸，惟如此，方可讀出流溢於詩行之間之質樸、率真之情意，亦可體味熱戀中少女之可愛、嬌媚，及男兒之癡情、迷戀。諺云：“哪個少女不懷春，哪個少年不多情。”誠哉斯言！

“靜”,靖也,善之意(據馬瑞辰説)。“靜女”,即心儀之善女子,好女子。“姝”,美好之貌。“俟”,等候。此乃有約而候。“城隅”,城角,或爲城角亭臺樓閣之處。男女約會自當覓一靜謐、幽靜且風景雅致之處。“愛”,同薆,隱藏。“踟躕”,徘徊,來回走著。

首章寫少男少女有約,於“城隅”相會,少女先至,卻“愛而不見”,少男心急卻又覓不得,故“搔首”故“踟躕”。此男女約會常見之狀,情趣生動、活潑,一對熱戀之少男少女活靈活現地呈現在讀者眼前。

“靜女其姝”四字,寫盡所戀之少女善良、賢淑且貌美,可謂賢貌雙全之女子。“俟我於城隅”,可知少男少女兩情相悦,有約在先,爲二章、三章之“貽我彤管”、“自牧歸荑”埋下伏筆。“愛而不見”四字寫盡少女之可愛、機靈,見少男匆匆而來,本當與之相會,今卻故意躲藏而不見,一純真、可愛之少女形象躍然紙面,栩栩如生。“搔首踟躕”四字則寫盡少男之憨態,明知相戀之少女於此“俟我”,今卻“不見”,且知其爲“愛”,卻又尋覓不得,故惟“搔首”惟“踟躕”耳。“搔首”可見其心之急切,“踟躕”可見其情之無奈,“搔首踟躕”四字如此活靈活現,可謂描摹入神,卻爲古時之道德君子視爲“淫奔”、“失德之幽會”,誠可謂哀哉! 悲哉!

“孌”,亦美好貌。當略異於“姝”,“姝”重容貌之美,“孌”則重性情之好。“貽”,贈送。“彤管”,陳子展先生考爲“女史載事記過之筆”,並以爲詩中之少女乃一女史,其説可從。“煒”,紅而有光亮。“説”,悦也。“懌”,喜歡。“女”,汝,或曰指“彤管”,或曰指“靜女”,或曰一語雙關。於予視之,當爲“彤管”,因如是才可見少男之憨之純真之可愛。

二章寫在少男“搔首踟躕”之時,少女從天而降,出現在眼前,不僅如此,還攜有禮物相贈,少男轉焦急爲驚喜,愈發感知少女之好,且因愛少女而擴情至“彤管”之上。以信物爲詩,《靜女》恐爲生民以來第一首耳。

"靜女其孌",少女不僅"靜"、"姝",且"孌",誠不可多得者也。"貽我彤管"明少女身份之由來。一個"貽"字,情意綿長。三章"歸荑"之"歸"則又不同,多一絲親密之意味。"彤管有煒",因所愛之人所贈,故而一支普通之"彤管",亦大放異彩,令人喜悦、珍惜,"説懌女美",此之謂也。

二章中,少男之純情流溢字裏行間,三章則益發癡迷矣!

"牧",郊外。"歸",亦贈送。較之"貽",少了一分綿綿情意,卻多了一分親昵。可見兩人之關係更進了一層。"荑",初生之白茅。相較"彤管"而言,白茅可謂輕賤,然少男對之之愛絲毫不遜於"彤管",贊之爲"洵美且異","洵",確實。"異",與衆不同。"匪",非。"女",汝,指少女所歸之"荑"。

三章寫相戀之少男少女至郊外遊玩,歸途中少女戲贈初生之白茅一根,少男贊之"洵美且異",白茅爲贈,誠乎異者。然白茅何以"洵美"哉？實因其乃"美人之貽"也。少男對少女之愛慕、迷戀,至此已然無從抑制!

"自牧歸荑",畫面感極强,可見一對戀人相伴而去,結伴而歸,歸途中,少女贈送少男一特别之禮物:一支白茅。"洵美且異",少男以之確實是美,且與衆不同。"匪女之爲美,美人之貽",非白茅本身之美,卻是美人所贈,故擴情至白茅,少男之憨,可謂無與倫比！誠可謂"於戀愛中人眼中,人間一切皆美"!

《靜女》一詩,自相約(雖未曾提及,我人卻可從中讀出)至相會,自相會至相伴而遊,自相伴而遊至分手各歸,而少男仍手執少女所贈之白茅,遐想聯翩……少男之純情,少女之可愛,著實令人難以忘懷！實在是悠哉！美哉!

采 葛

彼采葛兮,一日不見,如三月兮。(首章)
彼采蕭兮,一日不見,如三秋兮。(二章)
彼采艾兮,一日不見,如三歲兮。(三章)

《采葛》,懷人之詩甚明,所懷者,當爲一勤勞美麗之女子耳。不料經古來説《詩》者横生枝節之後,卻衆説紛紜,愈説愈亂耳,故有人感慨:"説《詩》難矣!"説《詩》難哉?曰:"弗難耳!"但能聽從亞聖教誨,"以意逆志",説《詩》又有何難哉?難在説《詩》者敢於放下自我之臆斷,放下求背景之好奇心,但從詩文本身上探求,置身其間,細細玩味,終則與詩人合二爲一,豈能不明詩人之意哉?故説《詩》忌四:一曰臆斷;二曰盲從;三曰僵化;四曰倉促。而倉促之病實乃前三病之根源,於《詩》,若不能沉潛玩味,卻喜草率下筆,自然發而不中者多矣!故欲説《詩》,首在去欲速之心,著實用心於字裏行間,終則無一不可明之矣!

關乎《采葛》之解,至無端者,莫過於《詩小序》,"《采葛》,懼讒也",實在是莫名其妙。至可恨者,莫若《詩集傳》,"蓋淫奔者托以行也",姚際恒先生斥之爲"尤可恨",甚合予意。至强辯者,莫過於《詩經原始》,"此詩明明千古懷友佳章……夫良友情親,如同夫婦,一朝遠别,不勝相思,此正交情濃厚處,固有三月、三秋、三歲之感也。若泛泛相值,轉面頓忘,或市利相交,勢衰即去,豈尚能作此語?故是詩之在衰朝,亦世情之中流砥柱也,而可無存乎?"

於予視之,皆妄生别解、自説自話者也。方先生以"懷友"作説似有道理,其實無理,何以知之?"采葛"、"采蕭"、"采艾"皆古時女子之事。面對如此者,予甚無奈,亦欲無言,卻又不得不爲之一辯!古之説《詩》

者,似恐言男女之情,逼不得已,亦會以文王、太姒之化作說,哀哉!男女之情,人之大本,何必諱言?況吾夫子"思無邪"之旨,自當以情爲本。但"思無邪",又何患男子不誠、女子不貞哉?

《采葛》一詩極爲簡單,符合易簡之美。三章九句,每章所異者,不過二字而已。但能反復吟誦之,便覺其中情深意重,絶非言辭所可輕論者也。惟其情意深長,無以言說,故如此簡約之言,如此簡單之節奏,如此樸實之敘述,方能展現出極大之藝術性。當然,於詩人而言,或許並未曾如此思索過,衹是懷想著戀人"采葛"、"采蕭"、"采艾"之身影,口中情不自禁吟唱出"一日不見,如三月兮"、"一日不見,如三秋兮"、"一日不見,如三歲兮",如此而已,又何須我等癡漢迂回曲解,刻意作說!

"葛",葛藤,蔓生,莖長數丈,皮製成纖維可用於織布。"蕭",蒿類,有香氣,採摘烘乾後供祭祀之時點燃,類似後世之香燭。"三秋",一秋三月,共九月。"艾",亦蒿類,艾葉可製成艾絨,再製作成艾條用於艾灸。

"采葛"、"采蕭"、"采艾"皆古之女子所作之事,故詩人所懷之人當爲一女子無疑。本詩之本不在乎"采葛"、"采蕭"、"采艾"之間,卻在乎"如三月兮"、"如三秋兮"、"如三歲兮"之間。其中"三秋"之用更是妙筆,而"一日不見,如三秋兮",亦已成爲後世寄託相思之千古佳句。關於此點,程俊英、蔣見元二先生言之甚明:

> 此詩首章言一日不見如三月,次章言一日不見如三秋,末章言一日不見如三歲,層層遞進,以見其思念之情,久而愈深。這裏可注意的是"三秋"二字。作者不用"三春"、"三夏"、"三冬",而偏用"三秋",並非偶然。秋日蕭瑟,草木摇落,登高望遠,臨流歎逝,易感别離之懷,最動故人之思。所以用"秋"字,較之"春"、"夏"、"冬",更易引起讀者形象的想象,以及發自內心的共鳴。前人謂杜

甫善於鍊字,往往用一字而神理俱出,景物逼肖。此詩用“秋”而不用它字,雖是出於作者直覺,妙手偶得,非刻意鍛鍊而成,但也有入神造微之妙。(《詩經注析》)

於《采葛》一詩,程、蔣二先生可謂體之深矣。若此作解,當無憾耳!

《采葛》一詩,須多多吟誦,但能於其間體得情思之深之切之濃之無可抑制,則此詩當不解而自明矣!

實能如此者,自將體得其間所思無一絲邪念,無一絲妄想,誠可謂潔白無瑕、純真無妄者也。“思無邪”之旨,《采葛》無所虧欠矣!

將仲子

將仲子兮,無踰我里,無折我樹杞,豈敢愛之,畏我父母。仲可懷也,父母之言,亦可畏也!(首章)

將仲子兮,無踰我牆,無折我樹桑,豈敢愛之,畏我諸兄。仲可懷也,諸兄之言,亦可畏也。(二章)

將仲子兮,無踰我園,無折我樹檀,豈敢愛之,畏人之多言。仲可懷兮,人之多言,亦可畏也。(三章)

予讀《將仲子》一詩,甚是開懷,不禁爲之會心一笑!然一讀《毛詩正義》、《詩集傳》、《詩經原始》及姚際恒、陳子展、程俊英諸人之説,頗感失望,心中笑意全無。哀哉!《詩》矣!悲哉!情矣!

概而言之,以上諸人所言無非三者:

一曰刺莊公。“《將仲子》,刺莊公也。不勝其母,以害其弟。弟叔失道而公弗制,祭仲諫而公弗聽,小不忍以至大亂焉。”(《詩小序》)毛公説《詩》幾無不附會者,此漢儒通病,然如此説《詩》,《詩》所言之情焉在?故予讀《毛詩》愈久愈覺其惡!

二曰淫奔詩。“莆田鄭氏曰:‘此淫奔者之辭。’”(《詩集傳》)朱子解詩誠令予無語,動輒云“淫奔”,然詩中之女子何曾有一絲淫奔之念?更別説淫奔之舉了!哀哉!無怪乎後世之人以道德君子視朱子耳!

三曰女子拒絶情人之詩。“這是一首女子拒絶情人的詩。”(《詩經注析》)“《將仲子》述一女子遇一男子之相挑誘,婉言而嚴拒之。”(《詩經直解》)嗚呼!實在不知此等説《詩》者,所據爲何!詩中女子明明説“仲可懷兮”,可見男女雙方兩情相悦,“拒絶”一説實是無端。

於予視之,《將仲子》實在是一首戀曲。其間韻味無窮,學人但能放下執見,輕聲吟誦,細細體味,自會感受到一羞澀、温柔、體貼卻迷戀著戀人之少女如立眼前。而急切與戀人相會之男孩也活靈活現,一會兒思索如何“踰里”,一會兒思索如何“踰牆”,一會兒又思慮如何“踰園”,誠可愛至極者也!如此約會,誠不易耳!

一個婉轉有味之愛情故事已然勾畫而出:一對或青梅竹馬,或邂逅而互相愛慕之男女,因尚未正式提親,卻急切相會,故男孩“踰里”、“踰牆”、“踰園”來與心慕之少女相會。少女見之,内心既驚喜,又羞澀,而更多則是擔憂,惟恐被父母、兄弟、鄉人所見。然卻又表達出時刻懷念對方之心意。少女之言,何其生動!少女之情,何其微妙!少女之心,何其委婉!

或曰少女受封建禮教之束縛,故無敢與男孩相會者。大謬也!周公之禮教未必如後世之禮教一般,動輒以道德殺人也。予以爲少女之所以如此,更多者乃是羞澀,而非所謂之禮教束縛耳。

“將”,請,有勸説之意味。“仲子”,古時女子稱心愛男子之稱謂,排行老大者爲伯子,老二者爲仲子,老三者爲叔子。由“仲子”這一稱謂,可知少女心中甚愛此男孩。“踰”,越過。“里”,鄉里。古時五家爲鄰,五鄰爲里。“折”,折斷。此當指“踰”時意外折斷。“杞”,杞柳。“懷”,想念。

一上來便是"將仲子兮",何其直接!卻又何其纏綿!"無踰我里,無折我樹杞",不要越過我鄰里,勿要折斷我杞柳,蓋"踰里"需借助杞柳之勢,加之男孩心切,少女憂其傷杞柳之樹,故言"無折我樹杞"。然少女之心,盡在男孩身上,"無折我樹杞",話一出口,便恐男孩傷心,立時改言"非敢愛之,畏我父母",我非是愛惜杞柳,而是畏父母之嚴。誠然如此,誰人父母願女兒如此與男友相會?然男孩若能登門提親,抑或走正門而入,則又何如哉?恐不至於如此曲折迂回了吧?然果真如此,我人亦就無緣讀得本詩了。"仲可懷也"四字乃是本詩詩眼,古來説《詩》者不能明本詩,究其根本,便在乎弗能抓住此四字。一個"懷"字,可見少女之於少男愛之久矣!深矣!可謂時時懷想。故予知此少女既盼少男能"踰里"、"踰牆"、"踰園"來相會,又害於羞恥,不敢貿然。《將仲子》一詩之美之妙,正在乎此間耳。"父母之言,亦可畏也",父母於女自當有嚴,嚴則言厲而可畏,此亦實情耳!

首章便已將少女之矛盾心情展示得淋漓盡致,一覽無餘。

"牆",院牆。"桑",桑樹。據孟子"五畝之宅,樹牆下以桑",可知桑樹種植於院牆之下。

二章已自"踰里"至"踰牆",可見男孩越來越近,"踰牆"須借桑樹之勢,故"無折我樹桑",復有曰"豈敢愛之,畏我諸兄",交待實由。"仲可懷也,諸兄之言,亦可畏也!"依然是一副矛盾而又期盼之情態。

"園",靠近居處種植花、木之處。"檀",檀樹。"多言",流言蜚語。

"園"在牆内,可見至此男孩已然"踰牆",距離少女越來越近,然則少女之畏卻越來越遠,"踰里"時畏父母,"踰牆"時畏諸兄,"踰園"時卻畏人之多言。甚是值得玩味。可見少女所思由近及遠,無所矯飾,可謂單純可愛。

行筆至此，予突然生發出一疑問：男孩“踰里”、“踰牆”、“踰園”，皆離女孩尚有距離，女孩何以得見之哉？按常理言，女孩實無可能一一察見。由此則知，一切皆是女孩所幻想，非真實之事。或男孩當真“踰里”、“踰牆”而“踰園”，然此刻卻不見得正在如此。

有此一想，予愈發覺得此女可愛。而其羞澀，及期盼戀人“踰”而來，又擔心被人覺察之內心活動，甚是微妙。故知其定然時時往院內及牆頭注視，那種期盼而又擔憂所產生之不安感定然時時伴隨著她，亦因如此，方才一開口便是：“將仲子兮！”

子衿

青青子衿，悠悠我心；縱我不往，子寧不嗣音？（首章）

青青子佩，悠悠我思；縱我不往，子寧不來？（二章）

挑兮達兮，在城闕兮；一日不見，如三月兮！（三章）

《子衿》之美，可謂悠然、雋永且純潔，誠“哀而不傷”者也。然歷來之解卻多牽强附會之辭，若《詩小序》曰：“刺學校廢也，亂世則學校不修焉。”若《詩集傳》曰：“亦淫奔之詩也。”盡失詩旨，倒不如今人之說來得直接、明曉，若余冠英先生說：“這詩寫一個女子在城闕等候她的情人。”（《詩經選》）若程俊英、蔣見元說：“這是一位女子思念情人的詩。”（《詩經注析》）

“青青”，青藍色。“衿”，衣領。“悠悠”，思念而發之憂慮不斷之狀。“寧”，近於難道之意。“嗣”，詒，寄語之意。“音”，音訊。

“青青子衿”乃本詩點睛之筆，可謂美輪美奐！“青青”者，既是對“子衿”之描述，又是對情郎美好之想象，可謂一語雙關。而“子衿”更是意味深長，不言思子，卻言思子之“衿”，以“衿”代人，何其委婉！何其清新！何其純情！少女之情懷坦然無遮矣！而“悠悠我心”,更是直接而坦誠,我的心啊,爲你思慮而悠悠！

少女之情可謂大膽、直接,然此間何曾有一絲邪念？妄念？可謂純潔無瑕者也！而“縱我不往,子寧不嗣音”一句則見少女之羞澀,“我不往”,乃是少女之矜持;今卻不顧矜持,可見少女相思之迫切。“子寧不嗣音”,似怨卻無怨,意中多羞澀少責怪,多相思少埋怨。若似錢鍾書之言,則違於詩意遠矣,其曰:“《子衿》云:‘縱我不往,子寧不嗣音？’‘子寧不來？’薄責己而厚望於人也。”

首章之中,一單純、迷戀、直接而又不失羞澀之少女,如立眼前。

“佩”,玉佩。“思”,心思也。

首章思子言子之“衿”,二章則言子之“佩”,此皆惟少女方可識得其中深味耳！若男子則無以如此纏綿、清新耳！“悠悠我思”較之“悠悠我心”,則有了不同,“我心”者,懷念也;“我思”者,思懷也。“我思”益深一層矣！故前者“子寧不嗣音”,捎個音訊便可解相思,今卻“子寧不來”,爲相見方可解相思耳！少女之心思正在此微妙變化之間。

“挑”“達”,獨自來回走著。“城闕”,城門兩邊之觀樓。

“挑兮達兮”,於“挑”、“達”二字後各加一“兮”字,詩句倏然有了生命,鮮活起來,而人之情緒亦貫穿其間。一踟躕而略帶焦急,且不斷張望之少女形象宛在眼前。“城闕”,當爲戀人時常相會之地。三章所言之相思又非首章、二章所可比擬者也,此刻之相思惟立刻相見方可消解,若再不得相見,則難免成傷耳！故少女再不顧矜持,獨自至時常相會之城闕守望,惟盼情郎之身影早早出現……

“一日不見,如三月兮”,話盡了相思之情,道盡了相思之苦,予讀之黯然,惟願天下有情人,皆能終成眷屬而已矣！

狡童

彼狡童兮，不與我言兮；維子之故，使我不能餐兮。（首章）

彼狡童兮，不與我食兮；維子之故，使我不能息兮。（二章）

《狡童》一詩，古之解有三：一曰刺詩，《詩小序》："《狡童》，刺忽也。不能與賢人圖事，權臣擅命也。"毛亨之傳、孔穎達之疏更是言辭鑿鑿地指出權臣便是祭仲："大臣專國之政，輕重由之，是之謂權臣也。擅命，謂專擅國之教命，有所號令，自以己意行之，不復諮白於君。鄭忽之臣有如此者，唯祭仲耳。"（《毛詩注疏》）如此一來，詩中所云"維子之故，使我不能餐兮"，成了"維子昭公（即忽）不與我言之，故至今權臣擅命，國將危之，使我憂之不能餐食兮。憂懼不暇餐，言己憂之甚也"。二曰"憂君爲羣小所弄也"。此方氏玉潤之見，其曰："國君所用非人，恃寵而驕，目無朝臣也久矣，言不屑與，況同食哉？大臣憂之而無如何，乃私相憤恨曰：'彼狡童之不與我言且食也，無足爲怪，特所慮者君耳。吾爲君故，至不能餐，又不能息，是寢食俱廢矣。向非維君之爲而誰爲哉？詩意甚明，何至疑忽，又疑仲，而竟至疑爲淫女所私之人耶？特是作於何朝何代，則不可考。'"（《詩經原始》）方氏之說，誠忠臣耳。惜乎予反復探究詩意，亦不得"憂君爲羣小所弄"之意，方氏說詩，甚是强辨，《狡童》一詩亦是如此耳。三曰淫詩，朱子《詩集傳》云："此亦淫女見絶而戲其人之詞。言悦己者衆，子雖見絶，未至於使我不能餐也。"朱子論詩，動輒冠以淫詩，甚是誤人，誠如其說，則吾人不可有男女之情矣。方氏之駁"竟至疑爲淫女"者，蓋即朱子也。除卻方氏，清人毛奇齡亦曾力駁《狡童》爲淫詩說（見《白鷺洲主客説詩》）。

古之人言詩，大多於男女之情避而不談，故必對抒寫男女之情一類的詩强加附會，或附會爲友朋，或附會爲君臣，若無附會之條件，則直言爲淫詩,仿佛男女情愛是人間一宗大罪,實在令人費解,若《狡童》,便是如此。其實《狡童》一詩衹是一對相戀之男女之間,生發了一點小矛盾,男方一賭氣之下而不與女方言、食,女子憂愁而發成辭。

反觀當世之人解詩,則開明豁達得多,雖不能盡詩之意,卻可言明詩旨,若高亨先生曰:"一對戀人偶爾產生矛盾,女方爲之寢食不安。"(《詩經今注》)又若馬乘風先生説:"這是青年情侣鬧别扭,女子愛恨交加之詩。"(《詩經今注今譯》)姚奠中先生之解與馬先生幾無差别:"這是一對愛人,在鬧了小别扭後,女的口中唱出雖含有指責但充滿愛戀的歌。"(《詩經選譯》)若程俊英、蔣見元二先生之説則略過矣:"這是一首女子失戀的詩歌。"(《詩經注析》)詩中女子雖遭男方之不理不睬,卻尚未至失戀的地步。予以爲兩者之間衹是在鬧别扭而已。男方聽聞本詩之後,明白女子之真心真情,自當迅速改變態度,而重歸於好。

"狡童",朱子《詩集傳》:"狡童,狡獪之小兒也。"即狡黠的小伙子,這是女子對不理睬自己的戀人的愛恨交結的稱謂。"維",王引之《釋詞》:"惟,猶以也。《詩·狡童》曰:'維子之故'。""維子之故"即以你的緣故。"餐",進食。

本詩之作與他詩不一,非借景起興,而是直賦其事,那個狡黠的小伙子,你不與我説話。因爲你的緣故,使我不能順利進餐,爲何?因心中之牽掛片刻不絶矣。

"食",共食。"息",安息。

"餐"是食,"息"是寢,詩中之女子因思念情郎而寢食兩難安矣,此誠多情之少女耳。

《狡童》一詩,僅八句,言辭直白無飾,更無藝術誇張,極其純樸,卻寫盡了少女之愁思,誠如程俊英、蔣見元二先生所説:"此詩纏綿悱惻,依依之情,溢於言表。”予讀之,惟願二人早日和好,相親相愛一生。

東門之墠

東門之墠,茹藘在阪。其室則邇,其人甚遠。(首章)
東門之栗,有踐家室。豈不爾思,子不我即。(二章)

《東門之墠》一詩,歷來誤解極甚,幾無正解,或謂之曰刺淫詩,《詩小序》、鄭《箋》、孔《疏》皆如此認爲。“《東門之墠》,刺亂也。男女有不待禮而相奔者也。”(《詩小序》)“城東門之外有墠,墠邊有阪,茅蒐生焉,茅蒐之爲難淺矣,易越而出。此女欲奔男之辭。”“栗而在淺家室之内,言易竊取,栗,人所啗食而甘者,故女以自喻也。”(鄭《箋》)“經二章皆女奔男之事也。上篇(指《豐》)以禮親迎,女尚違而不至,此復得有不待禮而相奔者。私自姦通,則越禮相就;志留他色,則依禮不行。二者俱是淫風,故各自爲刺也。”(孔穎達《疏》)或直謂之曰淫詩,若朱子:“門之旁有墠,墠之外有阪,阪之上有草,識其所興淫者之居也。”(《詩集傳》)或謂之曰:“相唱和的民間戀歌。”(《詩經注析》)近人程俊英、蔣見元、陳子展諸先生皆持此説,“詩共兩章,上章男唱,下章女唱,一倡一和,是民間對歌的一種形式。”(《詩經注析》)“《東門之墠》,蓋男女求愛、贈答倡和之歌。歌二章,一云其室則邇,其人甚遠。意謂咫尺天涯,莫能相近,極言相思之甚。明男求女之贈言也。一云豈不爾思?子不我即!意謂子以禮即之則可矣。明女思男之答言也。此男女一贈一答、一倡一和之歌,明甚。”(《詩經直解》)或曰:“有所思而未得見也。”(方玉潤《詩經原始》)方氏解詩,常喜臆斷,故其所言所思者,或爲友朋,其曰:“古詩人多託男女情以寫君臣朋友義。……至朋友兩相思念,更不待言。詩中有懷想情,而無男女字,又安知非朋友自相思念乎?”“多託男女情寫君臣朋友義”誠爲方氏解詩之旨,故《詩》三百中男女相愛之詩,大多爲其曲解。文人一旦固執己見,改之誠難矣! 或曰:"這是一首戀歌。"(姚奠中《詩經選譯》)曰:"男女相思之詩。"(馬乘風《詩經今注今譯》)姚奠中先生甚或以爲是"竟是一方的單戀。"

以上諸説,刺淫詩與淫詩之説,已爲衆人所駁斥,若清王先謙(見《詩三家義集疏》),又若方玉潤先生(見《詩經原始》),近人中則以程俊英、蔣見元二先生駁之甚有力,他們在指出毛《序》、鄭《箋》、《詩集傳》指責本詩爲刺詩或淫詩的評析後,説:"細玩詩句,全無淫奔之意,否則,何至有室邇人遠之感? 毛、鄭、朱的分析都不够恰當。我們認爲這位女子還是比較矜持的,正如王先謙《集疏》所説:'言我豈不思爲爾室家,但子不來就我,以禮相近,則我無由得往耳。'他的分析比較正確。"(《詩經注析》)至於相唱和一説,予則不認同,首章中云"其室則邇,其人甚遠"之"其"爲指代詞,代詩人心中之"他",乃是相思之詞極明,若是對唱,則必不致如此耳。予以爲余冠英先生之説近之:"這首是愛情詩,女子詞,她和所思住屋很近,兩人卻很疏遠。她在想著他,怨他不來。"(《詩經選》)其餘諸説,除方氏玉潤之"有所思未得見"之説爲臆斷外,尚能明示爲"戀歌"、"相思之詩",基本未失詩旨。

"東門",城東門。"墠",亦作壇,指平坦的廣場。"茹藘",茜草,又名茅蒐,可以染絳。"阪",坡。"東門之墠,茹藘在阪"二句點明了所思情人的住處,意爲在城東門外的平坦之地,那裏有坡,坡上生滿了茜草,詩意極爲單純、清晰,絶無鄭《箋》所謂的附會之意。

"室",指情人的家。"邇",近。"其室則邇,其人甚遠",八字意極淺顯,卻意味深長。程俊英、蔣見元二先生析之甚爲透徹:"首章'其室則邇,其人甚遠'兩句,將相思而不得見的心情曲曲道出,委婉雋永。唐魚玄機《隔漢江寄子安》詩:'煙裏歌聲隱隱,渡頭月色沉沉,含情咫尺千里,況聽家家遠砧。'其意境便從此詩生發開去;而'室邇人遠'久爲後世文人表達咫尺天涯相思之苦的習語。所以孫鑛《批評詩經》指出:'兩語工絶,後世情語皆本此。'”不僅古之文人皆仿此二句,即便近世詩人亦常寫此意,若朦朧派詩人顧城亦有類似之詩:“你/一會看我/一會看雲//我覺得/你看我時,很遠/你看雲時,很近。”

“踐”,《詩經注析》:“善。有踐,即踐踐。《韓詩》踐作靖。王先謙《集疏》:‘韓踐作靖,云善也。……有靖家室,猶今諺云好好人家也。’”東門成排的栗樹旁,有我牽掛的好好人家。“豈不爾思,子不我即”八字則爲全詩詩眼,直接點明了自身的情思:我難道不思念你嗎?衹是你不到我這裏來啊!至此爲止,上章中“其室則邇,其人甚遠”亦一下子活潑潑起來,此誠少女所固有之矜持,羞澀而又忍不住相思之情懷也。

出其東門

出其東門,有女如雲。雖則如雲,匪我思存。縞衣綦巾,聊樂我員。(首章)

出其闉闍,有女如荼。雖則如荼,匪我思且。縞衣茹藘,聊可與娱。(二章)

《出其東門》乃是一首表達忠貞不二的愛情詩,然歷來注家多失其旨。故致衆説紛紜,汗漫無窮,卻於吾人理解詩意無所補益。概述之,則有以下數種看法:

其一曰“閔亂”之詩。《詩小序》:“《出其東門》,閔亂也。公子五爭,兵革不息,男女相棄,民人思保其室家焉。”孔穎達《疏》云:“作《出其東門》詩者,閔亂也。以忽立之後,公子五度爭國,兵革不得休息,下民窮困,男女相棄,民人迫於兵革,室家相離,思得保其室家也。”(《毛詩注疏》)此誠無端妄説矣,詩中云“出其東門,有女如雲”,又云“有女如荼”,皆安居樂業之狀,從何來的亂?從何來的窮困?且詩中衹見思“縞衣綦巾”、“縞衣茹藘”之女子,何曾又有“保”之意哉? 方氏玉潤駁之甚確:“然詩方細詠太平遊覽,絶無干戈擾攘、男奔女竄氣象。《序》言無當於經固已。”(《詩經原始》)

其二曰“人見淫奔之女而作此詩”。朱子《詩集傳》:“……以爲此女雖美且衆,而非我思之所存。不如己之室家,雖貧且陋,而聊可自樂也。是時淫風大行,而其間乃有如此之人,亦可謂能自好而不爲習俗所移矣。羞惡之心,人皆有之,豈不信哉!”誠如其所説,則滿大街都是淫婦蕩娃乎? 若方氏玉潤,則駁朱子説甚力:“……是以‘如雲’、‘如荼’之女盡屬淫奔,亦豈可哉? 晦翁釋《詩》,隨口而道,並未暇思,於此可見。”(《詩經原始》)朱子解詩恐亦非隨口而道,衹是其道學家之習氣時常氾濫罷了,故近人陳子展先生駁之曰:“……據《詩》,東門之外,如雲如荼之女,自是往來鬧市之衆女,未見其必皆爲淫奔之女。況人情相去不遠,當亦有貴族婦人‘駕言出遊,以寫我憂’者也。何道學家之褊心妬意,邪思偏見,不自克制,侮辱女性,一至如此乎? 如此論詩,殊敗人意。”(《詩經直解》)予意甚同。

其三曰“這是一位男子表示對妻子忠貞不二的詩。”此爲程俊英、蔣見元二先生之論斷,“……這些都説明鄭國當時在戀愛婚姻問題上,風俗比較紛亂。在這種環境中,居然有《出其東門》所描寫的男子不爲‘如雲’、‘如荼’的女子而動心,忠貞不二地愛著生活儉樸、安於貧賤的妻子,確是難能可貴”。(《詩經注析》)此詩之解有兩點值得商榷:一、何以謂此詩爲“男子表示對妻子忠貞不二”? 於予觀之,詩人與所思的女子的關係恐非夫婦,而是戀人。有云“縞衣”爲婚後之服,馬瑞辰先生則考之曰:“縞衣亦未嫁女所服也。”(《毛詩傳箋通釋》)二、謂“忠貞不二”者“確是難能可貴”。“忠貞不二”本是理所當然,别説是“生活儉樸,安於貧賤”,即便是面對災難,亦當如此,何來“難能可貴”之言? 三、若所思者,誠爲妻子,則“儉樸”、“貧賤”之生活,乃是詩人與其妻所共同的,又何來嫌貧慕富之説?

相較而言，則高亨、余冠英二先生所析甚當。“這首詩是一個男子對愛情忠貞不二的自白。”(《詩經今注》)“本篇也是寫愛情的詩，大意說：東門遊女雖則‘如雲’、‘如荼’，都不是我所屬意的，我的心裏衹有那一位‘縞衣綦巾’，裝飾樸陋的人兒罷了。”(《詩經選》)

“東門”，鄭人遊集之所。“如雲”，喻遊女衆多。“匪”，非。“思存”，思念之所在，東門雖有遊女無數，卻都不是我所思念的那個人。

“縞”，白色。“縞衣”，乃女子未嫁時所服之衣。“綦”，草緑色。“巾”，“似今之圍裙”(《詩經注析》)。“綦巾”乃女子勞作時所服。“縞衣綦巾”四字交待了詩人所思者乃一未婚的勤於勞作的女子。“聊”，舊注皆云“姑且”，恐非，或當爲“依靠，寄託”，若《戰國策・秦策一》“上下相愁，民無所聊”之“聊”。“員”，《釋文》：“員，本亦作云。”云，孔穎達《疏》：“助句辭也。”“聊樂我員”，意爲：惟有她才可令我獲得歡樂。此進一步表達了詩人對所思女子之鍾情。

“闉闍”，《説文》：“闉，闉闍，城曲重門也。闍，闉闍。”可知“闉”、“闍”二者講的是同一事物，高亨先生注：“城門外再築上半環形的墻，叫做闉闍，又名曲城，今語叫做甕城。”據後云“有女如荼”，知此處亦爲遊人的聚集之所。“荼”，白茅花。“如荼”，喻女子像白茅花一般多，與上章“如雲”意近。“思且”，“且”爲“徂”之假借字，亦存之意。闉闍之上，遊女如荼，然都不是我的思念之所在，我所思念者爲誰？答曰：“縞衣茹藘”者是也。

“茹藘”，即茜草，可以染絳，上章直寫巾之顔色爲“綦”，本章則寫巾是由茹藘染絳而成。我所思念的人，身穿白色的衣服，圍著茹藘染絳的圍裙。

“聊可與娱”，惟有她可以一起歡娱！末句與上章末句“聊樂我員”一般，亦是詩人表達忠貞之言辭。

東門之池

東門之池,可以漚麻;彼美淑姬,可與晤歌。(首章)

東門之池,可以漚紵;彼美淑姬,可與晤語。(二章)

東門之池,可以漚菅;彼美淑姬,可與晤言。(三章)

予讀乎諸家對《東門之池》一詩的評析,甚是悲憤,誠若近人陳子展先生所説:"舊有解説幾於無一可通。"(《詩經直解》)然則若祗是誤解、附會倒也罷了,《詩》三百幾無不遭此命運者也,而此詩不僅遭受誤解、附會,卻又更遭蔑視。以爲"辭意淺率,終非佳構,不必再煩多辯已。"(方玉潤《詩經原始》)"就這首詩而論,便是淡得不相宜,淡得没有餘味,經不得咀嚼。"(程俊英、蔣見元《詩經注析》)此等蔑視,予不得不爲之辨别。本詩確無文采,三章重疊而出,近於平淡,然其中情感直泄而出,純真、率直,無所掩飾,更無矯情可言。而若略作吟誦,便覺此詩乃詩人脱口而出之作,如此者,豈非"愈淡愈妙"(吴闓生言)者乎?

《東門之池》乃由一男子所作,他的戀人自是一位勤勞樸素的女子,而"晤歌"、"晤語"、"晤言"等皆日常之所爲,可見詩人情思之無邪、單純。惜乎如此純樸之詩卻亦遭歷代學人之誤解,哀哉!

《詩小序》云:"《東門之池》,刺詩也。疾其君子淫昏,而思賢女以配君子也。"此誠臆想耳。鄭《箋》、孔《疏》卻想方設法爲之圓説,如《箋》云:"於池中柔麻,使可緝績作衣服。興者,喻賢女能柔順君子,成其德教。"《疏》云:"東門之外有池水,此水可以漚柔麻草,使可緝績以作衣服,以興貞賢之善女,此女可以柔順君子,使可修政以成德教。既已思得賢女,又迷彼之賢女,言彼美善之賢姬,實可與君對偶而歌也。以君淫昏，故思得賢女配之，與之對偶而歌，冀其切化，使君爲善。”(《毛詩注疏》)毋論鄭玄、孔穎達二人説得如何圓融無礙，此説亦是不通，豈有君昏而不去思賢臣卻去思賢女的？此實是千秋笑柄耳。崔述在《讀風偶識》中駁之甚明：“漚麻漚紵，絶不見有淫昏之意，即使君果淫昏，亦當思得賢臣以匡正之，何至望之女子？”

朱子《詩序辨説》指出本詩爲“淫奔之詩”，此“當然是出於衛道者的陳腐”(程俊英、蔣見元《詩經注析》)。在《詩集傳》中又指本詩“亦男女會遇之詞”。程俊英、蔣見元二先生所説幾近於《詩集傳》：“這是一首男女相會的情歌。作者是男的，他所追求的可能是一位在東門外護城河中浸麻織布的女子。”(《詩經注析》)殊不知此詩中男有情女亦有意，乃是一對相戀著的戀人。詩人在約會之後，滿心愉悦，情不自禁脱口而唱出此詩。本詩之動人處正在於此點：直接而無所矯飾。

近人陳子展甚有魄力，敢於否定，指出舊解幾“無一可通”，不料自身亦衹是一個誤讀，他説：“蓋此池邊漚麻之勞動婦女，妬羡所見彼冶容遊蕩貴族女子之詞。何以不績其麻，而市也婆娑乎？此亦可爲《韓説》‘勞者歌其事’之一例。”又説：“盍若以此詩還諸歌謡，直尋本義，視爲此池邊漚麻之勞動婦女見彼不勞而食之貴族女子不可近前，而疾其時社會階級之不平，發爲歌謡者乎？”(《詩經直解》)陳先生完全曲解了“彼美淑姬，可與晤歌(晤語、晤言)”，以爲是勞動之女子欲與“淑姬”、“晤歌”、“晤語”、“晤言”，此等誤解，誠不值一辯者也。

“池”，毛《傳》：“城池也。”馬瑞辰：“古者有城必有池，孟子‘鑿斯池也，築斯城也’是也。池皆設於城外，所以護城。”(《毛詩傳箋通釋》)“漚”，《説文》：“久漬也。”即長久浸泡之意。麻必須在水裏久泡之後，方能採取其纖維。“淑”，當爲叔，老大稱伯，次則稱仲，再次則稱叔，即老三。“姬”，指美女。孔穎達《疏》云：“美女而謂之姬者，以黄帝姓姬，炎帝姓姜，二姓之後，子孫昌盛，其家之女美者尤多，遂以姬、姜爲婦人之美稱。"(《毛詩注疏》)"叔姬",當時美女的通稱。"晤",鄭玄《箋》云:"晤猶對也。""晤歌"即對歌。

首章交待了詩人所戀者,乃是一位在東門之池"漚麻"之女子,此女子在詩人心目中極其美麗,而兩人相會之時,則必時常對歌。

"紵",即苧麻,"其纖維採制爲麻,精者可織爲夏布,在我國種植極廣。"(《詩經注析》)"語",交流。

二章之意,與首章無異,祇是"晤語"較"晤歌"更爲親近,對歌常相隔較遠,而對語則已爲面對面矣。

"菅",高亨注:"禾本科植物,稈高近之米,開白花。漚之使柔,可以織席編筐。"(《詩經今注》)"言",言談。較"語"當更爲親密。

《東門之池》詩中,詩人對戀人的念想至純至真,祇是與之"晤歌"、"晤語"、"晤言",而其中一對和諧而相親相愛之戀人已如在眼前,如此之詩,誠是於平淡中見真情也。

野有死麕

野有死麕,白茅包之。有女懷春,吉士誘之。(首章)
林有樸樕,野有死鹿,白茅純束,有女如玉。(二章)
"舒而脱脱兮! 無感我帨兮! 無使尨也吠!"(三章)

《野有死麕》一詩,歷來之解,幾無不偏失者。清方氏玉潤曾對諸多古解作一梳理並予以批評,甚爲中肯:"自來解此詩者不一,其説以爲'惡無禮'者,古《序》也。以爲'凶荒禮殺,以死麕、死鹿爲昏禮'者,毛、鄭也。"(毛,毛亨。鄭,鄭玄)"以爲'淫詩'者,季明德也。以爲'刺淫'詩者,歐陽氏也。以爲貞女‘不爲强暴所汙’者,《集傳》也。紛紛臆斷,原無一定。夫所謂‘惡無禮’者,即貞女‘不爲强暴所汙’説也。《詩》曰‘吉士’,《傳》曰‘强暴’,經與傳互相矛盾,可乎哉?”(《詩經原始》)惜乎方氏在評説諸家之後,自己也説出了一個錯誤之看法:“愚意此必高人逸士抱璞懷貞,不肯出而用世,故託言以謝當世求才之賢也。”蓋方氏以爲詩中男女祇是比擬,其解詩時常如此,殊不知《風》皆來自民間之民歌。百姓純樸,又何以如此隱晦作喻?

近人中,余冠英先生以爲“這詩寫叢林裏一個獵人,獲得了獐和鹿,也獲得了愛情。”(《詩經選》)姚奠中先生則以爲“這是一首愛情詩”,且説末章“寫出他們的首次約會,筆墨很經濟”(《詩經選析》)。皆過於淺率。其他諸如高亨、馬乘風諸人,皆主幽會説。惟程俊英、蔣見元二先生説出了一些詩意:“這是一首描寫一對青年男女戀愛的詩。男的是一位獵人,他在郊外叢林裏遇見了一位温柔如玉的少女,就把獵來的小鹿、砍來的木柴用潔白的茅草捆起來作爲禮物,終於獲得了愛情。這是《國風》中動人的一首情詩。但歷代注家或斥之爲‘淫詩’,或曲解爲‘惡無禮’,都是囿於封建禮教的偏見,抹殺了民歌的本色。”同時他們還對最易引發誤解之末章作了解析:“此詩前二章辭意平平,未見其奇。末章忽作少女口吻,使求愛情景戲劇化,詩也由此風神摇曳,姿態横生。作爲一個懷春少女,誠難抵擋異性的誘惑,但她對這種挑逗,又帶著本能的羞懼。末章所流露的正是這種若推若就、亦喜亦懼的心情。‘舒而脱脱兮’,在這告誡之中,包含著一種善意的、甜美的希望;‘無感我帨兮’,羞態可掬,但這是舉袂掩面、偷眼相顧的羞澀;‘無使尨也吠’,這驚懼之聲,實非爲犬而發,她是害怕戀情被人發現,幽會因此打斷。通過這短短的三句話,少女豐富的感情、嬌羞的形態,都得到了生動的表現。其用筆可謂簡潔,其描述可謂入神。”(《詩經注析》)

然而,儘管程、蔣二先生所析極有意味,卻又偏移了詩之本旨。本詩是首情詩自是無誤,然據程、蔣二先生所析,則三章爲男女約會時女方的"羞懼"之言,如此則近於姚奠中先生所説的"首次約會"。於予看來,此説不妥,雖古之男女亦提倡自由戀愛(此點由《詩經》中諸多詩中可見,若《關雎》、《静女》等),然未經定情便如此幽會者卻亦不合禮節(《詩》三百中亦多約會詩,但男女皆多守禮節,親密者止於相贈禮物而已,若《静女》)。

故予於此詩未曾輕信舊説,經反復推求,而知本詩所述實自戀愛而婚嫁之詩,前二章寫男求女,且非不合禮,據清人馬氏瑞辰之考,詩中之"麕"、"鹿"皆爲麕皮、鹿皮之省寫。而古之"吉禮以鹿皮爲贄"(《説文》),而"樸樕"亦古之禮物,故知吉士非無禮者也。末章則寫婚嫁之夜,新娘之羞澀。馬氏在《毛傳詩箋通釋》中,考證出"帨"乃"女子出嫁時所結"。據此,則末章絶非朱子所謂"女子拒之之辭",更無"凜然不可犯之意"(《詩集傳》)。

近人陳子展先生曾説:"設爲女與士言,行婚禮時當如此。"(《詩經直解》)幾近於詩之本旨,卻又錯失,而誤以爲末章爲詩人所設之言,惜哉!

"野",《爾雅・釋地》:"邑外謂之郊,郊外謂之牧,牧外謂之野。"今則統言郊外。"麕",獐,鹿類動物,無角。據馬氏瑞辰之考,則此"麕"乃是麕皮之省寫。古人以鹿皮爲吉祥之禮物。"白茅",白色的茅草。"包",包裹。顧虞東《學詩》:"執皮者必攝之,故以'包'爲言。"即送禮時以白茅包裹著麕皮。"懷",思。"春",少女之情竇。"懷春"指少女情竇初開。"吉士",品行出色之士。"誘",有解成"挑誘"者,過矣,實當從毛《傳》之解:"誘,道也。"近於"循循善誘"之"誘",引導之意。

首章四句實爲倒敘之法。當爲一多情之吉士相識一懷春之少女,便將所獵之麕的皮作禮以求之。

“樸樕”，小木也(《詩集傳》)。“胡承珙曰：‘詩於昏禮每言析薪，古者昏禮或本有薪芻之饋耳。蓋芻以秣馬，薪以供炬。’《士昏禮》執燭前馬，古燭即以薪爲之也。”(馬瑞辰《毛詩傳箋通釋》)故知“樸樕”亦婚禮之禮物耳。“鹿”爲鹿皮之省寫。

“純”，同“屯”，意爲捆。“白茅純束”，“白茅”對鹿皮言，似於上章“白茅包之”。“純束”對“樸樕”言，意爲將之捆成束。“如玉”，言少女之純潔。

首章爲吉士誘少女，所用之禮爲麕皮。二章則爲致婚禮，吉士備薪備鹿皮，以求如玉之少女。

“舒”，遲緩也。“脱脱”有二解：一曰“舒緩貌”，似前“舒”字。毛《傳》、《詩集傳》皆作此解。一曰：“脱脱，狀吉士之好皃(貌)也。”(馬瑞辰《毛詩傳箋通釋》)予以爲後一説更妥，乃成婚之夜，少女美吉士之詞，可見吉士乃少女所鍾情之人。

“無”近似毋、不。“感”，撼也。“帨”，據馬瑞辰考，即縭，爲女子出嫁時所結。“尨”，《説文》：“犬之多毛者。”

經由首章追求，二章下聘禮，末章則爲新婚之夜。本詩妙在不直寫新婚之狀，卻以新娘羞澀而憨厚之言，傳達少女對新婚的期盼與羞澀，當然情郎是美好的，是合乎自己心願的，此由“脱脱”二字可見。而自身對夫妻恩愛，又是充滿期待的。“舒”字盡現此意。而“無感我帨兮！無使尨也吠！”自是羞澀而親密之言。詩人雖不曾花費一字描述新娘之狀，而此三句卻將一可愛、嬌憨之新娘傳達得栩栩如生。

《野有死麕》一詩由追求至成婚，充盈著甜蜜與温馨，洋溢著羞澀與迷戀。誠可謂有情人終成眷屬者也。

草 蟲

喓喓草蟲,趯趯阜螽;未見君子,憂心忡忡;亦既見止,亦既覯止,我心則降。(首章)

陟彼南山,言采其蕨;未見君子,憂心惙惙;亦既見止,亦既覯止,我心則説。(二章)

陟彼南山,言采其薇;未見君子,我心傷悲;亦既見止,亦既覯止,我心則夷。(三章)

《草蟲》一詩,乃思婦述懷夫之憂之傷,當無異議。然説《詩》者卻偏偏生出無數枝節,以至詩之本旨幾於盡失,哀哉!

《詩小序》:"《草蟲》,大夫妻能以禮自防也。"著實不知所云!《詩集傳》:"南國被文王之化,諸侯大夫行役於外,其妻獨居,感時物之變而思其君子如此。亦若《周南》之《卷耳》也。"朱子説《詩》,似離卻文王、太姒便無以言,實太過拘蔽者也。方玉潤先生對《詩小序》、《詩集傳》痛惡不已,然自身所云亦是臆想:"《集傳》不過呆相,《小序》則節外生枝。細詠詩詞,何嘗有'以禮自防'意?即一婦思夫,而必牽及'文王之化'者,何哉?至有謂其惟恐爲淫風所染,因取此物以自警,無論草蟲至微,非自警之物,即其夫偶一在外,而妻遂幾幾乎不自保其爲淫俗所染,此尚成婦道耶?姚氏謂'前輩説《詩》至此,真堪一唾!'未免過激,然亦未爲過也。其餘紛紛異説尚多,有謂其爲未嫁之女言者,有謂其爲既嫁之婦言者,亦有謂其爲方嫁在途而言者,更無足道。此蓋詩人託男女情以寫君臣念耳。始因秋蟲以寄恨,繼歷春景而憂思。既未能見,則更設爲既見情形以自慰其幽思無已之心。"(《詩經原始》)

方先生評《詩小序》、《詩集傳》之言可謂切中肯綮。然其言他人"節外生枝",卻不識自己亦是横生枝節。於予視之,《草蟲》一詩除卻思婦懷夫,别無其他深意。男女之情者,天下之大本也,男女之情正,則夫婦正,夫婦正則家正,家正則國正,國正則天下安樂。故思婦發懷夫之情,何罪之有?又何必牽扯出“君臣”之念?且君子致仕有道,豈會藉婦人之口,發此憂思之言?此孟聖言之甚明。方先生豈知君子否?況吾夫子屢屢明《詩》教之旨,在乎“温柔敦厚”,在乎“思無邪”,《草蟲》一詩,誠“無邪”之思,民之誦之久矣,自當有“温柔敦厚”之化,又何必汝等牽强而附會者歟?

故予以爲詩中之女子必爲思念其君子之“既嫁之婦”,至於方先生所謂“未嫁之女”、“方嫁在途”之女,予未曾讀得,亦不識其所據爲何,然誠如方先生所謂“無足道”也。

諸人皆以《草蟲》之女比《卷耳》之女,予視之,則《草蟲》之女略遜於《卷耳》之女者也,然又略勝於《汝墳》之女,其中深味,請學人自去體味。言之過明,則《詩》意盡失矣。

“喓喓”,蟲鳴聲。“草蟲”,當指蟈蟈,因其善鳴。“趯趯”,群蟲跳躍之貌。“阜螽”,蚱蜢,善跳。“忡忡”,憂慮不安之貌。“既”,已。“止”,語辭。“覯”,相遇。“降”,放下。

首章所述自是秋景,秋蟲“喓喓”,“阜螽”“趯趯”,秋意甚濃。古之云“春生夏長秋收冬藏”,時至秋日,思婦所懷之君子當還卻未還,故思婦登山遠眺(據後二章可知,“喓喓草蟲,趯趯阜螽”所述乃是高山之秋景),此則同於《卷耳》、《汝墳》之女也。“未見君子”,登高望遠,不見夫君。“憂心忡忡”,四字須細細體味,非“未見君子”而後,方才“憂心忡忡”,卻是長久思夫,本已“憂心忡忡”。學人至此,須極深思之,首章祇是個“憂心”,二章依舊是個“憂心”,三章則爲“傷悲”矣!首章是“忡忡”,二章爲“惙惙”,三章則純然祇是傷悲矣!“忡忡”者,祇是個憂慮不安。“惙惙”者,卻已是心慌氣悶。至於“傷悲”,則原本充滿希望之盼歸,而今轉成失望乃至無望之空候。詩行中已然彌漫著悲痛欲絶之氣息。我人讀《草蟲》一詩,能不爲古時女子之忠貞慨然感歎?能不爲古時女子之厄運掩卷長歎?能不爲古時女子之憂思鬱結而滿懷惆悵?

“亦既見止,亦既覯止”,“見”、“覯”二者重用,無形中加强了詩之韻律,然此間滲透著思婦之懷思與憂愁。“見”、“覯”二者亦不一,“見”則相距遠,若於山頂見夫匆匆而歸;“覯”則相距近,已然近在眼前,甚或牽手,乃至伏於君子之肩,喜極而泣。“我心則降”,此四字讀來令人心酸不已,可見思婦之心時時懸掛著,何以如此?乃時時爲夫君擔憂所致。於此可見,思婦之夫君恐非古之學人所謂之大夫,甚或爲於遠方服役之兵士,時時皆有生命之患。而思婦終亦未曾候得夫君之歸,抑已客死他鄉者歟?哀哉!

首章言“降”,二章言“説”,三章“夷”,亦是深有意味。“降”之應懸,心懸故“降”;“説”之應悲,心悲故“説”;“夷”者,平也,應“傷”,心傷故“夷”。學人但能於此深思、玩味,自當與詩中之女子産生感應,而深入於詩中矣。

“陟”,登。“蕨”,蕨菜,嫩者可食。“惙惙”,因懷思而至心慌氣悶之感。“説”,悦也。

思婦之候已是整一秋冬,夫君未歸,今時至春末,思婦采蕨,念懷夫君,不禁登高遠望,依然是“未見君子”,“憂心”無“降”,無“降”則持續懸掛,時日一久,自至心慌氣悶。故曰“憂心惙惙”。

二章仍是未“見”未“覯”,内心卻求“見”求“覯”,讀至此,予心隱隱作痛,哀哉!上章言“既見”“既覯”,祗是個“我心則降”,思婦止於心懸而已,夫君歸來,懸著之心則“降”。今卻是“我心則説”,可見思婦懷夫之情,愈發深矣,夫君果真歸來,可謂喜從天降,定當破顔而悦,破涕而笑!一個“説”字,道盡了多少愁思也!

“薇”,野豌豆苗,嫩者可食。“夷”,平。

采完“蕨”來又采“薇”，懷人遠去不復還！思婦仍懷其夫，我人卻識得其夫無以還矣！寫至此，不僅想起一句詩：“與其在懸崖上展覽百年，不如在愛人肩頭痛哭一晚。”（舒婷《神女峰》）一個絶望、無助之女子，從此年年思其君，卻又年年不見其君，如此年復一年，直至終老……

三章已然“傷悲”，已然悲痛欲絶，卻又云“我心則夷”，悲哉！哀哉！相思誠然可以殺人也！

古之學者皆以《草蟲》之藝術手法與《卷耳》相似，皆“未見君子”而懷想其歸還以寄託相思之情。實非也。《草蟲》之“亦既見止，亦既覯止”，非爲想象之情景，實乃相思之無以抑制，流溢而出之相思語也。祇有見到你，祇有遇到你，我之憂心方可降；祇有見到你，祇有遇到你，我之悲心方可悦；祇有見到你，祇有遇到你，我之傷心方可平。其間充滿著思盼，充滿著思念，充滿著懷念，何曾是想象？何曾是藝術之表現？惟有識得其間祇是真情流露，方才能真正體悟思婦懷夫之情之切之痛之期盼之無望矣。

風　雨

風雨淒淒，雞鳴喈喈；既見君子，云胡不夷？（首章）

風雨瀟瀟，雞鳴膠膠；既見君子，云胡不瘳？（二章）

風雨如晦，雞鳴不已；既見君子，云胡不喜？（三章）

予讀《風雨》一詩，總是念想著《草蟲》之女，《風雨》之女與《草蟲》之女有著共同之相思，卻有著截然不同之結局。《風雨》之女在風雨飄摇之夜晚（當是深夜，乃至淩晨），候得君子歸，故轉憂爲喜。《草蟲》之女卻在無窮無盡之等候中逐漸蒼老，而君子終未歸還。不僅如此，兩者相思之情亦有著驚人之相似，《風雨》首章思婦心中不安，故曰“夷”。“夷”

者,平也。二章思婦相思成傷,故曰“瘳”,“瘳”者,病癒也。三章思婦則思念至極,故曰“喜”,“喜”者,歡愉也。《草蟲》之思雖自“憂心忡忡”至“憂心惙惙”,復至“我心傷悲”,先後雖略有不同,但所述説之情感卻絶然相似,於此可見,吾人類之情感實是共通的。

《風雨》一詩,自是思婦於風雨之夜懷念君子(夫君),時至半夜,君子突然歸還之詩。思婦可謂如願以償,候得夫君。惜乎歷來之解亦是牽强附會者多,或曰“亂世則思君子不改其度焉”(《詩小序》),誠不知所云者也。或曰“淫奔之女,言當此之時,見其所期之人而心悦也”(《詩集傳》),若果真如此,天下女子莫不思夫,亦莫不爲淫者乎? 誠胡言亂語耳! 或曰“懷友也”(《詩經原始》),詩中所述,無非思婦懷夫,夫風雨夜歸之景,何必諱言之? 勢必要曲折迂回,説成懷故友良朋哉? 且男思女、女思男,陰陽之會,此天下之達道,爲何到了這些所謂道德君子口中,便變成“淫奔”、“思淫”? 若如此者,上天造人,使之無情罷了! 哀哉! 如此之道德棄之也罷! 吾夫子之道德卻非如此,吾夫子道德之本乃是情,情發而中節便爲德,有情方才有德,無情則便無德,故曰“思無邪”,曰“温柔敦厚”。豈若後世之道德君子,動輒以道德輿論殺人乎!

“淒淒”,淒涼、寒冷之意。“淒淒”常用來表現陰涼之細雨。“喈喈”,雞鳴聲。“既”,已。“君子”,所思之人,即丈夫。“云”,句首助詞。“胡”,如何。“夷”,平。

風雨飄摇之夜,思婦獨自一人居家,或坐於窗前,或坐於床頭,托腮思懷,滿心焦慮。此刻當是初夜,“雞鳴喈喈”,可見雞亦未至入眠時,仍在吵鬧。

懷思中,門環突然被敲響,門外傳來親切之呼唤聲,如此熟悉,如此悦耳,如此温存……思婦匆忙立身,急切打開門,夫君立於風雨之中……“既見君子,云胡不夷?”此刻始終惴惴不安之心,瞬間平息下來。

“瀟瀟”,風雨急促之聲。“膠膠”,衆皆云“猶喈喈”,亦雞鳴聲。予卻有異議,此雖仍爲雞鳴之聲,然已絶然不同於“喈喈”耳,當爲雞入眠之前相互擁擠簇成一團之時所發之音(生於農村之人皆當見過此情景)。以“膠膠”作説,既有音聲,亦有形態,可見雞群膠著黏糊之態。“瘳”,病癒。

比較首章,二章變化不大,僅“瀟瀟”、“膠膠”、“瘳”之變,然所述之景之情已全然不同。

其一,“風雨瀟瀟”可見風雨之勢遠甚於“風雨淒淒”,而思婦之心隨之益發惶惶不安;而丈夫於此“風雨瀟瀟”之夜趕歸,亦可見君子亦難抑思妻之情,夫妻之恩愛充盈於詩行之間。

其二,“雞鳴膠膠”之“膠膠”頗爲傳神,可知此刻思婦當已臥床,如此風雨交加之夜,被窩定然寒涼異常,而雞群能相互擁簇以取暖,思婦卻孤身一人,獨對寒夜,如此則思君之情自當愈發濃重,而輾轉難眠亦是自然。正當此刻,夫君卻冒雨夜歸,夫妻間之親昵、纏綿自是無話。

其三,“瘳”一字可見思婦已然相思成傷矣!

“晦”,衆皆云“昏暗”之意。恐非!予以爲此“晦”當有昏沉之意味,“如晦”當是一種比擬之説法,類似於人之昏昏沉沉。此當是詩人將自身之感受加乎風雨。“不已”,有過農村生活經驗之人,皆知雞逢風雨之夜,往往難以入眠,故雞鳴不絶於耳。

三章以“如晦”、“不已”、“喜”又勾勒出一截然不同之懷思情緒。“風雨如晦”,可見思婦此時已然昏沉,可見夜已深,甚或已至子夜,乃至丑、寅之時,然此時其耳間卻是“雞鳴不已”。據常理言,深夜之時,即便“雞鳴不已”,常人亦已深睡,無以聞之。然則,思婦何以聞之哉?故知整個風雨之夜,思婦皆在守候夫君之歸來,思念之深之切,於此全然展現。而此刻,夫君突然歸來,豈不喜極?故“既見君子,云胡不喜?”

予曾聽聞一感人至深之故事:一思婦候夫十數年,一朝夫君歸來,兩人呆坐桌前,於昏黃之燭火下相視對方整整一夜,待到天色發白,紅日欲升之時,夫妻二人抱頭痛哭……

讀至《風雨》三章,予以爲此對夫婦即當如此耳!

《風雨》一詩,雖以風雨之“淒淒”、“瀟瀟”、“如晦”構建了一淒涼、寒冷、孤獨之雨夜,以雞鳴之“喈喈”、“膠膠”、“不已”折射出一思君成傷之思婦,然終則夫君歸來,一切憂慮、哀愁皆煙消雲散而去,先悲後喜,結局可謂完滿。

予於其中更是讀出一股“陰陽相和”之意味,詩中雖未曾寫及思婦之夫,然其於風雨“淒淒”、“瀟瀟”、“如晦”之夜,匆匆而歸,可見其亦當爲愛妻、念妻、思妻之人,思婦思君,君思思婦,兩者豈非陰陽相和,如此之愛,豈非美哉!

擊　鼓

擊鼓其鏜,踴躍用兵;土國城漕,我獨南行。(首章)
從孫子仲,平陳與宋;不我以歸,憂心有忡。(二章)
爰居爰處,爰喪其馬;於以求之?於林之下。(三章)
死生契闊,與子成説;執子之手,與子偕老。(四章)
於嗟闊兮,不我活兮;於嗟洵兮,不我信兮。(五章)

關乎《擊鼓》,歷來説解可概述爲三種説法:一曰“怨州吁也。衛州吁用兵暴亂,使公孫文仲將而平陳與宋,國人怨其勇而無禮也。”(《詩小序》)説詩者大多持這一説法,且有些許學者考證出詩中之孫子仲即公孫文仲,且將之與《春秋》互證,可謂言之鑿鑿。一則曰絶無此事,若姚際恒先生及方玉潤先生。姚先生以爲“衛穆公背清丘之盟救陳，爲宋所伐，平陳、宋之難，數興軍旅，其下怨之而作此詩也”。方先生則以爲“細玩詩意，乃戍卒嗟怨之辭，非軍行勞苦之詩。當是救陳後晉、宋討衛之時，不能不戍兵防隘，久而不歸，故之嗟怨，發爲詩歌”。一則模糊處理，若朱子，曰：“舊說以此爲《春秋》隱公四年，州吁自立之時，宋、衛、陳、蔡伐鄭之事，恐或然也。”以“恐或然也”一帶而過。

於予視之，《擊鼓》一詩於何種背景下所作並不重要，重要者爲此詩所滲透出來之情感，那種“死生契闊”、“執子之手，與子偕老”之同生死、共命運之情感，令人讀來感歎不已！惆悵不已！

相較言之，方先生所說較妥，詩人乃一“久戍不歸”之兵卒，命運多舛，甚或“邊防戍遠，永斷歸期”，此生恐無以再與曾共誓“死生契闊”之妻相逢，而客死他鄉。豈能不哀哉？

予讀《擊鼓》，常常思及《草蟲》，《草蟲》之女所思者乃一遠征之兵卒，恐已客死他鄉。而本詩卻是一戍卒之吟，而此戍卒亦有無以返歸之可能性，而且極大。一爲思婦懷夫，一爲懷夫念妻；一則所懷之人永無歸期，惟年年期盼年年等候。一則憂已永難還鄉，無以履行相伴終生之諾言。其中哀傷，又有幾人能知？

“鏜”，擊鼓之聲。“其鏜”，若鏜鏜。“踴躍”，練兵之狀。“兵”，兵器。“土國”，在國内服土工役。“城漕”，在漕（當爲地名）修築城牆。“南行”，指隨軍南行，即二章所云之“從孫子仲，平陳與宋”。

首章中，詩人述自身之境地，本與其他兵卒一般，“擊鼓其鏜，踴躍用兵”，今卻命運迥異，或留於國服土工役，或至漕修築城牆，惟有我命運悲慘，隨軍南行，至今仍無歸期。於詩人而言，“土國”抑或“城漕”皆爲幸事，一則雖勞累卻無性命之憂，一則離所念之妻尚近。

首章雖僅言南行之事，卻已爲此後數章之發展埋下伏筆，而且思歸之情愈發深切，與此同時，絶望之情亦愈發深切。

“從”,跟從。“孫子仲”,當爲衛軍之將領,或曰公孫子仲。“平”,“和而不盟曰平”,即通過促和而無需結盟之方式調解糾紛。“不我以歸”,即不以我歸,使我無以歸還。“有忡”,即忡忡,憂慮不安。

首章言南行之事,二章則言南行之由,及受此牽絆而無以返歸。由詩句可知,衛軍之南行在乎“平陳與宋”,然久南而不歸,可見進展不順,如此則恐有戰事,亦恐漫漫而無歸期。首章衹言遠離之思,二章則言“不以我歸”之憂。故知詩人本以爲南行之事不久即可返歸,不料終卻無以返歸,故而“憂心忡忡”。然此刻尚未絶望,至少仍有生還之希望,發展至三章,則生還之望亦愈發渺茫。

“爰”,於。“喪”,丢失。

三章寫行軍,久戍於外而不歸,故致軍心散亂,兵卒“爰居爰處”,隨處休居,且軍馬時有走失,於山林間覓得。誠如朱子所言:“見其失伍離次,無鬥志也。”兵無鬥志,豈行軍之善事哉?故詩人見此,知此行之終,必敗無疑。故有四章、五章絶望無助之哀鳴之音。

“契”,合。“闊”,離。“死生契闊”,即一生相伴,生死不離。當爲詩人與愛妻共誓之辭。“子”,即詩人之妻。“成説”,約定、誓言。“執”,握。“偕”,共。“執子之手,與子偕老”乃千古言情名句。

詩人眼見軍心散漫,士卒懈倦,感知返歸無望,不禁念想與妻握手共誓之言,“生死契闊”,“執子之手,與之偕老”,予仿佛已然見一對青年夫婦雙手相握,於紅燭下共誓。

四章乃詩人所憶。衹是對妻子之思念,然由“生死契闊”、“執子之手,與子偕老”,可見詩人夫婦感情純真,且情意深長。由此,亦加深了五章絶望無助之情緒。令我人讀之惻然!

“於”,同吁。“吁嗟”,感歎詞。此爲表達哀傷之感歎。“闊”,離。“活”,或言當作佸,意爲相會。予則以爲朱子之解較妥:“活,生。”“不我活兮”,即我無以生還也!“洵”,當作敻,久遠。“信”,守約。

“於嗟闊兮,不我活兮!於嗟洵兮,不我信兮!”絶望之情充溢於字裏行間,就此離别了啊!我無以生還了也!就此相隔久遠了啊!我無以赴約了也!

五章之絶望、無助,令人爲之猝然淚下,亦知《擊鼓》一詩乃是一位預知自身將客死他鄉或戰死沙場之兵卒之遺言,其中傷懷自是文字無從書寫,我人祇能將心比心,與之交感互應,惟如此,才足以明詩人之痛之悲之傷懷,五章誠然一片哀鳴之音,誠然一段絶唱是也!

行文至此,予突然念及詩人所懷之人,那位與夫君立下“生死契闊”、“執子之手,與子偕老”之女子,雖詩中未曾爲之費一字,予卻識得其定爲一温柔、賢達而貌美之女子,她又能何爲?除卻於秋風中傾聽蟲鳴,以盼夫君歸來,春日裏采蕨采薇時,盼君歸來,而所思之人卻久久不得歸來,年年如此,日日思懷,就此而日益憔悴日益衰老,終了,抑或祇能留下一“來生再相愛”之幻想罷了!

古時之女子,誠可令人憫之!悲之!歎之!

解析至此,予倏然驚覺:《草蟲》、《擊鼓》二詩,豈非一陰一陽者歟?《草蟲》之女,《擊鼓》之男,豈非天下之思婦、天下之懷夫者歟?悲乎!其所懷之夫君不得歸矣!哀乎!其所念之妻子不復見矣!其情著實可憐、可哀、可悲、可歎!

然女之忠貞、男之專一,何曾有過半點動摇?又何曾有過半點他想?念及於此,返顧自身,返顧當世之人,誠禽獸不如者也!哀哉悲哉!悲哉哀哉!

黍 離

彼黍離離,彼稷之苗;行邁靡靡,中心摇摇。知我者謂我心憂,不知我者謂我何求! 悠悠蒼天,此何人哉!(首章)

彼黍離離,彼稷之穗;行邁靡靡,中心如醉。知我者謂我心憂,不知我者謂我何求! 悠悠蒼天,此何人哉!(二章)

彼黍離離,彼稷之實;行邁靡靡,中心如噎。知我者謂我心憂,不知我者謂我何求! 悠悠蒼天,此何人哉!(三章)

關乎《黍離》一詩,古今説《詩》者少有異議,皆從於《詩小序》之言,稱之爲"閔宗周"之詩,爲"周大夫行役,至於宗周,過故宗廟宫室,盡爲禾黍,閔周室之顛覆,彷徨不忍去,而作是詩也"。

惟余冠英先生持有異議,曰:"此説在舊説之中最爲通行,但從詩的本身體味,祇見出這是一個流浪人訴憂之辭,是否有關周室搬遷的事卻很難説。所以'閔周'之説祇可供參考而不必拘泥。"(《詩經選》)

予以爲余先生之説值得體味。《黍離》一詩後世引用甚多,尤其"知我者謂我心憂,不知我者謂我何求"一句,舉凡懷才不遇者,皆以此抒寫胸中壓抑之情。而此句又是詩眼。故知詩人所抒之意自不必爲"閔宗周"耳。況周之東遷,乃因幽王不守"天命靡常"之祖訓,昏庸失德而致,又何必"閔"之? 或誠爲抒懷才不遇之緒者歟?

然《黍離》一詩雖不能確之爲"閔宗周"之詩,卻亦不可隨意析之。若但以懷才不遇,抑或以"流浪人訴憂"解之,則恐失之草率,且有違於吾夫子《詩》教之旨耳。故予一有暇時,則取而誦讀之,古訓有云"書讀百遍,其義自見",誠不妄也。予今確然可信《黍離》乃一懷妻之詩,所懷之妻或相距甚遠,或已然亡故。而詩人或爲一仕官,任職於他鄉;或爲一處士(有德才而未曾作官之人),何以知之? 因其情深邃,其意幽然,且全詩彌漫著一股沉重卻又不乏雅致之氣息，非極富才情者不可爲之耳。

“黍”，糜子。“離離”，排列整齊而繁盛之貌。“稷”，高粱。“邁”，行。“靡靡”，“猶遲遲也”（朱子語），即行路遲緩貌。“中心”，心中。“摇摇”，同愮愮，《爾雅》：“愮愮，憂無告也。”故知“摇摇”即憂思而無人可以傾訴。

《黍離》一詩畫面感極强，首章描述了一個孤獨之身影，於黄昏下緩緩而行，步履凝重，較遠處是“離離”之黍，及密密之稷苗，夜色即將來臨……

“行邁靡靡”，可見詩人心事重重，然心事卻又不便與人言，或無從與人言，故“中心摇摇”。然據“知我者”可知，詩人如此徘徊，已非一日兩日，卻是時日已久，故知之者早已知之，“知我者謂我心憂”，此之謂也。關乎“不知我者謂我何求”一句，有人解作：不知者以爲我在尋找什麽。甚誤！誤在過於拘泥，如此解詩，誠“以文害辭，以辭害志”者也。此句當解爲：不知我者以爲我有所追求。有求而不得之意味。故知詩人非爲“求而不得”而“中心摇摇”。然則，詩人爲何而如此哉？答曰：“心憂。”“知我者謂我心憂”誠乃本詩之要，抓住此句，則全詩將不解而解。

“知我者謂我心憂”，可見詩人之“心憂”，並非無人知，卻是有人知耳。然則，詩人何以不與他人言之？實因難以爲言，無從開口。故知詩人所憂者，乃個人之生平遭遇者也。故予以爲《黍離》所述乃男女相思之情，爲一久仕他鄉懷思愛妻之人，抑或所懷之人已然亡故，故而無從抒懷，惟有日日徘徊，日日相思，日日哀傷，日日憂懷。學人讀此詩，但能略微用心，自當爲那孤獨、徘徊、凝重之身影所感動，爲之惻然心碎！

“悠悠蒼天，此何人哉！”詩人之憂之痛無人可以傾述，惟有向天傾述，悠悠蒼天啊！是何人使我如此啊！“此何人哉”，非特指某人，卻是詩人無以解懷，喟然而歎之辭。因此喟然而無所特指，故此八字，字字滲透著無奈、無望,令人讀來心酸而噎。

"穗",吐穗。"醉",心思恍惚之感。

二章仍是一幅畫面:黄昏下,一個孤獨之身影於原野間徘徊,步履沉重,憂心忡忡……

較之"中心摇摇","中心如醉"進了一層,思念已然恍惚,而據"彼稷之穗"可知,時光已然轉换,思情層層加深。

"知我者謂我心憂,不知我者謂我何求！悠悠蒼天,此何人哉!"四句之重疊,讀之令人無限惆悵。

"噎",孔穎達《疏》:"噎者,咽喉蔽塞之名。"即憂思沉重,以之於喘息亦難。此等感受當較之《草蟲》"惙惙"略甚,幾近於"傷悲"矣!

據"彼稷之實"可知,高粱已然成熟。高粱由"苗"至"實",詩人皆在思懷,而據"知我者謂我心憂",可推斷詩人在此之前便已思懷,可以預見在此之後,詩人仍將思懷,或將思懷至死爲止!

自"中心摇摇"至"中心如醉",復至"中心如噎",思懷之情層層加深,無望之情緒逐漸彌漫,甚或本來便是一片無望。總而言之,三章一個"噎"字,使人讀之動容,似有一物横堵於咽喉之間,而淚水已然順著面頰而下……

"知我者謂我心憂,不知我者謂我何求！悠悠蒼天,此何人哉!"又是四句重疊,讀之惻然。

《黍離》一詩自是懷思之詩,其間最動人處,乃"知我者謂我心憂,不知我者謂我何求！悠悠蒼天,此何人哉!"四句之重疊,每讀一遍,心便爲之惻然！每讀一遍,心便爲之疼痛！每讀一遍,心便爲之收縮！每讀一遍,心便爲之哀傷!

噫！噫！《黍離》之情,非此何哉?

大 車

大車檻檻，毳衣如菼；豈不爾思，畏子不敢。（首章）

大車哼哼，毳衣如璊；豈不爾思，畏子不奔。（二章）

穀則異室，死則同穴；謂予不信，有如皦日！（三章）

《大車》一詩，向有四解：

一曰淫奔詩。"《大車》，此周大夫也。禮義陵遲，男女淫奔，故陳古以刺今大夫不能聽男女之訟焉。"（《詩小序》）《詩小序》多荒誕不經之言，此語亦然。然朱子卻依之作説："周衰，大夫猶有能以刑政治其私邑者，故淫奔者畏而歌之如此。然其去《二南》之化則遠矣。"（《詩集傳》）《詩小序》已然無端，朱子則更是無理，詩之三章"穀則異室，死則同穴"之誓詞，何等直接！何等大膽！何等熱烈！焉有絲毫之"畏"哉！哎！讀《詩》如此，誠誤人者也！

二曰絶命詞。"楚伐息，破之，虜其君使守門，將娶其夫人而納之於宫。楚王出遊，夫人遂見息君，謂之曰：'人生要一死而已，何至自苦！妾無須臾而忘君也，終不以身更貳醮（再嫁之意）。生離於地上，何如死歸於地下乎！'乃作詩曰：'穀則異室，死則同穴。謂予不信，有如皦日！'息君止之，夫人不聽，遂自殺，息君亦自殺，同日俱死。楚王賢其夫人守節有義，仍以諸侯之禮合而葬之。"（劉向《列女傳・貞順篇》）關於此説，可謂衆説紛紜，有著諸多相關考證，但大體不離忠貞不二而自殺殉情之説。此説甚爲感人，予曾沉浸其中，無以自拔，讀時爲息夫人感歎不已！然結合詩之首章、二章，卻又似有不合，故終未從此解。

三曰女子熱戀情人的詩。"這是一首女子熱戀情人的詩。她很想和情人同居，但不知對方究竟如何，所以還有些畏懼而不敢找他私奔。最後，她對情人明誓，表白她矢志不渝的愛情。"（程俊英、蔣見元《詩經注析》)此説雖爲“女子熱戀情人的詩”,予視之,卻似是朱子“淫奔者畏而歌”一説之延續。而解説詩句時,又將“大車檻檻,毳衣如菼”、“大車哼哼,毳衣如璊”説成是“她所熱戀的男子”。予讀之深感不安,似甚不合詩旨。

四曰征夫告慰妻子之詩。“僞《傳》、《説》皆以爲周人從軍,訊其室家之詩,似可通。”(姚際恒)今人馬乘風延續了這一説法。

四種説法,於情感而言,予更傾向於息夫人絶命詞一説,著實感人。然從情理上言,四説似乎更合於詩之本旨。故關於此詩之解,予權衡再三,所取者爲四説。

古來征夫實是可憐,敗則或亡身或流亡或被虜,返鄉自然無望,更何況“執子之手,與子偕老”哉? 僥幸取勝則或可返鄉與妻子團聚,或則轉戰他處,抑或戍守所征之地,返鄉已然無望,若《擊鼓》之男。故予念想至古之征夫,著實爲之哀憐!

若是换著無情無義之人,倒也罷了。或是有著詩人之才情、豁達乃至爛漫,則可以若王翰般“醉卧沙場君莫笑,古來征戰幾人回”,置生死於度外了。然如此者,世間又有幾人哉? 故最令人痛心者,莫過於至情至性之人,若其所懷之女子又是如此,則最終男子戰死沙場,或客死他鄉,乃或轉於溝壑,無人收屍,若《擊鼓》之男;女子則因相思日漸憔悴,轉爲抑鬱而病,終則病逝床榻,死於守望之中,若《草蟲》之女。

而《大車》之征夫與《擊鼓》之男相比,情感之濃熱,盼歸之心之急切,毫不遜色,且可謂有過之而無不及。他曰“死生契闊”,“執子之手,與之偕老”,此則曰“穀則異室,死則同穴”,情感更濃熱! 誓約更徹底! 言辭更痛切! 此八字亦成後世之人山盟海誓之慣語耳。

“大車”,大夫之車。“檻檻”,車行之聲。“毳衣”,獸毛織就之衣,上有花紋。“菼”,初生之蘆荻。“豈不爾思”,即“豈不思爾”。“子”,指車中之大夫。“不敢”，不敢逃離。

暴政之下，下屬之畏上司，乃常事耳。顯然，詩中之兵卒畏其大夫甚矣。然其言卻極樸實、懇切，“豈不爾思，畏子不敢”，我難道不思念你嗎？害怕那大車上坐著之家伙，不敢逃歸啊！

予以爲這絶非一二個士卒之想法，乃是多數乃至絶大多數士卒之想法。古之征戰之不合情理，於此亦可窺一斑，實在是壞人倫，背道德。孟聖曰“春秋無義戰”，誠哉斯言！

於首章，我們可見一懷念妻子卻又畏於上司之士卒，雖急切欲返鄉，甚或有逃歸之念，終卻因不敢而放棄。如此之士卒，歷來多矣，《大車》之士卒衹不過説出衆人共同之心聲罷了。

“啍啍”，車行緩重之狀。“璊”，紅玉。詩人當取其色於毳衣相近而作説。“奔”，逃歸。

二章之情，同於首章，然亦有細微之變化，大夫所著之衣依然鮮豔，車卻已“啍啍”，可見前行並不暢，從中可見士卒毫無鬥志可言。而首章衹是言“不敢”，二章則直言“不奔”，詩人思歸之心已難抑制。若士卒皆若此，則軍心已散。

“穀”，穀物，引申爲活著。“異室”，不得同居。“同穴”，合葬。“皦日”，白日。

三章皆爲詩人立誓之言，“穀則異室，死則同穴”，活著時雖然不能同室相居，死後則必定要同葬一穴。“謂予不信，有如皦日”，你若以爲我的話不可信，我敢發誓它如白日一樣。亦即白日爲證之意。

據“穀則異室，死則同穴”八字，我人當感受到一至情至性之男兒之情，如此率直！如此狂熱！其對妻子之愛可謂深沉，可謂執著，可謂癡迷！

“穀則異室，死則同穴”，更似是女子之誓言。故予最初不敢輕易結論,以《大車》爲男兒懷妻之詩,然"謂予不信,有如皦日"八字令予感受到男兒之急切,以及對夫妻之情之珍惜。尤其值得一説者,乃是予於三章中讀出了一種敢於逃歸之意味。

或問曰:"子爲此男,當作何想?"予曰:"此本不義之戰,不戰亦罷。故予無所畏懼,歸鄉見妻,而後相攜隱逸,白頭偕老。"

不知詩人是否同願耳。

《大車》一詩,誠乃下層之人抒發情感之詩,無奈、無望,動輒以死相許,然其中之情真誠、樸實,令人讀之心痛不已。此等詩作,若能於民間廣爲流傳,則夫愛其妻,妻惜其夫,家國自然安寧耳。

葛　生

葛生蒙楚,蘞蔓於野;予美亡此,誰與? 獨處!(首章)
葛生蒙棘,蘞蔓於域;予美亡此,誰與? 獨息!(二章)
角枕粲兮,錦衾爛兮;予美亡此,誰與? 獨旦!(三章)
夏之日,冬之夜;百歲之後,歸於其居。(四章)
冬之夜,夏之日;百歲之後,歸於其室。(五章)

《葛生》一詩,同樣衆説紛紜,可見説《詩》誠非易事,人人讀《詩》,人人有己之見,然若是不顧詩之本旨,祇顧自説自話,如此則不僅不是讀《詩》,卻是誤己誤人者也。故説《詩》豈可不慎歟!

關乎《葛生》,舊解有四:一曰刺詩;"《葛生》,刺晉獻公也。好攻戰,則國人多喪矣。"(《詩小序》)二曰婦人思夫詩:"婦人以其夫久從征役而不歸,故言葛生而蒙於楚,蘞生而蔓於野,各有所依託,而予之所美者,獨不在是,則誰與而獨處於此乎?"(《詩集傳》)三曰征婦怨詩:"征婦思夫,久役於外,或存或亡,均不可知,其歸與否,更不能必。於是日夜悲

思,冬夏難已。”(《詩經原始》)四曰悼亡詩:“這是一位婦女悼念丈夫的詩。”(《詩經注析》)

於予視之,《葛生》乃悼亡詩無疑,然方玉潤先生言辭鑿鑿,强辯之爲“征婦怨詩”,而不認可於悼亡詩。故予於此,略作辯解。

其一,詩中之“野”、“域”皆爲亡夫所葬之所;以之爲“征婦怨詩”則無落脚處矣。

其二,“予美亡此”,古來皆解“亡”爲無,誤耳! 此“亡”近於死亡而歸葬之意。“予美亡此”,即我所愛之人葬於此處。

其三,三章中之“角枕”、“錦衾”皆爲葬品,一爲枕屍用,一爲裹屍用,可見詩人所懷之人已然亡故矣。

其四,四、五章所言之“居”、“室”皆爲“百歲之後”所歸之地,此乃悼婦表達死後願與亡夫合葬於一處之心願。

有此四者,《葛生》自當爲悼亡詩無疑,又何疑之有?

“葛”,葛藤,已見《采葛》之注。“蒙”,覆蓋。“楚”,荆樹。“蘞”,蔓生之草,可入藥。“美”,悼婦稱其亡夫。“亡”,葬。“與”,和。“處”,居處。

葛藤蔓延而覆蓋荆樹,烏蘞蔓延於野間,“葛生蒙楚,蘞蔓於野”八字,刻畫出一荒涼之地,而傷情亦由此展開,此地即是墳塋之地,故曰“予美亡此”。而“誰與? 獨處!”這一自問自答之四字,卻瞬間將情感迸發,“誰與?”“予美”葬於此,誰與之共處? “獨處!”無人與之共處,他孤獨居於此! 僅此“獨處”二字,便知悼婦内心存有與亡夫合葬一穴之意。

“棘”,有刺之落葉灌木。“域”,墓地。“息”,安息。

二章與首章在於“棘”、“域”、“息”三字之别,所傳達之情感則一,衹是更直接、更明確,表示願與亡夫共息於一穴。

"角枕",獸骨作裝飾之枕頭。"粲",指色彩燦爛、鮮豔。"錦衾",錦緞被子,裹屍之用。"爛",亦指色彩燦爛、鮮豔。"角枕"、"錦衾"皆爲葬品。"獨旦","獨處至旦也。"(《詩集傳》)

三章筆鋒一轉,不再寫墳地淒涼之景,卻追憶亡夫葬時之景象,"角枕"枕屍,"錦衾"裹屍,"粲"、"爛"二字著實令人傷痛,因"角枕"、"錦衾"越是"粲"、"爛",悼婦之心便越是疼痛。亡夫在悼妻心中亦當爲"粲"者"爛"者,今卻埋於荒野之中。"予美亡此,誰與？獨旦!"幾乎一字一行淚,令人讀之悲痛欲絶!

"夏之日"長,"冬之夜"亦長,皆難度者也。此六字飽含著無限之情思,哀傷、孤獨、惆悵、纏綿……多種心態糾結於其間,既爲亡夫而哀而痛而歎,又爲自身而怨而愁而傷,然此間情感,無一不誠,亦惟如此,此詩方才有無限之魅力,令讀者爲之長吁不已! 陳澧《讀詩日録》有云:"此詩甚悲,讀之使人淚下。"誠非妄語也!

"百歲之後,歸於其居",前三章之"誰與？獨處!""誰與？獨息!""誰與？獨旦!"皆爲此八字作鋪墊耳。究其實,則明乎情者,讀至首章之"誰與？獨處!"便當知其後必然會是"百歲之後,歸於其居"。"百歲之後",即死後。"歸於其居",將葬於亡夫之居,亦即與亡夫合葬一穴。

經由前三章之層層鋪墊,四章終於直抒胸臆,表達出日後合葬之願。悼婦情之專愛之貞,於此展現得淋漓盡致矣。

五章所寫之情與四章同,然將"夏之日,冬之夜"作了個調換,使人讀之,又是一番迂回之意味,哀情愈發濃鬱,予一讀之便有哽噎之感。"百歲之後,歸於其室",仍是表達願與亡夫合葬一穴之意。

有了五章之反復,悼婦之痛已然無可抑制,而讀者亦於此重復吟誦之中,倍感内心壓抑,惻然心痛,與之同時,淚水奪眶而出。

緑衣

綠兮衣兮，綠衣黄裏；心之憂矣，曷維其已！（首章）

綠兮衣兮，綠衣黄裳；心之憂矣，曷維其亡！（二章）

綠兮絲兮，女所治兮；我思古人，俾無訧兮。（三章）

絺兮綌兮，淒其以風；我思古人，實獲我心。（四章）

《緑衣》一詩，歷來多以爲"莊公夫人莊姜失位自傷之詩"，余冠英先生則截斷衆流，一語點破："這是一首男子睹物懷人、思念故妻的詩。"此後，程俊英、蔣見元二先生亦如此認爲。

於予視之，余、程諸先生甚有見地，可謂抓住了本詩之旨。擺脱舊有之束縛説《詩》，往往會有創見，且更能貼近《詩》之本旨。

不消説，"緑衣"者，詩人所睹之物也，亡妻之所織制者也，或爲亡妻之衣，或爲詩人之衣，甚或仍穿在詩人身上。詩人因之而思亡妻，"緑兮衣兮"，在"緑衣"二字之後皆加上"兮"字，令人誦之，立時可體味一種綿長之哀思。而"曷維其已"、"曷爲其亡"，可見詩人"心之憂"，惟死而後已矣！

"我思古人"一句則點明主旨，"古人"者，故舊也，據"緑兮絲兮，女所治也"，可知此故舊乃一女子，且於詩人極其親密，非亡妻者誰歟？而終句"我思古人，實獲我心"則明確告示，其所懷者，亡妻也。

《緑衣》一詩，旨意如此明瞭，弗知古人又何以生出諸多枝節，甚或互相辯解乃至攻擊，不料卻愈説愈遠，誠可哀也！蓋古人説《詩》但説自話，而不顧詩文者乎？

"裏"，衣服襯裏。"曷"，何。"維"，語助詞，無實義。"已"，終止。

《緑衣》一詩，異於他詩，寫情直截了當，上來便是"緑兮衣兮"，濃鬱之情感拍面而來,“緑衣”者,所睹之物也。兩個節奏拉長之“兮”,使得詩人之哀思無可阻擋,流溢而出,予衹讀此一句,便覺心在收縮。而一對衣沉坐、一臉哀思之男子已然呈現。

“緑衣黄裏”看似無意之言,其中卻飽含情意,可見詩人懷妻之甚,於亡妻所遺之物,由外而内,細細打量,情感無從抑制,其後之“心之憂矣”亦就自然而出,“曷維其已”,亡者已亡,生者仍生,生者之憂欲已,無他,惟死而後可已!故知詩人睹物傷懷,非死不足以終之!

當然,詩人亦知,故其“曷維其已”,並非期待“心之憂”“已”,卻是一種表達情感之方式,意爲:此生無已!或爲:死而後已!

“裳”,下衣。“亡”,無。

又是一句“緑兮衣兮”,令人讀之哽噎!由“黄裏”至“黄裳”,可見情益發流溢!

“心之憂矣,曷維其亡”,衹變换了結尾一字,“亡”較“已”無疑更爲深切!

“緑兮衣兮,緑衣黄裳;心之憂矣,曷維其亡!”學人但能一遍一遍吟誦之,定然可識得詩人之哀愁愈發深重、綿長,而夜色定然更深了!

“絲”,織就“緑衣”之絲。“女”,汝。“治”,采葛而製絲。“古人”,故人,即亡妻。“俾”,使。“訧”,過錯。

三章之思愈發精微,由首章之“裏”至二章之“裳”,今已至織就“緑衣”之“絲”,懷思之情愈發綿長。而這“絲”,是你親手製成的啊!可見詩人亡妻生前乃一勤勞之女子,不僅如此,此女子亦是一相夫、佑夫者也,“俾無訧兮”,此之謂也。此女可使其夫(即詩人)無有過錯,非賢淑之女子者何?

由哀自身之心憂,今轉爲念想亡妻之賢之勤,如此思量下去,哀思豈有終結?

“絺”,細葛布。“綌”,粗葛布。“淒”,淒涼。“實獲我心”,指亡妻實能合中我心意。

“絺”、“綌”,此當指細葛布與粗葛布織就之衣,皆爲詩人所睹之物,亦即“緑衣”。“淒其以風”,淒涼似風。我睹“絺兮綌兮”,頓覺秋風吹起,無限淒涼……詩人之懷思於此得以擴充,我人讀之亦覺心寒、無助、絶望。

“我思古人,實獲我心”,終了一句,以“實獲我心”結尾,可見詩人之專一忠貞,絶無他想,惟亡妻是懷!且於此可見詩人所懷之人,生前當爲一賢淑、貌美、温柔之女子。

行筆至此,予突然感覺此女子當:相戀時若《關雎》之女,出嫁時若《桃夭》之女,初嫁時若《葛覃》之女,相夫時若《樛木》之女,思夫時如《卷耳》之女……

《緑衣》乃思念亡妻之詩,由一件平常之“緑衣”而思,終止於“實獲我心”,寫盡了哀傷之情思,亦寫盡了詩人夫婦生前纏綿之愛戀、體貼之相依、温存之相偎,亦惟如此,才能有如此深刻之思念!

素冠

庶見素冠兮,棘人欒欒兮,勞心慱慱兮。(首章)

庶見素衣兮,我心傷悲兮,聊與子同歸兮。(二章)

庶見素韠兮,我心藴結兮,聊與子如一兮。(三章)

《素冠》一詩,至悲至切,予讀之不禁爲之哽噎,淚流滿面……誠感人至深者也。

歷來説家,多從毛《序》之説,主“刺不能三年”,其實大謬!乃全然

不顧詩之情景、情感之臆斷耳。悲痛之餘,予實不願駁斥之,今但梳詩之本意如下:

詩當出自一哀婦之口,她見到亡夫之遺容,爲之心碎,悲不可抑,表達願與亡夫同赴黄泉……

"庶",幸。此一"庶"字歷來皆粗略看過,究其實,此一字則甚是痛切,就此可知哀婦之見亡夫非意料之中,卻是意料之外。結合前者所析諸詩可見此哀婦本是一思婦,其夫遠離家鄉,或從軍役,或從土役,本期待夫妻相會,不料卻等回屍體一具。亦知亡夫當爲戰死沙場或客死他鄉,復由他人送歸故里者也。一個"庶"字,可將《草蟲》之思婦與《擊鼓》之懷妻者貫通起來。其中意味何等深切!"素冠",死者所戴之白帽子。詩分三章,分言"素冠"、"素衣"、"素韠",亦足以令人爲之悲慟。予仿佛見得一哀婦見到亡夫之屍,强忍著内心莫大之哀痛,將屍體從頭到腳撫摸、打量一番,終而失聲痛哭,連風都爲之淒鳴、哀鳴……"棘",多解"棘"爲瘦者,予以爲高本漢之考甚有據,此"棘"當爲亟意。亟者,極也。其間亦藴含著千言萬語,既有相思之極,又有哀痛之極,更有生死相隔之極。"欒欒",體枯肌瘦之貌。"庶見素冠兮,棘人欒欒兮",一句將哀婦懷夫數年乃至數十年,終則等回一具屍體,心中至痛之狀,全然寫盡。至此爲止,哀婦之情仍緊綳著,尚未渲發,而至於"勞心慱慱兮"一句,哀婦之悲之痛終於流溢而出,雖衹是這一句"勞心慱慱兮",情感卻得極大之宣洩,"勞心"二字可知哀婦相思之苦,早已相思成勞矣!"慱慱"者,憂苦不安之狀。此詞雙關,既講相思之"慱慱",又講見到亡夫遺體之"慱慱"。

首章言哀婦初見亡夫遺體,由强忍内心之哀痛,至哀痛宣洩而出。

"素衣",死者所服之白衣。"聊",姑且。此一"聊"字亦大有意味,其中藴含著無奈、無望乃至生不如死之意味。"子",指亡夫。"同歸",

同死。

到了二章，哀婦已處於極度悲傷之狀態，完全沉浸在哀痛之中，“我心傷悲兮，聊與子同歸兮”，我心傷悲啊，無以消除，姑且與你一起死吧！聞此哀鳴之聲，誰人不爲之心痛？誰人不爲之哀傷？誰人不爲之落淚？

“素韠”，蔽膝，似今之圍裙。亦死者所著之喪服。“藴”，積。“結”，固。“藴結”二字，包含著由“藴”而“結”之過程，悲痛生發而藴積，藴積而固結，終則無以化解，久則成病成傷。“如一”，較“同歸”更甚，有同生共死、合二爲一之感。情感越發濃烈。

予讀至“素韠”二字，内心之疼痛已然抵達極致，仿佛見哀婦跪地撫屍，淚水成行，落在“素韠”之上。“藴結”二字則可預知此哀婦亦當命不久矣！情之傷人，於此可見矣。“聊與子如一兮”，既是對生之無奈，亦是對死之哀嚎！

《素冠》一詩，當與《葛生》互讀，《葛生》亦哀婦悼念亡夫之作，然《葛生》所悼者，早已入土爲安者也。《素冠》所悼者，“正值撫屍而慟之際”（程俊英、蔣見元《詩經注析》），故兩者書寫之情亦截然不同耳，一者深沉、幽遠，一者則强烈、急促。

予讀畢《素冠》，則喟然感歎：

“正情”者，誠吾夫子《詩》教之旨耳。觀夫《詩》三百，有相戀之詩，若《子衿》、《静女》、《將仲子》；有思戀之詩，若《月出》、《采葛》；有思而不得之詩，若《漢廣》、《蒹葭》；有新婚之詩，若《桃夭》；有思婦、懷妻之詩，若《卷耳》、《擊鼓》；有思而有歸之詩，若《風雨》；有思而無歸之詩，若《草蟲》；有悼亡之詩，若《葛生》、《素冠》。《詩》之言情，誠備矣！盡矣！

嗚呼！予復何言哉！予復何言哉！

《孟子·離婁下》講疏

鄧秉元*

【解題】:離婁乃古之明目者,本篇所言,皆孔門用智之學,即上篇所謂道揆。揆者,度也,依道而思量揆度,故云道揆。顧道揆之智,其發之在外者,必當有所守,守智曰誠,此即上篇所謂法守;其本之於內者,亦當有所發,發智曰仁,此即下篇所謂存心。以德性論言之,存心者仁也,法守者勇也,合道揆之智,正與三達德之義相應。

下篇既言道揆與存心,此由智而進乎仁也。諸聖之所爲,皆能依其仁心,順其道揆,所謂"依仁由義";此如"維天之命,於穆不已",時空雖異,顯象不同,而合道則一。故云"先聖後聖,其揆一也"。倘恢廓此義,則不惟歷聖,經典亦莫不皆然。夫子云:"吾道一以貫之",即一揆之義。述一揆第一。

此一揆在歷史中展開,即宋儒道統之謂也。故孟子本篇,雖無道統之名,而具道統之實。蓋千聖所異者用耳、相耳,其所同者心也、性也,是即所謂傳心之法。故上篇所言,乃言治法之成規,此師法也;本篇所言,則歷聖之心同,此道統也。上下兩篇相合,乃見孟子仁智合一之旨。道統本於自得,是有本之學也。述有本第二。

---

* 作者單位:復旦大學歷史學系。

物有本末,事有終始。源泉混混,盈科後進。本心之發於事物,乃見聖賢之作用。因其作用不同,可以見聖賢之存心。故聖賢所自得者,中也;其發之於外物者,和也。“中也者,天下之大本也;和也者,天下之達道也。致中和,天地位焉,萬物育焉。”述存心第三。

孔子云:“惡似而非者。惡莠,恐其亂苗也。”聖賢既心同而貌異,亦必有貌似而心非者。故不仁之仁,非義之義,非禮之禮,不智之智,無信之信,無勇之勇,不孝之孝,諸相紛焉並出,豈可不辨? 述別異第四。

故綜括言之,聖賢所自得者,本心也,體也;其臨事而懼者,存心也,用也;其因事所發者,感通也,相也。體用相三者如如,正與有本、存心、別異相互呼應。讀本篇,乃見孟子學術之圓融。惟行文不依義理之序而結構之,蓋懼學者執本而遺末,得意而忘言,遂紛披其序,錯落其文,以見義理雖妙,亦不必膠執,聖之云否,不可以空理言也。

章旨結構圖

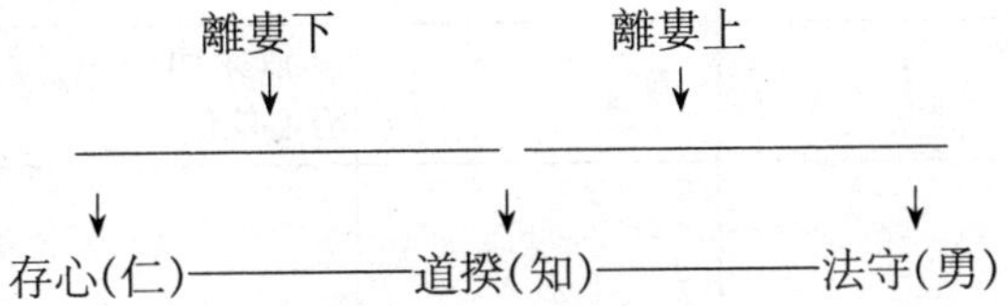

圖一　上下篇耦合圖

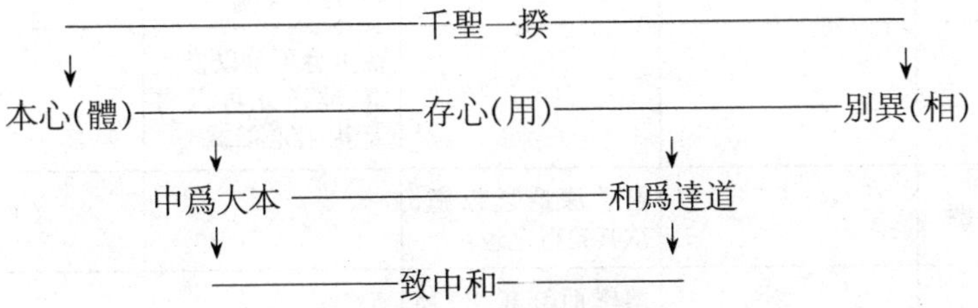

圖二　下篇結構圖

表一　篇章分類表

章旨 / 章序	一　揆	有　本	存　心	别　異
一	先聖後聖,其揆一也。			
二				惠而不知爲政。/非仁之仁
三				禮爲舊君有服,寇讎何服之有。/不禮之禮、不忠之忠
四				無罪而殺士戮民。/不義之義
五		君仁莫不仁,君義莫不義。		
六				非禮之禮,非義之義,大人弗爲。
七		中也養不中,才也養不才。		
八			人有不爲也,而後可以有爲。/存心能恕	
九			言人之不善,當如後患何!/存心不恕	
十			仲尼不爲已甚。/存心能仁	
十一				大人言不必信,行不必果/不信之信,不勇之勇
十二			大人不失其赤子之心/存心能誠	
十三			養生者不足以當大事,惟送死可以當大事/存心能誠	
十四		君子深造之以道,欲其自得之也。		
十五		博學而詳説之,將以反説約也。		

续表

章旨 章序	一　揆	有　本	存　心	別　異
十六		以善養人。		
十七			言無實不詳。/存心不誠	
十八		源泉混混,盈科後進,有本者如是。		
十九		舜"由仁義行,非行仁義也"。	人與禽獸相去幾希,庶民去之,君子存之。/君子能存心	
二十	禹惡旨酒,而好善言。湯執中,立賢無方。文王視民如傷,望道而未之見。武王不泄邇,不忘遠。周公思兼三王以施四事。/歷聖一揆			
二十一	《詩》亡然後《春秋》作。/經典一揆			
二十二	予私淑諸人也。/孔孟一揆			
二十三				可以取,可以無取;取傷廉。可以與,可以無與;與傷惠。可以死,可以無死;死傷勇。/傷廉之廉、傷惠之惠、傷勇之勇
二十四				逄蒙殺羿/不智之智
二十五			雖有惡人,齊戒沐浴,則可以祀上帝。/存心能誠	
二十六			故者以利爲本,智者行所無事/以智存心	

续表

章旨 章序	一　揆	有　本	存　心	別　異
二十七				我欲行禮,子敖以我爲簡/非禮之禮
二十八			君子以仁存心,以禮存心。	
二十九	禹、稷、顔回同道。/歷聖一揆			
三十				匡章,通國皆稱不孝焉/不孝之孝
三十一	曾子、子思易地則皆然。/曾思一揆			
三十二			堯舜與人同/存心之異	
三十三			齊人有一妻一妾/以富貴利達存心	

凡三十三章。

第一章

孟子曰:"舜生於諸馮,遷於負夏,卒於鳴條,東夷之人也。文王生於岐周,卒於畢郢,西夷之人也。地之相去也,千有餘里;世之相後也,千有餘歲。得志行乎中國,若合符節。先聖後聖,其揆一也。"

【講疏】諸馮、負夏、鳴條、岐周、畢郢,皆東西方地名,歷代學者多有考訂。諸家所言互有不同,亦不必過於推求。中國即中原,中原之外則所謂四裔,言東夷、西夷者,非必以蠻夷言也,猶言東西方耳。中原既居天下之中,則"得志行乎中國"者,乃括天下言也。

舜即有虞氏,春秋以來奉爲二帝或五帝之一,乃公天下時代之聖王。夫子論堯舜,一則曰"唯天爲大,唯堯則之"(《論語·泰伯》),再則曰"無爲而治者,其舜也與?"《繫辭下》:"黄帝堯舜,垂衣裳而天下治。"中更夏商二代,而至文王,其時已逾千年矣。《中庸》論文王,言"維天之命,於穆不已";文王之德,"純亦不已",亦如天之"至誠無息"也。以二者時空相異之懸殊,而皆與天道相合,此猶古人出使、行兵、門關所用虎符、瑞節,或剖竹爲之,或以銅、玉相合,是所謂"若合符節"也。[1]依《論語》,文王"三分天下有其二,以服事殷"(《泰伯》),終其身尚非天子,則孟子所謂得志者,非言其如舜之居爲聖王,斷可知矣。然武王之弔民伐罪,即本文王之大道而行之天下者也,是亦所謂"得志行乎中國"。志者心之所之,得志即實現其心之所之,是二者之存心也。二者存心既合,是所謂"其揆一也"。

孔子曰:"唐虞禪,夏后殷周繼,其義一也。"(《孟子·萬章上》)本篇下文亦言禹、稷、顔回同道。《論語·堯曰》:

> 堯曰:"咨,爾舜!天之曆數在爾躬。允執其中。四海困窮,天禄永終。"舜亦以命禹。

此即後世道統之説。韓愈《原道》首揭此義,言:

> 斯吾所謂道也,非向所謂老與佛之道也。堯以是傳之舜,舜以是傳之禹,禹以是傳之湯,湯以是傳之文、武、周公,文、武、周公傳之孔子,孔子傳之孟軻,軻之死,不得其傳焉。荀與揚也,擇焉而不精,語焉而不詳。由周公而上,上而爲君,故其事行。由周公而下,下而爲臣,故其説長。

孟子以外,唐宋之間所述道統雖有歧異,要皆自抒所得,可暫置勿論。至南宋朱子,乃於《中庸章句序》明以"道統"稱之。其論道統:於經

[1] 古代符節之用,朱子言之已明,見(宋)黎靖德編、王星賢點校《朱子語類》卷五七《離婁下》,北京:中華書局,1986年,第1338頁。焦循《孟子正義》考證稍詳,見氏著《孟子正義》卷八,《離婁章句下》,上海:上海書店出版社1986年影印《諸子集成》本,第319頁。下引趙岐、焦循同條解説,不另出註。

義本旨,則溯源《大禹謨》,所謂"人心惟危,道心惟微,惟精惟一,允執厥中";於聖賢其人,則不惟堯舜禹湯文武之爲君,亦有臯陶、伊尹、傅説、周公、召公之爲臣,皆可以接道統之傳,而以孔子繼往開來,功高堯舜,而顔曾思孟直至明道、伊川夫子得其宗。而終歸本於"世之相後,千有餘年,而其言之不異,如合符節",此即《孟子》本章之説也。其所以度越韓氏者,端在周公以前,韓氏皆以聖王爲道統之傳,而朱子則以臯陶至召公等並列書之,是誠得孟子之遺意者也。及至清儒,因《大禹謨》乃晚出僞作,不可復列經典之科,爭論紛紜,近人遂以爲可破宋儒道統之論,此不惟祇知論史而不知辨義,抑且不知此説實本於孟子而發也。

嘗試論之,人心、道心之説,乃宋儒因之以明道統之成立而已。朱子云:

> 心之虚靈知覺,一而已矣,而以爲有人心、道心之異者,則以其或生於行氣之私,或原於性命之正,而所以爲知覺者不同,是以或危殆而不安,或微妙而難見耳。然人莫不有是形,故雖上智不能無人心,故雖下愚不能無道心。二者雜於方寸之間,而不知所以治之,則危者愈危,微者愈微,而天理之公卒無以勝夫人欲之私矣。〔1〕

此論以道心統攝人心,大旨雖是,實亦有未諦之處。蓋人心所發不僅以人欲言也,其於事物之理解即所謂知性。故人心、道心,即知性與德性之異。近儒熊十力嘗以量智、性智分别名之。

> 云何分别性智和量智?性智者,即是真的自己的覺悟,此中真的自己一詞,即謂本體。……量智,是思量和推度,或明辨事物之理則,及於所行所歷,簡擇得失等的作用故,故説名量智,亦名理智。〔2〕

孟子於《離婁上》所言道揆、規矩者,實與知性之學相通,所謂人心也。本篇則以存心爲言,其所存者道心也,乃德性之學所攝。德者,得

---

〔1〕(宋)朱熹《中庸章句序》,氏著《四書章句集注》,北京:中華書局,1983年,第14頁。
〔2〕熊十力《新唯識論》(語體文本),北京:中華書局,1985年,第249頁。

也。嘗概言之：

> 與人我分立之知性不同，德性自始即是在天地萬物之一體中體認自我。天地萬物一體之生命，亦即是我之生命。由此，作爲生命的人我之間共同分有生命的内在結構，而對於這個生命結構的自我反觀即表現爲自我之德性的自覺，對這個自覺的具體表述便形成所謂德性論。誠如知性因爲對現象世界的把握，可以反推出知性與現象世界的同構性；德性也因爲對生命宇宙的體認，而對自身與宇宙的同一性予以反觀。〔1〕

德性對生命宇宙體認之結果，便是所謂觀象。此觀象因生命之展開而體現於時間之中，是即所謂易象。對此易象之討論，庶幾可以易象學名之。〔2〕前聖後聖雖顯象不同，然發心無異，皆得聖賢應時之用，是所謂“前聖後聖，其揆一也”。

第二章

子産聽鄭國之政，以其乘輿濟人於溱、洧。孟子曰：“惠而不知爲政。歲十一月徒杠成，十二月輿梁成，民未病涉也。君子平其政，行辟人可也，焉得人人而濟之。故爲政者，每人而悦之，日亦不足矣。”

【講疏】依朱註，徒杠蓋小木橋也，可供人徒行，輿梁則可過車輿。子産見人涉水之難，心下不忍，以己車助人，是有惠人之心也，人亦以惠稱之。“或問子産，子曰：‘惠人也’。”（《論語·憲問》）〔3〕此上篇所謂

〔1〕參拙作《思孟五行説新論》，未刊稿。該文及修訂稿曾分别在2015年11月復旦大學哲學學院主辦的荀子思想國際學術研討會及2017年9月華中師範大學主辦的第七屆中國經學國際學術研討會上予以宣讀。

〔2〕拙作《易象與時間》，未刊稿。

〔3〕《論語·公冶長》：“子謂子産，‘有君子之道四焉：其行己以恭，其事上也敬，其養民也惠，其使民也義。’”

“仁心仁聞”。以乘輿濟人而民猶病涉,是上篇“有仁心仁聞而民不被其澤”也,此義趙岐言之,亦非無據。上篇復言“徒善不足以爲政”,意在强調有仁心亦不可無道揆,修身不足以當治法。故以子產之所爲,爲平人則有餘,爲聽政者則不足。蓋爲政之道,雖以悦民爲務,《周易》所謂“天下有風,姤。后以施誥命四方”,[1]然誥命者固以制度施設言之,[2]亦非“每人而悦之”,否則時間亦不足矣。

本章之義,大旨亦不難明。《禮記・仲尼閒居》言“子產猶衆人母也,能食之不能教也”,鄭註引乘輿濟人之事爲言,非也。《孔子家語・正論解》略同。蓋孔子所云不能教民,必别有所本,豈可於乘輿濟人之事見之?焦氏引二家之説,亦牽合其間而未能有所别白。至於清人趙佑於所撰《四書温故録》中,以子產爲君子之故,力辯孟子此條爲失實,誠所謂横生枝節矣。

雖然,諸人所言皆未明孟子此章之用意。聖賢雖“其揆一也”,然其相各異,子產有惠人之心,則人即以其爲仁人矣。然以子產之爲政,而民皆苦於涉水,是其政實未能仁也。此太史公《貨殖列傳》所謂“仁未能取與”,韓信論項羽所謂“婦人之仁”,[3]皆仁之小者,安得以仁者視之?故子產之仁,實乃“非仁之仁”也。

第三章

孟子告齊宣王曰:“君之視臣如手足,則臣視君如腹心;君之視臣如犬馬,則臣視君如國人;君之視臣如土芥,則臣視君如寇

[1] 姤卦乃求遇之義,即卑己以悦人之謂。以婚姻言,女壯求男,故此女不可取。以政治言,則民者君之所天,“君能遇民,是遇天也,始足以稱后矣”,故反爲王政之理想。參拙撰《周易義疏》姤卦義解,上海:上海古籍出版社,2011年,第267頁。

[2] 王政必表現於制度,參拙作《孟子章句講疏》卷一《梁惠王章句上》第三章,上海:華東師範大學出版社,2011年。

[3] 《史記・淮陰侯列傳》:(韓信言)“項王見人恭敬慈愛,言語嘔嘔,人有疾病,涕泣分飲食。至使人有功當封爵者,印刓敝,忍不能予。此所謂婦人之仁也。”

讎。"王曰:"禮爲舊君有服,何如斯可爲服矣?"曰:"諫行言聽,膏澤下於民;有故而去,則君使人導之出疆,又先於其所往;去三年不反,然後收其田里:此之謂三有禮焉。如此,則爲之服矣。今也爲臣,諫則不行,言則不聽;膏澤不下於民;有故而去,則君搏執之,又極之於其所往;去之日,遂收其田里。此之謂寇讎,寇讎何服之有?"

【講疏】"君之視臣",所謂"施"也;"臣視君",所謂"報"也。此即前文所謂"施報"之義。[1]君者本也,臣者末也,本施而末報之,如風至而起瀾,信如影響。孟子所謂"出乎爾者反乎爾也"(《梁惠王下》)。施報之義既明,宣王乃以報君反服之禮爲問。孟子故告之以"三有禮"之説,所以責之於君者,亦猶孔子所謂"君君,臣臣",君不君則臣不臣,本末之序不可亂也。

本章用意與上章略同。蓋既有君臣上下之别,似有禮矣。然"夷狄之有君,不如諸夏之亡也"(《論語·八佾》)。君之有無,不在私人性君主之能力若何,惟視禮義之有無也。其君臣之禮,亦不在上下拜揖之儀節,端在"君使臣以禮,臣事君以忠"(《論語·八佾》),故雖事新君,尚懷德而爲之反服。否則雖有而實無,是所謂"無禮之禮"也。夫子所謂"禮云禮云,玉帛云乎哉?樂云樂云,鐘鼓云乎哉?"(《論語·陽貨》)是其義也。

第四章

孟子曰:"無罪而殺士,則大夫可以去;無罪而戮民,則士可以徙。"

---

[1] 參前揭《孟子章句講疏》卷二《梁惠王章句下》第十二章。

【講疏】君有保民之義。[1]殺士、戮民,必皆聲其罪而正其法,似有義矣。然實無罪也。故無罪而殺士、戮民,不義之義也。當此之時,君不君則臣不臣,其大夫、士之去君,似不忠矣,而實非不忠,不忠之忠也。蓋臣之所當忠者,乃公共性之君也,非君主私人也。《左傳》哀公十一年:

孔文子之將攻大叔也,訪於仲尼。仲尼曰:"胡簋之事,則嘗學之矣。甲兵之事,未之聞也。"退,命駕而行,曰:"鳥則擇木,木豈能擇鳥?"

第五章

孟子曰:"君仁莫不仁,君義莫不義。"

【講疏】朱子引張氏云:"此章重出。然上篇主言人臣當以正君爲急,此章直戒人君,義亦小異耳。"兩篇之異,諸儒皆見及之,惟議論有别耳。實則《離婁上》意在"格君心之非",大人能格君心,是大人之"法守",去君心之不誠而存其誠也。[2]本章引此文,乃强調君心爲天下大本之義,篇首解題所謂有本之學也。

如上篇所述,此君心乃公共性君主之心,顧此公共性君主之心亦必由私人性君主發之,然則前者猶本心,後者猶習心也。倘習心能有所存,而自得其本心之源,則其所發始能依仁由義。君者所以羣其民,君心既爲天下之大本,倘能依仁由義,則天下之民莫有不從矣。莫者,徧辭也,言無有例外。然則天下有一不仁不義,則必本源有欠,是君心之未畢存也。可與上篇所謂"至誠動物"相參。《論語・堯曰》商湯有言:"朕躬有罪,無以萬方;萬方有罪,罪在朕躬。"武王則曰:"雖有周親,不

〔1〕 參前揭《孟子章句講疏》卷五《滕文公章句上》第四章。
〔2〕 參《〈孟子・離婁上〉講疏》第二十章,拙編《新經學》第一輯,上海:上海人民出版社,2017年。

如仁人。百姓有過，在予一人。”皆此義也。一人不安則視爲己患，此聖賢所以精進不已也。湯武爲道統之宗，豈可誣哉！後世擔君責者，殘賊公行，天下亦因之失仁背義，己則以賢聖自居，皆喪其本心者也。哀哉！

第六章

孟子曰：“非禮之禮，非義之義，大人弗爲。”

【講疏】此章以非禮之禮、非義之義爲言，與前文別異之旨相承。小人固不必論，所以必云大人者，君子雖知禮義之可貴，未必能辨而明之，必智仁勇兼備之大人乃可。此如醫家辨症，不可膠執其相，必當辨其陰陽、寒熱、表裏、虛實也。大人乃德位之一階，昔人解經，多隨文析義，而名實益淆，兹於孔門修德階位，略發其覆。

修行境界，常於宗教見之。佛家除佛果爲圓融平等之境，菩薩、阿羅漢以下皆有不同層次。其證佛果者示現爲菩薩，或菩薩示現不同境界者，可暫勿論。中土道家早期亦有天人、真人、神人、聖人、至人諸品，其中聖人則爲儒家所宗。依《莊子·天下》篇，聖人與天人、神人、至人境界無異，唯所處爲内聖外王之樞紐。及佛教入華，爲彌合與中土文教之關係，孔子亦在佛家獲得階位，所謂孺童菩薩是也。晚世之以武聖關羽爲伽藍菩薩者，亦所在多有。道教亦以此化胡，觀音、文殊、普賢等進入道教雖或與小説有關，後世亦竟有道觀爲之塑像禮拜者。及天主教入華，佛家力貶其天主如大梵天王。然則所謂階位融合之背後，亦有判教高下之用意存焉。

僅以經學論，堪爲德位之階者，如聖人、大人、君子、士、小人等，名實旁午，義旨交錯，不可不辨。倘大略言之，在孔子以前，人品多以身份地位而言，如小人指野人及庶民，士君子以上指貴族。倘稍事區別，則士者事也，指可以入仕做事者；大人君子則指貴族之有官者。《禮記·曲禮上》所謂四十“而仕”、五十“服官政”，是也。下之名上，曰夫子，曰大人,乃尊稱也。其上古帝王,有功德者,則或名之爲聖人。然聖本通義,普通人之覺悟天道者,如巫覡,亦可以聖名之。[1]或爲區以别之,遂另有聖王之稱,以代指有位者。

早期以位論階,基於西周文化存於王官,即德位一致之現實。德者,得也,有德非指狹義之倫理道德,乃指廣義之文化言。惟有德者,方能"觀乎天文,以察時變;觀乎人文,以化成天下"(《周易·賁卦》)。其中維繫此德位一致者,即是周公所訂之禮樂。春秋以降,王綱解紐,禮崩樂壞,王官文化星散四方,亦有貴族降於編氓。孔子南遊,所見之長沮、桀溺、荷蓧丈人、楚狂接輿,皆有高深文化而藏於民間者。夫子《文言》,首發"龍德而隱"之義,且以"避世"爲賢者之能。[2]於是有德不必有位,有位未必有德,私學之興起亦不過基於此德位分離之事實。故《詩經》有言:"彼君子兮,不素餐兮!"(《伐檀》)君子本應不素餐,而今竟尸位素餐,然則又何以爲君子?《詩經》此類敘述,正見其時德位分離之消息。近世惟以階級論文化者,誠淺之乎其言也。故下文孟子有言:"王者之迹熄而《詩》亡,《詩》亡,然後《春秋》作。"孔子之作用,即在有德無位之情境下,對原有人品位階重新賦予新義。故孔門所言君子小人諸義,大都以德行而言,[3]與道墨諸家迥别,即因後者多因襲原義之故。

觀孔門所論,君子、小人爲修德位階之基本分野,此皆泛稱也。《論

---

〔1〕如《國語·楚語》觀射父云:"古者民神不雜,民之精爽不攜貳者,而又能齊肅衷正,其智能上下比義,其聖能光遠宣朗,其明能光照之,其聰能聽徹之,如是,則明神降之,在男曰覡,在女曰巫。"下文亦言"先聖之後",巫覡即最早之先聖。見徐元誥《國語集解》卷十八《楚語下》,王樹民、沈長雲點校,北京:中華書局,2002年,第512頁。

〔2〕《論語·憲問》:"子曰:'賢者辟世,其次辟地,其次辟色,其次辟言。'"

〔3〕春秋戰國,世俗語言之使用,君子小人仍以位相稱者所在多有。即便《論語》,雖大多以德而言,然亦偶有用世俗義者。如《陽貨》:"子路曰:'君子尚勇乎?'子曰:'君子義以爲上。君子有勇而無義爲亂,小人有勇而無義爲盜。'"朱註:"君子爲亂,小人爲義,皆以位而言者也。"另如"君子之德風,小人之德草"、"君子學道則愛人,小人學道則易使"(《陽貨》)等,以德、以位言,似皆可通。

語》常以君子、小人對舉，小人實則多指常人，而君子則有德者之稱。如“君子喻於義，小人喻於利”、“君子和而不同，小人同而不合”、“君子泰而不驕，小人驕而不泰”之類皆是。惜後世積習相沿，每以君子相互恭維，於是小人乃成貶損之語。人既不願以常人自承，而皆以君子自居，則修德云云，皆門面之言而已。此經學之最大流弊，皆失誠有以致之。儒學末流陷於虛僞，其源在是。故論修德，首當明小人即常人之義。常人以下，倘細分之，觀《論語》所言，如小子、鄙夫、無所用心、道聽途説、鄉原、佞人、不仁、敗德、“穿窬之盜”、下愚，另有多品，皆見諸《陽貨》篇者，知陽貨乃小人之尤也。此《陽貨》篇一貫之義。向來論《論語》者，罕及此義，因志之於此。

顧君子、小人亦非截然二分，與二者犬牙相錯者即是士。士本貴族最低階位，然孔門新義之中，士乃指有恒者言也。孔子云：“善人吾不得而見之，得見有恒者斯可矣。”此有恒者即孟子所云：“無恒産而有恒心者，惟士爲能。”（《梁惠王上》）此有恒之士非必君子，小人亦不無有恒者也。[1]故《論語·子路》：

> 子貢問曰：“何如斯可謂之士矣。”子曰：“行己有恥，使於四方，不辱君命，可謂士矣。”曰：“敢問其次？”曰：“宗族稱孝焉，鄉党稱弟焉。”曰：“敢問其次？”曰：“言必信，行必果，硜硜然小人哉，抑亦可以爲士矣。”

此硜硜然者既爲小人之士，則宗族稱孝、鄉黨稱弟者即所謂善人，其行己有恥、不辱君命者則是有德之士。孔子又云：“士而懷居，不足以爲士矣。”（《子路》）蓋懷居則是無恒者也。

依前所言，與小人相對之君子乃是通稱，此君子可括小人以外直至聖人之所有階位。此階位之中，亦有君子，此則狹義之君子也。此君子

〔1〕參前揭拙撰《孟子章句講疏》卷一《梁惠王章句上》第九章、卷二《梁惠王章句下》第十二章。

之不學者,即所謂善人。故"子張問善人之道。子曰:'不踐迹,亦不入於室。'"(《先進》)朱註引張載之説,言"善人,欲仁而未志於學者",誠得之矣。然善人固有恒者,"子曰:'善人教民七年,亦可以即戎矣。'"(《子路》)

善人而好學,即最狹義之君子。此君子既好學,則或知或勇,隨才成就,兹不具論。然此君子尚未必能仁。故"子曰:'君子而不仁者有矣夫,未有小人而仁者也。'"(《憲問》)孔子有言:"若聖與仁,則吾豈敢?抑爲之不厭,誨人不倦,則可謂云爾已已。"(《述而》)然則夫子所以自處者,乃好學有恒之士君子也。

君子之上則是仁者,蓋"仁者必有勇,勇者不必有仁"(《論語·憲問》),以此知所謂仁者即智仁勇兼備之大人。自小人觀之,君子以上皆可稱大人,此廣義之大人也。若狹義之大人,必諸德兼備乃可。《周易乾鑿度》所謂"大人者,聖明德備也",漢儒孟喜亦言,"大人者,聖人德備也"。[1]故仁人之上,乃有聖人。"子貢曰:'如有博施於民而能濟衆,何如?可謂仁乎?'子曰:'何事於仁,必也聖乎?堯舜其猶病諸!'"(《論語·雍也》)

大人固然可指聖人,然狹義之大人尚非聖人,必大而能入化境乃可,孟子所謂"大而化之之謂聖"是也。張載有言:

> 聖猶天也,故不可階而升。聖人之教,未嘗以性化責人,若大人則可學而至也。……故嘗謂大可爲也,大而化不可爲也,在熟而已。蓋大人之事,修而可至,化則不可加功,加功則是助長也,要在乎仁熟而已。[2]

至於聖人亦有不同階位,孟子論伯夷、伊尹、柳下惠,以"聖之清

---

〔1〕 參李道平《周易集解纂疏》卷一乾卦"九二,見龍在田"疏,潘雨廷點校,北京:中華書局,1994年,第30頁。

〔2〕《横渠易説·乾文言》。章錫琛點校《張載集》,北京:中華書局,1978年,第76—77頁。

者”、“任者”、“和者”相許,[1]歷代聖王、聖哲於不同時空各極其詣,皆此類也。其圓融無礙,可以與天地參者,則爲至聖,《中庸》:

> 唯天下至聖,爲能聰明睿智,足以有臨也;寬裕温柔,足以有容也;發强剛毅,足以有執也;齊莊中正,足以有敬也;文理密察,足以有别也。溥博淵泉,而時出之。溥博如天,淵泉如淵。見而民莫不敬,言而民莫不信,行而民莫不説。是以聲名洋溢乎中國,施及蠻貊;舟車所至,人力所通;天之所覆,地之所載,日月所照,霜露所隊,凡有血氣者,莫不尊親,故曰配天。

此《中庸》所論孔子之境界也,後世尊孔子爲“至聖”,有以哉!

綜括言之,孔門進德品目,小人固有多品,自小人以上之狹義稱謂,依次爲善人、君子、仁人、大人、聖人、至聖。其中士可括善人、君子及小人中之有恒者,善人以上皆可稱廣義之君子,君子以上皆可稱廣義之大人,大人以上皆可稱聖賢,此其大略也。

第七章

孟子曰:“中也養不中,才也養不才:故人樂有賢父兄也。如中也棄不中,才也棄不才;則賢不肖之相去,其間不能以寸。”

【講疏】父子、兄弟乃五倫之二,父兄者本也,子弟者末也。自趙岐以來,學者皆以教釋養,言賢父兄以己之中道、俊才教養子弟,俾後者亦得其成就,倘父兄棄其子弟,則亦無以稱賢父兄也。何哉?上文“君仁莫不仁,君義莫不義”,“百姓有過,罪在一人”,子弟不才而失教,是父兄本源未澈,未能教之以誠也。本源未澈,又豈可以中者、才者自居?所謂“失之毫釐,謬以千里”,此即“賢不肖之相去,其間不能以寸”之義。雖然,子弟亦誠有如夫子所謂“下愚不移”者,然亦循循善誘,教養之而

[1] 參前揭《孟子章句講疏》卷三《公孫丑章句上》第二章。

已,不可遽棄之也。趙岐所謂“父兄已賢,子弟既頑。教而不改,乃歸自然”,是也。

第八章

孟子曰:“人有不爲也,而後可以有爲。”

【講疏】本心既得,必因事感通,《周易》所謂“寂然不動,感而遂通天下之故”(《繫辭上》)。此性體、本心,即陽明所謂良知寂體。以天道統體言之,聖人與天地萬物爲一體,無所謂感通。及人我既分,此先天德性豁然呈露。蓋感而遂通之前,虛中待物,尚未與物相交,故可視爲先天。《咸卦·大象》所謂“君子虛以受人”是也。當此之時,成見既完全消泯,故能與物無忤。是程子所謂“廓然大公,物來順應”。有此境界,則如大圓寶鏡,物來而纖悉畢照。顧所照之物象與知性現象不同,乃易象也。以德性論言之,聖人所以“感人心而天下平”(《周易·咸卦》),即因此先天德性與宇宙統體相應。德性之先天範疇,即是所謂五常。本體“無思無爲”(《繫辭上》),當機所發,即是統體之仁。此統體之仁,因事類相感,而現爲惻隱、辭讓、羞惡、是非之心,此仁義禮智之端倪也,故名四端。由五常所以能如實發爲四端者,即是存心之功。然則君子所以存心者,即在《大學》“致知”與“誠意”之間。朱子註《大學》,以窮理釋“致知”,孟子此篇已發之在先,惜朱子未能於此篇見之耳。此義甚深,容後詳之。

綜上所述,孟子所言存心之境,即在虛中應物之時。此《中庸》“未發之中”以後,“發而中節”之前也;孔子所謂“臨事而懼”(《論語·述而》),《大學》所謂“君子必慎其獨也”;周敦頤“誠無爲,幾善惡”之幾,王陽明所謂“神感神應”之神;倘善會之,皆此境也。仲弓問仁,孔子曰:

出門如見大賓,使民如承大祭,己所不欲,勿施於人。(《論語·顏淵》)

仲弓與顔淵皆孔門德行科高弟,此節所言,實德性論之要旨,學者不可輕忽。其"己所不欲,勿施於人"者,朱子以"如心爲恕"釋之,且云"敬以持己,恕以及物,則私意無所容而心德全矣",〔1〕誠得上文所謂虚中應物之要領。能"己所不欲,勿施於人"即孟子本章所謂"人有不爲也"。焦循以"行己有恥"論之,亦通。蓋既以誠敬存心,則己之所欲皆仁義禮智是也,己所不欲者,不仁不義不禮不知是也,是皆不可施諸人者也。〔2〕以是觀之,近世學人,多以字面義隨文作解,雖亦顯出人同此心之仁,似尚未盡其底裹。惟能有此不爲,然後能以仁義禮智信存心,"感而遂通天下之故",是"可以有爲"也。故依篇旨,本章所言乃是恕道,即存心以仁也。

第九章

孟子曰:"言人之不善,當如後患何!"

【講疏】當如後患,自趙岐以來,多以"後有患難及己"釋之。且言"好言人惡,殆非君子"。不爲君子所爲,或有患難,然則爲君子所爲即無後患乎?且"君子喻于义,小人喻于利",其言似不可訓後也。朱子蓋覺費解,故云"此亦有爲而言"。焦循乃曲爲之釋,言:"孟子距楊墨,比之爲禽獸,正所以息其無父無君之患也。若言人之不善,而轉貽將來之患,則患不在人之不善,而轉在吾之言矣。是當審而慎之。"蓋人既有不善,不可一概不言,否則孟子之距楊墨亦師出無名矣。顧既言之矣,而又擔心後患,豈非開臨難苟免之隙?趙氏似亦有見於此,故加一"好"字,以爲"好言人之惡",非君子所當爲。

---

〔1〕前揭《四書章句集注》,第72、132頁。

〔2〕何焯云:"張子云:不爲不仁,而後可以爲仁;不爲不義,而後可以爲義。有不爲須兼辨之明、守之嚴兩意。(本安溪)"此説蓋本之於李光地。見《義門讀書記》卷六《孟子下》,崔高維點校,北京:中華書局,1987年,第106頁。

觀趙氏之意,蓋以不善指行爲,即《大戴禮記·曾子立事》所謂"不説人之過"也:

> 君子不先人以惡,不疑人以不信;不説人之過,成人之美;存往者,在來者,朝有過,夕改,則與之;夕有過,朝改,則與之。

君子養人廉恥,勉人向善,倘非大是大非,人雖有過,常施之以恕道,或諷之以微言,孔子所謂"諫有五,吾其從諷乎",[1]此即《毛詩序》所謂"上以風化下,下以風化上,主文而譎諫"之義。孔子另言"成事不説,遂事不諫,既往不咎"(《論語·八佾》),蓋亦即此而發。然其理由皆非患難隨之也,否則"當仁不讓於師"、"殺身成仁"、"捨生取義"皆爲虚語,無以垂訓後世矣。

然則此章必有别解。嘗試論之,孟子所謂不善,非指其行爲,乃原其心而言也。人之方來,即以不善懸揣之,即上文《大戴禮記》所謂"先人以惡"之義。故子曰:"不逆詐,不億不信,抑亦先覺者,是賢乎!"(《論語·憲問》)[2]如上章所言,君子虚中應物,與人相交之際,當以誠敬臨之,以仁義禮智存心,不當先疑人之詐己、不信,是亦"己所不欲,勿施於人"之一端。然人亦實有懷不善之心而來者,賢者"神感神應"、"感而遂通",亦自能先覺之也。《中庸》云:

> 至誠之道,可以前知。國家將興,必有禎祥;國家將亡,必有妖孽;見乎蓍龜,動乎四體。禍福將至,善,必先知之;不善,必先知之。故至誠如神。

所謂"善、不善,必先知之"即與此章"人之不善"相應,禍福云云,則孟子所謂"後患"也。此即孔子所論先覺之境界。孟子本章則惟以不懸揣不善言之,蓋倘先預擬人之不善,是不能"以中養不中",則來者亦"出乎爾

〔1〕《白虎通·諫諍》,(清)陳立撰、吴則虞點校《白虎通疏證》卷五,北京:中華書局,1994年,第236頁。

〔2〕北周儒者盧辯注"不先人以惡,不疑人以不信"一句即言:"謂'不億不信,不逆詐。'"(清)王聘珍撰、王文錦點校《大戴禮記解詁》卷四,北京:中華書局,1983年,第72頁。

者,反乎爾也”,[1]真以不善應之矣。是豈非後患乎!《周易·需卦·上六》:“有不速之客三人來,敬之終吉。”需者,待也,當需待之時,君子守其恭敬之心,故雖有不速之客多人,而得其終吉。諸經所述,若合符轍,誠夫子所謂“一貫”之學也。

第十章

孟子曰:“仲尼不爲已甚者。”

【講疏】已甚者,太過中者也,違道遠者也,發則無以中節。人既爲此已甚之行,是於違道者有所忍也。孟子曰“人皆有不忍人之心”(《公孫丑上》),能有所忍,是其不忍人之心有所未誠也。仲尼之不忍,可見夫子存心之仁且誠。子語曾參:“吾道一以貫之。”曾子曰:“夫子之道,忠恕而已矣。”(《論語·里仁》)《中庸》引孔子之言:“忠恕違道不遠,施諸己而不願,亦勿施於人。”仲尼以忠恕存心,故能不爲已甚、違道不遠也。

第十一章

孟子曰:“大人者,言不必信,行不必果;惟義所在。”

【講疏】此章所言乃不信之信、不勇之勇也,亦解題所謂别異之義。言信行果本皆君子之道。孔子云:“人而無信,不知其可也。大車無輗,小車無軏,其何以行之哉?”(《論語·爲政》)有輗軏固定車馬,車行始能有恒也。《周易·蒙》:“山下出泉,蒙。君子以果行育德。”果决其行固君子所當爲也。恒者,定也,依德性論,於三德爲勇,於五常屬信。孔子云:“善人吾不得而見之矣,得見有恒者斯可矣。”

---

[1] 參上文第三章、第七章。

然有恒亦未必君子能之。上文所謂"言必信,行必果,硜硜然小人哉",亦有恒之士。孟子於《公孫丑上》言養勇之道,"志一則動氣,氣一則動志",此種士人如刺客者,即因養其氣質而得其勇者也。

雖然,亦有不信之信,不勇之勇,此義君子或未必知也,惟大人能之。蓋君子守經過剛,或不知從權之義。惟大人不惟以仁禮存心,亦以義智存心,知時空變化之所宜,所謂"惟義所在"也。如春秋霸政之世,齊桓、晉文皆以信爲尚。諸侯會盟,相約不渝,否則明神殛之。然孔子過蒲,受挾而與之盟,旋背盟適衛,子貢疑之,乃云:"要盟也,神不聽。"(《史記・孔子世家》)另如太王避狄,其行似無勇矣,而果於遷豳,終成王道之基。至於文王之"納約自牖"、勾踐之忍辱負重,亦約略似之。〔1〕

第十二章

孟子曰:"大人者,不失其赤子之心者也。"

【講疏】赤子之心純然無僞,惟知孺慕父母,《中庸》"肫肫其仁",《易》曰"有孚攣如",皆是此義。〔2〕自心體而言,大人亦不能多加些子,惟能貞定不失耳。依德性論,定者勇也,智仁勇兼備方可以稱大人。《萬章上》所謂大舜五十而孺慕父母,是其例也。

此章之義,向來頗爲聚訟。趙岐已存兩説:

> 大人謂君,國君視民當如赤子,不失其民心之謂也。一説曰:赤子,嬰兒也。少小之心,專一未變化,人能不失其赤子時心,則爲貞正大人也。章指:言人之所愛,莫過赤子,視民則然,民懷之矣。

---

〔1〕《周易》坎卦六四"納約自牖",一般指文王囚於羑里之象,參前揭李道平《周易集解纂疏》及拙作《周易義疏》之相關討論。

〔2〕《中庸》:"唯天下至誠,爲能經綸天下之大經,立天下之大本,知天地之化育。夫焉有所倚?肫肫其仁!淵淵其淵!浩浩其天!"《周易》"有孚攣如"嘗數見,近世學者望文生義,以俘虜之義釋孚字,非也。向來學者皆以信釋孚,信者,誠也,本心之爲中主也,攣如者蜷也,"有孚攣如"即後世所謂"拳拳之心"。參拙作《周易義疏》小畜九五"有孚攣如"義解。

大人之行不過是也。

趙氏專主前説，宋明儒多專主後説。朱子云：

大人之心，通達萬變；赤子之心，則純一無僞而已。然大人之所以爲大人，正以其不爲物誘，而有以全其純一無僞之本然。是以擴而充之，則無所不知，無所不能，而極其大也。

此説已得孟子此章神髓，惟尚未與本篇大旨相互發明耳。及焦循《正義》，廣引《説苑·貴德》及《荀子·臣道》之説，爲趙氏疏通證明，則趙岐與荀子、劉向等一脈相承之處，燦然彰明於世。焦氏另以趙氏此説與老子"能嬰兒乎"相提並論，以爲老子"自比愚人之無知，譏聖人之樸散"，"與孟子正相反"。蓋焦氏以赤子爲無知之人，而孟子所謂大人不僅可以"格君心之非"，而且"言不必信，行不必果，惟義所在"，"正己而物正，高出乎事君人安社稷，達可行於天下人之上，而豈可擬以無知之赤子哉！"故批評：

於是受其説者，以爲不必博文，不必好古，不必審問而明辨，第静其心，存其心，守其心，則不失乎赤子之心，而即爲大人。於是傭人匠賈，皆可自命爲聖賢。

焦氏此説或可批評王學之末流，倘施之以上引朱子之説，則誠所謂無的放矢。然二者所以相異者，其故有二。

其一，孟子、朱子一系論心，以德性言也，而焦氏所云則爲知性之心。故以有知、無知區分大人與赤子，不知赤子之可貴者不在其無知，而在其無僞也。大人所以格君心之非者，亦不在其知識之多，而在其道揆之外，尚具法守之誠。大人之所以大，乃從德性論言也。

其二，孟子所云"大人者，不失其赤子之心者也"，但言大人未失早年之初心，依形式邏輯，倘云"失其赤子之心者非大人"則可，不可言"不失其赤子之心即是大人"也。焦氏正坐此邏輯之失。

或曰："某甲者，某乙者也"，乃以某乙定義某甲，故大人之定義即是"不失其赤子之心"。則焦氏所言不誤。應之曰：此説非是。《盡心上》

有言:“大人者,正己而物正者也”,兩者句式相同。然則大人之定義亦即是“正己而物正”。依同一律,“不失其赤子之心”與“正己而物正”其義相同。此義顯非,蓋戀母之癡兒亦能不失其赤子之心,然非可云正己而物正也。以是知“不失其赤子之心”、“正己而物正”皆描摹語,非定義之語,焦氏誤矣。此描摹與定義,正見德性與知性思維之别。

第十三章

孟子曰:“養生者不足以當大事,惟送死可以當大事。”

【講疏】养生、送死皆指孝道言也,孟懿子問孝,子曰:“無違。”樊遲曰:“何謂也?”子曰:“生,事之以禮;死,葬之以禮,祭之以禮。”(《論語·爲政》)養生之義,《離婁上》已頗論之。如曾元養親以口體,曾子養親以志,皆養生之謂也。“養志與養口體所以有别者,蓋養口體,則視其所養者但爲一生命之軀殼,但爲對象化之存在物,是人我有隔,失仁者也。若養志者,則親子之志交融和洽,復其一體之仁矣。”〔1〕

顧孟子言“養生不足以當大事,唯送死可以當大事”者,非言養生非大事也,蓋小大乃相對而言,與送死相較,則養生尚其小者也。近世人倫道喪,孝道全失,在上者唯知子女以順從爲孝,在下者亦僅能養口體而不知敬爲何物。或有厚葬其親而自以爲孝者,亦不過以死者之排場,增生者之榮光,自失其禮而不知。不知孝者報也,當親在之時,情義交融,以禮養親尚不甚難;親殁之後,親人之形貌不在,倘能依禮祭之者,非“大孝終身慕父母”(《孟子·萬章上》),竭其精誠之思,且齋戒如儀者,〔2〕難以奏功。然則不惟能以仁孝存心,且須有恒,始真能得送死之義也。故曾子云:“慎終追遠,民德歸厚矣。”

---

〔1〕 前揭拙作《〈孟子·離婁上〉講疏》。

〔2〕 參《禮記·祭義》有關致齋、散齋等之具體描述。

第十四章

孟子曰:“君子深造之以道,欲其自得之也;自得之,則居之安;居之安,則資之深;資之深,則取之左右逢其原;故君子欲其自得之也。”

【講疏】趙岐註:“造,致也。言君子問學之法,欲深致極竟之以知道意。欲使極得其原本,如性自有之也。”所謂自得,即心與道密合無間,此心即本心之謂也,又名道心。《中庸》“天命之謂性,率性之謂道”,此言性乃天之所命,道則循性而行也,此性即所謂本心。蓋常人之心,即所謂習心,以欲望、情緒及知性構畫物理,尚不可以謂之道也。君子則稍有進,知以仁義禮智存心,惟其自得本心之誠者,始真可以稱有得也。得者,德也。故本章所言,乃言君子由存心而返本,是所謂復性之學也。歷代聖賢,所以得其道揆,堪爲道統者,必以復性自得爲基。《易》云:“復,其見天地之心乎!”

本心既得,故能因事感通,是有合“維天之命,於穆不已”之仁也。孟子曰:“仁,人之安宅也;義,人之正路也。曠安宅而弗居,舍正路而不由,哀哉!”(《孟子·離婁上》)又云:“君子居天下之廣居,立天下之正位,行天下之大道”(《滕文公下》),朱註:“廣居,仁也;正位,禮也;大道,義也。”既自得天道之仁,則與物無忤,《易》所謂“開物成務”,故“居之安”。資者,積也,即《貨殖列傳》計然所謂“旱則資舟,水則資車”之資。趙岐以“取”釋之,恐非。居之既安,則積之必深,及誠意漸孚,故能如上篇所言“至誠動物”,《中庸》所謂“無入而不自得”,即本章“取之左右逢其原”之義。《易》云“有孚盈缶,終來有它吉”,即誠意充滿而能動物之狀也。〔1〕

〔1〕《比卦·初六》爻辭,參前揭《周易義疏》第79頁。

第十五章

孟子曰:“博學而詳説之,將以反説約也。”

【講疏】博而能約,是返本之義也,與本篇大旨相應,故系於此。孔子曰:“以約失之者鮮矣。”時下學者註《論語》,或有以約定釋“約”者,失之遠矣。

第十六章

孟子曰:“以善服人者,未有能服人者也。以善養人,然後能服天下,天下不心服而王者,未之有也。”

【講疏】“以善養人”,猶前文所謂“中也養不中”。養者教也,以善養人,則受教者亦同歸於善。善乃德性之境,“富潤物,德潤身”(《大學》),惟實見此德者乃真知善之可貴,遂能欣賞之、服膺之也。其不善者既不知善之可貴,即便服膺人者,亦不過因其陵之以威,蓋懼之也,非因其善也。孟子所謂“以力服人者,非心服也,力不贍也;以德服人者,中心悦而誠服也。”[1]孔子云:“道之以政,齊之以刑,民免而無恥;道之以德,齊之以禮,有恥且格。”(《論語·爲政》)即此義也。格者,來也;王者,往也,天下之來歸往,是王之義也。以力服人者乃霸道,惟以善養人,天下亦能心服之,是所謂以德服人,斯可以稱王道也。

第十七章

孟子曰:“言無實不祥;不祥之實,蔽賢者當之。”

【講疏】本章之義,學者頗費解。朱子舉二説,然亦未知孰是,且疑

〔1〕 參前揭拙撰《孟子章句講疏》卷三《公孫丑上》第三章。

有闕文。其一曰:“天下之言無有實不祥者,惟蔽賢爲不祥之實。”其一曰:“言而無實者不祥,故蔽賢爲不祥之實。”後者略同趙岐之説:“凡言皆有實,孝子之實,養親是也;義之實,仁義是也。祥,善也。當,直也。不善之實何等也,蔽賢之人,直於不善之實也。”

按朱子後説近之。本章所言,亦存心之義。實者誠也,言無實者,存心不誠也,本源不誠則“失之毫釐,謬以千里”,必有後患,是所謂不祥。不祥之實,與上篇“仁之實,事親是也;義之實,從兄是也”句式相當。仁之體現所在多有,而事親爲切近;義之體現所在多有,而從兄爲切近。《中庸》:“仁者人也,親親爲大;義者宜也,尊賢爲大。”蓋從兄即敬長之義,敬長之中以從兄爲切近,而以尊賢爲最大,賢者有德也,且可以利國。違義不祥,然則不祥之體現,當以不知尊賢爲最重。何以不知尊賢?必在下者言之不實,舉賢者爲其所蔽,是所謂蔽賢者也。蓋既存心不誠,此不義之舉也,而承擔此不祥者,即當是此蔽賢者也。此義稍迂曲,然大旨似亦可通也。

第十八章

徐子曰:“仲尼亟稱于水曰:‘水哉水哉。’何取于水也?”孟子曰:“原泉混混,不舍晝夜;盈科而後進,放乎四海:有本者如是,是之取爾。苟爲無本,七八月之間雨集,溝澮皆盈,其涸也,可立而待也!故聲聞過情,君子恥之。”

【講疏】科,坎,即坑也。放,至也。情,實也。本章大義甚明,諸家所説,大義略同。蓋水之可貴,在於有本,故由混混源泉,匯成江湖,終至四海,無有窮竭。否則即便天降暴雨,溝壑滿盈,旋即乾涸。君子修德,亦當自得其本源也。原泉之喻,古人習見。《周易·蒙卦》:“山下出泉,蒙。君子以果行育德。”易卦所言者宇宙之生機也,故一卦之内,易象常相反相成,遂可以爲生機揚棄自身,不斷自我否定而新新上出之象。蒙卦一山覆水,如種子蒙覆土中,有蒙之義;亦如山下出泉,如萌芽破土,有萌之義。故君子可法山下出泉之象,以培育己德也,與上文所謂自得之義相應。泉之所以不竭者,猶後儒所謂乾元性海,是所謂本也。

其本源既無,而得其令聞者,猶"七八月之間雨集,溝澮皆盈",此失誠者也,君子恥之。《周易·中孚·上六》所謂"翰音登於天,何可長也?"翰音者雞也,雞飛於天,然不能久。《中孚》此爻言人雖外示人以大信,而實則不信,與孟子此章所言若合符節。[1]趙岐以孔子川上之言,所謂"逝者如斯夫,不舍晝夜"釋不能久之義,是也。其義董仲舒、揚雄已發之矣,蓋戰國以降,儒者之通説也。[2]所謂"智者樂水,仁者樂山,智者動,仁者静",本篇大旨言仁智合一,故於水之不舍晝夜,不惟見其不已,抑且見其有本也。

第十九章

孟子曰:"人之所以異於禽獸者幾希;庶民去之,君子存之。舜明於庶物,察於人倫,由仁義行,非行仁義也。"

【講疏】"天地四方曰宇,往古來今曰宙"(《尸子》輯本卷下),宇宙乃時空之總名。倘自此時空之總體觀之,人與天地萬物爲一體,統此天地萬物者即仁也,此宇宙本有之生機。《周易》所謂"大哉乾元,乃統天"(《乾·彖》)。孟子亦言"萬物皆備於我矣"。由此一體性觀之,安有所謂聖凡、人禽、民物之别? 宇宙萬有,山河大地,無處非此生機之周流也。此張載《西銘》所謂"民吾同胞,物吾與也"。人之所以有惻隱之心者,亦即因此民胞物與之心未失耳。惻隱之心乃仁之端也,天心自此發

---

〔1〕參前揭拙撰《周易義疏》,第355頁。
〔2〕董仲舒説見《春秋繁露·山川頌》,參汪榮寶撰、陳仲夫點校《法言義疏》卷二《學行》引劉寶楠説,北京:中華書局,1987年,第24頁以下。

露,故陽明曰人心乃天地之"發竅",是也。近世以來,學者由知性哲學立論,每以惻隱之心爲假設,[1]是未明本心之大義者也。

然何以有聖凡、人禽、民物之别?蓋即視此一體性之存否使然。嘗試論之,人禽、庶物乃至天下萬物雖同秉此生,各爲天地之一體(此一體猶言部分),固皆分有此天地之仁,仁之與仁亦無有不同。然既各以身體相結構,則各有其自性,是所謂各得其利。故老子云:"吾所以有大患者,爲吾有身,及吾無身,吾有何患?"蓋吾身之生,亦天地之仁使然也,吾身之利,亦即天地之義也。義之與利本爲一體之兩面,《梁惠王上》已略言之矣。[2]然個體之欲利其身者,乃或無所不爲,滅萬物之生生以奉己,欲天地失其大生、廣生,誠所謂"過猶不及",是失仁者也。於此不仁,天地或以殺應之,《陰符經》所謂"天發殺機",老子所謂"天地不仁,以萬物爲芻狗",《周易》於賁成之後隨之以剥,皆言此義,是乃天地之大仁也。此種意義之仁,吾人可於生物鏈見之。蓋春生秋殺與夫生態之自然調節,皆天地之仁所以顯現於生物界者。其中無機物雖似無生,亦不過生命之尚未結構者耳,所謂氣也,何嘗無生意存乎其間;動植物已有其情識,尚無以自覺體察此仁;惟人類能自覺察識此仁,所以爲萬物之靈長也。顧動植物雖情智寡淺,倘精誠以臨之,亦或可以相感,此義甚深,不可以小智蠡測也。宗教家言此類甚多,亦天道之一義也。

故倘就其大略言之,"鸚鵡能言,不離飛鳥;猩猩能言,不離禽獸"(《禮記·曲禮上》),語言而外,動物亦未嘗無情感、欲望、思量、計度之心,然人禽所以終於有别者,端在人類能於天道有得,所謂"人所以異於禽獸者幾希",幾希,猶言近乎無有也。老子云"聽之不聞曰希",其義略同。

申言之,此幾希之異,即人能存此本心,孟子所謂"性善"是也。顧

---

〔1〕譬如馮友蘭。馮氏以良知爲假設,熊十力以良知爲呈現,此近代有名學術公案。所以有此異者,即因二者學術之出發點有别,此區别即知性與德性之别。

〔2〕前揭《孟子章句講疏》卷一《梁惠王章句上》第一章。

人雖同具此性,其能存此心者亦唯君子而已。其爲小人者,或欲存而無恒;或雖有恒,而所存不正。故本心雖與君子無異,而日漸銷鑠,是所謂“去之”也。言庶民者,庶者衆也,此庶民乃指衆人言,即前文所謂小人也。

“君子以仁存心,以禮存心”,雖然,存心亦僅能復性而已,其得乎本心而又能“源泉混混,盈科後進”,因時而發之者,則各得其智、各得其義矣。如舜之“明於庶物”,所謂智也;“察於人倫”,所謂義也。是其所依者即本心之仁,所由者即發心之義,仁可以括禮,義可以括智也。此即《告子上》“仁,人心也;義,人路也”之義。觀大舜所爲,皆“由仁義行,非行仁義也”,[1]此仁義皆心體所發,非虚懸一物,欲人比擬刻畫者也。由存心復性,此下學而上達者也,乃盡性知天之學。至於源泉混混,充拓開去,終如浩然之氣充塞宇宙,此唯“正己而物正”之大人能之。孟子所以“道性善,言必稱堯舜”者,有以哉![2]然則存之與證體,尚有一間之隔也。故朱子引尹氏之説云:“存之者,君子也;存者,聖人也。君子所存,存天理也。由仁義行,存者能之。”

蓋尤有説。舜之“明於庶物”,學者多以動物以上言之,惟朱子慧目如炬:

> 明於庶物,豈止説禽獸?禽獸乃一物,凡天地之間、眼前所接之事,皆是物。然有多少不甚要緊底事,舜看來,惟是於人倫最緊要。[3]

此處以人倫先於自然,固與孟子大義不相違背,然於此章言之,亦不無輕視事物之意,實理學之一蔽。顧既以萬物當庶物,自然事物皆當在聖賢視野之中,不可單以人倫言。倘衹是“察於人倫”而未“明於庶物”,雖可以爲存心之君子,尚無以稱大人也。

---

〔1〕依仁由義之義,可參前揭《孟子章句講疏》卷三《公孫丑章句上》第二章所論集義、義襲之義。

〔2〕引孟子“道性善,言必稱堯舜”以疏通此篇,趙岐已發之。

〔3〕前揭《朱子語類》卷五七《離婁下》,第1348頁。

第二十章

孟子曰："禹惡旨酒，而好善言。湯執中，立賢無方。文王視民如傷，望道而未之見。武王不泄邇，不忘遠。周公思兼三王以施四事；其有不合者，仰而思之，夜以繼日；幸而得之，坐以待旦。"

【講疏】本章亦篇首所謂"前聖後聖，其揆一也"之義。關於諸聖本事，前人註釋稍詳，而大義則差别甚遠。大禹一節，趙岐云："旨酒，美酒也。儀狄作酒，禹飲而甘之，遂疏儀狄而絶旨酒。《書》曰：'禹拜讜言。'"前説乃《戰國策·魏策》之言。讜言亦作昌言。依孟子本章之義，禹所以疏遠儀狄者，蓋因酒能亂性，無以虚中應物，故絶之也。所謂"禹拜昌言"，即《公孫丑上》孟子所謂"禹聞善言則拜"，不惟自任者重，抑且應物以恭，存心以敬也。

湯"立賢無方"，趙氏以"不問其從何方來"釋，朱子則云"不問其類"，似皆可通，而朱義差勝。蓋方者道也，法也，言不拘成法也。否則執中之中不得以"中正之道"言矣。此亦《莊子·齊物論》執其"道樞"之謂，以道術與方術對舉，亦見《莊子·天下》篇。所以能立賢無方，即在其能執中道也。此亦合虚中以應外之義。

"文王視民如傷，望道而未之見"，趙氏云："視民如傷者，雍容不動擾也。望道而未至，殷禄未盡，尚有賢臣，道未得至，故望而不致誅於紂也。"不擾民，稍合老子"治大國若烹小鮮"之義，望道云云，則想當然耳。朱子讀"而"爲"如"，云："民已安矣，而視之猶若有傷；道已至矣，而望之猶若未見。聖人之愛民深，而求道切如此。不自滿足，終日乾乾之心也。"其大義甚精，然亦稍有可商。蓋文王之造靈臺，"庶民子來"（《梁惠王上》），孟子所論皆就"爲民父母"之義發揮，此即《尚書·康誥》所謂"若保赤子"之義。[1]既視民如赤子，是猶恐傷之也，故云"視民如傷"。

---

〔1〕 參《孟子章句講疏》卷五《滕文公上》第五章。

此文王存心之仁也。望道而未之見,則《中庸》所謂"'維天之命,於穆不已',……文王之所以爲文也,純亦不已",言其不惟存心以誠,且虚中應物,是《易》終未濟之義也。

趙岐:"泄,狎;邇,近也。"朱註:"邇者人所易狎而不泄,遠者人所易忘而不忘,德之盛,仁之至也。"此言大體亦是,惟孟子本章所以言此者,皆與諸聖之存心有關。不狎邇者,臨人以敬,不失其恭敬之心也。不忘遠者,"久要不忘平生之言"(《論語・憲問》),是能信也。[1]久要,舊約。

四聖所行各異,而其存心則同,皆得其因時之義,此即上文所謂"由仁義行,非行仁義也",蓋倘行仁義,則必規行矩步,或"服堯之服,誦堯之言,行堯之行"(《孟子・告子下》),[2]有如刻舟求劍者矣。本章所以置於上章之後,殆爲此也。至於周公之"思兼三王以施四事",即《公孫丑上》所謂"集義"。"其有不合者,仰而思之,夜以繼日",即前文"欲其自得之也"。"幸而得之,坐以待旦",可見其存心之誠。周公制禮作樂以垂後世,亦可謂集三王之大成矣。或以通三統之義附會此章者,此望文生義,以汗漫説經者也。[3]

---

[1] 李光地云:"不泄曰敬,泄生於玩易也;不忘曰誠,忘生於間斷也。"《榕村語録》卷六《下孟》,陳祖武點校,北京:中華書局,1995年,第92頁。

[2] 按此句乃《告子下》孟子告曹交者,交欲師孟子,孟子不欲教之,故勉之如此。此皆行仁義之謂,非由仁義行者也。學者當詳考上下文,不可因此句乃孟子所言,故以論聖賢之大義一例衡之。故《禮記・儒行》記哀公問孔子儒服之言,子曰:"丘聞之也,君子之學也博,其服也鄉,丘不知儒服。"亦是此義。

[3] 清儒宋翔鳳曾引《白虎通》"王者所以存二王之後何也?所以尊先王,通天下之三統也"之説,故云:"'兼三王',通天地人之正,以正一歲之首。施於春秋冬夏,爲'施四事',以爲一歲之成而王道備。"見氏著《孟子趙注補正・離婁下》,收入《清經解續編》卷七二,南京:鳳凰出版社,2005年,第2024頁。按三統之義,在存二王之後,以周言之,是夏殷也,故有所謂三王之義。此在文武二王尚可言之,周公乃兼三王者,安可以三統言之?自宋氏開清儒附會之學,近人乃變本加厲,學術益趨汗漫。蓋漢儒所傳經義乃當時之大義也,倘超越時空而仍不失其常道者,必有微言以輔之乃可。倘求三統之微言,必當考求三統之所以爲三統之故,不可徑以三統之形式即爲萬世之準繩,而以己意曰此爲三統、彼爲三統也。今人論三統者衆,因正之於此。

第二十一章

孟子曰:“王者之迹熄而《詩》亡,《詩》亡然後《春秋》作。晉之《乘》,楚之《檮杌》,魯之《春秋》,一也。其事則齊桓、晉文,其文則史。孔子曰:‘其義則丘竊取之矣。’”

【講疏】上章所言三王之道統也,是所謂王者之迹也。王迹熄者,傳統略有數説。其一乃鄭玄及范寧之説,言平王東遷,政教無以及天下,於是變風不能復雅,《黍離》降爲國風,朱子承其説。其一乃趙岐之説,“王者,謂聖王也。太平道衰,王迹止熄,頌聲不作,故《詩》亡。《春秋》撥亂,作於衰世也”。其一則清儒顧棟高、楊椿之説,言“霸者之事,即王者之迹,霸者亡而王迹熄矣”。其一則清儒顧鎮之説,言平王東遷,巡守采風之制不復,“而陳詩之典廢,所謂迹熄而詩亡也”。[1]其一則清儒宋翔鳳、朱駿聲之説,以“迹”为《説文》“䢋”字之訛誤,乃古之遒人,即所謂“以木鐸記詩言者”,亦采詩之官。[2]其一則清儒俞樾之説,“此迹字即車轍馬迹之迹”,言西周十二年天子巡守,至方嶽之下,朝諸侯於明堂,太史陳詩以觀民風,故天下皆有王者車轍馬迹。及巡守禮廢,太史不復陳詩,是所謂“王者之迹熄而詩亡”。[3]

諸説之中,趙岐説最渾淪,餘説皆指實而言,然亦似皆有矛盾。若言王者之迹熄指平王東遷,則《春秋》之時詩歌入《詩》者尚多,《魯頌·閟宫》即其顯例。故東遷説似不可取,清儒顧鎮乃以此詩指采詩而言,則此詩非指入《詩經》者矣。然孟子之時《詩》當已成《詩經》之特稱,《孟子》書中已然,倘以采詩之廢直稱《詩》亡,似頗費解。至於以霸者所爲

〔1〕顧棟高《春秋大事表·王迹拾遺序》、楊椿《與顧棟高書》、顧鎮《虞東學詩·迹熄詩亡説》,焦氏《正義》皆引及。

〔2〕見宋翔鳳《孟子趙注補正·離婁下》,前揭《清經解續編》卷七二,第 2024—2025 頁。朱駿聲説見《經史答問》,樊波成《經史答問校證》卷三,上海:華東師範大學出版社,2010 年,第 271 頁。

〔3〕(清)俞樾《群經平議》卷三三,張鈺翰點校,北京:北京大學出版社,2014 年,第 853 頁。

當王迹,《春秋》既當王迹熄而作,何必又詳述齊桓、晉文之事？以是知不可以霸政當王迹也。然則唯趙説似稍近之。

嘗試論之,"《詩》三百"之説已見諸《論語》,孔子"自衛反魯,然後樂正,雅頌各得其所"(《論語·子罕》)。此即孔子刪詩正樂之説。且《詩經》雖經秦火,而儒者皆能背誦,遂得以保存。漢代傳《詩》數家,解釋容有歧異,而經文大同。故現存《詩經》爲孔子所訂,當無疑義。孔子既作此經,何得云《詩》亡？然則所謂"《詩》亡"者,非其文本之亡,乃其在周代禮樂實踐中之作用亡矣。所謂樂也者,有泛指,有實指。"樂統同,禮辨異"者,此泛指也;樂、音、聲有别,"先王以作樂崇德,殷薦之上帝以配祖考"者,此實指也。[1]所謂樂即指宗廟頌歌。惟此樂非後世徒事歌功頌德者可比,乃"即君權之自我反思"。[2]故《樂》本無經,《詩》《樂》一體之説,其來已久。然則"《詩》亡"即《樂》亡也。周之東遷,禮崩樂壞,雖桓、文繼起,尊王攘夷,然"以力假仁"者耳,與王者之"以德行仁"尚有一間之隔。故夫子以道自任,以匹夫行天子之事,筆削魯史《春秋》,以爲百王大法,是所謂"《詩》亡然後《春秋》作"。禮樂乃周公所作,禮樂亡而《春秋》作,此周公、孔子一貫之學。倘以經典言之,則《禮》、《樂》、《詩》、《春秋》四經"其揆一也"。

晉之《乘》、楚之《檮杌》,乃晉、楚史書之名,趙岐云前者多記"田賦乘馬之事",後者乃以記惡興戒爲主,亦不無可能。後儒多懸揣其故,津津於勸善懲惡之間,迄無實證。清儒毛奇齡則力言"此在楚史官竊其意以斥凶惡,謂可以垂戒,因借此名,實則有名無義。"[3]倘以文化之分野推之,楚地"地勢饒食,無饑饉之患",其民故不事生産,"無積聚而多貧"(《史記·貨殖列傳》),然亦因此而得生存之自由,"滄浪之水清兮,可以

---

〔1〕 参《孟子章句講疏》卷二《梁惠王下》第一章。

〔2〕 参《孟子章句講疏》卷三《公孫丑上》第二章。

〔3〕 (清)毛奇齡《四書改錯》卷十八《楚之檮杌》,胡春麗點校,上海:華東師範大學出版社,2015年,第422頁。

濯我纓;滄浪之水濁兮,可以濯我足"(《楚辭·漁父》),既徜徉於天地之間,亦致思於六合之外。孔子南遊,多遇隱者,老莊之徒,紛然雜處。加之楚國乃商文化孑遺,不惟同宗顓頊,且巫祝之事綦繁,富於宗教之思。檮杌本顓頊第六子,以頑劣著稱,[1]以此爲史書之名,蓋亦有令檮杌之神靈鑒燭幽隱之意。如蚩尤善戰,雖爲黃帝所殺,後世反祀之爲兵神。[2]《周易·履卦》所謂"視履考祥,其旋元吉"。至於三晉之地,本爲古史淵藪,[3]此古史非後世歷史研究之謂,乃"舊法世傳"、師傅曹習之學,即上篇所謂數度之學。以《乘》爲名,蓋所記多制度之事,或開後代志書之先河。及魯之《春秋》,"表年以首事",[4]以政治事變爲中心,遵從禮制,秉筆直書,其風格蓋與晉、楚迥異。孟子所云"一也",乃言其皆各自之史書耳,非言其内容及書法無異也。[5]其以春秋爲史記之名,蓋因上古一年僅春秋二季,言春秋即括一年也。此義昔人言之已詳,兹不贅述。

綜上可知,孟子所言,雖似無意,然實已點出春秋以前史學之基本分野。其中魯重綱紀,楚重行履,晉重制度,此即太史公以降以本紀、列傳及書志爲中心之綜合史體之濫觴。三者實隱含傳統學術之中儒(魯)、道(楚)、墨(晉)三系之分野。及春秋戰國之交,私學興起,諸子紛出,三系文化乃同時發生自覺,孔、老、墨三師乃分執三派牛耳。戰國以降,稷下學宫成天下學術中心,燕齊方士崛起,齊國乃繼楚國之後,爲新

---

[1] 《左傳》文公十八年:"顓頊氏有不才子,不可教訓,不知話言,告之則頑,舍之則嚚,傲狠明德,以亂天常。天下之民,謂之檮杌。"

[2] 《史記·高祖本紀》:"祠黃帝,祭蚩尤於沛亭。"應劭曰:"《左傳》曰:黃帝戰於阪泉,以定天下。蚩尤好五兵,故祠祭之求福祥也。"劉邦亦楚人也。見《史記》卷八,北京:中華書局,1959年,第350頁。

[3] 此説及下文經學之魯齊晉三系説,可參蒙文通《經學導言》,載氏著《經學抉原》,成都:巴蜀書社,1995年。

[4] (晉)杜預《春秋左傳集解序》,載(晉)杜預註、(唐)孔穎達疏《春秋左傳正義》,(清)阮元校《十三經注疏》,北京:中華書局,1980年影印本。

[5] 亦有學者認爲《乘》、《檮杌》不過是晉、楚對《春秋》的不同叫法,非指三地史書。清人于鬯即據杜預、虞世南、孔穎達著作所引"楚謂之檮杌",以爲"乘"、"檮杌"爲"春秋"之合音,不過一偏重春,一偏重秋而已。其説殊失穿鑿。見氏著《香草校書》卷五四《孟子》,張華民點校,北京:中華書局,1984年,第1085頁。

道家所宗。遂開秦漢以後齊、魯、古三系經學之新局。此其大略也。

顧孔子所以修《春秋》者,非爲作史之故,乃以禮樂政教爲大宗,觀察霸政時代時勢之變化,所以建中立極,示來者以軌則。後世所謂"爲漢立法"者,但據漢而言而已,孔子亦不必知有漢也。故由《春秋》乃見孔子之政治學,後世以史學視之者,何小之也。〔1〕予嘗論之,所謂"其事則齊桓、晉文"者,即歷史材料;所謂"其文則史"者,即太史公所謂"述故事,整齊其世傳"(《史記·太史公自序》),史事與史文相合,即後世之客觀歷史研究。〔2〕孔子所發之義,〔3〕後世流爲三傳之學,雖各有所得,要皆未能盡其微旨。太史公曰:"《春秋》推見至隱,《易》本隱以之顯"(《史記·司馬相如列傳論》),《易》、《書》、《詩》、《禮》、《樂》、《春秋》,以《易》爲本,以《春秋》爲末,雖隱顯有别,而其揆一也。

第二十二章

孟子曰:"君子之澤,五世而斬;小人之澤,五世而斬。予未得爲孔子徒也,予私淑諸人也。"

【講疏】此君子、小人,趙岐以善惡爲言,焦循乃言"近世通解以君子爲聖賢在位者,小人爲聖賢不在位者",皆無明證。朱子乃渾言"君子小人之澤,五世而絶",且引楊氏之説,以爲依喪服之制,五世以後則親盡

---

〔1〕此説宋儒及晚清今文經學皆有見於此,大義昭然,参皮錫瑞《論據朱子之説足證〈春秋〉是經非史,學〈春秋〉者當重義不重事》、《論經史分别甚明,讀經者不得以史法繩〈春秋〉,修史者亦不當以〈春秋〉書法爲史法》諸文,見氏著《經學通論》四,北京:中華書局,1954年,第71—73、77—79頁。

〔2〕拙作《歷史經學導論》,未刊稿。此文曾在2017年4月浙江大學第一屆史學理論前沿論壇宣讀。

〔3〕俞樾云:"取者,爲也。《廣雅·釋詁》曰:'取,爲也',即此取字之旨。竊取之,猶言私爲之。孔子蓋曰其義則丘私爲之也。後世治《春秋》者不信三科九旨諸説,而但曰經承舊史,史承赴告,則止有其事其文,而孔子之義付之悠悠矣。"前揭《羣經平議》卷三三,第840頁。

而絶。孟子此言君子、小人,蓋以其身份言之,其意若曰,無論有位無位,君子小人,五世則親盡而絶也。

未得爲孔子徒,諸儒多言孟子乃自嘆惜,不得從學孔子之意,惟朱子言:

> 私猶竊也。淑,善也。李氏以爲方言,是也。人,謂子思之徒也。自孔子卒至孟子遊梁時,方百四十餘年,而孟子已老。然則孟子之生,去孔子未百年也。故孟子言予雖未得親受業於子思之門,然聖人之澤尚存,猶有能傳其學者。故我得聞孔子之道於人,而私竊以善其身,蓋推尊孔子而自謙之辭也。

朱子此前先引三十年爲一世之説,則已有五世爲百五十年之意。後則言孟子之生去孔子之卒未百年,是其澤未斬也。此説非是。蓋五世而斬者,皆就五代而言也。孟子之生年(西元前 372),去孔子生年(西元前 551)已近一百八十年,自孔子三十授徒,至孟子受學,遠逾五代。即便自孔子晚年弟子如子游輩起算,自孔子卒(西元前 479)至孟子十五(西元前 358)左右受學,已逾一百二十年,然則自孔子言之,亦在五代而外,是其澤已斬矣。況以親屬之遺澤喻學術之淵源,亦不過大概言之而已。

依本章大旨言之,孟子所以自云私淑者,正所以强調其學之不由師法,而是出於“自得”。所謂私淑,亦非朱子所言“私竊以善其身”,〔1〕乃指聞其學而善之也。由此自得,正見孔孟之一揆。朱子末云:

> 此又承上三章,歷敘舜禹,至於周孔,而以是終之。其辭謙,然其所以自任之重,亦有不得而辭者矣。

斯言最爲得之。若趙岐云孟子恨其不得學於大聖人,孫奭以爲孟子不自居爲聖人,於義皆有未盡也。

〔1〕 朱説蓋有所本,孫奭亦言“私有所善諸已,未有所善諸人”,氏著《孟子注疏》卷八上,前揭阮元校《十三經注疏》,第 2728 頁。

第二十三章

孟子曰:"可以取,可以無取,取傷廉。可以與,可以無與,與傷惠。可以死,可以無死,死傷勇。"

【講疏】廉者,有廉隅之謂也,今言棱角約略近之,是有操守也。"君子愛財,取之有道"(《論語》),故可取可不取者,取之則廉似不足也,故云傷廉。有澤惠及人乃善舉也,然可以與可以不與者,與則稍嫌市恩,故云傷惠。子曰:"孰謂微生高直? 或乞醯焉,乞諸其鄰而與之。"(《論語·公冶長》)舍生取義,人所難能,是有勇也。然可死可不死,死則失義,非大勇也,故云傷勇。晏子之不死君難是也:

> 崔武子見棠姜而美之,遂取之。莊公通焉。崔子弒之。晏子立於崔氏之門外。其人曰:"死乎?"曰:"獨吾君也乎哉,吾死也?"曰:"行乎?"曰:"吾罪也乎哉,吾亡也?"曰:"歸乎?"曰:"君死,安歸? 君民者,豈以陵民? 社稷是主。臣君者,豈爲其口實? 社稷是養。故君爲社稷死,則死之;爲社稷亡,則亡之。若爲己死,而爲己亡,非其私暱,誰敢任之? 且人有君而弒之,吾焉得死之? 而焉得亡之? 將庸何歸?"門啓而入,枕屍股而哭。興,三踴而出。人謂崔子:"必殺之。"崔子曰:"民之望也,舍之得民。"(《左傳》襄公二十五年)

朱子引林氏之説,言"公西華受五秉之粟,是傷廉也;冉子與之,是傷惠也;子路之死於衛,是傷勇也。"綜括言之,本章所辨者在傷廉之廉、傷惠之惠、傷勇之勇,皆似是而非者,亦解題所云別異之謂也。

第二十四章

逢蒙學射於羿,盡羿之道;思天下惟羿爲愈己,於是殺羿。孟子曰:"是亦羿有罪焉。"公明儀曰:"宜若無罪焉。"曰:"薄乎云爾,惡得無罪！鄭人使子濯孺子侵衛，衛使庾公之斯追之。子濯孺子曰：‘今日我疾作，不可以執弓，吾死矣夫！’問其僕曰：‘追我者誰也？’其僕曰：‘庾公之斯也。’曰：‘吾生矣！’其僕曰：‘庾公之斯，衛之善射者也。夫子曰：“吾生。”何謂也？’曰：‘庾公之斯學射于尹公之他，尹公之他學射於我。夫尹公之他，端人也，其取友必端矣。’庾公之斯至，曰：‘夫子何爲不執弓？’曰：‘今日我疾作，不可以執弓。’曰：‘小人學射于尹公之他，尹公之他學射于夫子。我不忍以夫子之道，反害夫子。雖然，今日之事，君事也，我不敢廢。’抽矢扣輪，去其金，發乘矢而後反。”

【講疏】薄，言其罪尚小而已。逄蒙殺羿，是以弟子而弒師也，原其所以殺之之故，蓋欲以箭術稱雄於世，思天下惟羿爲過己，是皆以利存心，誠小人也。逄蒙之罪大矣，然君子反求諸己，孟子乃云，羿亦不可謂無過焉。此如“慢藏誨盜”，非欲脱卸盜者之責也。

然則羿之罪何在？師弟之道，介乎父兄朋友之間，乃所以成人者也。故師教與父生、君養鼎足而三，其義不可謂不重。依上文所言，君仁則天下莫不仁，君義則天下莫不義，父兄當以中養不中。爲師者既以智教弟子，反以殺身，則其所謂智適所以見其不智耳。此即解題所謂“不智之智”。然則羿之智亦不過功利技術之智巧，失爲師者教育弟子之道矣。蓋師之教弟子，非如耶教所言，以一物强加之其内，而是如放勳所言，“輔之翼之，使自得之，又從而振德之”，[1]倘取友不端，而又未能教之使端，則其輔之翼之者必爲此不端之心矣。是礪虎之牙，增虎之翼，變本而益厲之也。是羿之罪也。此亦化人必先於化物，人倫之教育必先於技術之義。以本章大義所言，即德性先於知性，是孟子以仁統智、仁智合一之旨。

---

〔1〕 參《孟子章句講疏》卷五《滕文公章句上》第四章。

故本章孟子引子濯孺子、庾公之斯之事,但言師當教弟子以正,以仁義理智存心,否則鮮不爲"不智之智"。是上文所謂未能"以中養不中"者也。其所述與《左傳》有合有不合,或史料傳述有別,或記憶偶誤,或僅借其一端,以明大義,其事件如何本無關宏旨也。[1]後世學者於此等處狺狺置辯,而反失其大旨,亦所謂買櫝而還珠者矣,皆無足置辯。如朱子所言,"夷羿篡弑之賊,蒙乃逆儔;庾斯雖全私恩,亦廢公義。其事皆無足論者,孟子蓋特以取友而言耳",是也。

第二十五章

孟子曰:"西子蒙不潔,則人皆掩鼻而過之。雖有惡人,齊戒沐浴,則可以祀上帝。"

【講疏】西子或以爲即吴越之西施,或言上古人物,此無關緊要者,要爲美貌者也。惡人乃言其貌醜,故《老子》以美惡對舉,美醜皆顯現於外者。齋戒沐浴,是能以誠敬存心,自潔其身,故可以對越上帝。美惡之相乃身體所發,潔不潔之相乃心體之表現,雖皆相也,而所本不同,不可以不別其異也。

第二十六章

孟子曰:"天下之言性也,則故而已矣;故者,以利爲本。所惡于智者,爲其鑿也。如智者若禹之行水也,則無惡于智矣,禹之行水也,行其所無事也。如智者亦行其所無事,則智亦大矣。天之高也,星辰之遠也,苟求其故,千歲之日至,可坐而致也。"

---

〔1〕 毛奇齡云:"孟子時不見策書,就戰國人傳聞而引作他事,但以證師弟子不相厄也。"前揭《四書改錯》卷十《庾公之斯》,第234頁。

【講疏】本章義旨，昔人論説紛紜，所以難得其要領者，蓋多未明“故”之義。如朱子所謂“故者，其已然之迹”是也。或雖明故之義，而不明“以利爲本”之説，如焦循言“故即‘苟求其故’之故”，是也；然云：“利即元亨利貞之利，《繫辭傳》云：‘變而通之以盡利’，《彖傳》云‘乾道變化，各正性命，保合太和乃利貞’，利以能變化，言於故事之中，審其能變化，則知其性之善。”則非。

嘗試論之，故之義即《墨子·經上》所言：“故，所得而後成也。”此故即因果之理，故因果可以“故”稱之，[1]猶邏輯學所謂充分條件。《經説上》：

> 故：小故，有之不必然，無之必不然。體也，若有端。大故，有之必無然，若見之成見也。

小故有之不必然，無之必不然，即所謂必要條件。如線之必有點，無點必不成線，然點亦不可以直稱爲線。所謂大故即指充要條件，有之必然，無之必不然，[2]如見即不可有不見，未見亦不可云見。此墨辯名家所謂故，[3]皆從知性着眼者也，乃人人可喻。事物既如此之故，人即以事物之性質稱之，此事物之自性也，所以孟子云“天下之言性者，則故而

---

〔1〕孫詒讓云：“故之爲辭，凡事因得此而成彼之謂。”見《墨子閒詁》卷十《經上》本條下注。諸子集成本。

〔2〕“有之必無然”，孫詒讓改爲“有之必然，無之必不然”，見《墨子閒詁》卷十《經説上》。章太炎謂“無”是羨文，魯大東以爲當作“有之無不然”，大義皆是。章説參譚戒甫《墨辯發微》卷三，北京：中華書局，1964 年，第 74 頁；魯説見侯外廬、趙紀彬、杜國庠著《中國思想通史》第一卷，北京：人民出版社，1957 年，第 505 頁。

〔3〕《墨子》經清代學者整理，始有善本問世。然孫詒讓於“體也，若有端”、“若見之成見”尚不知乃墨子隨文解義。經近代學者研究，此段之義乃漸趨大明。如譚戒甫已知故乃言“因果律”，然以小故當“因”、大故作“果”，顯非。見氏著《墨經分類譯註》“自然類”，該書初版於五十年代，北京：中華書局，1981 年，第 26 頁。侯外廬等乃指出，“僅爲故的一部分，而無決定性的故，叫作‘小故’。諸故中起着決定作用的才叫作‘大故’。”引文出處同上。譚戒甫後更改已説，引用佛家之説，以大故爲因，小故爲緣，義與侯氏等説已近。至梅榮照，乃明確以小故爲“必需(要)條件”，大故爲“充要條件”，參氏著《墨經數理》，瀋陽：遼寧教育出版社，2003 年，第 1 頁。然則故當爲充分條件，與小故、大故鼎足而三，不可祇分小大也。

已矣”。萬物既順其自性,是萬物之所利也,故云“故者以利爲本”。歷代學者解釋此章,多不知孟子乃與墨者及名家論辯,於故之義皆望文生義,於利亦不知乃言萬物之自性,遂皆無以通解此章。

雖然,此天下所言之性,尚非大人君子所言之性。蓋君子所言之性,乃受命於此一體之天者,萬物可倚之以上達,而成其爲與天地萬物之一體性,是爲萬物之通性。此性遍宇宙,無處無之,惟或未顯,如無機物;或不覺,如動植物;或能覺,如小人;或自覺,如君子;或定於此覺,如聖賢。所以有庶物、動植、靈長之異,小人、君子、大人之别。此乃德性所觀之性,僅從知性着眼者未必能明。孔子所謂“君子喻於義,小人喻於利”,即萬物之通性言之即爲義,即其自性言之則爲利。小人猶今之所謂普通人,皆以知性視角觀物,所見者唯事物自性之理,順其自性者爲有利,否則即爲不利也。

顧小人之利亦當有辨。《周易》:“乾,元亨利貞。”《文言》曰:“利者,義之和也。”蓋“乾道變化,各正性命”,萬物各正性命,各得其自性,自天道而言固爲義,自萬物而言即是利也。然則小人雖喻於利,倘能合其天則,則此利亦不違於義。倘萬物不能自得其利,則亦無以合乎天道之大義也,此義利亦可以天理名之。以世俗之見言之,能明此利者,則通事物所以然之故,是所謂智也。其能由此有進,通乎天下萬物所以然之故,即《易》所謂“通天下之志”(《同人》),是則大智矣。然則所謂大智者,固當不廢小智,且必成就其小智,是即以德統智。由此觀之,知性固德性之發用,惟此知性之用,當以德性節之也。

明乎此,則知孟子“所惡於智者,爲其鑿也”一句,非指依循天理義利之大智、小智言,乃指萬物欲求其自性之伸展,其所利超乎所義者也。蓋常人之智皆以知性爲本,此即功利計度之思,其依循事物之理者,則上篇所謂數度之學也,雖“天之高也,星辰之遠也,苟求其故,千歲之日至,可坐而致也”。其不依事物之理者,必爲功利之故穿鑿比量,以求旁通。所以云穿鑿者,蓋樹木枝榦皆縱,其横穿者即鑿也,以喻事物之不依紋理者。故不由門户、逾牆而入曰穿窬，張騫西通絶域曰鑿空，皆本此義。既依理而行，則如大禹治水，惟疏浚故道，是"行所無事"也。此猶庖丁解牛，"依乎天理，……因其固然。技经肯綮之未尝，而况大軱乎！良庖歲更刀，割也；族庖月更刀，折也；今臣之刀十九年矣，所解數千牛矣，而刀刃若新發於硎。"(《莊子·養生主》)能依天理，是所謂大智；因其關節骨骼之固然，即所謂小智。其十九年若新發於硎者，得其大智矣；其"良庖歲更刀者"，得其小智矣；其"族庖月更刀"者，猶以智相穿鑿者也。孟之與莊可謂若合符節。此穿鑿之智，即宋儒所謂人欲，清儒所謂"橫通"是也。[1]至於焦循，力主"即實測而深審之"，是得其小智矣，惟以小智當大智，大體亦未免有失。宋儒則唯務大體而不欲小智，至明儒遂以德性與聞見之知相對立，不惟無以開物成務，遂致作繭自縛之失。重讀孟子此章，學者當知所去就矣。

綜合言之，孟子本章所論蓋言存心以智也。惟智之大別有三，有德性之大智，有知性之小智，亦有人欲穿鑿之智，君子欲"行其所無事"，當以德統智，依其天理(德)，因其固然(智)，不可以私意相穿鑿也。

第二十七章

公行子有子之喪，右師往吊。入門，有進而與右師言者，有就右師之位而與右師言者。孟子不與右師言。右師不悦，曰："諸君子皆與驩言，孟子獨不與驩言，是簡驩也。"孟子聞之，曰："禮，朝廷不歷位而相與言，不逾階而相揖也。我欲行禮，子敖以我爲簡，不亦異乎！"

【講疏】右師即王驩，乃齊王之嬖臣。其事跡前文已頗言之。依《周禮》，有職喪之官專掌諸侯卿大夫有爵者之喪葬。公行子乃齊大夫，其

〔1〕參(清)章學誠《文史通義》卷四《横通篇》，瀋陽：遼寧教育出版社，1998年。

子之喪葬乃公事也,故諸人皆以君命至公行子弔喪。〔1〕既云弔喪,當以葬事爲重,依禮當各安其位,不可越其位而相與言也。王驩既爲權臣,甫一入門,即有離位而與之言者,非禮也。孟子不與之言,故王驩以孟子爲簡慢之。簡慢他人亦非禮也。〔2〕故孟子自言,其所以似簡慢者,正因其守禮之故。本章所言,實亦解題所云"非禮之禮"之義。此如孔子,"事君盡禮,人以爲諂也"。又云:"拜下,禮也;今拜乎上,泰也。雖違衆,吾從下。"(《論語·子罕》)正見春秋以降禮樂崩壞之事實。然孔子非諂媚其君者也,當孔子之時,魯國已是政在家臣,雖大夫亦漸失權柄,魯哀公之爲君但一傀儡耳,諂之又有何益?孔子亦不過令人知君乃公權力之象徵,此知其不可爲而爲之也。倘君驕而臣諂,孔子必亦以禮撙節之矣。知禮有隨時、可以義起之義,方可以言禮也。故子曰:"麻冕,禮也;今也純,儉,吾從衆。"讀孟子此章,當知其非膠柱鼓瑟,但以古禮衡人者也。

第二十八章

孟子曰:"君子所以異于人者,以其存心也。君子以仁存心,以禮存心。仁者愛人,有禮者敬人。愛人者,人恒愛之;敬人,人恒敬之。有人於此,其待我以横逆,則君子必自反也:我必不仁也,必無禮也;此物奚宜至哉!其自反而仁矣,自反而有禮矣,其横逆由是也;君子必自反也:我必不忠。自反而忠矣,其横逆由是也;君子曰:'此亦妄人也已矣!如此則與禽獸奚擇哉!于禽獸又何難焉!'是故,君子有終身之憂,無一朝之患也。乃若所憂則有

〔1〕顧炎武云:"禮:父爲長子斬衰三年,故公行子有子之喪,而孟子與右師及齊之諸臣皆往吊。"(清)黄汝成撰、秦克誠點校《日知録集釋》卷七《公行子有子之喪》,長沙:嶽麓書社,1994年,第256頁。

〔2〕何焯云:"簡,略也。謂於禮不足,故下即以禮折之。"前揭《義門讀書記》卷六《孟子下》,第109頁。

之。舜,人也,我亦人也;舜爲法於天下,可傳於後世,我由未免爲鄉人也:是則可憂也。憂之如何?如舜而已矣!若夫君子所患,則亡矣。非仁無爲也,非禮無行也。如有一朝之患,則君子不患矣。”

【講疏】本章言君子以仁存心,以禮存心,與解題所言存心之義相應。仁者愛人,故能與物無忤,是所謂恕道也。聖人感人心而天下平,故天下皆來歸往,是亦愛之也。恒,常。以敬存心亦然,人亦常能敬之,此皆上文所謂施報之義。

顧君子與聖人亦頗有别,聖人乃言其極境,君子雖以仁禮存心,亦非必能使人皆愛之敬之也。或有横逆現前,君子亦當知所自處矣。蓋上文歷數“君仁莫不仁,君義莫不義”,父兄之“中也養不中,才也養不才”,師長教弟子以端,本章所言則泛指人我之間,彼此既無君臣父子兄弟朋友之交誼,則是鄉人而已。當此之時,雖云“精誠所至,金石爲開”,亦當量力而爲,如上篇所言,“禮聞來學,不聞往教”,不可好爲人師也。故君子亦惟反求諸己,自反其不仁不敬與不忠,忠者,誠也。既非己之不仁不敬不忠,則所臨者不過妄人而已,其心已經物化,與動物無别矣。禽獸猶言動物,非詬詈之言也。儒學所以不流於墨者及耶教之强聒不舍,亦不陷於奴僕妾婦之愚忠者,其故即在於此,此君子所以異於人者也。既不强人就己,亦不捨己從人,始可言獨立不懼,故欲求獨立人格之養成,必明孟子本章之義乃可。倘無此人我之分際,其不流於鄉愿者鮮矣。蓋鄉愿之人,一鄉之中無論善惡皆稱其謹厚,此莠之亂苗者也,故子曰:“鄉愿,德之賊也。”(《論語·陽貨》)孔門之稱道君子,亦曰“君子有三變:望之儼然,即之也温,聽其言也厲。”(《論語·子張》)望之儼然者,以禮存心也;即之也温者,以仁存心也;聽其言也厲者,不依違附和,存人我之分際也。

君子既以仁禮存心,其發之於外者,因事感通,而自然顯其智與義,此智即因其固然,此義即分所當爲。既以德性存心,則不復有自身之功利計度存其間,故不致患得患失也。故"君子有終身之憂,無一朝之患",言惟當憂其存心之誠否,如聖人之垂訓後世,而無一朝之間間斷此誠,是孔子所謂"君子去仁,惡乎成名?君子無終食之間違仁,造次必於是,顛沛必於是"(《論語・里仁》)。此勉君子以成仁人也。

憂患二字,或連言,如孟子所謂"生於憂患",《繫辭》所謂"作《易》者其有憂患乎",是以憂之義爲主。或單言,憂、患之義亦可相通,如孔子所謂"不患人之不己知,患不知人也"(《論語・學而》),下章"人不堪其憂"是也,皆普通所謂擔憂之義。本章二者對言,則患乃言其結果之成否,是功利計度之知也;憂則言其用心之誠否,是德性之知也。故孔子曰:"德之不修,學之不講,聞義不能徙,不善不能改,是吾憂也。"(《論語・述而》)君子進德修業,倘得其大成,必有如孔子所言,"發憤忘食,樂以忘憂,不知老之將至云爾"(《論語・述而》)。捨憂得樂,達其天德,已是聖人境界矣。

第二十九章

禹、稷當平世,三過其門而不入,孔子賢之。顔子當亂世,居於陋巷,一簞食,一瓢飲,人不堪其憂,顔子不改其樂,孔子賢之。孟子曰:"禹、稷、顔回同道。禹思天下有溺者,由己溺之也;稷思天下有饑者,由己饑之也;是以如是其急也。禹、稷、顔子,易地則皆然。今有同室之人鬭者,救之,雖被髮纓冠而救之,可也。鄉鄰有鬭者,被髮纓冠而往救之,則惑也,雖閉户可也。"

【講疏】本章言禹、稷、顔回同道,亦"前聖後聖,其揆一也"之義。顧千聖所同者乃其心也,非其事也。上章既勉君子有終身之憂,此章即以大禹、后稷之憂實之;既言君子不可有一朝之患,遂於此章述顔回之不改其樂。此二篇氣息之相通者也。倘詳論之,大禹、后稷皆政治人物,其所承擔者君權也,思天下之陷溺及飢餓乃猶己之溺之、飢之,是以保民爲己之責任,“君仁莫不仁,君義莫不義”,天下有一不安則是政治責任之有欠也。其與子産之“惠而不知爲政”正相反對。然則二者之三過家門而不入,急天下之所急者,乃實與天下爲一體,存心以仁,得其“君者羣也”之大義者也。顧古代聖君所在多有,惟以禹、稷爲言者,大禹治水固見君權保民之義,后稷乃農政之官,亦君權養民之職責所在。〔1〕禹、稷以天下不治、萬民不安爲憂,亦猶夫子以“德之不修,學之不講”爲憂,蓋各守其君、師之責也,故“孔子賢之”,豈不宜乎?

至於顔回之身丁亂世,政治不上軌道,故“天地閉,賢人隱”,是老子所謂和光同塵,自混於鄉人矣。然簞食瓢飲,安貧樂道,人不堪其憂,已則“無一朝之患”,是所謂“不改其樂”也。故孔子讚歎,“回也,其心三月不違仁”(《論語·雍也》),可見其定境之深。顔回之所以爲孔門德行科之首,即此之故。後學如莊子,乃因顔回之事論所謂“心齋”、“坐忘”之學,亦有由矣。

由顔回之境界,可見孔門德行科與道家之相通。顧以孔子之境視之,則顔子亦未免小乘也。孔子之時,天下無道,故多道家隱者,其行亦未嘗不是。然孔子所以“知其不可爲而爲之”者(《論語·憲問》),即因“鳥獸不可與同羣,吾非斯人之徒與而誰與”(《論語·微子》),是視天下生民之陷溺猶己陷溺之也,此同體大悲之仁也。吾夫子所以爲萬世師表者以此。

雖然,世既有見於孔子之境,或有持“《春秋》責備賢者”之義,言顔回若不足者,未能如禹、稷之拯危濟困,是不仁者也。孟子故斬截横斷之曰:“禹、稷、顔子,異地則皆然”,遂使此儒門義務倫理之義昭揭於天下。此義務倫理,簡言之,即不居其位,不擔其責是也。曾子所謂“君子思不出其位”。反之,其居位者亦當擔責,《詩經》有言:“彼君子兮,不素

〔1〕 保民、養民之義,可參《孟子章句講疏》卷五《滕文公章句上》第四章。

餐兮!"(《伐檀》)此義蓋本諸《周易·艮卦》,言君子所行,當止於其分位,此分位即所謂禮也。故《艮·象》曰:"兼山,艮。君子以思不出其位。"[1]或以曾子之言與艮卦所言相通,非也,蓋曾子言其禮,艮卦言其理也。故"顔淵問仁",孔子教之以"克己復禮。一日克己復禮,天下歸仁焉"。顔淵曰:"請問其目。"子曰:"非禮勿視,非禮勿聽,非禮勿言,非禮勿動。"顔淵曰:"回雖不敏,請事斯語矣。"(《論語·顔淵》)

明乎此,則知禹、稷、顔子之所爲,皆其分所當爲而已。禹、稷乃君也,固當保民、養民;夫子乃師也,固當講學、進德;顔回乃編氓也,安貧而樂道可也。此亦"肉食者謀之"(《左傳》莊公十年)之義。孔子嘉許顔淵:"用之則行,舍之則藏,唯我與爾有是夫!"(《論語·述而》)然則顔子之所爲,是能如上章所言,"君子以仁存心,以禮存心"者,與禹、稷之所爲本無異也。就中唯孔子之雖不得其位,而以天下爲己任,因世無王者,遂筆削《春秋》以當天子之事,述作六經而爲萬世建中立極,是所以集羣聖之大成也。然此境界固不必在此章言之。其中以室人及鄉鄰相鬥而或救或不救者,亦不過以世俗所習見之事爲喻,以見禹、稷、顔回時空之相異,至於鄉鄰之當救與否可不必論也。

申言之,義務倫理之義既明,乃見獨立人格之可貴。後世君權一統,私人性君權日趨虐厲,如趙威后、朱元璋輩,乃以"不爲君用"誅殺士人,[2]腐儒亦以聖人之境相互責難,於是作繭自縛,學者之高蹈避世反若有罪然。衡人之酷,莫此爲甚。其既無獨立人格,又欲出世濟人,而不與之俱溺者,鮮矣。類此皆妾婦之道也。故孟子曰:"古之人,得志,澤加於民;不得志,修身見於世。窮則獨善其身,達則兼善天下。"又云:"天下有道,以道殉身;天下無道,以身殉道。未聞以道殉乎人者也。"(《盡心上》)所謂以身殉道,即以身承擔此道,當無道之世,此載道之身,

〔1〕此義趙岐似已見及,故章旨言"時行則行,時止則止",此《艮卦》彖辭也,惟未表出耳。
〔2〕參《孟子章句講疏》卷六《滕文公章句下》第十章。

即天心之發竅,豈可不重之乎?明儒王心齋有見於此,故發"安身立本"之論,言"至尊者此道,至尊者此身。尊身不尊道,不謂之尊身;尊道不尊身,不謂之尊道。……若以道從人,妾婦之道也。"[1]誠千古破的之論。《周易》所謂"遁世無悶",《論語》所謂"人不知而不愠,不亦君子乎",皆是此義。後世欲行君子道者,當三復孟子此章也。

第三十章

公都子曰:"匡章,通國皆稱不孝焉。夫子與之游,又從而禮貌之,敢問何也?"孟子曰:"世俗所謂不孝者五:惰其四支,不顧父母之養,一不孝也;博弈好飲酒,不顧父母之養,二不孝也;好貨財,私妻子,不顧父母之養,三不孝也;從耳目之欲,以爲父母戮,四不孝也;好勇鬬狠,以危父母,五不孝也。章子有一於是乎?夫章子,子父責善而不相遇也。責善,朋友之道也;父子責善,賊恩之大者。夫章子,豈不欲有夫妻子母之屬哉!爲得罪于父,不得近;出妻屏子,終身不養焉。其設心,以爲不若是,是則罪之大者。是則章子已矣!"

【講疏】從,縱。爲父母戮之戮,趙岐釋爲刑戮,焦循從之,朱子以辱釋之,當從朱註。蓋下文言"好勇鬬狠,以危父母",刑戮乃危之大者也,諸不孝之表現層層遞進,豈可前之後果反較後者爲甚?故以辱釋之義長。章子無此世俗不孝之行,其所以有不孝之名者,乃因未能順其父母之故。此即上篇所謂"不順乎親,不可以爲子"。蓋章子之父與舜父瞽叟相類,子雖盡力行孝,猶不能饜足其意,則爲其子者豈不難哉。[2]上

〔1〕王艮《明儒王心齋先生遺集》卷一《答問補遺》。參拙作《王學與晚明的師道復興運動》,社會科學文獻出版社,2004年,第201頁及前後。

〔2〕匡章之事,前人頗以《戰國策》所謂齊將章子,然爭論未已,疑未能明也。俞樾云:"《莊子·盜跖》'匡子不見父',《釋文》引司馬彪云:'匡章諫其父,爲父所逐,終身不見父。此事見《孟子》。'"前揭《羣經平議》卷三三,第842頁。

篇孟子言"父子不責善",言父子不可以義相正。此處所謂責善,則章子之父於章子予取予求,蓋不喜章子之妻,故章子雖出妻屏子,而亦未能得其父之歡心也。此所責者已非"善"矣。蓋父子有恩,當以仁愛相結,而不當以義相正,故雖責之以善亦且傷父子之親,何況所責不善乎?故章子實未違孝道也,亦可謂不孝之孝也。孟子既原其心,而與之游,不亦宜乎?子曰:"以言取人,失之宰予;以貌取人,失之子羽"(《史記·仲尼弟子列傳》),君子於名,亦當責其實也。

第三十一章

曾子居武城,有越寇。或曰:"寇至,盍去諸?"曰:"無寓人於我室,毀傷其薪木。"寇退,則曰:"修我牆屋,我將反。"寇退,曾子反。左右曰:"待先生如此其忠且敬也!寇至則先去以爲民望,寇退則反,殆於不可!"沈猶行曰:"是非汝所知也!昔沈猶有負芻之禍,從先生者七十人,未有與焉。"子思居於衛,有齊寇。或曰:"寇至,盍去諸?"子思曰:"如去,君誰與守。"孟子曰:"曾子、子思同道。曾子,師也,父兄也;子思,臣也,微也。曾子、子思,易地則皆然。"

【講疏】本章大義甚明。曾子、子思身份不同,所爲雖異,然皆不違其禮,故"異地則皆然",是曾子、子思"其揆一也"。曾子所爲似不近人情,然爲師者教弟子以道,弟子雖忠且敬之,然師固無爲其守城之義務也。沈猶乃姓氏,亦可以爲地名。趙岐以負芻爲人名,朱子亦本孫奭之説,[1]以之爲"負芻者",似當從趙氏之説。

---

〔1〕此一點錢大昕已指出,見氏著《潛研堂文集》四《答問》,收入《清經解》,南京:鳳凰出版社,2005年,第3696頁。

第三十二章

儲子曰:"王使人瞷夫子,果有以異於人乎?"孟子曰:"何以異於人哉? 堯舜與人同耳。"

【講疏】王使人窺視孟子,欲觀其形貌是否有異於人也。雖"居移氣,養移體"(《孟子·盡心上》),"富潤物,德潤身"(《大學》),然人心之邪正誠僞,亦非倉促可以辨之也。上篇所論誠僞可參。此即前文所謂"君子所以異於人者,以其存心也"。學者倘執著其相以求其心,亦所謂捨本而逐末者也。

第三十三章

齊人有一妻一妾而處室者。其良人出,則必饜酒肉而後反。其妻問所與飲食者,則盡富貴也。其妻告其妾曰:"良人出,則必饜酒肉而後反,問其與飲食者,盡富貴也。而未嘗有顯者來。吾將瞷良人之所之也。"蚤起,施從良人之所之,遍國中無與立談者,卒之東郭間之祭者,乞其餘,不足,又顧而之他,此其爲饜足之道也。其妻歸,告其妾曰:"良人者,所仰望而終身也。今若此!"與其妾訕其良人,而相泣於中庭。而良人未之知也,施施從外來,驕其妻妾。由君子觀之,則人之所以求富貴利達者,其妻妾不羞也而不相泣者,幾希矣!

【講疏】饜,足。施從之施,錢大昕以爲即古斜字。[1]焦循已引之。施施,喜悦自得之貌。趙岐以爲即扁扁,翩翩也。古人以飛鳥翩翩往來喻人之不知所止,[2]施之言斜,則施施者,即行步左右傾斜摇擺之狀,猶今言大摇大擺而來也。[3]乞人之餘,喪羞惡之心者也;乞人而求饜

[1] 錢大昕《潛研堂文集》四《答問》,前揭《清經解》第3696頁。

[2] 參前揭《周易義疏》泰卦六四義解。

[3] 清儒蔣仁榮言:"施者,旗也。石鼓文施施,旗動貌。凡委宛邪曲之義假借用之。"説亦可通。見氏著《孟子音義考證·離婁章句下》,收入《清經解續編》卷一七九,前引書,第6750頁。

足,偶一爲之尚可,豈可"仰望而終身",言不可久也。

顧齊人之所爲何以喻"人之所以求富貴利達者"? 孔子曰:"富而可求也,雖執鞭之士,吾亦爲之。如不可求,從吾所好。"又云:"不義而富且貴,於我如浮雲。"(《論語・述而》)富貴乃人之所欲,此無可厚非者,蓋生命之充盈本來亦必有所蘊蓄。"富有之謂大業"(《繫辭》)、"大德必得其位"(《中庸》),此固不必論矣,唯不義之富貴爲可羞。除此之外,皆富而可求者也。如執鞭之士,乃鄙行賤役也,而孔子願爲之。故孔子曰:"吾少也賤,故多能鄙事。"(《論語・子罕》)蓋以己力求富,皆非"弄法犯姦而富"(《史記・貨殖列傳》),雖似人欲也,而實天理之不可無。而其所以求之之道,亦猶太史公所言當時"素封"之家,"此皆誠壹之所致","變化有概,故足術也"。然則今之求富貴利達者,既欲富貴,亦當不棄賤業,精誠爲之,豈可如齊人之沿冢持鉢,乞其祭祀之餘,不惟失義,是亦不智且失誠矣。所行失義爲可羞,其求富之法非真能富貴,是可泣也。蓋生財之道所以云生意者,因其與天道相通,亦須源泉混混,始能盈科後進,歷百川而終成大海。

以是知齊人有一妻一妾乃寓言也。齊人言此身也,一妻一妾皆寄寓此身者,所謂心也。妻者齊也,猶本心德性之知;妾者接也,[1]乃功利計度之心,即知性也;齊人即所謂情與欲也,其欲望之違乎天理者,宋儒所謂人欲。吾心德性之統攝知性,亦猶妻之統妾;心體之必以情志爲發用,猶妻妾之寄寓於夫。德人叔本華以理性爲"明眼的瘸子",意志爲"剛强的瞎子",與此稍類,然尚不如孟子之深,蓋於德性與知性之區别尚未能深究也。故欲望既違背天理,有本心以伺察之,是所謂"蚤起,施從良人之所之"。《大學》言:"小人閒居爲不善,無所不至,見君子而後厭然,掩其不善而著其善。人之視己,如見其肺肝然,則何益矣。"既知

[1] 關於妻妾之義,可參《孟子章句講疏》卷六《滕文公章句下》第二章及《周易義疏》歸妹卦義解。

掩其不善，是本心發露矣。本心既覺可羞，故訕謗之，復與知性相思量計度，此失誠之法亦無以仰望終身也。蓋齊人之妻乃生而知之者也，其妾乃聞(學)而知之者也，倘齊人“知恥而後勇”，翻然悔悟，亦不失“困而知之”也。《中庸》云：“或生而知之，或學而知之，或困而知之，及其知之，一也。”然則人之不以德性存心，亦不知以知性存心，惟知以富貴利達之欲望存心，則不惟失其本心，亦可謂不智矣。

要之，本篇所言，以聖人始，而以齊人終，莊諧並用，精義迭出，大匠之作，固如斯乎！予於孟子，無間然矣。

石介《春秋》學與唐宋道統論轉型

劉增光*

唐宋儒學轉型一直是受學界關注的話題,而與唐宋儒學轉型相伴而生的最爲顯著之現象則是道統觀念的提出與發展。以往的研究注意到韓愈是道統觀的提出者,但是在本文看來,韓愈《原道》所提出的道統觀和以朱熹爲代表的理學家所持的道統觀有著重大差異。不僅如此,一般視爲理學之先導的宋初三先生對道統的看法也與理學家截然有别。故對於道統的承認並不能掩蓋道統論本身發展的異質性。對這一差異的理解,必須回到唐宋儒學轉型的視域中才能得到合理的解答。這一差異的顯著體現即是傳道譜系的不同、所依據經典之不同、對孔子定位的不同以及與此相關的重内聖還是重外王的不同。以石介之《春秋》學爲切入點,正可以揭示唐宋儒學轉型這一富含差異性和豐富性的複雜過程。

一、《春秋》與道統譜系

石介基本承繼了韓愈《原道》中所列的道統譜系,並在其中列入了

* 作者單位:中國人民大學哲學院。

漢代的揚雄，唐代的王通。他後來又將荀子列入了道統譜系，認爲孟子和荀子均爲“聖人之徒”。[1]有學者指出，“韓愈的道統説好似晴空一聲霹靂，唤醒了儒家沉睡的道統意識，使儒家學者從較長時期的昏沉中驚醒。由於韓愈道統説的影響，儒學發展至理學，道統意識尤爲凸顯。”[2]在理學道統説定型之前的唐末宋初，則是道統説多元發展的一個時期，石介正是其中的一位，故屢屢言及道統譜系，顯示出了鮮明的弘道者身份，其字即是“守道”。在石介所列譜系中，孔子處於轉折地位，孔子之前稱爲聖，孔子之後的孟子、荀子、揚雄等人則祇能稱爲賢。關於此，他最完備的論述見於《尊韓》一文中：

> 道始於伏羲氏，而成終於孔子。道已成終矣，不生聖人可也。故自孔子來二千餘年矣，不生聖人，若孟軻氏、揚雄氏、王通氏、韓愈氏，祖述孔子而師尊之，其智足以爲賢。孔子後，道屢塞，闢於孟子，而大明於吏部。道已大明矣，不生賢人可也。故自吏部來三百有年矣，不生賢人。……噫！伏羲氏、神農氏、黄帝氏、少昊氏、顓頊氏、高辛氏、唐堯氏、虞舜氏、禹湯氏、文、武、周公、孔子者十有四聖人，孔子爲聖人之至。噫！孟軻氏、荀況氏、揚雄氏、王通氏、韓愈氏五賢人，吏部爲賢人而卓。不知更幾千萬億年復有孔子，不知更幾千百數年復有吏部。[3]

“道始於伏羲，成終於孔子”，道已經大備，萬世不易。孔子之後者皆爲賢人。這段話以韓愈爲賢人之代表，表明了石介對韓愈之服膺。聖人和賢人的區別就在於聖人立道，而賢人則是明道。换句話説，聖人是制作立法，而賢人是因述與發明。他在《復古制》一文中即説：

> 聖人之作，皆有制也，非特救一時之亂，必將垂萬代之法。故

〔1〕石介《與漢州王都官魚屯田書》，載《徂徠石先生文集》，北京：中華書局，1984年，第193頁。下文無明確説明者，皆引自此書。

〔2〕彭永捷《論儒家道統及宋代理學的道統之爭》，《文史哲》2001年第2期，第36頁。

〔3〕石介《尊韓》，載《徂徠石先生文集》，第79頁。

君臣之有禮而不可黷也,父子……夫禮樂、刑政、制度,雖備也久矣。始伏羲氏,歷於神農、黄帝、堯、舜、禹、湯、文、武、周公、孔子十有一聖人,然後大備矣。〔1〕

這就解釋了爲何説道是始於伏羲而成於孔子。不論孔子之前是十四聖人,還是十一聖人,道至孔子而大備,這一點是没有疑問的。那麽,認爲道成於孔子的根據又在何處呢?石介認爲這主要體現在孔子序《易》和作《春秋》,他説:"孔子之《易》、《春秋》,自聖人以來未有也。"〔2〕這是繼承了其師孫復的説法,孫復言:"盡孔子之心者大《易》,盡孔子之義者《春秋》,是二大經,聖人之極筆,治世之大法。"〔3〕但石介顯然尤重《春秋》,〔4〕在《徂徠石先生文集》中,《春秋》也是六經中稱引最多的,且石介自言"予向以《春秋》授諸生"。〔5〕這種對《春秋》的推崇與漢唐以來對孔子之看法有關。石介以《春秋》爲明王道之經,這一點就繼承了漢儒的觀點,〔6〕石介謂:

昔者孔子修《春秋》,明帝王之道,取三代之政,述而爲經,則謂之書。其文要而簡,其道正而一,所以扶世而佑民,示萬世常行不易之道也。〔7〕

《春秋》明帝王之道,述三代之政,故而是明王道、重治道之書,這就

〔1〕石介《復古制》,《徂徠石先生文集》,第69—70頁。

〔2〕石介《尊韓》,《徂徠石先生文集》,第79頁。

〔3〕徐宗幹:《擬請宋孫石兩先生從祀議》,《徂徠石先生文集》,第296頁。

〔4〕《春秋》學是石介的家學,其父石丙通三家之《春秋》學。侯步雲先生言:"六經之中,石介對《春秋》經情有獨鍾。"徐洪興先生則認爲石介治經學似以《易》爲主,並没有《春秋》學方面的著作。依筆者所見,侯説可據。黄覺弘先生通過詳細考察指出:石介有《春秋説》這一著作,反駁了認爲石介《春秋説》並不存在或僅僅是單篇文字的説法,見其所著:《唐宋〈春秋〉佚著研究》,北京:中華書局,2014年,第99—101頁。侯步雲之説,見《三先生之石介春秋學考辨》,載《蘭臺世界》2013年4月,第120頁。徐洪興先生之説,見《石介論》,載《中國哲學史》1993年第1期,第110頁。

〔5〕《徂徠石先生文集》,第82頁。

〔6〕董仲舒、司馬遷皆持此觀點,如司馬遷《史記・十二諸侯年表》説:"是以孔子明王道,干七十餘君莫能用,故西觀周室,論史記舊聞,興於魯而次《春秋》……王道備,人事浹。"

〔7〕石介《録蠹書魚辭》,《徂徠石先生文集》,第81頁。

與盡孔子之心的《周易》不同。也正是在明帝王之道的意義上，石介以《春秋》爲基礎塑造了孔子的聖人形象。石介取《春秋》而不取《周易》，正體現出他重視治道，而非形而上學或以此爲根基的心性論。

正因爲孔子是聖人，孟子是賢人，所以在石介那裏是周孔並稱，與後世理學家之孔孟並稱不同，他以孔子作《春秋》與周公制禮並列，謂“《周禮》、《春秋》，萬世之大典乎？周公、孔子制作，至矣”。並且説：

> 周自夷王已下，寖衰寖微……然五六百年間……而諸侯卒不敢叛者，《周禮》在故也。王室益弱，諸侯日强。又二百年，亂臣賊子如麻，然而畏而未敢取周者，《春秋》作故也。……嗚呼，《周禮》明王制，《春秋》明王道，可謂盡矣。執二大典以興堯、舜、三代之治，如運諸掌。後世無人行之者，悲夫！董仲舒以《春秋》對，其知王道之宗矣；王仲淹以《周禮》往，其知王制之本矣。……[1]

此處的周孔並稱明確透露出石介之論孔子正是著眼於政治、制度層面。[2]而且在他看來，董仲舒、王通之所以重要，也都是因爲二人對《春秋》和《周禮》的傳承。這樣的觀點並不是偶然，在《讀〈原道〉》一文中，石介亦謂：“《書》之《洪範》，《周禮》之六官，《春秋》之十二經，《孟子》之七篇，《原道》之千三百八十八言，其言王道盡矣。”[3]仍然周孔並稱。這倒提醒了我們一點：不論是《孟子》七篇，還是韓愈的《原道》，都非常重視《春秋》。而且即使談及孟子，也是以《孟子》爲明王道之書，而非因其“道性善”之故。後世《春秋》公羊學的重要觀念，如“《春秋》，天子之事”、“孔子作《春秋》而亂臣賊子懼”之説正是出自《孟子·滕文公下》，孟子正是以此而將孔子與堯、舜、禹、周公並舉。

孟子一方面言距楊墨之邪説，一方面説生心害政。而在石介這裏，《春秋》大義即是明王道，但是明王道之下還包含了辟異端，尤其是佛老

---

〔1〕石介《二大典》，《徂徠石先生文集》，第77頁。

〔2〕雖然《周禮》、《春秋》二大典，一個是古文學，一個是今文學。但宋儒並無此意識。

〔3〕石介《讀〈原道〉》，《徂徠石先生文集》，第78頁。

之學,明王道與辟異端相反相成的兩個方面,正是承繼了孟子的論説。而石介説孟子和荀子皆是聖人之徒,將二人都列入道統譜系,也正是包含了這兩個方面。但他多少是有所偏重的,言孟子是重在辟異端,而言荀子則重在明王道或明王制上。可以説,正是在這一點上,石介找到了孟子、荀子之間的交接點,此交接點正是以《春秋》爲匯歸,石介《明四誅》一文説:

《王制》曰:"析言破律,亂名改作,執左道以亂政,殺。作淫聲、異服、奇技、奇器以疑衆,殺。行僞而堅,言僞而辯,學非而博,順非而澤以疑衆,殺。假於鬼神時日卜筮以疑衆,殺。此四誅者,不以聽。"大哉四誅,誠乎王制也!明王制以用四誅,用四誅以靖天下者,惟舜、周公、孔子乎!舜誅四凶,周公誅管、蔡,孔子誅少正卯,王制明矣。吁!王制絶已二千年矣,而天下皆干乎四誅,無誅之者。夫佛、老者,夷狄之人也,而佛、老以夷狄之教法亂中國之教法,以夷狄之衣服亂中國之衣服,以夷狄之言語亂中國之言語,罪莫大焉,而不誅。夫不以堯、舜、禹、湯、文、武、周公之道事其君者,皆左道也。[1]

石介在《與張泂進士書》中又寫道:"六經皆出孔子之筆,然《詩》、《書》止於删,《禮》、《樂》止於定,《易》止於述,《春秋》特見聖人之作褒貶。當時國君世臣,無位而行誅賞,不得如黄帝伐蚩尤,舜流四凶,禹戮防風,周公殺管蔡,明示天子之法於天下也。"[2]"誅四凶"之説本源於《尚書·舜典》,"誅"未必是"殺",如《僞孔》即認爲"流放"也是誅之一

〔1〕 石介《明四誅》,《徂徠石先生文集》,第70—71頁。石介的這一論述有可能受种放之影響,种放在《述孟志上》中説:"孟軻當周之衰,其道亞孔子而與堯、禹並。然恐孔、孟皆無其時與位,故立乎言,存乎教,光於無窮,行乎後世,利於天下,與覆載並功,與日月並明。其道德禮法施於生民、賴於今日者,其功豈下帝舜之殛四凶、大禹之平水土者邪?則孟軻之志猶夫子也,其志在乎施仁義、興禮樂而行王者之事也。"載《全宋文》第10册,卷二〇六,上海:上海辭書出版社,2006年,第215頁。

〔2〕 石介《與張泂進士書》,《徂徠石先生文集》,第164頁。

種,[1]石介似乎有意忽視了這一解釋。綜觀石介所述,其中已然提煉出了一條黄帝、舜、禹、周公、孔子等聖人措行誅殺的王制傳統,他在《上杜副樞書》、《上孔中丞書》等文字中又一再提到孔子誅少正卯之事,而對此事之記載在先秦儒家典籍中正是僅見於《荀子·宥坐》。在石介看來,佛老異端也在《王制》四誅之列,這正因應了當時儒家所面臨的時代難題。而在《賢李》篇中,石介則更是表露出了繼承荀子的趨向,他説:

> 公儀有《帝刑》三篇,子望有《輔弼名對》四十卷,明復有《春秋尊王發微》十二卷,皆荀卿之述作也。[2]

而石介本人則仿唐之《貞觀政要》撰著《三朝聖政録》,認爲"禮樂文物,焕然而章明;教化刑政,淳然而大和。太祖作之,太宗述之,真宗繼之,太平之業就矣"。以太祖、太宗、真宗爲"三聖",將其比擬於堯舜三代之治。[3]此外,他還著有《唐鑑》,凡此,已足可洞悉石介得君行道之義。

我們知道,在韓愈的道統譜系中,並没有荀子的位置,他認爲"自孔子没,群弟子莫不有書,獨孟軻氏之傳得其宗"。[4]荀子於仁義"擇焉而不精,語焉而不詳",同樣也没有揚雄、王通的位置。[5]這顯然與韓愈以仁義來定位道有關。[6]而荀子重視的則是禮樂刑政。但我們在石介的道統觀中則看到他更偏向以關涉治道的禮樂來刑政來定位道。他這樣的看法並非前無所承,其師孫復即以孟軻、荀卿、揚雄、王通、韓愈俱爲傳道者。[7]而在他們之前,唐代的楊倞就已説過:"昔者周公稽古三五

---

〔1〕參見孔穎達《尚書正義》,上海:上海古籍出版社,2007年,第89頁。
〔2〕石介《賢李》,《徂徠石先生文集》,第97頁。公儀即高弁公儀,爲种放高弟,此文已佚。劉顔,字子望,采漢、唐奏議爲《輔弼名對》。
〔3〕石介《三朝聖政録序》,《徂徠石先生文集》,第209—210頁。
〔4〕韓愈《送王秀才序》,載《韓愈全集》,上海:上海古籍出版社,1997年,第212頁。
〔5〕韓愈《讀荀》,載《韓愈全集》,第128頁。
〔6〕參看梁濤《郭店竹簡與思孟學派》,北京:中國人民大學出版社,2008年,第516頁。
〔7〕孫復《通道堂記》,載《孫明復先生小集》,文淵閣四庫全書本。

之道,損益夏殷之禮樂,制禮作樂,以仁義理天下,其德化刑政存乎《詩》……故仲尼定禮樂,作《春秋》,然後三代遺風弛而復張。而無時位,功烈不得於天下,但門人傳述而已……故孟軻闡其前,荀卿振其後……"[1]如此,則石介視荀子爲傳道者,亦非前無所承。但石介之論可注意者在於:經過他的敘述,孟子和荀子都是傳承了孔子《春秋》之道的儒者,二人皆明王制。

二、大中之道與《中庸》

石介既以孔子爲明王道之聖人,那麽此道的内容是什麽呢?我們知道韓愈《原道》感歎當時"道與德爲虚位"的狀況後,認爲道就是儒家的禮樂文明與君臣父子的人倫秩序,其攘辟佛老也正是以此爲據,而石介更是直截了當地强調,孔子之道就是"治人之道":

> 孔子之道,治人之道也,一日無之,天下必亂。……孔子之道,君臣也,父子也,夫婦也,朋友也,長幼也。天下不可一日無君臣,不可一日無父子,不可一日無夫婦,不可一日無朋友,不可一日無長幼。萬世可以常行,一日不可廢也,孔子之道也。[2]

之所以强調孔子之道是治人之道,而不提及修己、養德,這正是要回應儒家與佛、老的差異。佛、老都是自了漢,是衹看管一身的自私之教,而不是天下之公道。其《明隱》中言:"周、孔之道,非獨善一身而兼利天下者也。……畜周、孔之道於其身,苟畜而不施,徒自膏潤肥碩而已。萬物則悴枯疾病,而自膏潤肥碩,豈周公、孔子之道與?"[3]用内聖外王的框架來説,石介是以外王來看孔子與孔子之道。也衹有孔子之道才是大中至正之道,他屢屢以"大中"言道,認爲伏羲以來至於孔子所

---

〔1〕 楊倞《荀子序》,載王先謙《荀子集解》,北京:中華書局,1983年,第51頁。
〔2〕 石介《辨私》,《徂徠石先生文集》,第88頁。
〔3〕 石介《明隱》,《徂徠石先生文集》,第95頁。

傳之道，即是“大中之道”，或稱“大中至正之道”，如《漢論上》中批評漢代將“三王大中之道，置而不行”。[1]《季札論》中又稱爲“先王大中之教”。[2]與此相反，在《明四誅》中他則以佛、老爲“不修大中至正之福，而託陰陽巫鬼之説，以惑天下之民，罪莫大焉”。[3]

其以大中至正言道，也正與對異端的攻辟有關，而中國之所以稱中國，也正關涉於此。其《中國論》一文言：“居天地之中者曰中國，居天地之偏者曰四夷。四夷外也，中國内也。天地爲之乎内外，所以限也。”尤其是最後一段説：“各人其人，各俗其俗，各教其教，各禮其禮，各衣服其衣服……四夷處四夷，中國處中國，各不相亂，如斯而已矣。則中國，中國也；四夷，四夷也。”[4]正是在這一點上，我們也可以看到，石介仍然是申發《春秋》的華夏夷狄之辨，不與夷狄之執中國。這與韓愈《原道》中的論説同條共貫。

但是，石介對王道、王制、治人之道的强調，並不必然意味著對心性的忽視。正是在關涉到心性問題上，他注意到了子思之《中庸》，石介在《送龔鼎臣序》中即言及性道關係：

> 山陽龔輔之學爲古文，問文之旨。魯人石介對曰：“夫與天地生者，性也；與性生者，誠也；與誠生者，識也。性厚則誠明矣，誠明則識粹矣，識粹則文典以正矣。然則，文本諸識矣。聖人不思而得，識之至也；賢人思之而至，識之幾也。《詩》、《易》、《書》、《禮》、《春秋》，言而爲中，動而爲法，不思而得也。孟、荀、楊、文中子、吏部，勉而爲中，制而爲法，思之而至也。至者，至於中也，至於法也。至於中，至於法，則至於孔子也。至於孔子而爲極焉，其不至焉者，識雜之也，甚者爲楊、墨，爲老、莊，爲申、韓，爲鬼、佛。識雜之爲害

〔1〕石介《漢論上》，《徂徠石先生文集》，第112頁。
〔2〕石介《季札論》，《徂徠石先生文集》，第119頁。
〔3〕石介《明四誅》，《徂徠石先生文集》，第71頁。
〔4〕石介《中國論》，《徂徠石先生文集》，第116、117頁。

也如此。"〔1〕

上節言及石介以是否創制法度立聖、賢之别,而此處則是從《中庸》誠明説來區分聖、賢。聖人是識之至,是因爲聖人生來即誠,"誠者,不勉而中,不思而得,從容中道",賢人則"勉而爲中,制而爲法"。聖人是自誠明,賢人則是自明誠,需要思而至於聖,至於孔子。而中道,即是"中"、"法",也即他所説的大中之道。我們已不難讀出其中所含聖人與天合一之義。

而在《上潁州蔡侍郎書》一文中,更是能讓人深切體會到石介對《中庸》的重視:

夫物生而性不齊,裁正物性者,天吏也;人生而材不備,長育人材者,君宰也。裁正而後物性遂,故曲者、直者、酸者、辛者、仆者、立者,皆得其和。《易》曰"乾道變化,各正性命"是也。長育而後人材美,故剛者、柔者、暴者、舒者、急者,各得其中。《洪範》曰"會其有極,歸其有極"是也。和,謂之至道;中,謂之大德。中和,而天下之理得矣。如介者,正所謂不合其中,而不得其和者也。

喜怒哀樂未發謂之中,喜怒哀樂之將生,必先幾動焉。幾者,動之微也,事之未兆也。當其幾動之時,喜也、怒也、哀也、樂也,皆可觀也。是喜怒哀樂合於中也,則就之;是喜怒哀樂不合於中也,則去之。有不善,知之於未兆之前而絶之,故發而皆中節也。《易》曰:"吉之先見。"不言凶而言吉者,其能知善不善於幾微之時。善則行之,不善則改之,凶何由至也。介見天下之有未得其治,則憤悶發於内而言語形於外。已暴著於外,猶不知協於中邪……欲其吉之先見,發而皆中節,其可得乎?故凶、悔、吝常隨之。〔2〕

我們知道,宋代理學家從《周易》、《中庸》中發掘了豐富的心性論内

〔1〕石介《送龔鼎臣序》,《徂徠石先生文集》,第214—215頁。
〔2〕石介《上潁州蔡侍郎書》,《徂徠石先生文集》,第205—206頁。

容,而這一點正是由宋初三先生導其先路。石介此文已將《周易》、《洪範》、《中庸》三者結合起來梳理性、道關係。[1]《中庸》言:“喜怒哀樂之未發謂之中,發而皆中節謂之和。中也者,天下之大本也。和也者,天下之達道也。”石介亦以和爲至道,以中爲大德。中既爲大德,即是就人性來説,也即其所言“喜怒哀樂合於中”爲善,不合於中則爲不善。其所論涉及未發、已發、知幾,這均爲後來的道學宗主周敦頤《通書》所涉及的重要思想觀念。而其“剛柔暴亂舒急各得其中”的説法,也不禁引人思考周敦頤《通書》“性者,剛柔善惡中而已”的論點,而此説正與《洪範》“沉潛正直,剛克,柔克”之語有關。

另外,石介解釋《易傳》“利貞者,性情也”時説:“利貞之德,正其性而和其情也。夫保和萬物之情至於大和者,利也。各正萬物之性不入於邪者,正也,《彖》云‘乾道變化,各正性命’是也。亨嘉茂暢者,情也,此情非邪亂之情,乃萬物得其和之後會亨暢達之情,草木自有草木之情,茂盛繁植皆其情也,蟲鳥自有蟲鳥之情,(中缺)皆其情也,非謂感物之情。”[2]這段話應該是出自石介已佚的著作《周易口義》或《易解》,從中可看到,《周易》的“利貞”被解釋爲“正其性而和其德”,情之得其和,正是本於《中庸》。

石介曾自道自己之性情不合於中和之道,而這樣的自省之辭並非偶見,在《與士熙道書》中他也説:

> 吁,天以剛正直烈授於我,而不納吾於中,蓋所得偏爾。夫剛正直烈之氣,偏而不中,其弊如何?吁!天不能全與我,使我罹不協於中之咎,於今之世,天幾禍我哉!天不能全與我,熙道以中配我剛正直烈之氣,我剛正直烈之氣得中道輔之,我其全乎!……剛正直烈,得中然後謂之道,不得中無所成人。我今而後,自知幾於

---

〔1〕將《洪範》與《中庸》結合起來解釋,是北宋前期非常普遍和重要的學術現象。

〔2〕載宋人李衡所著《周易義海撮要》卷一,四庫全書本。轉引自張義生《石介易學思想研究》,載《周易研究》2009年第3期,第19頁。

道,近於成人矣。[1]

石介説自己的性情剛正直烈,屬於偏而不中,認爲士熙道能以中正之道糾輔其偏,使其得中。此處的特色在於,他將中道與所稟受之氣聯繫起來。剛正直烈的説法,似乎即是孟子所説"至大至剛,以直養而無害,配義與道"的浩然之氣。而事實上,石介也正是以辟異端而明孔子之道自任,以此自比於孟子、韓愈。[2]

行文至此,石介對於《中庸》中性情論的關注至爲鮮明,但若與理學相較,不得不説的是,他並没有建構一套宇宙論或本體論,也没有對人性問題作直接的斷定,他也並没有將被視爲《中庸》作者的子思列入傳道譜系,相反,他明確表態説:"夫子没,後世有子思焉,安國焉,穎達焉,止於發揚其言而已。"[3]在石介看來,子思並不能算是傳承了孔子之道。這説明他所關注的道還是在政治上。而所謂的經師如孔安國、孔穎達也根本不足以任道,雖然他們都是孔子後裔。相反,並不關注心性問題的王通,以及被理學家視爲"大醇小疵"的荀子、韓愈皆被他尊爲傳道之賢人。揚雄、韓愈皆主張性三品,而非孟子的人性善,這也正可以解釋爲何石介對人性善惡問題不置可否。而宋代理學家正是在心性問題上不能認同荀子、韓愈、董仲舒、揚雄等大儒,也不能將急於治道的王通列入道統譜系。深究此種差别的背後,正是二者所持道統觀的差異,是以推崇外王的治道爲主,還是以内聖爲外王之前提。

三、"皇極大中"與傳道心法

我們知道對於"皇極"的解釋,傳統的説法以僞《孔傳》爲代表:"皇,

---

〔1〕 石介《與士熙道書》,《徂徠石先生文集》,第189—190頁。

〔2〕 如石介《讀原道》,《徂徠石先生文集》,第78頁。清人張伯行準確地看到了這一點。見此書,第269頁。

〔3〕 石介《上孔中丞書》,《徂徠石先生文集》,第147頁。

大。極,中也。凡立事,當用大中之道。”[1]上所引石介之文中提到《洪範》的“會其有極,歸其有極”,從上下文來看,恰表明了他對“皇極”的看法,“極”就是“中”、“中和”,他屢屢使用“大中之道”的説法,正是遵從了傳統的解釋。這一解釋在漢唐之間流傳廣泛,宋人亦多有遵從者,比如胡瑗。[2]石介之師孫復與胡瑗爲同學,石介的思想也受後者之影響,就對“皇極”的看法來説:第一,二者均採用了傳統的“大中”的説法。第二,將《洪範》和《中庸》、《周易》三者對“中”的看法聯繫了起來。[3]石介以剛柔等論中,而胡瑗也同樣如此,如胡瑗説:“内有剛明之才,外有柔順之行,使剛不過亢,柔不至懦,而所爲所行之事,皆得其中正。”[4]他解釋《洪範》則説:“惡與弱皆不好德者也。德者由乎中道也,惡與弱皆過乎中道與不及中道也。”[5]但更重要的是第三點,即對“中”的理解兼具道德與政治兩方面意涵。胡瑗説:“聖賢君子有中庸之德,發見於世之時也。夫君子之道,積於内則爲中庸之德,施於外則爲皇極之化。”[6]這樣的解釋,難免會讓我們想到朱熹的皇極觀。朱熹《皇極辨》中説:“皇者,君之稱也;極者,至極之義、標準之名,常在物之中央,而四外望之以取正焉者也。……故予竊獨以爲皇者君也,極者至極之標準也。人君以一身立乎天下之中,而能修其身以爲天下至極之標準,則天下之事故莫不協於此而得其本然之正,天下之人亦莫不觀於此而得其固有之善焉,所謂皇極者也。”[7]陳來先生解釋説:在朱熹看來,“皇權本身並不

---

〔1〕孔穎達《尚書正義》,上海:上海古籍出版社,2007年,第449頁。

〔2〕參看吴震《宋代政治思想史上的“皇極”解釋——以朱熹〈皇極辨〉爲中心》,載《復旦學報》2012年第6期,第3頁。

〔3〕參看張樹俊《簡論胡瑗的“大中之道”》一文對於胡瑗“皇極”的論述,載《江蘇行政學院學報》2007年第6期,第41頁。

〔4〕胡瑗《周易口義》卷九,文淵閣四庫全書本。

〔5〕胡瑗《洪範口義》卷下,文淵閣四庫全書本。張載對“皇極”的解釋大概即受此影響,他説:“極善者,須以中道方謂極善,故大中謂之皇極,蓋過剛則便非善,不及亦非善。”《張載集·語録下》,北京:中華書局,1978年,第332頁。

〔6〕胡瑗《周易口義》卷一。

〔7〕《朱子全書》(修訂本)卷二十六,第687—692頁。

能成爲標準,君主衹有按儒家思想修身正身,他的行爲才能成爲天下的根本標準。所以朱熹的皇極思想是對皇權的道德限制,而不是對皇權的無條件伸張,這是朱熹皇極説的政治思想本質。……極是最根本的標準。"[1]但這種對皇權的道德要求和限制在石介和胡瑗那裏也明顯存在。所以,不能認爲胡瑗、石介採取了傳統的解釋便認爲他們主張對皇權無限伸張,因爲胡瑗和石介對皇極的解釋和中庸之德、中正之德是緊密相聯的一個整體。

尤其值得一提的是,朱熹以"君"解釋"皇",以"標準"解釋"極"從而賦予皇極以道德的内涵,吴震先生指出與曾鞏有關。但是,我們還能找到更早的淵源,此即北宋初儒道兼修的种放,种放在《退士傳》中自言:"退居空山窮谷中,取九經、六籍、諸史、百家之言合於道者恣讀之,然後知皇王大中之要、道德仁義之本,盡在於是矣。"[2]這就表明他是以"皇極"之"皇"爲君王,而非僞《孔傳》所説的"大"。而孫復將种放與柳開、王禹偁、孫何、張景並列爲有宋"斯文"之先驅。[3]從思想上來看,孫復、石介在道統論、尊韓愈、辟佛、《春秋》學的尊王觀念等方面都與种放具有高度的一致性。[4]石介亦對种放及其弟子評價甚高,如劉槩《韓吏部傳論》,以及上文提到的高公儀《帝刑》。[5]可以想見,石介的皇極觀定受到了种放的影響。而种放對於經學的研治中最重視的也正是《春秋》,其《送張生赴舉序》説:"蓋元經大意,在乎奬正王室,抑弱臣妾,亟削强亂。故日而月之,則稱王正以冠其首;夷而狄之,則稱王禮以黜其爵,豈非聖人立正之微旨耶?今之文求乎正者,必宗乎經;宗乎經,必尊

[1] 陳來《一破千古之惑——朱子對洪範皇極説的解釋》,《北京大學學報》2013年第2期,第7頁。

[2] 种放《退士傳》,《全宋文》第10册,卷二〇六,上海:上海辭書出版社,2006年,第220頁。《全宋文》所收种放幾篇佚文中,有三次提到"皇王大中"。

[3] 孫復《上孔給事書》,《聖宋文選全集》卷九,北京:北京圖書館出版社,2006年。

[4] 此處不贅述,關於种放這幾方面的思想,可參看郭鵬《從關陝到汴洛:宋代古文運動發端的另一向度——以"關西夫子"种放爲中心》,載《中國文化研究》2013年秋季卷。

[5] 見石介《辨謗》、《賢李》二文,《徂徠石先生文集》,第90、97頁。

乎天子,立國家爲事,斯得其正矣。"[1]尊王攘夷之義躍然紙上,故其解"皇極"之"皇"爲君,實屬自然。

可以想見,石介"大中至正之道"的説法,及其對《中庸》的態度,亦仍不能脱卻他所承繼的《春秋》學。《春秋》開首言:"元年春,王正月。"孫復解釋爲:"孔子之作《春秋》也,以天下無王而作也,非爲隱公而作也。……夫欲治其末者,必先正其始。元年書王,所以端本也;正月,所以正始也。其本既端,其始既正,然後以大中之法誅賞之,故曰:'元年春,王正月'也。"[2]石介對孫復《春秋尊王發微》中"《春秋》爲無王而作"的觀點完全贊同。[3]其《王爵論》、《春秋説》皆申發此旨。其所言"勉而爲中,制而爲法",正是大中之法。

故石介雖然以"大中"解釋"皇極",但其背後的義理與种放並無差别。他們所尊之"王"皆是聖王,是德位合一之王。簡言之,石介將"皇極"解釋爲"大中",而不是將皇解釋爲"君",這二者並非不相應。而主張限制君權的朱熹將皇解釋爲君,正體現了朱熹對宋初儒學思想的繼承,表現出的是宋儒"得君行道"思想的一貫性。朱熹曾評價唐宋以來的《春秋》學謂:"近時言《春秋》者,皆是計較厲害,大義卻不曾見。如唐之陸淳、本朝孫明復之徒,他雖未能深入聖經,然觀其推言治道,凜凜然可畏,終是得聖人個意思。"[4]此語切中肯綮,他認識到孫復、石介等人的"尊王"大義於推明治道是有益的,並不違背聖人之旨。

但朱熹的評價也透露出他對孫復等人思想的肯定是有限度的,而

---

〔1〕《送張生赴舉序》,載《全宋文》第 10 册,第 214 頁。种放之退隱不出,很可能與其唐遺民之心態有關。他的《春秋》學思想也深受中唐以來啖趙學派尊王觀念的影響,而這種尊王觀念則與當時皇權衰微、藩鎮割據的形勢有關。可參看馮曉庭《宋初經學發展述論》,臺北:萬卷樓圖書公司,2001 年,第 65 頁。

〔2〕孫復《春秋尊王發微》,文淵閣四庫全書本。

〔3〕胡安國《春秋傳》中亦認同此觀點。可見此説在宋代儒學中的廣泛影響,誠如沈玉成先生所言:"孫復的《春秋尊王發微》對宋代的研究《春秋》經傳起了開風氣、定調子的作用。"見氏著《春秋左傳學史稿》,南京:江蘇古籍出版社,2000 年,第 205 頁。

〔4〕黎靖德編《朱子語類》,長沙:嶽麓書社,1997 年,第 1952 頁。

此限度的焦點正在對孔子的看法上。石介在言及“大中之道”時,以孔子爲極、爲至。上文已説明,石介是從外王的意義上看孔子,故以《春秋》爲據。如謂:

> 夫子之志曰:“吾志在《春秋》。”《春秋》,天子之事也。世衰道微,邪説暴行有作,臣弑其君者有之,子弑其父者有之,夫子懼之,而又時無君,己無位,不能誅,不能止,乃作《春秋》焉,所以正王綱,舉王法。故《春秋》成,亂臣賊子懼。爲司寇,則七日而誅少正卯於兩觀之下;攝相事,則齊終不敢窺兵河南。……[1]

他明確意識到孔子是有德無位,孔子作《春秋》正是“正王綱,舉王法”的“天子之事”。而朱熹則明確反對這樣的説法。[2]石介以《春秋》爲孔子“做褒貶”,而此説也正是朱熹所不能認同的。[3]既如此,那麽在石介所列的聖賢相續的道統譜系中,爲何孔子是聖,而孔子以降皆爲賢便是問題。第一,無法解釋孔子與堯、舜等聖王的差别,也就無法突出孔子之所以爲至聖之因。第二,孔子之後再無聖人。可以説,宋代理學家正是要回應道統論涉及的這兩個重大問題。在他們看來,孔子賢於堯舜,其因是内在之德,而不是外在之位;孔子之後亦有聖人,人可“學以至聖”。合二者而言之,聖人之所以爲聖,是在於内在之德性。因此,理學家的重心就轉移到了被石介所忽視的心性論上,他們的目光仍然聚焦在了韓愈的《原道》,但這次他們所看到的是韓愈提及但未説透的孔孟之“仁義”,尤其是孟子的性善論。在這一性善論的尺度下,被孫復、石介列入道統譜系的荀子、揚雄、王通甚至韓愈本人都要被剔除出去。而石介本人所服膺的正是近於揚雄、韓愈的性三品説,例如他在解釋井卦九二一爻時説:“喻中人之性,不能應上從師友之訓,而反習於

[1] 石介《上孔中丞書》,《徂徠石先生文集》,第147頁。
[2] 見《朱子語類》,第1926、1934頁。
[3] 《朱子語類》,第1924、1925頁。

下,自敗其材器之象。"[1]

理學家的道統譜系是一個心性化色彩的譜系,因爲他們對道的看法也是心性化的,同樣,傳道的方式也是心性化的,其代表即是朱熹"十六字心傳"的提出,以此爲孔門傳道心法。十六字心傳"人心惟危,道心惟微,惟精惟一,允執厥中"明顯就是心性化的。需要注意的是此語出自《古文尚書》,朱熹對"皇極"的理解與此有關,是不言而喻的。其中的"允執厥中"見於《論語・堯曰》,胡瑗在探究大中之道時,就認爲:"中道"就是"'從容中道'。又語曰'允執厥中'是也。"[2]而"允執厥中"就是"所行之事合於大中,無過、無不及之事"。[3]聖人要"建立萬事",祇有"立其大中之道而後可"。[4]胡瑗對"允執厥中"的解釋偏重在治道而非心性。

朱熹認同對"允執厥中"的這一解釋,但是他指出,"中"還有不同於"無過不及"的另一個含義,此即《中庸》"喜怒哀樂之未發謂之中"的"中",朱熹謂:

> 《中庸》之"中",本是無過無不及之中,大旨在時中上。若推其中,則自喜怒哀樂未發之中,而爲"時中"之"中"。未發之中是體,"時中"之"中"是用,"中"字兼中和言之。[5]

這表明:朱熹對於《中庸》"喜怒哀樂之未發謂之中"一語的重要性有著充分的認識。弟子問"允執厥中",他説:"書傳所載多是説無過、不及之中。祇如《中庸》之'中',亦祇説無過、不及。但'喜怒哀樂之未發謂之中'一處,卻説得重也。"[6]在他看來,"未發之中"與其他典籍中所説的中不是一個層次上的,有著非常大的差異。這種差異就在於:"未

[1] 石介注載明人潘士藻《讀易述》卷八,文淵閣四庫全書本。
[2][4] 胡瑗《洪範口義》卷下。
[3] 胡瑗《周易口義・繫辭上》。
[5] 《朱子語類》,第1323頁。
[6] 《朱子語類》,第1812頁。

發之中"是在體的層面,而時中之中、無過不及之中,都是在用的層面。他對《中庸》之"中"作了兩層含義的分疏。《四書章句集注》中朱熹解釋《論語・堯曰》"允執厥中"即説:"中者,無過不及之名"[1]。但是在他看來,"人心惟危,道心惟微,惟精惟一"這三句"是'允執厥中'以前事,是舜教禹做功夫處"。[2]此做功夫,是要人體認天理之公,以道心爲主。他以此爲堯舜以來所傳之"聖人心法"。[3]如此看來,他對十六字心傳的解釋正與他對"皇極"的解釋類似。

上節言及,朱熹以"極"爲根本的標準,《朱子語類》載朱熹在論及治道時,就曾説:"治道必本於正心、修身。"[4]"天下事有大根本,有小根本。正君心是大本。"[5]此大本自然就是《大學》所言"物有本末"之本。

朱熹在《皇極辨》中認爲"皇極"是言"皇建此極"。[6]故其解釋的重心就落在了如何"建此極"。建極的功夫就是君王正心修身的功夫,《洪範》所言"無有作好","無有作惡","無偏無陂","無偏無黨","無黨無偏","無反無側",這六項"無"是修身的不同方面。[7]朱熹言:

> "皇極"二字,皇是指人君,極便是指其身爲天下做個樣子,使天下視之以爲標準。"無偏無黨"以下數語,皆是皇之所建,皆無偏黨好惡之私。天下之人亦當無作好作惡,便是"遵王之道","遵王之路",皆會歸於其極,皆是視人君以爲歸。[8]

簡言之,"祇是個無私意"。[9]"皇建此極",突出人君正心修身之於

---

[1] 朱熹《四書章句集注》,北京:中華書局,1983年,第193頁。
[2] 《朱子語類》,第1810頁。
[3] 《朱子語類》,第1812頁。
[4] 《朱子語類》,第2418頁。
[5] 《朱子語類》,第2411頁。
[6] 《朱子語類》,第1834頁。
[7] 參看陳來《一破千古之惑》,第8頁。
[8] 《朱子語類》,第1836頁。
[9] 《朱子語類》,第1837頁。

治國平天下之基礎性，正是在此意義上，朱熹説："(皇極)是人君爲治之心法。"[1]

據此，我們就需要聯繫朱熹對《中庸》的理解，他在《中庸章句》中認爲《中庸》是"孔門傳授心法"。他之所以如此説，也正是在"中"之體的層面上説，而非用的層面上。所以，朱熹對十六字心傳、《中庸》、"皇極"的解釋是一貫的，三者都被納入了其所理解的堯、舜以來直至孔門的傳道心法中。

而朱熹這一解釋的革命性和重要性均在於，此歷聖所傳之心法與"位"並無關系，聖人之所以爲聖，心法是否能够流傳在於是否能"正心"和"修身"。這也正是他反對以"皇極"爲"大中"的最重要的理據。

反觀石介，他在《三朝聖政録》中直接以宋太祖、宋太宗、宋真宗爲聖人，擬之爲堯舜再生，而在他那裏，自孔子以降的孟子、揚雄、王通等都祇是賢人，那麽，這就意味著聖人祇能是帝王，這無疑是朱熹所不能認可的。[2]簡言之，比較起來，石介是"尊王"，而朱熹才是"崇聖"。其差異就在於，道統和治統、德與位究竟以何者爲前提、何者更重要。換言之，石介之尊孔有異化爲尊王的傾向，或者説其中有未解決的理論困難，那麽他對儒學的發明和闡揚也就是有内在問題的。這正是理學家如朱熹所要進行糾正和彌補的。

餘論：《春秋》學與韓愈《原道》

前文言及，石介將韓愈視爲孔子之後最有代表性的"賢人"。韓愈《原道》在談及先王之教時指出："其文：《詩》、《書》、《易》、《春秋》；其法：禮、樂、刑、政"，這就意味著《春秋》等六經皆已涵括其中。而韓愈在辟佛教時正是以佛教爲"治心"之教，而儒家之道則是治心以治世，他説：

---

〔1〕《朱子語類》，第1833頁。

〔2〕明末陽明心學中就流行著以明初二祖爲聖王的説法，正與石介同出一轍。參看拙文《晚明陽明學士人的明太祖情結及其思想意涵》，《雲南大學學報》2015年第6期。

> 帝之與王,其號雖殊,其所以爲聖一也。……《傳》曰:"古之欲明明德於天下者,先治其國;欲治其國者,先齊其家;欲齊其家者,先修其身;欲修其身者,先正其心;欲正其心者,先誠其意。"然則古之所謂正心而誠意者,將以有爲也。今也欲治其心而外天下國家,滅其天常,子焉而不父其父,臣焉而不君其君,民焉而不事其事。孔子之作《春秋》也,諸侯用夷禮則夷之,進於中國則中國之。《經》曰:"夷狄之有君,不如諸夏之亡。"《詩》曰:"戎狄是膺,荆舒是懲。"今也舉夷狄之法,而加之先王之教之上,幾何其不胥而爲夷也?

據此以觀,正是在治世、外王的層面上,韓愈舉出了孔子之作《春秋》,在此之後,他又緊接著以《論語》爲經,與《詩經》"戎狄是膺,荆舒是懲"相並列。這三者放在一起,都指向了同一個中心:夷夏之辨。而尤其值得注意的是,韓愈所舉《詩經》之言,並不是偶然,而很可能是對《孟子》的援引,正如他以承繼孟子自任相似。

《孟子·滕文公下》中載:

> 聖王不作,諸侯放恣,處士横議,楊朱、墨翟之言盈天下……昔者禹抑洪水而天下平,周公兼夷狄,驅猛獸而百姓寧,孔子成《春秋》而亂臣賊子懼。《詩》云:"戎狄是膺,荆舒是懲,則莫我敢承。"無父無君,是周公所膺也。我亦欲正人心,息邪説,距詖行,放淫辭,以承三聖者,豈好辯哉?予不得已也。能言距楊墨者,聖人之徒也。

此是孟子批判楊、墨之語。無獨有偶,《滕文公上》中,孟子在批評農家許行之説時也説:"吾聞用夏變夷者,未聞變於夷者也。……吾聞'出於幽谷,遷於喬木'者,未聞下喬木而入於幽谷者。《魯頌》曰:'戎狄是膺,荆舒是懲。'周公方且膺之,子是之學,亦爲不善變矣。"故石介之道統説强調孔子作《春秋》的重要性,從夷夏之辨和治國平天下的角度是非常合理的。他確實承繼了他所推崇的韓愈。但若比較石介與韓愈之道統論,其間仍有差距:

第一,石介言,孔子之道就是治人之道。這樣的强調可能忽視了韓愈並没有忽視的“治心”,否則就不會舉《大學》八條目了。

第二,石介對孔子作《春秋》和誅少正卯的强調,其中有著非常濃厚的以孔子爲“王”的意味。但韓愈《原道》則説:“由周公而上,上而爲君,故其事行。由周公而下,下而爲臣,故其説長。”如此,則明確以孔子爲臣,而不能做到“其事行”,此“事”大概就是孟子所言“《春秋》,天子之事”的“事”。

但石介《春秋》學的尊王大義也不能説與韓愈没有關係,正如韓愈《原道》所言:“帝之與王,其號雖殊,其所以爲聖一也。”他將“聖”之稱號歸屬於帝、王,卻以孔子、孟子爲臣,此亦爲“尊王”。而更爲關鍵的是,“上而爲君,下而爲臣”的説法表明韓愈是以君臣關係的視域來定位孔子、孟子的身份,而未能以師、弟關係來定位。從根本上説,這有悖儒家“從道不從君”之精神。而關於“行事”,不能不言及漢代公羊學所稱引的孔子之語“我欲載之空言,不若見之行事之深切著明也”(《史記·太史公自序》),公羊學家以孔子爲素王,故强調孔子之“行事”而非言説。而韓愈以孔子爲臣的説法當然有些降低“賢於堯舜”的孔子地位之嫌疑。就此而言,石介更接近於公羊學。值得一提的是,孔穎達在解釋《尚書》“典”“謨”之區别時説:“堯、舜考古以行,謂之爲典;大禹、皋陶考古以言,謂之爲謨。典、謨之文不同……夫典、謨,聖帝所以立治之本,雖言、行有異,皆是考法古道以成不易之則……但君則行之,臣則言之,以尊卑不同,故‘典’‘謨’名異。”[1]此似乎正是對“聖作賢述”的另一種表述。何以有行、言之區别?蓋孔子曰:“天下有道,禮樂征伐自天子出。”(《論語·爲政》)所謂“自天子出”者,即是“行事”、“聖作”也。惟此,則更無以説明孔子何以爲聖。

相較之下,宋代理學家對韓愈之《原道》也是有著後出轉精的補正

〔1〕孔穎達《尚書正義》,第144頁。

之功。一方面,理學家强調《大學》,較韓愈有過之而無不及,對韓愈語焉不詳的治心之學作了深入的發掘。由此,孟子的性善四端説、《中庸》的天道性命論即成爲傳道心法之經典基礎。理學家不僅在能否治世的"跡"上辟佛,更要在深層的"心性"上辟佛。另一方面,理學家對韓愈"其事行""其説長"的看法也不盡認同,在他們看來,"道"之行與不行正賴於儒者。儒者所做的並非僅僅是"其説長",而就是"行道",不論是得君行道,抑或覺民行道。這是因爲理學家自覺地區分了道統和治統、師道與君道。如此,唐宋道統論的轉型即告成立。[1]

回顧這一轉型歷程,孔子與《春秋》的關係正是其中焦點。朱熹之於六經,似乎最不重視《春秋》。但宋初三先生卻最重《春秋》,胡瑗有《春秋口義》,胡瑗之同學、石介之師孫復有《春秋尊王發微》,石介則有《春秋説》。從孫復、石介之著作來看,二者在談論道統時,都在依孔子作《春秋》以立論。而朱熹則是依"四書"以立論。或許,最有趣的是,同樣是以接續孟子之後的道統爲己任,韓愈、石介等看重的是孟子所説的"孔子作《春秋》",而以朱熹爲代表的理學家所强調的卻在孟子的性善論。《易傳》言:"易之爲道也屢遷,變動不居……不可爲典要,唯變所適。"變者,生生也,對於"道"之推原與弘揚又豈可拘泥一時、一地乃至一人。這正是儒學豐富性也是儒學生命力的體現。

---

〔1〕但反過來講,朱子理學對《春秋》學問題的回避並不能真正解決問題,這一問題的解決大概要等到熊十力,熊十力在《讀經示要》中提出了"三統歸於一統"説,而所謂的一統即是仁,三統皆是仁統。

北宋新學學派思想述論

張鈺翰*

新學是經漢學向經宋學轉變過程中,在北宋出現的一個學術流派,屬於廣義宋學的一支。它以王安石(1021—1086)、王雱(1044—1076)父子及其同道、門人爲核心,還包括在官學中成長起來、通過科舉考試且認同王安石等人學術的學者。宋神宗熙寧年間(1068—1077),王安石主持變法,在其改革之一即貢舉教育制度改革之中,王安石領導撰寫《三經新義》、《字説》,並將這些著作列爲貢舉、官學的指定讀本,從而使其新學獲得了官學的正統地位。直到北宋滅亡,除了太皇太后高氏主政和欽宗在位時期以外,新學在朝廷之上都具有絶對的權威。憑藉這種官學地位,新學在北宋後期是當時朝廷和社會之上流布範圍最廣、影響最大的學術派别,風靡天下六十餘年,是同一時期興起的理學、蜀學、朔學等其他學派所無法比擬的。但是,南宋將北宋的滅亡歸咎於王安石及其變法,因人廢學,新學也遭到了嚴重的打擊。尤其是隨著程朱一系道學正統地位的確立,新學更進一步遭到排斥、否定;至《宋元學案》排之爲"學略"而不入"學案",徹底淪爲"異端"。以此之故,數百年來,新學在歷史上的實際形態與地位始終闇而不彰。

* 作者單位:上海人民出版社。

近代以來,出於變法改制的需要,王安石變法引起了學者的廣泛興趣,於是有關王安石之研究成果蔚爲大觀。就王安石之思想學術而論,專著、論文已然不少,以人物爲中心之哲學史、思想史,亦不乏討論。如同以二程、朱熹爲理學之最重要討論對象,將王安石作爲研究新學的代表本無不可。但是,以往研究所實際呈現的,是王安石個人之光彩掩蓋了新學在北宋中後期整體之繁榮。新學之能够成爲一個學派,王安石當然是核心人物,但同樣還有許多與他抱持相同意見或者繼承、發展了王安石意見的學者。必須要對更多新學學者進行研究才能勾畫出新學之所以成爲一個學派的特色,也才能顯示出北宋思想學術界的實際樣貌。本文之目的,即在於對作爲一個學派的新學之思想特色作一整體描述。

需要説明的是,對一個學派的學術思想進行整體性描述是十分困難而危險的。無論是新學,還是洛學或者朔學、蜀學,乃至南宋的經世學派、湖湘學派,等等,都不是一個組織嚴密的團體。在其學派的内部,個體的差異相當顯著,因此,對學派的整體描繪有可能犧牲掉學派内部的多元性格,甚至可能導致對一些個體産生誤解,而將這種整體描繪與個案研究作對比,有時會發現,二者之間並非總是在各方面都保持統一。但是,既然從屬於一個學派——無論是自我歸屬還是他人的塑造,在其成員之中必然有某些核心觀念是大體一致的,且與其他學派有比較顯著的差别。這應該就是其作爲一個獨立的學派存在之依據所在。

一、天人之道:天道映照下的人間世

(一) 追求道德性命之理

王安石的女婿蔡卞説,"自先王澤竭,士習卑陋,不知道德性命之理,安石奮乎百世之下,追堯舜三代,通乎晝夜陰陽所不能測而入於神,著《雜説》數萬言,其言與孟軻相上下。晚以所學考字畫奇耦横直,深造天地陰陽造化之理,著《字説》,包括萬象,與《易》相表裏。”[1]意味著將王安石視作堯舜三代之後的第一聖人。而其之所以能追跡先聖,在於王安石深明“道德性命之理”。王安石的學術要義在於“道德性命之理”,當時之人也多持此種觀點。神宗曾對王安石説“自卿在翰林,始得聞道德之説”,[2]也將此視作王安石相比於他人的高明之處。陳瓘(1057—1124)在《四明尊堯集》中作一總結,稱“臣聞先王所謂道德者,性命之理而已矣,此王安石之精義也。有三經焉,有《字説》焉,有《日録》焉,皆性命之理也。蔡卞、蹇序辰、鄧洵武等用心純一,主行其教,其所謂大有爲者,性命之理而已矣;其所謂繼述者,亦性命之理而已矣;其所謂一道德者,亦以性命之理而一之也;其所謂同風俗者,亦以性命之理而同之也。不習性命之理者,謂之曲學;不隨性命之理者,謂之流俗。黜流俗則竄其人,怒曲學則火其書,故自卞等用事以來,其所謂國是者,皆出於性命之理,不可得而動摇也。”[3]由是可見,“道德性命之理”確爲王安石及其新學的核心所在。

就闡發内在的道德性命之學而言,王安石不能説是開創者。儘管不必如某些論者所言,其遠源可上溯至魏晉時期,[4]但至少在中唐以

---

〔1〕(宋)晁公武撰,孫猛校證《郡齋讀書志校證》卷十九,上海:上海古籍出版社,2005 年,第 1000 頁。按:原作“數十萬言”,校勘記據袁本、“宛委本”無“十”字疑爲衍文,今據删。

〔2〕(宋)李燾《續資治通鑑長編》(後簡稱《長編》)卷二百三十三,熙寧五年五月甲午條,北京:中華書局,2004 年,第 5661 頁。

〔3〕(宋)陳瓘《宋忠肅陳了齋四明尊堯集》(後簡稱《四明尊堯集》)卷一《序》,續修四庫全書影印本。

〔4〕唐長孺《清談與清議》與《魏晉玄學之形成及其發展》都提出“宋明理學和魏晉玄學是有一定程度的繼承關係的”,“找尋宋代理學的淵源應該從魏晉玄學開始”,收入氏著《魏晉南北朝史論叢》,北京:三聯書店,1978 年,第 289、350 頁。唐氏雖不專就道德性命之理立論,卻已經暗示了理學對於玄學才性等討論的繼承。(日)吾妻重二《道學的“聖人”觀及其歷史特色》一文亦從道學聖人觀的内容及其形成過程來考察道學與玄學的關係,對人性、變化氣質這些性命問題都有討論,收入朱傑人主編《邁入 21 世紀的朱子學——紀念朱熹誕辰 870 周年逝世 800 周年論文集》,上海:華東師範大學出版社,2001 年,第 139—170 頁。

後,其風已開。[1]王安石主持修撰的《三經新義》,以一種官方的形式重新解釋經典,其對於道德性命之理的闡發更進一步進入官方意識形態領域,如《五經正義》一般起著統一學術、規範解經方式的作用。

《三經新義》的解説雖然也對漢唐舊説有繼承,但更多的是自出新義,比《五經正義》更强調内在的義理。比如《詩經·鄘風·蝃蝀》"不知命也"一句,鄭箋解作"不知婚姻當待父母之命",[2]衹是從禮制角度疏解字義,不作過度詮釋。孔疏無解。而《詩經新義》云:"男女之欲,性也,有命焉,君子不謂之性也。今也從性所欲,而不知命有所制,此之謂不知命。"[3]就是在談性命之理了。又如《尚書·周官》三公論道經邦,燮理陰陽;三孤貳公弘化,寅亮天地,鄭注解作三公、三孤都在輔佐君主一人,孔疏更表示公、孤所掌不異,[4]也就是説"論道經邦、燮理陰陽"和"弘化、寅亮天地"並無區别。王雱則以陰陽爲本,天地爲末,稱"化待道而後立,天地待陰陽而後立。論道而不諭,然後弼。本在於上,末在於下,故公論道,孤洪(弘)化;公燮理陰陽,孤寅亮天地;公論於前,孤弼於後。"[5]將公、孤的執掌與天地之理相結合,來解釋他們執掌的差别。在這些解説中,新學都没有囿於《五經正義》對經典的詮釋,而由自己對於道德性命之理的認識去詮釋經典。這種詮釋比《五經正義》更重視經典所藴含的内在意義,也突破了漢唐經學"疏不破注"的舊傳統。

在王安石及《三經新義》學風籠罩下的新學學者,也都秉承著同樣的治學路向。在對於禮的解説之中,陳祥道、馬希孟(? —1085)、方慤

〔1〕 張躍《唐代後期儒學》第五章《對於性情問題的探討》討論了中晚唐儒者對於建立儒家心性論的多種探索,上海:上海人民出版社,1997 年。最近的研究成果可參陳弱水《唐代文士與中國思想的轉型》,尤其是其中《〈復性書〉思想淵源再探——漢唐心性觀念史之一章》一文,桂林:廣西師範大學出版社,2009 年。該書特别注意到了隋唐以來道家的性論。

〔2〕《毛詩正義》卷三之二,阮元刻《十三經註疏》本,北京:中華書局 1980 年影印本,第 318 頁。

〔3〕 程元敏《三經新義輯考彙評(二)——詩經》,臺北:"國立"編譯館,1986 年,第 49 頁。

〔4〕《尚書正義》卷十八,阮元刻《十三經註疏》本,第 235 頁。

〔5〕 程元敏《三經新義輯考彙評(一)——尚書》,臺北:"國立"編譯館,1986 年,第 206 頁。

等新學學者都在努力闡釋經典中的“立言之意”。比如對於君爵由公至男、臣爵由諸侯之上大夫至下士都是五等爵,陳祥道認爲“(君臣之爵)皆止五等者,五者天地之中數,先王制法,莫不本之,故五典、五禮、五服、五刑皆謂之天則,制爵之等亦本其自然而已”。[1]對於諸侯五年一朝,方慤解釋説:“朝必以五年爲節。五爲天地相合之數,君臣之際,有天地之義焉,故其朝聘、巡守皆取數以五爲節焉。”[2]無論是“天地之中數”,還是“天地相合之數”,他們都將周代制度中“以五爲節”視作具有特殊的抽象含義,他們極力挖掘先王建制禮法背後所遵循的天地之道。那麽,周代制度中用五就不是簡單的一種既成的存在,而是道德性命之理的外在顯現。又比如陸佃解釋爲何以左右不同的牽引方式進獻馬、羊、犬時説:“馬、羊,火畜也,禮之屬也,故右牽之,濟以義也。犬,金畜也,義之屬也,故左牽之,以仁濟焉。義也示以仁,禮也示以義。”[3]他將馬、羊、犬與五行、五德相結合,又賦予左右以不同的德性意義,使進獻方式呈現出一種内在的道德含義。還有像馬希孟解《禮記·曲禮》“爲人子者,居不主奥”曰:“阼者,主人之所有事也,蓋出則接人,以仁則主於東北;東北者,温厚之氣始乎此也。奥者,主人之所宴息也,入則退安於静,故位乎西南;西南者,地道也,尊者之所出入也,爲人子者,其可以當之乎?”[4]將方位與仁義之德、天地之道進行溝通。其解造車之法曰:“蓋造車之法,軫方以象地,蓋圓以象天,輪輻以象日月,盖弓以象星。圓者中規,方者中矩,立者中權,衡者中水。玉輅以象德之美,金輅以象義之和,象輅以象義之辨,革輅以象義之制,木輅以象仁之質。凡欲人君俯仰而觀之則思合天地之德,周旋而視之則思合日月星辰之明,出入不踰於規矩權衡,言動不離於道德仁義,然後奇邪之志不萌於心,

[1] (宋)衛湜《禮記集説》卷二十四,影印摛藻堂四庫全書薈要本,長春:吉林出版集團有限責任公司,2005年,第503頁。
[2] 衛湜《禮記集説》卷二十八,第594—595頁。
[3] 衛湜《禮記集説》卷七,第147頁。
[4] 衛湜《禮記集説》卷三,第78頁。

而中正之行可律於下,此所謂器以藏禮,禮以出信者也。"[1]車的方圓是天地的呈現,不同的輅也具有不同的德性意義,在使用時便可以直接與天地、道德仁義進行溝通了。在他們的解説中,禮儀的進退、方位,禮器的形制等,都有了特定的形而上意義,是天道性命的反映,如陳祥道所言,"夫郊社之禮,禘嘗之義,其粗雖寓於形名度數,其精則在於性命道德"。[2]在新學學者看來,禮之中蘊含的性命道德才是禮的精義,才是禮之成其爲禮的意義所在。"學術道者,所以窮理;修身者,所以盡性。禮足以窮理盡性,故聖人務焉。"[3]他們禮學思想的核心,即在於揭示禮中的性命道德。

不僅對於禮學如此,新學對於其他經典乃至學術之整體也都抱有這種態度。蔡卞作《毛詩名物解》,認爲"聖人言《詩》而終於鳥獸草木之名,蓋學《詩》者始乎此,而由於此以深求之,莫非性命之理、道德之意也。"[4]其意蓋本之王安石《字説》。[5]王安石認爲字雖然是人造的,但並非憑空臆造,而是本於自然之理,"蓋聞物生而有情,情發而爲聲。聲以類合,皆足相知。人聲爲言,述以爲字。字雖人之所制,本實出於自然",[6]故蔡卞稱王安石乃是"以天地萬物之理"作《字説》。[7]蔡卞解《毛詩》中的名物也如王安石解字一般,求該物所以命名之義。如其解黄鳥云:"黄鳥之爲物,中和而得時者也。有中美之性,故謂之黄鳥。其鳴以春爲期,其去以秋爲度,倉庚所以鳴其時也。故凡記時者,皆言倉

〔1〕衛湜《禮記集説》卷九,第201頁。
〔2〕(宋)陳祥道《論語全解》卷二《八佾第三》,景印文淵閣四庫全書本。
〔3〕(清)王梓材、馮雲濠《宋元學案補遺》卷九十八引《馬氏(希孟)禮記解》,北京:中華書局,2012年,第5886頁。按:衛湜《禮記集説》卷一百五十六引馬説,"修身"作"得身",第3290頁。
〔4〕(宋)蔡卞《毛詩名物解》卷十七《雜解·草木總解》,通志堂經解本。
〔5〕《四庫全書總目》卷十五。
〔6〕(宋)王安石《王文公文集》卷二十《進字説表》,唐武標校,上海:上海人民出版社,1974年,第236頁。
〔7〕《郡齋讀書志校證》卷十九,第1000頁。

庚;形色皆有中和之美,黃鳥所以命其德也。"[1]以爲黃鳥之所以稱"黄",因其有中美之性,而黄色代表著中和之性。這樣,黄鳥其名、其物性本身與天道貫通爲一,彼此諧和一致。其他如解霧、粱、牛、蟻等等皆如是,[2]是世間諸物皆有天地之理藴於其中,皆是天道自然的顯現。同時陸佃作《爾雅新義》、《埤雅》,也都是通過究明字詞、事物所以命名的義理原因,以求通於天道性命。[3]

在解《易》方面,王安石已經注意闡釋形上之道與内善之性。[4]王安石弟子龔原著有《周易新講義》,他認爲"天地萬物有成理,有常性,有正命。順其成理,達其常性,以受正命,《易》之道也",[5]窮在物之理,盡在己之性,至在天之命,統以"無彼無此、而萬物之所同"之道,[6]此即是《易》道的本質。他在解《易》之中反復闡發這種道德性命之説,"性出於命,德出於道。以性至命,以德至道,行其所無事,則智矣",[7]"仁則順理而已矣",[8]天道與理、性、命等概念成爲龔氏《易》學思想中的核心觀念。還有稍晚的耿南仲,以《易》之要在無咎,而如何無咎,即在順乎性命,無拂於天道[9],同樣强調《易》道與天道性命之間的關係。"咸之爲道,以性命之理爲上,以人爲爲下",[10]衹有明瞭了性命之理,才能真正盡乎《易》道。[11]

---

〔1〕蔡卞《毛詩名物解》卷六《釋鳥·黄鳥》。

〔2〕蔡卞《毛詩名物解》卷二《釋天·霧》、卷三《釋百穀·粱》、卷十《釋獸·牛》、卷十一《釋蟲·蟻》等等。

〔3〕關於陸佃的學術思想,筆者另有專文討論。

〔4〕范立舟《〈周易〉與荆公新學》,《哲學研究》2005年第4期,第40—47頁。

〔5〕(宋)龔原《周易新講義》卷十《説卦》,叢書集成初編本,北京:中華書局,1991年,第258頁。

〔6〕龔原《周易新講義》卷十《説卦》,第259頁。

〔7〕龔原《周易新講義》卷六《井·九二》,第152頁。

〔8〕龔原《周易新講義》卷六《革·九五》,第156頁。

〔9〕(宋)耿南仲《周易新講義序》,景印文淵閣四庫全書本,第9册,第579頁。

〔10〕龔原《周易新講義》卷四《咸》,第103。

〔11〕對耿南仲的詳細解析,見拙文《耿南仲易學思想初探》,《周易研究》2013年第2期,第25—33頁。

王安石、吕惠卿、王雱等新學學者還十分重視《老子》、《莊子》,且有專門的註釋流傳,現代很多學者已經注意到他們在解《老》、《莊》之時著力闡發性命之説。[1]不管他們是以心性之説解《老》、《莊》,還是他們在《老》、《莊》之中發現了可藉以討論心性的思想資源,心性問題都是新學學者闡解《老》、《莊》之時的一個重要方面。而《老》、《莊》對大道的看法,更對新學認識天人之道發揮著重要的影響。[2]

由上可見,道德性命之學是新學學者學術論著中所闡發的核心内容。在新學學者看來,道德性命之學才是先聖立言之真義,是真正的學問。不談道德,不講性命,正是"道術爲天下裂"的原因所在,而秦以來學者皆汨陷於俗學、曲學之中,大道失傳,學術滅裂,政事風俗亦衰靡不振。陸佃説,"自秦以來,性命之學不講於世,而道德之裂久矣。世之學者不幸蔽於不該不徧一曲之書,而日汨於傳注之卑,以自失其性命之情,不復知天地之大醇、古人之大體也",[3]林自説"天下之至正,道德是也,道德出於性命之理而已",[4]黄裳説"古人之學,由心而見性,由性而見天,由天而見道",[5]他們所要追求的就是古人的道德性命之學,重新使先聖之道復明於世。

需要指出的是,新學的"道德性命之理"不能簡單等同於"内聖"。王雱説,"道藏於内則聖也,顯於外則王也",[6]内聖爲體,外王爲用,就本質上來説,内聖外王爲一,衹是在不同層面上的不同説法而已。有外

---

〔1〕(日)山田俊《吕惠卿關於〈老子〉〈莊子〉思想淺析》,《宗教學研究》1998年第4期,第46—57頁;劉固盛《宋元老學研究》,成都:巴蜀書社,2001年,第136—143頁;尹志華《北宋〈老子〉注研究》,成都:巴蜀書社,2004年,第101—139頁;江淑君《宋代老子學詮解的義理向度》第四章第二節《王雱〈老子注〉的性理思想》,臺北:臺灣學生書局,2010年,第142—164頁;劉固盛、肖海燕、熊鐵基《中國莊學史》第五章。

〔2〕對新學的《老》、《莊》之學,下文還有進一步討論。

〔3〕(宋)彭耜《道德真經集註·雜説》卷上,《正統道藏》第13册,第260頁。

〔4〕(宋)彭耜《南華真經義海纂微》卷二十三,《正統道藏》第15册。

〔5〕(宋)黄裳《演山集》卷二十三《上黄學士書》,景印文淵閣四庫全書本。

〔6〕(宋)王雱《南華真經新傳》卷二〇,《正統道藏》第16册,第267頁。

王則必有内聖爲體,有内聖發之於外則必有外王之用。新學的道德性命之理實際上也是兼具内聖外王,本末一貫的。也就是説,道德性命之理不僅僅是個人内在的德性修養,也同樣反映於個人的行事與社會政治的實踐之中。“蓋君子之學,有體有用。體不欲迷一方,用不欲滯一體。而古之聖人,本數末度,足以周上下;圓神方智,足以盡往來。而蹈常適變,莫逆于性命之理者,如此而已矣。”〔1〕

(二) 天道與人道

道德性命之理其實是一個比較含混的説法,道、德、性、命、理都有各自的内涵,對於這些概念,新學中不同學者的態度是不同的,有人渾淪而言,不做具體辨析;也有人在不同的層面上來闡釋其間的差别。但在這種差異的背後,新學者大體都認同一個觀念,即在所有事物的本質層面,有一個最根本的、無所不包的道。正是因爲天下没有能够外於道的事物,無論是自然界還是人生界也才可以彼此相通,完美的秩序也才有可能實現。

儘管王安石也説過“先王之道德者,出於性命之理”,〔2〕但實際上,這並不意味著性命之理是道德的根本,毋寧説他意在指出道德性命理在根源上是相同的,李祥俊認爲“在王安石那裡,道、一陰一陽、性命之理是一致的”,〔3〕這是不錯的,衹不過在不同的地方立言有異而已。但到了新學的後學那裡,相比於性、命、理等而言,道則具有更根本的意義。龔原説,“欲順性命之理,而不立其道,則性命之理,亦終於必亂而已矣”,〔4〕可見在他看來,性命之理還不是究竟,還需要有道進行統攝,有道作爲性命之理存在的依據。黄裳説,“萬物之理不同也,其本同出於道;聖賢愚衆之情不同也,其本同出於性。……夫人皆有是性,性皆

〔1〕(宋)陸佃《陶山集》卷十二《答李賁書》,叢書集成初編本,北京:中華書局,1985年,第130—131頁。
〔2〕《王文公文集》卷三十四《虔州學記》,第402頁。
〔3〕李祥俊《王安石學術思想研究》,北京:北京師範大學出版社,2000年,第69頁。
〔4〕龔原《周易新講義》卷十《説卦》,第259頁。

有是道”,[1]也是認爲理和性的根本都是出於道的,道才是天下事物最終極的依據。“道之在天爲象,在地爲器,在人爲法,三者之未相離,則有一焉而已。及其下降於域中,散萬於形數。”[2]在天地人的不同層面上,道可以有不同的外在表現,但在三者的根源處,則並無不同。所以吕惠卿説“夫道之所以通爲一者,以大小美惡之所自起者,未嘗不同,是以通爲一也”,[3]王雱也説“天地雖異而同出於道,萬物雖殊而亦出於道,但天地殊高下之形,萬物異小大之體,其所出同於本而已”,[4]這個一、這個本,也就是道。

既然對於新學來説,道是無所不在、無所不包的,那麽,一個合理的人間秩序,也應該是道的反映,從根本上是因爲順從了道德性命之理。各項政治制度,也同樣因有道德性命之理貫穿於其中才有其合理性與意義。

在熙寧間主持變法的過程中,王安石特别留意於“變風俗、立法度”。改革學校貢舉制度,編撰《三經義》,便是他貫徹其變法理想的具體實踐,而《周禮義》尤其是他的用心之作。全祖望認爲“蓋荆公生平用功,此書最深,所自負以致君堯、舜者,俱出於此,是固熙豐新法之淵源也,故鄭重而爲之。”[5]其序文明白地宣示了他變法的原則,故不避繁冗,全引如下:

士弊於俗學久矣,聖上閔焉,以經術造之,乃集儒臣,訓釋厥旨,將播之學校,而臣安石實董《周官》。惟道之在政事,其貴賤有位,其先後有序,其多寡有數,其遲數有時。制而用之存乎法,推而行之存乎人。其人足以任官,其官足以行法,莫盛於成周之時;其法可施於後世,其文有見於載籍,莫具於《周官》之書。蓋其因習以崇之,賡續以終之,至於後世,無以復加,則豈特文武周公之力哉?猶四時之運,陰陽(晝夜)積

[1] 黄裳《演山集》卷二十《送劉子甫序》。
[2] 黄裳《演山集》卷四十《論語孟子義·君子多乎哉》。
[3] (宋)吕惠卿撰,湯君集校《莊子義集校》卷一,北京:中華書局,2009年,第33頁。
[4] 王雱《南華真經新傳》卷二,第161頁。
[5] (清)全祖望《鮚埼亭集外編》卷三《荆公周禮新義題詞》,《全祖望集彙校集注》,上海:上海古籍出版社,2008年,第1176頁。

而成寒暑,非一日也。自周之衰,以至於今,歷歲千數百矣。太平之遺迹,掃蕩幾盡,學者所見,無復全經。於是時也,乃欲訓而發之,臣誠不自揆,然知其難也。以訓而發之之爲難也,則又以知夫立政造事追而復之之爲難。然竊觀聖上制(致)法就功,取成於心,訓迪在位,有馮有翼,亹亹乎鄉六服承德之世矣。以所觀乎今,考所學乎古,所謂見而知之者,臣誠不自揆,妄以爲庶幾焉,故遂昧冒自竭,而忘其材之弗及也。謹列其書爲二十有二卷,凡十餘萬言。上之御府,副在有司,以待制詔頒焉。謹序。[1]

陳寅恪稱"晉以後,法律與禮經並稱,儒家周官之學説悉採入法典。夫政治社會一切公私行動,莫不與法典相關,而法典爲儒家學説具體之實現。故二千年來華夏民族所受儒家學説之影響,最深最鉅者,實在制度法律公私生活之方向。"[2]就王安石之變法理想而言,即是要以《周禮》作爲法典,在制度層面貫徹三代聖王的政治理想。他對於現實政治制度,包括處理政事的律法,都保持著高度的重視。他不僅重視制度本身的設置,更注意及制度的内涵,以一套義理系統貫穿制度的各個層面,使制度不單單是應對現實需要的設計,也是天道人道的具體顯現。比如他解《周禮·天官·小宰》"以官府之六屬舉邦治"云:"天地四時之官,各以象類名之,其義甚衆,非言之所能盡;觀乎天地四時,則知名官之意矣。蓋治所不能及,然後教;教所不能化,然後禮;禮所不能服,然後政;政所不能正,然後刑;刑所不能勝,則有事焉;刑之而能勝,則無事矣。事終則有始,不可窮也,故以邦事終焉。"[3]表明官職的設置與其所以命名之意都有天地四時之象爲根據,六屬從邦治到邦事作爲天地春夏秋冬官各自的職掌,其先後本於由天地至春夏秋冬的自然運轉次

---

〔1〕《王文公文集》卷三十六《周禮義序》,第 426—427 頁;程元敏《三經新義輯考彙評(三)——周禮》,臺北:"國立"編譯館,1987 年,第 1 頁。

〔2〕陳寅恪《馮友蘭中國哲學史下册審查報告》,《金明館叢稿二編》,北京:三聯書店,2001 年,第 283 頁。

〔3〕《三經新義輯考彙評(三)——周禮》卷二,第 55 頁。

序,其内涵也與天地四時所表現出來的特徵若合符節。這個意思在王昭禹的《周禮詳解序》中表現得更爲鮮明:“因天地之大美,達而爲治教;因四時之明法,達而爲禮政刑事。然則常無之道,爲萬物而有天地四時,聖人爲天下而有治教禮政刑事。天地四時,道之所任以致其用者也;六官,聖人任以致其事者也。噫!六官之建,豈聖人之私智哉?實天理之所爲也。由此以觀,則禮之事雖顯於形名度數之粗,而禮之理實隱於道德性命之微。”[1]方慤也説,“《易》之所見者象,禮之所形者器,器由象出也。天地有上下之位,四時有先後之序,禮之道如斯而已。周監二代,故六官備天地四時之名也。”[2]《周禮》六官之制,並不是聖人憑空造作,甚至不是聖人主觀意識的反映,而是天理自然如此,聖人不過是順應天道而已。根據天道,則人間自然就需要有模擬天地四時的六官,此即是以人合天,即是順道而行。

從新學的政治理想來看,他們希望以體現著道德性命之理的法度貫穿整個社會。因爲制度有了“道”和“理”上的依據,出於不得不然,而非外在的約束與强制,那麽,制度中的官員就是在守“道”、按“理”行事。貫徹制度,施行法令本身也就成爲一種實踐天道的過程。他們將《周禮》視作先聖本之天道所構建的一套制度,是道在人間的反映。王安石推行的法令制度,以《周禮》爲基本的依據,其原因也正在於此。[3]劉子

〔1〕(宋)王昭禹《周禮詳解序》,四庫全書珍本初集十七集。

〔2〕《宋元學案補遺》卷九十八引《方氏禮記解》,第5888頁。

〔3〕土田健次郎認爲,王安石對《周禮》的重視,在於《周禮》本身的體系性正好反映了王安石所重視的制度在本質上所具有的體系性。他指出王安石的制度論包含了一種倫理性的主張:把握整體,而克盡一部分職守。竊以爲土田健次郎過於强調了王安石對於體系性的關注,在我看來,王安石對制度背後所反映的天人之道更爲重視。他確實重視《周禮》對制度的完整設計,因爲這種設計是天人之道在實際政治制度上的反映,他衡量的標準不在體系性,而在“道”和“理”。對此,包弼德也有所指出,見 Bol, Peter K., Wang Anshi and the Zhou li, in *Premodern East Asian Statecraft in Comparative Context: The Rituals of Zhou [Zhouli] in Chinese and East Asian History*, Princeton University 2006, pp.229—251。土田健次郎之説見氏著《道學之形成》第六章第一節,朱剛譯,上海:上海古籍出版社,2010年,第318—352頁。

健、包弼德都曾指出，王安石希望通過制度改革實現政府與社會、政策和道德統一的理想社會，[1]從本文的觀點來看，就是説新學希望通過貫徹著天道的制度以恢復人盡其性、事稱其理的至治之世，現實的政治制度、朝廷的政策舉措，與天人之道是貫通爲一的。從這裡也可以看出，新學對於道德性命之理的追求，並不僅僅是在個人德性層面，他們更爲强調的其實還是在社會政治。

作爲一切事物共同根基的這個最根本的道，在新學看來，實際上是指天道。與此同時，他們又將人道從天道中分離出來。在對於道的把握上，就有了天道與人道之分。

何爲天道，何爲人道？王安石認爲，天道出於自然，不由人的意志而有所變化，雨雪霜露、春夏秋冬，都是自然地、如其所是地在運轉。人道則是人世間的仁義禮信，在根本上是本於天道的，但人可以有積極的作用。[2]在《詩經新義》解《蒹葭》篇時有這樣一番闡釋："降而爲水，升而爲露，凝而爲霜，其本一也。其升也、降也、凝也，有度數存焉，謂之時，此天道也。畜而爲德，散而爲仁，斂而爲義，其本一也。其畜也、斂也、散也，有度數存焉，謂之禮，此人道也。"[3]從這個説法來看，似乎天道是就自然界而言，是自然現象、動植物等之中所藴含的道理；人道是就人生界而言，是人在社會生活中所要遵循的原則。但實際上，新學所認爲的天道與人道卻並非是在不同範圍内的異稱，而應該説代表著不

---

〔1〕 James Liu, *Reform In Sung China: Wang An-shih (1021—1086) and his New Policies*, Harvard University Press, 1959;(美)包弼德《政府、社會和國家——關於司馬光和王安石的政治觀點》，李鐘濤、劉建偉譯，收入(美)田浩編《宋代思想史論》，北京：社會科學文獻出版社，2003 年，第 111—183 頁。在這裡要注意，他們所説的道德是 moral，並不是中國古人所説的道德。

〔2〕 對於王安石的"道"論，可參侯外廬等《中國思想通史(第四卷上)》第九章第四節，北京：人民出版社，1995 年；盧國龍《宋儒微言》第二章，北京：華夏出版社，2001 年；李祥俊《王安石學術思想研究》第一章第三節；方笑一《北宋新學與文學》第四章第三節，上海：上海古籍出版社，2008 年。

〔3〕《三經新義輯考彙評(二)——詩經》，第 95 頁。

同的層次,不同的境界。王雱説"堯行天道以治人,舜行人道以事天",[1]在堯舜之間作出了分别。《詩經新義》在解《子衿》三章通義中説"人之行莫大於孝,此乃人道,未至於天道",[2]即以人道低於天道,天道才是最終的追求和依歸。

對於天道和人道的分别,新學學者幾乎都有相關的闡述,這裡略舉數例如下:

吕惠卿云:"道則有天道有人道,無爲而尊者,天道也;有爲而累者,人道也。"[3]

陳祥道云:"仁,人道也;命,天道也。"[4]

龔原云:"易有與天地準者,天道也;有與天地相似者,人道也。"[5]又云:"天道則以法象爲體,以變通爲用,而懸象著明,所及見吉凶以示人也。人道則以崇高爲體,以備物立成器爲用,而探賾索隱,鉤深致遠,所以定吉凶而告人也。"[6]

王雱云:"天道任理,故均;人道任情,故不均。有道者與天合道。"[7]"天人皆出於道,而盡道者能知天人之所爲。夫天之所爲者,無爲也;人之所爲者,有爲也。"[8]又云:"自然者,天也;使然者,人也。"[9]

蔡卞云:"不以賤妨貴,不以貴廢賤者,人道也;不以茅棄菅,不以菅害茅者,天道也。"[10]

---

[1] 《三經新義輯考彙評(一)——尚書》,第27頁。
[2] 《三經新義輯考彙評(二)——詩經》,第75頁。
[3] 吕惠卿《莊子義集校》卷五,第263頁。按:原作"有爲而累者,地道也",而《纂微》所引則作"人道",《莊子翼》亦同,當以"人道"爲是。
[4] 陳祥道《論語全解》卷五《子罕第九》。
[5] 龔原《周易新講義》卷八《繫辭上》,第201頁。
[6] 龔原《周易新講義》卷八《繫辭上》,第220頁。
[7] 王雱《老子注》,尹志華《北宋〈老子〉注研究》附録,第351頁。
[8] 王雱《南華真經新傳》卷五,第181頁。
[9] 王雱《南華真經新傳·雜説》,第271頁。
[10] 蔡卞《毛詩名物解》卷四《釋草·菅》。

林自云:“大道散而有天人之分,君無爲而在上,天道也;臣有爲而在下,人道也。天道者自然,人道者使然。人而非天者有之,未有天而非人者也。”〔1〕

黄裳云:“中者,人道之至也,故曰‘中庸之爲德,其至矣乎’! 神者,天道之至也,故曰‘及其至也,聖人有所不知焉’。”〔2〕

這些話雖然説法可能有一些差異,側重點也不盡相同,但在根本上卻是一致的,即天道要高於人道。那麼何以天道爲尊呢? 在新學看來,最高的境界應該是一切順乎自然,没有人爲的作用摻雜其間。從自然界一切生物、現象的自然運轉出發,新學指出,天道是不依賴人的。事物自有天地以來即如此,甚至超越時空的限制,事物也祇如其所是。“道者,因其自然而已矣。爲無爲,事無事,順性命之理,而不强其所欲,使之生乎故,長乎性,成乎命,卒不知其所以然。”〔3〕哪怕是人間世,也要像堯那樣無爲而治,“蕩蕩乎民無能名焉”。〔4〕也就是説,天道不僅僅適用於自然界,也同樣是人生界所應當遵循的“規則”。

與漢儒的天人感應論不同,新學的天、天道更具有超越意義。但是,天道卻並不能説是一種存在實體。劉笑敢區分莊子道的兩個基本含義:“一是指世界的本原;一是指最高的認識。前者是道的實體意義,即自然觀中的道;後者是道的認識論意義,是認識論中的道。”〔5〕但從作爲宇宙本根的意義上來説,莊子,以及其所繼承的老子之所謂道,並不具有實體的意義。筆者還是比較傾向於牟宗三先生的看法,《老子》

〔1〕彭耜《南華真經義海纂微》卷三十三。

〔2〕黄裳《演山集》卷六十《雜説》。

〔3〕龔原《周易新講義》卷九《繫辭下》,第232頁。

〔4〕陳祥道《論語全解》卷四《泰伯第八》:“巍巍,言成功之高大也。有天下而不與焉者,如堯之無爲而治者也。無爲而治者,君子之道。”

〔5〕劉笑敢《莊子哲學及其演變(修訂版)》,北京:中國人民大學出版社,2010年,第108—125頁。

之道乃是一種“境界型”,而非“存有型”,《莊子》則更進一步,“從主觀境界上成一大詭辭以顯‘當體之具足’”。〔1〕新學的天道,大概也可以説是與《老子》、《莊子》之道比較接近的一種境界。他們并不把道作爲一種實然的存有,比如在解“道生一”時,王雱説“道兼陰陽,有陰有陽,有陰陽之中,此三物者,始應一二三之數”,〔2〕吕惠卿説“道之在天下,莫與之偶者。莫與之偶則一而已矣,故曰‘道生一’”,〔3〕都没有特別强調作爲本源的道能够化生出萬事萬物,而是側重於描摹道的絶對性、唯一性。道確實是一切事物存在的依據,“無名者,道也,而天地之所自而始也”,〔4〕但這種作爲究極的天道,如果可以言説、領會的話,是需要聖人以自己的生命與之貫通的。在顯現上,也同樣需要由自然之天地與聖人如其所是地展現,它們本身即已是天道。

至於禮樂仁義,則是在人喪失了性命之本以後,聖人制名創法以使天下復其本。“仁者有所愛也,義者有所别也,以其有愛有别,此大道所以廢也。”〔5〕“蓋人道之弊,天下沈於哀樂之邪而滅其天理。”〔6〕一方面,行禮樂之制、仁義之德是聖人根據時勢的變化所採取的積極措施,屬於自覺的行爲,有意則有心有我,於是便會有所負累,這不符合自然之道;另一方面,由於出於有意,是聖人不得不然,是勢之使然,那麽禮樂仁義在現實世界中就會有所表現,是有跡可尋的。但大道無形無方,則人道自然不能入乎大道之境。儘管人道也是本源於天道的,但屬於“小體似之也,非正如之也”,〔7〕模仿所造成的相似畢竟不能相等。但也因爲人道源於天道,二者在本質上可以溝通,那麽通過掃除事爲之

〔1〕牟宗三《才性與玄理》,長春:吉林出版集團有限責任公司,2010年,第124—144、152—159頁。
〔2〕王雱《老子注》,尹志華《北宋〈老子〉注研究》附録,第315頁。
〔3〕(宋)吕惠卿《道德真經傳》卷三,《正統道藏》第12册,第166頁。
〔4〕吕惠卿《道德真經傳》卷一,第148頁。
〔5〕王安石《老子註》,蒙文通《道書輯校十種》,成都:巴蜀書社,2001年,第690頁。
〔6〕吕惠卿《莊子義集校》卷六,第340頁。
〔7〕龔原《周易新講義》卷八,第201—202頁。

跡，忘我無心，則可以由人道而上通天道。“人道極則至於天道矣”，[1]最後的目標仍然是天道。

新學學派分裂天道與人道爲二，並不使人有其内在的道德自主性，天道成爲人順性命之理的根本原則，實際上已成爲外在的“他律”。由自然天道而人生，即是自天之所命決定人之所以爲人。如是，人之行道，人之順性命之理而行動，衹成爲人有意識地外在行爲，而不是由自身内在的德性演化出來。他們之講一體，並未能真正將天與人作真正的溝通，也並没有達到道體圓滿之境。新學的天道與人道相分的思想，殆出於《莊子》。《莊子・在宥》篇云：“何謂道？有天道，有人道。無爲而尊者，天道也；有爲而累者，人道也。主者，天道也；臣者，人道也。天道之與人道也，相去遠矣，不可不察也。”郭象注云：“在上而任萬物之自爲也。以有爲爲累者，不能率其自得也。”成疏云：“無事無爲，尊高在上者，合自然天道也。司職有爲，事累繁擾者，人倫之道。”[2]這裡强調的便是天道與人道、君道與臣道的不同。劉笑敢認爲，《莊子》的天人合一是以天人對立爲前提的，是消極的，[3]儘管新學也有些學者認同有爲在現實世界的價值，但在根本上，他們是希望以人合天。他們所謂“人道極則至於天道”，最終是要消滅人爲的價值而歸宿於天道的自然，與莊老一樣都是在以天道規範人道。[4]可以看出，新學對天道與人道的看法與《莊子》是基本一致的。

二、君臣之間：政治秩序構建與治世之道

（一）君道與臣道

上文中提到所謂“主者天道，臣者人道”，其實已經暗示出在實際的

[1] 王安石《老子註》，蒙文通《道書輯校十種》，第 690 頁。

[2] （晉）郭象注，（唐）成玄英疏《南華真經注疏》卷四，北京：中華書局，1998 年，第 228 頁。

[3] 劉笑敢《莊子哲學及其演變（修訂版）》，第 128—130 頁。

[4] 錢穆《莊老與易庸》，收入氏著《莊老通辨》，北京：三聯書店，2009 年，第 343—353 頁。又此意在其《中國思想史》討論莊子、老子之時亦有涉及，北京：九州出版社，2011 年，第 35—40、64—73 頁。

政治秩序之中,君臣的不同職責及其間的關係。判别君道與臣道最大之區别,即在於君道無爲而臣道有爲,君臣各有其分守。吕惠卿説,“以道觀分,則無爲爲君,無爲爲君則有爲爲臣矣,而君臣之義,其有不明者乎!”[1]即是從君臣有分的角度來説的。

陳祥道、林自都在註釋《莊子》之時對以無爲、有爲分别君臣之道作過精到的闡釋。陳祥道云:

> 本在於上,末在於下,要在於主,詳在於臣。故良匠無爲於斵木,而有爲於運斤;良御無爲於布武,而有爲於攬轡。然則爲人君者,豈與下同事?爲人臣者,豈與上同德哉?經曰:“以道觀言,而天下之君正;以道觀能,而天下之官治。”君坐而論之者以言,臣作而行之者以能,此有爲、無爲之别也。[2]

林自云:

> 無爲者爲上之道,有爲者爲下之道。爲上者以道揆,故兼物物;爲下者以法守,故以物物。上不兼物物,非帝王之德;下不以物物,非臣職之任,此上下之分也。古之王天下者,循道而行,順理而動,未嘗見其有爲之迹。知而不自以爲慮,辯而不自以爲悦,能而不自以有爲,德配天地之化育,故無爲而天下功。神者妙萬物,富者畜萬物,天能神而不能富,地能富而不能神,帝王能天能地,而德充大於其間,《易》所謂聖人成能者是已。此乘天地、馳萬物,而用人羣之道也。形而上者道之本,形而下者道之末。其本則要,其末則詳。主道無爲,所以執其要;臣道有爲,所以貴乎詳,下之五末是也。爲帝王者,守其至要,主其大本,則所謂末者自舉矣。爲臣者必分之以職,各任其事,運其精神,動其心術,勤勞盡瘁,然後事從之而成也。[3]

---

[1] 吕惠卿《莊子義集校》卷五,第226頁。
[2]《南華真經義海纂微》卷三十三。
[3]《南華真經義海纂微》卷四十一。

這裡面對君道與臣道的分别有幾層意思。第一,君道爲本,臣道爲末。所謂本,乃是指道的層面而論。君主要能體悟天道,然後順天道以治人。祇有在根本上把握了道,才可能進一步實現人間的至治,這也是政治的根本。至於臣,則從事於各種實際的事務,即所謂"事"。"君尊臣卑,各有常分,君以無爲而任道,臣以有爲而治事,道之與事,相去遠矣。故典獄則有司殺,治木則有大匠,君不與焉,仰成而已。"[1]典獄、治木各有其人,這種事務性工作並不是君主應當參與的,祇要責成大臣去處理就好了。在境界上來説,道自然是遠高於事的。就政治的運作來説,也自然是道爲本,事爲末。這不是説實際處事不重要,而是説相對於道而言,事務的處理是第二位的。上文已經指出,人道乃是本於天道,人間的政治秩序、政治制度也應該都是天道的反映。君主任道,即是在最本源的地方處理政治,那自然是更爲重要的。

第二,君道執其要,臣道貴乎詳。君主所把握的道,是治理國家的根本原則。道是一,即使落實到人生界,就政治的實際操作層面來説,仍然以簡明爲上。"葢人主執要則百事詳,叢脞則百事隳,則簡者先王之所尚也。"[2]根本原則愈簡明扼要,則愈可以在執行中不膠固於一端一隅,通變適宜,取得良好的效果。天下之事無窮無盡,非一人所能完全處理,那麽就需要依賴群臣去治理,君主個人則當以簡馭繁,祇負責根本之道而已。至於"叢脞",各種詳細、瑣碎之事,就是臣子所應當擔負的責任了。實際政治的運作包括法令如何下達,政策如何執行,如何根據不同地方的差異採取不同的措施,如何直接與民衆交流等方方面面的事情,這些都是爲臣者需要去想、去做的。因爲執行之時可能遇到各種情形,所以需要臣子盡可能考慮完備、處事周全,此即所謂"詳"。在此過程中,"運其精神,動其心術,勤勞盡瘁",可見臣子要"盡性分之

〔1〕 王雱《老子注》,尹志華《北宋〈老子〉注研究》附録,第349頁。
〔2〕 陳祥道《論語全解》卷三《雍也第六》。

極”,[1]竭其全部的心力與智慧,在各個方面發揮自己的才能。

《尚書義》中“但委任而責成功耳”,表明君主之執要還有一個含義在於“君道以擇人爲職,上必無爲而用天下,下必有爲而爲天下用,此君臣之分也”。[2]擇人,或者更準確地來説擇相,才是皇帝的職責。通過宰相以駕馭群臣,通過群臣以治理天下百姓,此即是君主之執要。這在上古聖王之時皆是如此,“堯宅心於舜,而五臣爲之用;舜宅心於禹,而八官爲之用;文王宅心於牧夫,而凡百有司爲之用。是故君之道無爲而尊,臣之道有爲而累。”[3]堯、舜、文王都選擇出了合適的“宰相”,因此可以不必自己親力親爲,即達到了無爲。

第三,君道是坐而論,臣道則要起而行。坐而論,並非指僅體悟天道而不言不行,因道之可見於外則必然有實際的表現;此乃是指君主不負責實際政務的“執行”,而是要制定出需要臣子去遵行的大禮大法。方慤説“君以道揆禮,故曰明其義;臣以法守禮,故曰能其事義”;[4]王昭禹曰“君以道制法,臣以法守事”;[5]華鎮(1052—1113)[6]云“聖人因時而制法,故弛張詳簡無一體;君子觀法以制行,故隱顯語默不同道”,[7]所謂聖人即是君,君子乃指臣。他們的意思都是説,君主要根據他所體悟到的天道爲人間制定既符合天道,又可見之於行事的禮法。臣子則根據這些禮法去行事,去貫徹這種“外在化”的天道。禮法既然本於天道,那麽作爲臣子的衹能奉行,照著去做就可以了。如果禮法出現了問題,那也是君主的責任,不應由臣子承其咎。這種君臣之義即決定了君主以剛健爲德,臣子以柔順爲德。君主體天道而有所命,臣則當

[1] 《南華真經義海纂微》卷四十。
[2] 《三經新義輯考彙評(一)——尚書》,第201頁。
[3] 黄裳《演山集》卷四十《論語孟子義》。
[4] 衛湜《禮記集説》卷一百十六,第2410頁。
[5] 王昭禹《周禮詳解》卷三,第8541頁。
[6] 李裕民《宋人生卒行年考》,北京:中華書局,2010年,第288頁。
[7] (宋)華鎮《雲溪居士集》卷二十三《上湖南提刑書》,景印文淵閣四庫全書本。

服從上命,守而勿失。“制於上,下聽之而不敢違者,命也。萬物致命於天,臣民制命於王,故王與天同謂之命。上言之以爲命,下守之以爲令。命出於上,則變而不窮;令守於下,則常而無變,此命之字所以從令在左,爲是故也。先王以是命,天下皆有常數,而天下聽焉而莫敢違。”[1]因爲命出於天,有天道爲依據,則臣下之遵守是無條件的、絶對的。

更進一步,不僅臣要聽命於上,實際上天下萬民都要以在上位者爲則。《周官義》中云:“設官分職,内以治國,外以治野,建置在上,如屋之極,使民於是取中而茈(茈,通庇,遮蔽,又庇護。)焉,故曰‘以爲民極’。極之字從木從亟,木之亟者,屋極是也。”[2]屋極是一間屋子的最高之處,又可以保證房間的穩定和安全,從而庇護居住於屋中的人。君主及其所制定之禮法也如屋極一般,處於整個社會的最高處,是社會秩序完善的保障,而應得到所有百姓的仰視、尊崇與服從。“天下有道,政出于君,大夫議之而無所遂,庶人聽之而無所議,以權有所在,分有所限也。”[3]民衆衹有聽從、遵守的義務而已。從理論上來説,君主作爲聖人是可以體悟天道的,其所作所爲也必然都是順道而行,因此在上者剛健以制法,在下者柔順以從之,“上健而下説,則民志定,有分以一之也。上下辨而民志定,則各安于所履矣”。[4]上下各守其分,各安其職,社會秩序就會穩定。當然,百姓作爲小人,把握不到道的精義,有時對於聖人之所行也不免懷疑,此時百姓之好惡即可以不管不顧,而應聽從君主所行的先王之道。“咈百姓以從先王之道則可,咈百姓以從己之欲則不可。古之人有行之者,盤庚是也。蓋人之情順之則譽,咈之則毀,所謂‘違道以干百姓之譽’也,即咈百姓以從先王之道者也。”[5]關鍵在於每個人要能够認識到自己的不足,相信君之德性,相信君主是在按照天道

〔1〕王昭禹《周禮詳解》卷十九,第8711頁。
〔2〕《三經新義輯考彙評(三)——周禮》卷一,第4頁。
〔3〕陳祥道《論語全解》卷八《季氏第十六》。
〔4〕龔原《周易新講義》卷二履卦,第45頁。
〔5〕《三經新義輯考彙評(一)——尚書》,第30頁。

行事,從而與君主保持一致。“人各上同而自致,則禮出於一”,[1]至治由此而可以得到實現。

這樣,君主被賦予了獨尊的地位,甚至可以完全淩駕於法令制度之上,具有無上權威。王安石説,“至尊不可以有司法數制之”。[2]就君臣之道而論,“爲物所制者,臣道也;制物者,君道也”,[3]君主不可以爲物所制,所以故事不必參考遵從,“祖宗不足法,流俗之言不足恤”也由此得到了理論依據。《三經義》中此類言説並不少見,如“操縱之權,上之所專”;“復,有報乎上也;逆,有言乎上也。上言而令之,下聽而行之,所謂順也;下有言乎上,則逆矣。”[4]這些論述都强化了君主的獨尊地位。因此,不僅是王安石等人的實際政治行爲加劇了君主的專制傾向,[5]新學的學術體系之中,也同樣暗含有張揚君權的意味。

回到本小節開頭吕惠卿之語,所謂“以道觀分則君臣之義明”,此乃是《莊子》之言。成玄英疏已言“夫君道無爲,而臣道有事,尊卑勞逸,理固不同。譬如首自居上,足自居下,用道觀察,分義分明”,[6]以爲君如首,臣如足,其尊卑上下之分位乃是出於自然而然。也就是説,君臣之義是由道而觀其分,即天道本身即意味著君尊臣卑,君上臣下。

黄裳有一篇《以道觀分而君臣之義明論》,從人類社會的發展追溯君臣之起源,其言曰:“處萬物之中,最爲靈者人也。其始也,芚然而相與生,囂然而相與成,陰陽之所至,霜露之所墜,莫不蕃滋盈溢乎其間。方且坐而嬉,行而遊,孰知其當事? 孰知其當使? 及其久也,利害日以交,智慮日以萌,物既不能相勝於情,於是相揉而相弊,爭鬬之患起。而

[1] 《三經新義輯考彙評(三)——周禮》,第290頁。
[2] 《三經新義輯考彙評(三)——周禮》,第95頁。
[3] 《長編》卷二百十四,熙寧三年八月己卯條,第5218頁。
[4] 《三經新義輯考彙評(三)——周禮》,第51、68頁。
[5] James Liu, *Reform In Sung China: Wang An-shih (1021—1086) and his New Policies*, Harvard University Press, 1959, p.91.
[6] (晉)郭象注,(唐)成玄英疏《南華真經注疏》卷五,北京:中華書局,1998年,第232—233頁。

求決之者,必就夫聰明睿知、能通其情而辨其疑者,以順聽而服從之。有聖人者出,審其道之若是爲之等,上下尊卑之次,使道德燦然出於衆人之上、材足以御其下者坐之廟堂之中,號令於四海之外,其德之賞可以勸,其罪之罰可以畏,謂之曰君。志慮苟有所明,能以緝事而辨功者,則任之以名,責之以實,相與拱手奔走以待命於下,毋敢自用者,謂之曰臣。"有人類之初,天地陰陽蘊乎其間,人得各盡其性命之分,人的一切活動也都是順其本性之自然。後來因爲在彼此的交往之中產生了利害的衝突,人爲了趨利避害而各逞其私智,各動其私心,於是開始有爭鬥,在此情形之下,有聖人出來解決這種混亂的局面,此聖人就是君。被他所任命、所驅使而往來奔走、執行君主所下達的命令的,便是臣。君在德性上高於衆人,在才智上也出乎其類,能够與天道合一,因此便承擔了坐於廟堂之中以治天下的職責。作爲臣,無論是德性還是資質能力都無法與君相比,就祇能待命於下而不敢自用,供君來任用。更進一步,黄裳以伯樂相馬、公輸般治木爲喻,"所謂伯樂之爲馬,般輸之於木者,亦若聖人之於君臣也,非撓其材、屈其性也,其固有者,自然之分,吾所謂道者也。由是以觀君臣之間,上下之宜,孰以易此乎?"〔1〕指出人之材性各有其天之所命者在焉,是自然如此,非後天所能够通過訓練、修養而獲得。也就是説,君臣的分位是由其人之材性所決定的,而性者天之所命,那麽君臣之分即是天道如此,不是有意造成的。在這裡,君尊臣卑、君上臣下的分位之異即成爲天道的反映,也就不可打破、不可違背。"此君臣之義也,無時而不然者",〔2〕就將亘古而長存了。

但是,在君臣之間,有時也存在另一種身份,即所謂"賓師"。王安石在與神宗的關係上,就常以"師臣"自居。在王安石被任命爲參知政事以前,他要求神宗"先講學,使於臣所學本末不疑,然後用之",用湯之

〔1〕 黄裳《演山集》卷四十一《以道觀分而君臣之義明論》。
〔2〕 龔原《周易新講義》卷三《大有》,第55頁。

於伊尹、高宗之於傅説、文王之於太公的"學然後臣之"之意。[1]王安石希望自己首先是皇帝的老師,然後才是臣子。作爲師弟子關係,神宗需要對王安石的學問抱有堅定不移的信任與欽服,由此引申出的皇帝與師臣關係,更是顯出王安石在神宗前的尊貴與顯赫。不管王安石是否如陳瓘所批評的,在日録中假造神宗稱其爲師臣之語,[2]但就王安石的心態來説,卻確實反映了他所以自處的位置。乃至常秩、吕惠卿,神宗也可能以之爲師,或至少在新學學者看來,他們是可以成爲神宗之師的。[3]王安石所作《周官義》中有云,"蓋命者君所出,而事之者臣所作,故曰'坐而論道謂之三公,作而行之謂之士大夫'。餘官言大事未有言作者,則大事獨大宰作之而已。"[4]大宰雖然也是六官之一,但卻屬於"三公",可以與君坐而論道,與其餘諸官是不同的,即有爲君主賓師之意。龔原辨析了臣與賓師之别:"蓋守君之命而進退者,臣道也;觀國之光而進退者,賓道也。"[5]臣應當根據君之命令行事,君主對待賓師的態度也與對待臣子不同,"君道以畜臣爲常,而以柔有之,則是賓師之禮也,有時而然者也。"[6]君主退處柔道,而賓師當剛健之體,君順從於賓師,此即是君待賓師之道。這又爲在下位而得道之聖人在政治架構之中留下了一席之地。

(二) 因時乘理,無爲而無不爲

上面所論,可以看出君道之無爲並不意味著不去主動做事、少做事,甚至是完全不作爲。也就是説,新學之所謂"無爲"並不是指"不爲",而是要順乎自然之天道,無累無心,使有爲入於無爲。牟宗三分析

[1] (宋)楊仲良《皇宋通鑑長編紀事本末》卷五十九《王安石事迹上》,李之亮校點,哈爾濱:黑龍江人民出版社,2006年;(元)脱脱等《宋史》卷三百二十七《王安石傳》,北京:中華書局點校本,1977年。

[2][3] 《四明尊堯集》卷九《寓言門》。

[4] 《三經新義輯考彙評(三)——周禮》卷一,第47頁。

[5] 龔原《周易新講義》卷三《觀·六四》,第72頁。

[6] 龔原《周易新講義》卷三《大有》,第55頁。

老子之有無、有爲無爲時指出："自然即無爲。'無爲而無不爲'，則'無不爲'有'無爲'爲其超越之依據。以'無爲'爲其超越之依據，則'無不爲'雖亦落於經驗界，而卻是圓應無方，無意必固我之自然因應，而亦一起具有超越之意義。"[1]此最能得"無爲而無不爲"之真義。新學之講無爲、有爲，其實都是在這個意義上來説的。

在解《論語·爲政以德》章時，陳祥道不僅指出君主當以修養自我德行，施行德治爲上，更指出君主應當如天上的北辰星一樣，無爲而治。蓋"天運無窮，三光迭耀，其中正而不移者，北辰而已，故天之樞則北辰，爲政者取譬焉。北者，道之復於無。無者，無爲者也；辰者，居中而正乎四時者也。無爲而正乎四時，則無爲而無不爲矣。"[2]北辰作爲自然界蒼天之中樞，亘古無所變動，但衆星圍繞北辰運轉，四時更迭由是而確定，這就是北辰以不動爲動的作用。人間世之君主也當如此，自己不去積極主動地採取措施，而是使臣子能够環繞在君主周圍，從君主那裡受命，即得到其行事之合理性的依據，然後各自履行自己的職責。君主的這種無爲，乃是要自己能够中正平和，安於自我的身份和地位——如上文所述，此亦由天之所命——没有計量謀劃之心，没有必期於治的期待與願望，没有任何自己的主觀意圖。如林自所云"心虚而後能静，静而後能安，安而後能至於無爲。無爲者，天地之平，道德之至，帝王聖人所休息也。唯其無所爲，則會道於虚，虚則實者，萬物自然之理無不在乎爲，出於無爲，則其向之實者虚矣。虚之而静，静而後動，所以不失其動。不失其動則無爲，無爲則羣才各任其事，當其責，使之盡性分之極而已。"[3]所謂虚，乃指念慮不萌，私意不起。此概出於《老子》"致虚極，守静篤"。吕惠卿云："所謂虚者，非虚之而虚也，直莫之盈，故虚也。所謂静者，非静之而静也，夫物芸芸、各歸其根而不知，而莫足以撓心，

---

〔1〕牟宗三《才性與玄理》，第157頁。
〔2〕陳祥道《論語全解》卷一《爲政第二》。
〔3〕《南華真經義海纂微》卷四十。

故靜也。"[1]虚、靜都不是絶對的空虚、靜止,而是動而不累於心,使萬物各行其是而不自知。君主之使臣下各盡其事,是因其心之虚而自然如此;臣子以有爲之事業而顯現,而君主則無意必固我。"君人者,法天而體道者也。以道之至虚,可以受天下之群實;以道之至無,可以御天下之群有;以道之至靜,可以馭天下之群動",[2]此即是君道無爲,臣道有爲;任臣道之有爲,則君道無爲而無不爲矣。

君道之無爲乃是本乎天道,"天何言哉? 四時行焉,百物生焉",聖人之於天下亦是如此,行不言之教、無爲之治而已。如龔原所云:"無言也,運以至健之精,昭以燦然之象,而四時不忒者,天之神道也。無爲也,順性命之理,以佑萬物之神,而天下服者,聖人之神道也。"[3]天之神道與聖人之神道都在於使萬物各遂其性,各安其分。萬物之性分乃天之所命,天道無名無方無體而不可見,藉萬物如其所是之顯現而見,則天與聖人之無爲亦在於任萬物之自然而已。華鎮在《列子天瑞論》中説:"夫道存乎太極之上,則生天生地;行乎開闢之後,則無爲而自然者,屬之于天;有爲而或使者,屬之于人。故莊生言九變之序曰:先明乎天,而道德次之。是篇明大道之體而謂之天瑞,蓋道不可見,言之所及者,自然之符而已。明乎自然之符,則大道得矣。"[4]劉槩也説:"上德無爲而無以爲,此心迹俱無爲者也,所謂真空是也。真空者,聖人所以極高明,而其崇以效天者也。下德爲之而有以爲,此心迹俱有爲者也,所謂妙有是也。妙有者,聖人之所以道中庸,而其卑法地者也。"[5]天道無爲而自然,人道有爲而使然,欲盡天道,則當知萬物的生長運行都有各自的道理,這是不依賴於人力作用於其間的,無爲就是要使萬物符合

---

[1] 吕惠卿《道德真經傳》卷一,第155頁。
[2] 黄裳《演山集》卷四十一《不以智治國論》。
[3] 龔原《周易新講義》卷三《觀》,第71頁。
[4] 華鎮《雲溪居士集》卷十九《列子天瑞論》。
[5] (宋)劉槩《老子注》,嚴靈峰輯校《老子崇寧五注》,臺北:成文出版社,1979年,第308頁。

其理。

君道能實現無爲的關鍵,在於君主能像古之聖人那樣,忘掉自己的心慮智慧,忘掉自己的身體形象,更進一步也忘掉自己,同乎天道。人是因爲意識到自我的存在,而産生種種與其他人或物的親疏、利害、貴賤等之分别,外在的事物擾亂了人本之於天的自我本性,而人則開始追逐這些不根於自己性分之本的名與物,天下由是而大亂。"後世之難治,惟其物我太重,以我喪道,以物喪我。我情之放,五官之亂,盡爲物道而去。在外者弗聽於命,在我者弗有於性,或熄義以爭,或溺禮以僭,有爲禽獸夷狄而後已者。"〔1〕因此,反過來説,要達至無爲之境,就要不爲外物所累而復自我性命之常。"爲無爲,非無爲也,爲在於無爲而已,期於復性故也。"〔2〕從根本上來説,聖人之性與衆人之性皆本於天,此其所同。然而衆人不明性分之在我,逐於外物,祗有聖人能够超越人世間的種種分别,擺脱形器的負累,"夫道,無方也,無物也,寂然冥運而無形器之累,惟至人體之而無我。無我則無心,無心則不物於物,而放於自得之場,而遊乎混茫之庭,其所以爲逍遥也。……有方有物則造化之所制,陰陽之所拘,不免形器之累,豈得謂之逍遥乎?"〔3〕能逍遥游於世間,即已復性而無累於外,萬事萬物都不足以擾亂其性,"無己而爲名則名成,無己而爲功則功立",〔4〕而盡乎無爲之至矣。

從無累、無我、無心的角度出發,新學之無爲論已經藴含著"任理而不任情"的含義。〔5〕天道是自然而然的,没有任何人爲的安排計較在其中,仁義禮信這些屬於人道的價值都是在有我之私之後産生的,自天道來看並没有絶對的價值。萬物的生滅,人世的變遷,不過是天道的自然

〔1〕黄裳《演山集》卷四十一《以法爲分論》。
〔2〕王雱《老子注》,尹志華《北宋〈老子〉注研究》附録,第264頁。
〔3〕王雱《南華真經新傳》卷一,第154頁。
〔4〕(宋)王無咎《暨陽葛君字序》,《全宋文》卷一五二五,第70册,第145—146頁。
〔5〕關於王雱在這方面的思想,可參盧國龍《宋儒微言》第三章第四節《"任理而不任情"的政治哲學》,第180—192頁。

流轉而已。因此,春生固然可喜,秋殺也有其存在的合理性。“莫慘於兵刑,而雖聖德不能去之,則因其理而已”,[1]聖人之治,也需要有兵刑爲輔,因爲這是理所當有的,看似慘酷,卻是天道本然的顯現,並不需有惻坦悲憫之心。“蓋仁者之於殺也,則慘惻而矜之,以其愛之也。不仁者之於殺也,則憤怒而快之,以其惡之也。真人者,非有愛惡者也,則其於殺也,豈不綽乎哉! 此則見其所體也。雖然,古之聖人之於殺,未嘗不矜者,與人同之也。”[2]有慘惻憤怒之念,是因爲有愛惡之心,愛惡之心則生於人之情,“天任理,人任情。任理則大而公,任情則小而私”。[3]仁者愛人,但仁卻並没有達到天道的層次,那麽愛人也衹是在人間世的一種“私意”,行仁以治理天下遠不如更高一層的順天道的效果顯著。聖人之用刑殺,甚至不憚於對百姓實施看起來有些殘忍酷烈的措施,是從天道的角度來施行的,他們本身則並没有去考慮,此即是行而無所係累,“爲而不爲”。而正“以其無心於愛與不愛也,此天地之所以能神也”。[4]至於聖人有時常常對殺伐有矜恤不忍之意,與衆人相同,亦不過是“和其光,同其塵”,“玄同”於衆人而已。

也就是説,對新學來説,聖人之治,其眼中衹有如何貫行天道,禮樂刑政乃至百姓都衹如祭祀之芻狗而已。“聖人不仁,以百姓爲芻狗,而無常心,以百姓心爲心,則其自視亦芻狗而已,則其所以應世之迹者爲芻狗可知也。凡所謂禮義法度者,皆其應世之迹也。方其應世也,則嚴之飾之用之以至誠,則芻狗之未陳而盛以篋衍,巾以文繡,尸祝齋戒以將之之譬也。及其過也,委而去之而已矣,而心未嘗係焉,則芻狗已陳,而行者踐其首脊,蘇者取而爨之之譬也。”[5]嚴飾之或是委去而踐之,其間並没有聖人有意識地去分别,衹是在“時”的要求之下的不同應對

[1] (宋)劉涇《老子注》,嚴靈峰輯校《老子崇寧五注》,臺北:成文出版社,1979 年,第 322 頁。
[2] 吕惠卿《莊子義集校》卷三,第 123 頁。
[3] 陳祥道《論語全解》卷四《泰伯第八》。
[4] 劉槩《老子注》,《老子崇寧五注》,第 300 頁。
[5] 吕惠卿《莊子義集校》卷五,第 288 頁。

之策而已。“天地之於萬物,聖人之於百姓,應其適然,而不係累於當時,不留情於既往,故比橐籥之無窮也。”[1]聖人與道同體,聖人之治,應該是没有任何可以被人察覺的政治行爲之痕跡的。當人們還能認識到聖人是聖人之時,他已經落到了有爲的層面;就其外在之表現而言,聖人本身也如芻狗一般。待到天下大治以後,也不需要有聖人,聖人也不會有特别突出的地方顯現出來以爲世人所瞻仰,此即所謂“功成不居”、“功成事遂,百姓皆謂我自然”之意。

就王安石主持變法而言,其託孟子“大有爲”之説以勸神宗,新法之政治主張亦多屬於積極進取型,此似與新學主無爲之説不符。同時,王安石也不認同老子廢棄禮樂刑政之説,以爲政治制度涉乎形器,必須要有人爲之力。[2]其他新學學者也並不完全否認有爲,尤其是王雱,特别重視有爲的價值:“夫有爲無爲,均是至妙,無所分别。如必以有爲爲少而無爲爲至,則失其所以無爲,而名實交起,賓主相分,大道判矣。”[3]又認爲《莊子》中所舉的鷦鷯偃鼠的例子,在於“明有爲雖小,但能無累乎心,則亦天下之至妙,不必羨無爲之大也。”[4]意在指出不能强制劃分有爲無爲的差别而貶低有爲的作用,有爲儘管不如無爲的境界高,但也仍有其妙處,在很多時候仍然需要有爲。或以爲這是他們爲變法尋找理論依據,在學術上進行了有意識地彌縫。誠然,新學的政治行爲與學術論述之間有著密切的關係,這裏面或許也確實有新學學者爲其政治目的而進行的“詭辯”,但是,如陳瓘所言,“其所謂大有爲者,性命之理而已”,承認有爲的價值與意義也同樣是新學學術體系中的一環,不能僅僅從外在的政治影響來看。

---

〔1〕王雱《老子注》,尹志華《北宋〈老子〉注研究》附録,第 266 頁。

〔2〕王安石《老子注》,《道書輯校十種》,第 688 頁;《王文公文集》卷二十七《老子》,第 310—311 頁。

〔3〕〔4〕王雱《南華真經新傳》卷一,第 157 頁。

筆者以爲,新學之認可有爲,在於承認人世政治舉措在實現至治過程中的有效性。王安石重視禮樂刑政,其意仍在於通過這一套政治制度以達到或實現無爲之治的政治效果,"無之所以爲天下用者,以有禮樂刑政也",[1]禮樂刑政作爲現實的人間之治,在一定條件即符合天道的情況下可以規範人的行爲,引導或是强制人們重新認識到自我的内在本性,返璞歸真;當人人都能復其自然之性命時,天下大治的局面便可以由此達到。從這個角度來説,無爲需要通過有爲來顯現,有爲是實現無爲之治的一條途徑、一種手段或方式,有爲的價值亦在於此。同時,王安石自言,"聖人未嘗不爲也,蓋爲出於不爲;聖人未嘗不言也,蓋言出於不言",[2]黄裳也曾説"無爲而無不爲,以其不止於爲",[3]有爲或無不爲都衹是就表面來看,衹能説是政治的一個階段,其實質則以無爲作爲超越性的依據,在此情形下,有爲便可以轉化爲無爲。王雱便明確地將有爲與無爲從理論上統一了起來,"雖爲之時,未嘗有爲;雖無爲之時,未嘗不爲。君人體道以治,則因時乘理而無意於爲,故雖無爲而不廢天下之爲。雖不廢天下之爲,而吾實未嘗爲也。天何言哉,四時行焉,萬物生焉。"[4]有爲、無爲是一體之兩面,説有爲,卻因"無意於爲"、念慮不生而實際達到無爲之境;雖無爲,卻在現實中又會實行可以讓人尋得到痕跡的有爲的政事,二者有時是很難嚴格區分得開的。可是,歸根結底,儘管他們在一定程度上不否認有爲有其合理性,認爲"無爲、有爲,均是至妙,任之各以時也",但"夫帝王之道,無爲爲本,而有爲爲末",[5]在本末、體用關係上,無爲仍舊高於有爲,處於更根本的位置。就最高的境界,或者説最終極的目的來説,有爲的最後,仍然是要達至

---

〔1〕 王安石《老子注》,《道書輯校十種》,第 688 頁;《王文公文集》卷二十七《老子》,第 310—311 頁。

〔2〕 王安石《老子注》,《道書輯校十種》,第 677—678 頁。

〔3〕 黄裳《演山集》卷二十二《澶州講易序》。

〔4〕 王雱《老子注》,尹志華《北宋〈老子〉注研究》,第 306—307 頁。

〔5〕 王雱《南華真經新傳》卷六,第 191 頁。

無爲之天道的。此其一。

其二,無爲儘管是順乎天道的最高境界,但並非所有時代都適合於不著痕跡的無爲之政,而是要根據時勢的不同採取合適的對策,因時通變,惟適之宜。"堯之初治天下也,則天之大而化於民,其憂樂與天下共,所謂有爲之時也。及其化極而至于變,則鼓舞萬物而不知其所然,所謂無爲之時也。無爲出於有爲,而無爲之至,則入神矣。"[1]當天下擾擾,百姓離散,面臨分崩離析之勢的時候,自然不能一無所爲,反而要積極採取措施拯危救溺。而當世道比較平穩,没有戰爭、災荒等大患的時候,便可以無所作爲,隨百姓萬物自然生滅即可。堯之一身尚且有有爲之治和無爲之治的不同,何況其他呢? 吕惠卿在解《老子》"有無之相生,難易之相成,長短之相形,高下之相傾,聲音之相和,前後之相隨"時指出,"凡此六者,當其時,適其情,天下謂之美,謂之善;不當其時,不適其情,天下謂之惡,謂之不善。"[2]即表明最重要的是在正確的時候做正確的事情,不然,即使舉措本身是善的,但置於不合適的局面之下,不但不能起到好的作用,甚至可能會有相反的效果。"堯舜有爲之名,羲蘧無爲之至,有爲無爲,均是至妙。道至此而渾合,而不解散,聖人終始於其間也。"[3]衹要聖人始終順天道而行,有爲無爲均是治世之妙法,都可以達成聖人的政治目的。

就根本而論,古代聖人所表現出來的有爲或是無爲,並不意味著他們對道的把握有偏差,反倒恰恰説明他們都真正體悟到什麼才是真正的道。王安石云:"上德無爲而無以爲,羲皇也;上仁爲之而無以爲,堯舜也;上義爲之而有以爲,湯武也。上義,下德也。或曰:湯武,大聖人也,謂之下德可乎? 曰:聖人之所同者心也,德之所以有上下者時也,大

〔1〕王雱《南華真經新傳》卷一,第156頁。

〔2〕吕惠卿《道德真經傳》卷一,第149頁。

〔3〕王雱《南華真經新傳》卷三,第170頁。

聖人者,易地則皆然。"[1]華鎮云:"某聞太上之治,不可試於五帝;唐虞之政,不可行於三代。故三皇以道,五帝以德,夏商周尚功。是數聖人,其跡甚不同,其趣乃歸於一致者,達時措之宜,不狥其虛名而賊其實效也。故古今之勢,事變之理,君子不可不知。"[2]三皇以降,雖然在具體的行爲表現上有所不同,但其背後,在根本的對於道的把握和理解上並無不同。時代變了,言行也要隨之調整,以適應所處時代與形勢的需要。如果僅僅在外在的表現上追求與聖人相同,那麽實際上衹是一種形式上的模仿,而没有真正領悟聖人所以採取何種言行的根本所在。"蓋時不同,則言行不得無不同,唯其不同,是所以同也。如時不同而固欲爲之同,則是所同者迹也,所不同者道也。迹同於聖人而道不同,則其爲小人也孰禦哉?"[3]更有甚者,一味地追求古人行跡,可能會造成變亂天下的結果。[4]因此,在對道的本質已經有深刻把握的基礎上,"權時之變"就是必然的行爲方式。"天下無異道,有異時;聖人無異心,有異迹。"[5]"聖人之教,時而已矣,何常之有?"[6]有爲無爲,不過因時之不同,聖人所採取的不同教法而已。而真正能"因時乘理",便已經臻於天道之無爲了。

三、會通百家的"新經學"

(一) 莊老爲本

彭耜《道德真經集註》於宋代解經姓氏下以王安石、王雱、陸佃、劉槩、劉涇之注總名"崇寧五注",劉惟永《道德真經集義》中又有所謂"崇

---

〔1〕 王安石《老子注》,《道書輯校十種》,第 697 頁。
〔2〕 華鎮《雲溪居士集》卷二十四《上西京運使李龍圖書》。
〔3〕 《王文公文集》卷二十八《祿隱》,第 331 頁。
〔4〕 《王文公文集》卷二十八《非禮之禮》,第 323 頁。
〔5〕 陳祥道《論語全解》卷二《八佾第三》。
〔6〕 王雱《老子注》,尹志華《北宋〈老子〉注研究》,第 309 頁。

寧八注”。就各注撰作時間而論，固非皆於徽宗崇寧中，其名乃出於後人所命，然此名卻可見一時風氣。“崇寧”者，“崇尚熙寧”也，意在復神宗、王安石之法度。而“五注”之作者，皆可謂屬新學學派中人。又吕惠卿、王雱、陸佃、陳祥道等人亦有注《莊》之作。由是言之，新學之徒乃極重道家老莊之學。今據前人考證，基本可以確定爲新學學派注《老》、《莊》之作如下：

王安石《老子注》二卷，今存蒙文通（《道書輯校十種》）、榮肇祖（《王安石〈老子注〉輯本》）、嚴靈峰（《老子崇寧五注》）[1]輯本。又尹志華《北宋〈老子〉注研究》補上三家所遺漏一大段。

王雱《老子注》二卷，今存嚴靈峰（《老子崇寧五注》）、尹志華（《北宋〈老子〉注研究》附録）輯本。

吕惠卿《道德真經傳》四卷（《郡齋讀書志》作二卷），今存正統道藏本。

陸佃《老子注》二卷，今存嚴靈峰（《老子崇寧五注》）輯校本。又其漏收之序，見彭耜《道德真經集注・雜説》卷上。

劉涇《老子注》二卷，今存嚴靈峰（《老子崇寧五注》）輯校本。

劉槩《老子注》二卷，今存嚴靈峰（《老子崇寧五注》）輯校本。

王無咎《老子義》，佚[2]。

黄裳《道德經講義》三卷，佚。[3]

梁成《老子解》二卷，佚。[4]

---

〔1〕按：嚴氏《無求備齋老子集成初編》曾有輯本，後復爲此，較前爲備。

〔2〕（宋）彭耜《道德真經集注・雜説》卷上言王無咎嘗解《老子・道經》四章，引其二，正統道藏本，第13册，第262頁。

〔3〕此二種，見熊鐵基、馬良懷、劉韶軍《中國老學史》，福州：福建人民出版社，2005年，第321頁。

〔4〕此見尹志華《北宋〈老子〉注研究》，第17頁。成（1049—1125）字子中，試太學，以《易》學登進士第，王安石欲妻以弟安國之女。見李降《梁子中墓誌銘》，《全宋文》卷二五二六，第117册，第215—217頁。

王安石《莊子解》四卷,佚。[1]

王雱《莊子内篇注》,南宋褚伯秀《南華真經義海纂微》有引。[2]

王雱《南華真經新傳》二十卷、《拾遺》一卷,今存正統道藏本、四庫全書本。

吕惠卿《莊子義》十卷,今有湯君集校本。

陳祥道《莊子注》,南宋褚伯秀《南華真經義海纂微》有引。

林自《莊子注》,南宋褚伯秀《南華真經義海纂微》有引。

劉槩《莊子注》,南宋褚伯秀《南華真經義海纂微》有引。[3]

作爲一種現象,許多學者其實都已經注意到,新學學派對於老莊之學十分重視。新學闡釋老莊的特點,以往的研究大多集中於三點:一,會通儒道釋,即在闡釋《莊子》時言援儒、老、佛,解《老子》時融儒、莊、佛,發揮三教合一之理;二,爲現實政治服務,即認爲新學學者在註釋《老》、《莊》闡發無爲有爲關係等方面是爲新法尋找理論根據;三,將闡釋《老》、《莊》與道德性命之理結合起來。這些論述都有其道理,可是,儒者之學,可以在五經乃至十三經中覓得個人之落脚點與社會國家之根基,何以新學學派尤其將眼光投向老莊道家之學呢？至於很多論者所言新學對老莊的解釋不符合原意,我們也很難説王安石、吕惠卿、王雱等人是有意識地爲了政治目的而歪曲老子、莊子的本意以溝通儒道,毋寧説,那其實代表了新學一派對於《老子》、《莊子》的認識。在這裡,重要的不是《老子》、《莊子》本身的意義究竟如何,而是新學如何理解它

[1] (宋)趙希弁《郡齋讀書附志》卷上,《郡齋讀書志校證》,第1143頁。

[2] 《南華真經義海纂微》卷首載"今所纂諸家註義姓名",有王雱註,注作"内篇";又劉槩註下注稱"外雜篇,繼雱之後"。而考《纂微》中所引,皆在内篇,且與雱《南華真經新傳》不同,則雱似另有《莊子内篇註》。《郡齋讀書志》卷十一著録《王元澤注莊子》十卷,校證以爲即《南華真經新傳》,似非。

[3] 熊鐵基主編《中國莊學史》、肖海燕《宋代莊學思想研究》中均作《莊子外雜篇注》,但肖海燕已經指出褚伯秀在《養生主》集注中引及劉槩注,是其亦曾注内篇,《宋代莊學思想研究》,第59頁。

們?它們在新學的學術體系中居於什麼位置?我們要以新學的眼光來看待它們,這樣才能理清新學的學術特色。

竊以爲新學對於道的認識,在根本上是得自於老莊之學的。也就是説,新學學術思想的根本乃是老莊,他們是從道家思想逐漸衍伸出去完成其本身的學術建構的。在上文闡述新學對於天人之道、宇宙秩序的認識之時,我們已經可以發現,新學的諸多思想都與老莊之學密切相關。自然無爲之天道、君道爲本,有爲應世之人道、臣道爲末,無爲而無不爲,順萬物之理,復性命之常,這些與老莊的思想是一脈相承的,對此前文已經指出過,這裡不再重複。此處要强調的是,雖然,在此之前老莊等道家思想早已滲入儒學思想之中,楊向奎先生曾指出,《五經正義》中"道"與"氣"這兩個觀念常結合在一起,代表著道家與儒家思想的結合,也是正義的新發展。[1]而與新學同時,道學也同樣在吸收老莊思想,如程顥《定性書》中云:"天地之常,以其心普萬物而無心。聖人之常,以其情順萬物而無情。"在聖人的境界上,在順乎自然之性而無心無情的層面來説,儒家與道家是相通的。但是,在他們那裡,老莊之學都没有像新學那樣成爲自已學術體系的根基。雖然我們很難説宋儒如明儒那樣一家有一家之宗旨,[2]但是各自所得之道則確有不同,新學之所得即在於由老莊而入道。老莊之學乃是作爲體悟大道之本原而成爲新學學術體系中的一部分的。

新學之以老莊爲本也同樣是建立在他們對於歷史變遷與所處時代認識的基礎之上的,這是他們的"應世之方"。上文已經指出,政治上的有爲與無爲要由所處的時勢來決定,同樣,孔孟老莊之異,也應在時之不同上進行理解。"夫道,海也;聖人,百川也。道,歲也;聖人,時也。百川雖不同,而所同者海;四時雖不同,而所同者歲。孔、孟、老、莊之

---

〔1〕楊向奎《唐宋時代的經學思想——經典釋文、十三經正義等書所表現的思想體系》,《文史哲》1958年第5期。

〔2〕(清)黄宗羲《明儒學案發凡》,北京:中華書局,2012年,第14頁。

道,雖適時不同,而要其歸則豈離乎此哉!”[1]在本質上,孔孟老莊並無不同,都是本於大道的。在新學看來,老莊之學乃是爲補禮樂之過而產生的,自有其存在的合理性。吕惠卿以爲,“道之大全,本無不備;三代之末,隱於小成。天下失其性命之情,而搢紳先生之所傳者,獨得其迹,遂以爲聖人之所以爲聖人者止於此。於是老聃氏絶學反樸而示之以其真,使知所謂聖者有不在是矣”,至莊子則進一步足成老聃之説。[2]意即老莊之學乃是在人們競相追逐聖人外在形迹的時候擺脱這些禮樂文章的束縛而直探道之本原。劉槩認爲,“莊子之時,去聖已遠,道德仁義裂於楊墨,無爲清淨墜於田彭,於是宋鈃、尹文之徒聞風而肆。莊子思欲復仲尼之道,而非仲尼之時,遂高言至道,以矯天下之卑;無爲復朴,以絶天下之華;清虚寂寞,以拯天下之濁。謂約言不足以解弊,故曼衍而無家;謂莊語不足以喻俗,故荒唐而無涯”,[3]則《莊子》一書皆屬於針對其所處環境下之情勢而有意爲之,無論是倡言無爲還是高言天道,都是爲了解決時代問題的。王雱則以四時之夏天與秋天進行比喻來説明堯舜孔子以至老子之不同,其言曰:“自堯舜至於孔子,禮章樂明,寓之以形名度數,而精神之運,炳然見於制作之間。定尊卑,别賢否,以臨天下,事詳物衆,可謂盛矣。蓋於時有之,則夏是也。夏反而爲秋,秋則斂其散而一之,落其華而實之,以辨物爲德,以復性爲常,其志靜,其事簡。夫秋豈期於反夏乎,蓋將以成歲而生物也。”[4]夏與秋爲四季之自然運行,有四時之更替才會有一年的完整,這是任何人都無法改變的。同樣,在人生界,也如四季一般會有不同時世的更替,在不同的時代之中,便要採取符合時代之特殊情況的應世之方。

中唐以降,士人中開始熱烈討論皇、帝、王、霸、忠、敬、文、質等三皇

[1] 王雱《南華真經新傳・拾遺》,第272頁。
[2] 吕惠卿《莊子義集校》,第1—2頁。
[3]《南華真經義海纂微》卷一百六。
[4] 王雱《老子注序》,尹志華《北宋〈老子〉注研究》附録,第257頁。

以降各代政治之核心觀念的問題，這些都反映出秩序混亂下學者對於何者爲至世，如何進行秩序重建的思考與探索。〔1〕新學學者之中，如上文王雱之論堯舜至孔子爲夏、老子爲秋即屬於此類討論。又如黄裳以爲仁義之失至周而極，周以禮樂之文救之；孔子以質之過救周文之弊，老莊之書亦是如此。〔2〕至於他們自己所處的時代，則已是道德滅裂，性命失常。陸佃《道德經注序》云："自秦以來，性命之學不講於世，而道德之裂久矣。世之學者不幸蔽於不該不徧一曲之書，而日汩於傳注之卑，以自失其性命之情，不復知天地之大醇、古人之大體也。"〔3〕林自説："夫仁義出於道德，禮樂出於性情，上古世質民淳，仁義與道德爲一，禮樂與性情不離。後世廢道德以言仁義，離性情而議禮樂，是以有曾、史之仁義，非堯、舜之仁義；有世俗之禮樂，非三代之禮樂。"〔4〕黄裳云：秦以後，"漢唐之學，溺於傳注之説，形數之中，不自奮發，流爲汙下，蓋已久矣。適丁斯時，有能談其書者，因見聖人之妙道，其言新美，散在傳注之間，學者得之，醉者以醒，寐者以覺，如在飢渴之時偶得醇酒異饌而嗜之，久而不能厭也。然而老莊之書復顯於今日，其亦時與數之所感歟？"〔5〕他們認爲，漢唐的章句注疏之學造成學者衹知道追求經典中的語言和典章制度的儀文，到如今人們已經不清楚何謂道德性命，人人都是在外在的一套法令政策下生活，失去了天道賦予每一個人的性命之本。

---

〔1〕討論皇帝王霸的，如韓琬《上睿宗論時政疏》以皇道以德，霸道用智（《全唐文》卷三百四，第1364頁）；趙蕤《長短經敘》："王者之政化之，霸者之政威之，强國之政脅之"（《全唐文》卷三百五十八，第1608頁），入宋如田錫《太平頌》："德厚稱帝，仁勝稱王。仁德兼備，謂之三皇"（《咸平集》卷二十一，第208頁）等。討論忠敬文質的，如《全唐文》卷三百十六顔真卿《請復七聖謚號狀》，第1506頁；卷三百六十八賈至《議楊綰條奏貢舉疏》，第1652頁；李華《李遐叔文集》卷三《質文論》，等等。對此問題，容另文撰述。

〔2〕〔5〕黄裳《演山集》卷十九《順興講莊子序》。

〔3〕（宋）彭耜《道德真經集註・雜説》卷上，《正統道藏》第13册，第260頁。

〔4〕《南華真經義海纂微》卷二十六。

王安石曾説,法先王在法其意而已,[1]但自秦漢以下,學者讀經,衹是看到了聖人法度本身,而没有追尋法度背後之意。乃至三代聖王,也皆是以其治世之迹顯於世。“由堯舜之迹觀之,未免舉賢任智而已。舉賢則民相軋,任智則民相盜,則是有知有欲之大,而民之所以遷於物也,曷足以厚之哉? 此大亂之本所由而生也。”[2]秦漢以來,世主人臣都是根據上古聖人的政治法度來進行治理,但時代已經改變,即使所有禮樂制度都與上古相同,卻並不能取得上古的效果,相反,這恰恰是後世不能取得完美政治之原因所在。“蓋世之學孔子者,不能得其心而得其迹,故寓之於老萊子,以明其迹之爲患至於無窮,則詩禮竊冢者是也。”[3]“審仁義之間,察同異之際,觀動静之變,適受與之度,理好惡之情,和喜怒之節,世儒得孔子之察者,不過此六者而已矣。此六者,孔子之所以應世,而非其所以爲孔子者也。蓋六者雖異,不過以物爲事而已矣。夫苟以物爲事,而欲離四謗,何以異於舉足愈數而迹愈多,走愈疾而影不離其身哉!”[4]人們所津津樂道、所極力追求的仁義禮樂,實際上都已經違背了先王之時的真意。在解《莊子·大宗師》中子貢弔子桑户一節時,吕惠卿辨析了先王之禮與世俗之禮的不同,“先王制禮,使人平好惡,而反人道之正。人道之正,性命是也,則以反其真爲樂者,豈非禮意哉!”[5]禮之意在於盡人之性命,子凡、琴張之編曲鼓琴,乃是忘生死,直接與天道溝通。子貢不明性與天道,以世俗之禮法視之,則齟齬不合,是其將天所賦予的性命與禮法制度分而爲二,此即已喪失了先王禮樂的精義所在。禮樂法度都當以合乎天命之性爲本,若能盡性命,則無適而非禮矣。

---

〔1〕《王文公文集》卷一《上皇帝萬言書》,第 2 頁。
〔2〕吕惠卿《莊子義集校》卷八《庚桑楚》,第 420 頁。
〔3〕吕惠卿《莊子義集校》卷九《外物》,第 506 頁。
〔4〕吕惠卿《莊子義集校》卷十《漁父》,第 562 頁。
〔5〕吕惠卿《莊子義集校》卷三《大宗師》,第 141 頁。

由是以觀，新學之重視老莊，意在以老莊"反本復樸"、"絶聖棄智"、仁義禮樂變亂天下之説教人探究禮法制度背後的天道。他們所反復强調的，是要人恢復性命之本然，擺去千年來世間禮樂法度對人内在本性的束縛與戕害，重新回到道德性命與仁義禮樂爲一、萬事萬物自然運行的大道之世。即使不拋棄儒學，還要學孔子，也應當學孔子應世之迹背後所蘊涵的聖人之意。"孔子體性抱神，以遊乎世俗之間者也，則安有漁父之譏者！而所以言此者，蓋世儒之學孔子者，不過其迹而已，故寓之於漁夫，以明孔子之所貴者，非世儒之可知也。子貢之告漁父者，乃世儒之知孔子者也。天下雖大，亦物而已，孔子之所以爲孔子者，孰肯以物爲事也！"[1]其意以爲世儒不知孔子，學孔子而未能得孔子之所以爲孔子者，祇是跟著孔子的所作所爲亦步亦趨。若新學，才是真正瞭解孔子、能學到孔子之真意的一派學人。孔子之迹不過是人道，其意則可通於天道。新學就是要"主天道而言，所以救人道之弊也"。[2]老莊之學多言天道，言復性命之本，正是他們面對時代問題所尋找到的解決之道，是他們心目中對於秩序重建之方的認識。而且，在他們看來，這也是由其所處的時代形勢所決定的，是自然而不得不如此，而並非是他們出於私心的有意爲之。由此而言，新學在北宋中後期致力於以老莊之學爲本建構學術體系以應對現實，正如黄裳所言，"亦時與數之所感"，乃時代之自然要求而已。

（二）融攝百家，復道之全

繼續上面的話題，新學對老莊的重視其實也是時代風潮的一部份。潘雨廷以爲王雱之注《老子》"能盡心於死生之説，以得古今常一之道，殊可概觀宋學所興起的三教合一之旨"，吕惠卿注之義亦相近，且認爲，三教結合，於佛教實取其禪，於道教取老莊之幾。[3]很多學者認爲，宋代學術始終面對著佛教和道教的挑戰，各家各派實際上都在不同程度

〔1〕吕惠卿《莊子義集校》卷十《漁父》，第558頁。
〔2〕《南華真經義海纂微》卷三十八，林自注。
〔3〕潘雨廷《易與佛教・易與老莊》，上海：上海古籍出版社，2005年，第140頁。

上融合了釋道的思想。其中,王安石尤其不憚於標榜釋道之理與儒不二,著力於融會釋道以充實、補充儒家學説。[1]

以筆者的淺見,新學之融會釋道,不能以儒學爲本位來思考,即不能簡單從儒學的視角去考慮他們對"異端"思想的吸收,而應從新學對於天道、"道之全"之看法的角度出發。其實,新學是本身無法被簡單概括爲"新儒學"[2]的,或者説,即使其中很多人以儒自居,但在本質上,新學是一種會通百家的"新經學",他們的追求,是要復興道術未分之前的聖人之道。而他們所謂的儒,也不是分家之後的儒家,而是未分之前、集先聖大成如孔子一般的真儒!

王安石在《答曾子固書》中嘗言:"世之不見全經久矣,讀經而已,則不足以知經。故某自百家諸子之書,至於《難經》、《素問》、《本草》、諸小説,無所不讀,農夫女工,無所不問,然後於經爲能知其大體而無疑。"[3]即主張全面性地研讀所有典籍,乃至從社會人生實踐中吸收經驗,以重新發現經典中所蘊含的所有涵義。他又在《莊周》中指出,到莊子的時代,先王之澤竭,人不明道,莊子欲矯其弊而歸於正。其稱六經之精義,實能見道之全;然自其"以爲仁義禮樂皆不足以正之,故同是非,齊彼我,一利害,而以足乎心爲得"觀之,則屬於矯偏救弊之言,故莊子"自列其書於宋鈃、慎到、墨翟、老聃之徒,俱爲不該不徧一曲之士,蓋欲明吾之言有爲而作,非大道之全云耳"。[4]諸子各明其所見,有爲而

---

〔1〕 鄧廣銘《王安石在北宋儒家學派中的地位》,收入氏著《鄧廣銘治史叢稿》,北京:北京大學出版社,2000 年,第 177—192 頁;蔣義斌《宋代儒釋調和論及排佛論之演進——王安石之融通儒釋及程朱學派之排佛反王》,臺北:臺灣商務印書館,1997 年。

〔2〕 此取一般最寬泛的意義。對於如何稱呼宋代以來興起的新的學術,不同領域的學者有相當不同的態度,如宋學、道學、理學、新儒學,等等。最近的一次討論可見《宋學研究集刊》(第一輯)中所載 2007 年在北大召開的一次關於"宋學"座談會的紀要,杭州:浙江大學出版社,2008 年,第 1—12 頁。美國學者的爭論可參《當代西方漢學研究集萃・思想文化史卷》中田浩和狄百瑞的文章,上海:上海古籍出版社,2012 年,第 1—37 頁。

〔3〕《臨川先生文集》卷七十三。

〔4〕《王文公文集》卷二十七《莊周上》,第 311—312 頁。

發,所以《莊子·天下》篇説:“後世之學者,不幸不見天地之純、古人之大體,道術將爲天下裂。”

對莊子此嘆,新學學者頗有同感。在註釋《莊子》之時,王雱、吕惠卿、林自等人都有較爲詳細的闡述,而大義概同於王安石《莊周》一文。在新學看來,諸子衹能是一曲之士的原因在於他們“多得其一察焉以自好,得一察焉而已,而不察其餘,則非見其全者也”,[1]也就是他們從各自的角度出發,認識到了道之一端,然後便自信滿滿,將一端當作了全體。諸子百家之言紛紛擾擾,道之大全也不復明於世,這也是後世道德不明,世亂不治的根源所在。更進一步,甚至是儒家也衹是道術分裂之後諸家之一,黄裳説,“自道之體分裂而爲六七,然後有爲道家者,有爲名家者,有爲法家者,有爲陰陽家者,有爲儒家者,有爲墨家者。然而真儒之學,之乎方外則爲至人,之乎方内則爲君子,道之所寓,法之所主,名之所出,數之所歸,豈復有他哉!至遷之論六家,輒以爲儒之學短而後之,復與墨氏並列,予奪其是非。嗚呼!道德不一,天下之人各爲其所欲焉,以自爲方,蓋與莊子之嘆矣!”[2]即表明一般意義上的儒家是道體分裂後的産物,站在道之全的角度,也衹是爲其所欲爲而已。但他同時提出了所謂“真儒”之學,内聖而外王,匯道法名數於一體,是在作爲九流之一的儒家之上的境界。

結合《周官》與《論語》,陳祥道對何謂儒作了一番疏解:“古之儒者,一而已矣。《周官》‘儒以道得民’,則凡以非道得民者,皆非儒也。後世澆漓,而道術將爲天下裂,於是有君子之儒,有小人之儒。君子之儒惟務本,小人之儒在趨末。子夏之爲己,止於文學;其爲人,止於洒埽應對進退,此趨末者也。故孔子戒之曰:‘女爲君子儒,無爲小人儒。’荀卿言有俗儒,有雅儒,有大儒;揚子又言有真儒。真儒以性言,大儒以業言,

[1] 吕惠卿《莊子義集校》卷十,第587—588頁。
[2] 黄裳《演山集》卷四十一《以法爲分論》。

雅儒似君子,俗儒似小人。"[1]儒者之本在於體悟天道,在道術未裂之前,所有掌握道的人都可以稱爲儒,也就是説儒是與道相聯的,是一種專稱。至道術分裂以後,儒也産生了分化,君子之儒才是古時真正之儒,其核心在於追求道之本;而小人之儒不論是爲己還是爲人,都落了下乘,僅是在道之末的層面上用力,則衹能是諸子之一了。王昭禹在解《周官·太宰》"儒以道得民"時謂"人皆需之謂之儒",又引揚雄"通天地人曰儒"和孔子戒子夏"女爲君子儒,勿爲小人儒"之語以見大儒之效。[2]也同樣將真儒與通天地人之道之全體聯結在一起。如果説他們仍然是站在儒家的立場的話,也衹能説掌握道之全體的這種"真儒"!

儘管百家之學都未能見道之全體,但是,作爲道術分裂之後的産物,新學承認他們之中也蘊含著聖人之學之一端,也都有其可以稱而道之的地方,"譬如耳目鼻口,皆有所明,不能相通;猶百家衆技,皆有所長,時有可用,而不可廢者也。"[3]既然他們也都從不同的角度見到了道,那麽爲了明古人之大體,遍讀百家傳記自是新學的内在要求。

同樣,在新學看來,佛家之説也可以上通乎道,與經典中所蘊含的道理並没有根本的差異。王安石對神宗説,"臣觀佛書,乃與經合,蓋理如此"。[4]天道、天理本然如此,不能增損變易,並非僅掌握在哪一家手裡,而是人人都可以見到的。那麽,佛也同樣可以見道。在根本上,佛與孔老也並無本質性的差異,衹是從不同的角度、應對不同的時勢而立言有别而已。林自稱:"道,歲也;聖人,時也。執一時而疑歲者,終不聞道矣。聖人之言,應時而變,所變者言,所同者道。道散而爲教,教者各售其師之説,久而成弊,則泥束不通。今爲儒者則非釋,爲釋者則非道,

〔1〕 陳祥道《論語全解》卷三《雍也第六》。
〔2〕 王昭禹《周禮詳解》卷二。
〔3〕 吕惠卿《莊子義集校》卷十,第587頁。
〔4〕 《長編》卷二百三十三,熙寧五年五月甲午條,第5660頁。

不知三聖立教,其心則一。儻不明此,皆束於教者也。"[1]黄裳言道一而已矣,"堯舜得之以爲帝,文武得之以爲王,仲尼得之以爲聖,老子得之以爲仙,釋氏得之以爲佛",[2]又言"孔子佛老之用,殊途而同歸",[3]都指出佛教也同樣是道在世間顯現的一種方式。那麽,閱讀佛書,鑽研佛理,也同樣不妨礙明乎天道。甚至如鄭俠那樣,"本儒學,以孔氏爲宗,得老氏之説以明,又得釋氏,而後大明孔子之道"[4],通過讀佛書而更深入地理解聖人之道。

由是可見,新學對儒與莊老乃至佛、名法之學並不存有嚴格的正統與異端之見。站在九流之一的儒家的立場自然可以斥新學爲駁雜,但從新學的角度來説,這種"駁雜"卻正是其想要會通百家、重新探索聖人、天道之全體而致力於追求的。

這種追求道之大全的取向在新學的經典註釋之中也有所體現,他們傾向於將經典看作一個内部存在先後邏輯次序的有機整體。比如《三經新義》在逐段解釋經典的語句含義之後,往往對經典進行較爲整體的詮釋。或結合數段,或統合全篇,都顯示出對於經典的整體性理解。這在《詩經新義》中體現得更爲明顯,比如《七月》八章通義:"仰觀日星霜露之變,俯察蟲魚草木之化,以知天時,以授民事。女服事乎内,男服事乎外。治自内而外,化自上而下。上以誠愛下,下以忠報上。父父子子,夫夫婦婦,養老而慈幼,食力而助弱。不作無益也,備豫乎桑田之事而已;非特備豫乎桑田之事而已也,苟可以除患者皆備豫焉。不貴異物也,致美乎桑田之器而已;非特致美乎桑田之器而已也,苟可以成禮者皆致美焉。人無遺力矣,故事不足治也。地無遺利矣,故物不可勝用也。女不淫而仁也,又有禮焉;士不惰而武也,又有義焉。非道之以

[1] 《南華真經義海纂微》卷五十一。
[2] 黄裳《演山集》卷二十六《論性表》。
[3] 黄裳《演山集》卷二十三《答總長老書》。
[4] (宋)鄭俠《西塘集》卷二《大慶居士序》,景印文淵閣四庫全書本。

政、齊之以刑所能致也,風化而已。其祭祀也時,其燕享也節。夫然,故天不能災,人不能難,上下内外和睦,而以逸樂終焉。此七月之義也。"[1]通過這番解説,就可以揭示《七月》這首詩所要表達的整體涵義。程輯本《詩經新義》中這類通義甚多,而《周官新義》也往往合併數官經文之後總解其義於後,[2]《尚書新義》中亦有於篇末發一議論之例,[3]可見王氏父子之經義,尤其重視從整體上把握經典的意義。解"曰若稽古"四字達萬餘言的漢代經解實際上是破碎大道,經典具有完整而統一的内涵,不能分章摘句地割裂開來分析。比如在解《春官·大宗伯》中,《周禮》原文首曰"大宗伯之職,掌建邦之天神、人鬼、地示之禮,以佐王建保邦國",次言"以吉禮事邦國之鬼神示",而後言先祀昊天上帝、祭社稷五祀五嶽、享先王,即是以神示鬼爲序。[4]對此鄭玄衹是在注"天神、人鬼、地示"時改其序云"立天神地祇人鬼之禮",對這種次序的不同未作解釋。賈公彦則以爲經文"欲見天在上,地在下,人藏其間",而鄭玄之説"神祇鬼"是據尊卑爲次;於"鬼神示"之序,賈公彦稱"欲見逢時則祭,事起無常,故先云人鬼也"。[5]乃是就各個次序分別進行解説,各見其理。而王安石《周禮新義》云"大宗伯之禮,或以神鬼示爲序,或以鬼神示爲序,或以神示鬼爲序。以神鬼示爲序,定上下也;以鬼神示爲序,辨内外也;以神示鬼爲序,明尊卑也。定上下然後辨内外,辨内外然後明尊卑,禮之序也。"[6]就建立了一個由上下到内外再到尊卑的次序,從整體上對《周禮》經文的歧異作出了自己的解釋。其解説合理與否姑不論,卻鮮明地體現了新學這種注重經典整體内涵的傾向。

---

〔1〕《三經新義輯考彙評(二)——詩經》,第 115 頁。

〔2〕如合解典婦功、典絲二官,合解閭胥、比長二官等,程元敏《周禮新義體製探原》,《三經新義輯考彙評(三)——周禮》,第 716 頁。

〔3〕程元敏《尚書新義體製探原》,《三經新義輯考彙評(一)——尚書》,第 252 頁。

〔4〕《周禮注疏》卷十八,第 757—758 頁。

〔5〕《周禮注疏》卷十八,第 757 頁。

〔6〕《三經新義輯考彙評(三)——周禮》卷八,第 277 頁。

這種特色在其他新學學者的著作中也有相當鮮明的反映。王雱的《南華真經新傳》中,對除《逍遥遊》以外的内篇諸篇下皆有解題,闡明莊子作該篇之意。他認爲,内七篇是一個層層遞進的整體,有前後的邏輯次序。其言曰:

萬物受陰陽而生,我亦受陰陽而生。賦象雖殊,而所生同根。惟能知其同根,則無我;無我則無物,無物則無累,此莊子所以有《齊物》之篇也。[1]

夫齊物者必無我,無我者必無生。無生,所以爲養生之主,而生之所以存,此莊子作《養生主》之篇而次之於《齊物》也。[2]

善養生者,必自得於性命之際,而無思無爲也。無思無爲,則足以處人間,應世變,而憂患不足以累之,此莊子作《人間世》之篇而次之於《養生》也。[3]

夫處人間,經世變,免於憂患之累者,是能全其性命也。性命全則自得,自得則德之所以充也。德充於内而無待於外,則不求合於物而物自來合,此莊子所以作《德充符》之篇而次於《人間世》也。[4]

夫德之充者入於道。道者,天下莫不由之也,雖天地之至大,萬物之至多,皆同歸而一致矣,此莊子作《大宗師》之篇而所以次之於《德充符》也。[5]

夫出德而入道,入道而盡妙,此物之所以同歸而宗師也。物之所同歸,則應可以爲帝王,此莊子作《應帝王》之篇而次於《大宗師》也。[6]

由認識萬物在根本上相同,從而消除物我之對立,自得於内,進而處人間,全性命,充德於天下而成帝王之功業,自内聖而達於外王,本末

〔1〕《南華真經新傳》卷二,第158頁。
〔2〕《南華真經新傳》卷三,第166頁。
〔3〕《南華真經新傳》卷三,第167頁。
〔4〕《南華真經新傳》卷四,第175頁。
〔5〕《南華真經新傳》卷五,第181頁。
〔6〕《南華真經新傳》卷六,第190頁。

一貫。這樣,王雱就以自己的理解勾勒出了内七篇之間的關聯和脈絡,從整體上對莊子的立言之意進行了闡發。

又如陳祥道的《論語全解》,在注釋某一章之時,也常常引據相關連的章句進行解説,"一面再構築論理的世界,一面增加實證性,企圖統一的陳述之"。[1]蔡卞《毛詩名物解》有《草木總解》、《十五國風次序》、《詩序通解》,也是要在整體上强調對《詩》的把握。在新學學者看來,體現著聖人立言之意的每一部經典都是一個不可分割的整體,而其背後所反映的則是"高懸"於文字之上的大道。爲了能够完整地把握道、爲了能够準確地理解經典,他們在註經之時就必然要透過一章一句來追尋整體的意義。

這裡還值得指出的是,作爲一種"新經學",新學十分重視對經典的註釋。除了《三經義》以外,於《禮記》,有方慤《禮記解》、馬希孟《禮記解》、陸佃《禮記解》、陳暘《禮記解義》、陳祥道《禮記講義》。於《易》,王安石門人及後學所注甚多,據《經義考》,有龔原《周易新講義》、顧棠《周易義類》、沈季長《周易新義》、王逢《易傳》、何執中《周易解》、黄裳《周易澶州講義》、周秩《易説》、徐鐸《易談》、林自等《太學十先生易解》、耿南仲《周易新講義》等。[2]此外,對於《周禮》、《論語》、《孟子》、《爾雅》等經典,新學也都有注釋之作。[3]如果與二程理學相比照,這一傾向便表現得更爲明顯。新學雖然注重的是聖人之意,但並不廢聖人之言,他們認爲聖人之意、道德性命之理正蘊含於經典之中。得意可以忘言,見道可以棄象,但首先是需要從言象、從實際可見的名物度數之中去尋得天道的。經典兼具道德性命之理與名物度數之迹,精粗備見,本末並該,其價值自不待言。由此可見新學並非憑空臆説道德性命,而是落實在經典闡釋之中。聖人的經典仍然是新學成其爲"新經學"的根本所在。

---

〔1〕(日)芝木邦夫著,楊菁譯《陳祥道〈論語全解〉——主體的釋義》,收入松川健一編《論語思想史》,臺北:萬卷樓圖書股份有限公司,2006年,第255—280頁。

〔2〕(清)朱彝尊撰,林慶彰、蔣秋華、楊晉龍、馮曉庭主編《經義考新校》卷十九至卷二十二,上海:上海古籍出版社,2010年,第339—402頁。

〔3〕新學的著述可參劉成國《荆公新學研究》第二章,第83—98頁。

毛奇齡《大學證文》研究

胡春麗*

一、毛奇齡生平簡述

毛奇齡(1623—1713),又名甡,字大可、齊于、于一、初晴、晚晴、老晴、秋晴、春遲、春莊、僧彌、僧開等,號西河、河右,浙江蕭山人。奇齡少時聰慧過人,有"神童"之譽。明崇禎十年(1637),入縣學爲諸生。旋從紹興司理陳子龍遊,子龍評其文曰"才子之文"。明亡後,避兵城南山中,築土室讀史書。順治年間,參加浙地的文社活動,與諸名士爭短長,因品目過峻,且好甲乙人所爲文,人多忌之。康熙初年,"通海案"發,爲躲避追捕,易名王彦,字士方,流亡十餘年。返里後,得友人姜希轍之助,輸貲爲廩監生。康熙十八年(1679),年近花甲的毛奇齡舉博學弘詞科,以二等進士授翰林院檢討,入明史館參修《明史》。二十四年(1685),以葬親爲由請假歸里,託以痹疾,不復出仕。晚年僦居杭州,摒棄詞賦之業,唯以研經爲務,學問日隆,聲名遠播,從學者日衆。五十二年(1713),卒於家,年九十一。學者稱西河先生。生平著述宏富,除《西河合集》四百九十七卷外,尚有《四書正事括略》、《四書改錯》、《古今通韻》、《毛西河論定西廂記》單行。其生平

* 作者單位:復旦大學出版社。

行跡可參見拙文《毛奇齡家世與生平考述》(《薪火學刊》第三卷)、《毛奇齡生平考辨》(《古籍研究》總第63卷)。

二、《大學證文》的撰述動機與目的

《大學》本是《禮記》的第四十二篇,它的主旨在於闡明儒家的政治哲學。其主題就是宋儒所概括的"三綱領"(明明德、新民、止於至善)和"八條目"(格物、致知、誠意、正心、修身、齊家、治國、平天下)。經過漢、唐直至宋代近千年的發展,《大學》從《禮記》之中剥離出來而成爲獨立的專經,最終納入到四書學體系當中。宋代以前,作爲《禮記》的屬篇,《大學》的命運是和它的載體《禮記》聯繫在一起的。自鄭玄爲《周官》、《儀禮》、《禮記》三書作注後,《禮記》開始獨立成書,但它祇是《禮經》的"傳"或"記"。魏晉南北朝時,"三禮"之學成爲顯學,《禮記》的地位亦有所抬高,[1]不但與《周官》、《儀禮》並列於學官,而且出現了專門研究《禮記》的著作。但這都是將《禮記》與《周官》、《儀禮》合爲一經,簡稱《三禮》。《禮記》祇是作爲《周官》、《儀禮》的附屬,《三禮》之中,最重要的還是《周官》、《儀禮》。唐初,孔穎達等人於《三禮》中獨取《禮記》爲五經之一,撰成《五經正義》,標誌著《禮記》由"傳"升"經",《大學》本身也成爲經文。以前鮮有人提及的《大學》逐漸受到重視。唐中後期,韓愈《原道》一文,引用《大學》中的"正心誠意"一節並作了一定的發揮,李翱《復性書》也引用了《大學》的綱領條目,從此,《大學》受到了較多的關注。入宋後,義理之學興起,《大學》受到統治者和士人的一致青睞。真宗景德年間,《大學》成了皇帝經筵進講的專經。[2]北宋天聖八年

---

〔1〕《宋書·百官志》已有明確將《禮記》列入"經"類的記載,隋唐之際陸德明《經典釋文》亦把《禮記》歸入"經典"類。

〔2〕《宋會要輯稿·崇儒》載:"中書舍人梁克家言:'乞除《喪禮》十三篇不講外,餘篇中有不須講者,亦節講,如元祐中范祖禹申請故事,或許擇諸篇最切要者,如《王制》、《學記》、《中庸》、《大學》之類,先次進講。'"參《宋會要輯稿·崇儒》七之十一,第三册,第2294頁。

(1030),仁宗賜進士王拱辰《大學》一軸,王拱宸在得到御賜《大學》後,便作《大學軸》。以後,司馬光作《大學廣義》,這是現有的關於《大學》脱離《禮記》而單獨行世的最早記載。隨着二程給予《大學》空前的重視和表彰,至朱熹時,將《大學》合入四書。

宋代學者在推尊《大學》過程中,懷疑《大學》經文有缺漏或錯簡,認爲文中論述似乎有著某種"經文—釋文"的對應關係,但這個架構又不是十分完整嚴謹,於是從二程開始,便以調整《大學》原文順序的方式提出"改本",企圖使其義理結構更加完整。程顥將《大學》文字調整爲"三綱—三綱釋,八目—八目釋"的架構,程頤則提出"三綱八目,格致釋,三綱釋,誠意釋,正心修身釋,齊家治國釋、治國平天下釋"的架構。其後程頤的架構爲朱熹所採用,再發展成"經一章,傳十章"的組織。朱熹的"經一章"即是程頤的"三綱八目",而朱熹的"傳十章",除按照程頤的釋文段目之外,又多出了"釋本末"和"格致補傳"兩段。其中"格致補傳"是朱熹"竊取程子之意以補之",自作一百三十四字釋文以闡發他所認知的"格物致知"意蘊。但是朱熹以己意添補《大學》的做法,不止是疑改經書,更有"續經"、"補經"之嫌,因此雖然朱熹在身後學術地位日隆,其"四書"注釋長期被官學定爲科舉取士標準,但後世學者卻對朱熹的《大學》改本未能完全接受,又再紛紛提出改本以修正朱熹之失。從朱熹至明代,學者們對《大學》改本的討論大致有以下幾種意見:

1. 針對朱熹以己意增添"格致"釋文的做法進行修正,主張者多爲朱熹弟子及朱門後學,如宋王柏、元吴澄、明宋濂等人。這種"格致傳改本"的共同特色是:(1)保留《大學章句》中經傳二分、綱目對舉的架構不作改變;(2)取消《大學章句》中的"本末傳",將此段文字移到他傳之釋文中去;(3)删去朱熹的"格物傳",僅保留補傳中的古本原文"此謂知本,此謂知之至也"十字。這種改本的基本架構大多按照朱熹《大學章句》,衹修正朱熹改本中不合理之處,其目的不在於與朱子爭勝。

2. 反對朱熹改本,提倡恢復注疏古本《大學》。以王陽明爲代表。

他認爲《大學》原本無經、傳之分,而以“致吾心之良知”釋“致知”,以“爲善去惡,使事物各歸其正”釋“格物”,則“致知格物”之關鍵在“誠意”,並非“即物窮理”。如此説法等於是將朱熹《大學》體系最重要的兩個重點——經傳之分、三綱八目以及以“格物致知”爲《大學》義理中心完全破壞,與朱子爭勝對峙之用意十分明顯。

3. 不依朱熹改本,也不用古本,而自作改本。如明王道之《大學億》認爲《大學》傳文中有講師增益之文,非先聖原文,故主張删去,因此他將朱本之傳中第二章、第三章删去,改成“一經六傳”的形式。其他如明崔銑《大學全文通釋》將《大學》不分經傳改爲六段文字;明季本《四書私存》則將《大學》整合爲七大段落。

4. 不依朱熹改本,也不用古本,而僞造另一《大學》文本。明世宗嘉靖四十三年(1564),出現一部“魏政和石經《大學》”,然實爲鄞縣人豐坊所僞造。此本除呈現“三綱八目—八目釋—三綱釋”與古本、朱本皆不同的文字組織外,又多加入“顔淵問仁子曰非禮勿視非禮勿聽非禮勿言非禮勿動”二十二字,意在加强説明“修身”的重要。因爲它託名失傳已久的“魏石經”,其文章義理又擺脱了古本、朱本的爭議,雖然來歷不明,但自現世之始直至明末,始終有學者相信它即爲《大學》原本,紛紛加以傳揚闡述,甚至再以僞石經爲基礎提出改本之作。[1]

考察由宋至明有關《大學》改本的爭議,不難看出:不論是更動增補《大學》文句,或是全部依據古本《大學》,甚至是僞造石經本《大學》,其根本意圖都在尋求一個他們理想中的“《大學》原本”,但是因爲各家對於“理想《大學》文本”的認定,都是基於各人價值判斷所設定的《大學》義理,並非根據客觀的文獻考證,所以導致《大學》改本愈出愈多,而問題愈辨愈晦。毛奇齡認爲:“改經之錯,莫過于《大學》一書。自二程氏

〔1〕 以上論述據李紀祥《兩宋以來大學改本之研究》第 3 章至第 5 章(臺北:臺灣學生書局,1988 年,第 85—222 頁)及張曉生《郝敬及其四書學研究》第四章歸納而成(東吴大學中國文學研究所博士論文,2002 年)。

改後，南宋、元、明競有改本，約數十本。經禍至此亦慘烈矣。”[1]有鑒於此，毛奇齡成《大學證文》四卷，備述各家改本之異同，竭力表彰古本《大學》。除了批判《大學》的改本，《大學證文》對《大學》的作者、“大學”的涵義、《大學》何時單行，也分别進行考辨。

在《大學》文本問題上，毛奇齡採取表彰古本《大學》的態度。首先，他對朱熹分經别傳的説法提出批評，認爲《大學》本不分經傳，朱子分經别傳，是因爲誤據聖言爲經、賢人闡述爲傳的説法，他通過考察兩漢經籍名稱，説明此説並非定論。

> 《大學》不分經傳，雖夫子出言成經，然在漢以前多以傳稱。如《易·繫辭》稱《大傳》，《彖詞》、《象詞》稱《彖傳》、《象傳》。漢武謂東方朔曰：“《傳》曰：‘時然後言，人不厭其言。’”則《論語》稱傳。即《孝經》已稱經，而成帝賜翟方進册書云“《傳》曰：‘高而不危，所以長守貴也。’”亦稱爲傳可見。[2]

毛奇齡博考典籍，認爲夫子之言雖可稱爲經，但在漢以前多以傳稱，説明漢世經、傳分稱，其實並不嚴格，時有混稱之事，因此强分經傳，不符合漢世實情。所以他不支持《大學》有所謂“經”、“傳”之分，認爲“《大學》一書，自爲首尾，並無節次。注疏舊本以‘大學之道’至‘止於信’爲一截，此爲分注，非分節也”。[3]其次，毛奇齡認爲《大學》本無古文、今文之異，也没有石經本、注疏本的不同。

> 《大學》無古文、今文之殊，其所傳文，亦無石經本、注疏本之異。自西漢傳《禮記》四十九篇，中有《大學》、《中庸》二書，並著爲經，而其時復有以《大》、《中》二書並《論語》、《孟子》稱小經者，析二書於《記》，爲之單行，因别有《大學》、《中庸》之目，歷漢、晉、隋、唐，以及于宋，未有異也。河南二程氏，並讀《大學》，疑其引經處參錯

〔1〕(清)毛奇齡著，胡春麗點校《四書改錯》卷十五，上海：華東師範大學出版社，2015年，第319頁。
〔2〕毛奇齡《四書賸言》卷一，康熙書留草刻《西河合集》本，第1頁下。
〔3〕毛奇齡《大學證文》卷一，康熙書留草刻《西河合集》本，第6頁下。

不一,因各爲移易,實未嘗分經别傳,指爲誰作,且變置其文,而加以增補。而朱氏元晦乃復爲之割之、析之,遷徙顛倒,確然指定爲孰經、孰傳、孰言、孰意、孰衍當去、孰闕當補,而且推本師承,以爲皆程子之所爲。一則曰:"程子所定。"再則曰:"竊取程子。"夫程子則焉能不受哉?獨是改本雖存,猶屬私藏,不過如二程所改之僅存于《二程全書》之中,不必强世之皆爲遵之。而元、明兩代,則直主朱子改本,而用以取士,且復勒之令甲,敕使共遵,一如漢代今學之所爲設科射策勸以利禄者,而於是朱子有《大學》,五經無《大學》矣!考漢代立學,原分古今,古學校文,今學取士,古學無異同,今學可出入。而明則取士從同,校文從異,故科目士子並不知朱本之外别有舊本。而一二學古者,則又更起而施易之,或以彼易此,或以此易彼,爾非我是,競相抵牾。而沿習既久,忽有僞造爲古本獻之朝廷,以爲石經舊文所當頒學宫而定科目者。夫祗一改經,而相沿禍烈至於如此。此不可不爲之辨也。[1]

在毛奇齡看來,《大學》無今、古文之分,也無"石經本"、"注疏本"之異,二程兄弟疑《大學》有參錯,所以各自加以移易。然而二程的改本,祇存於《二程全書》中,並未强行要求士人研讀。其後,朱熹祖述二程的做法,分經别傳,遷移顛倒,隨意補綴。宋元之後,朱熹改本竟成爲元明兩代科舉考試的標準本。此後,天下士子皆宗朱子的《大學》改本而已,甚至《禮記》也删去《大學》一篇,使原本的面貌隱而不彰。改之不足,繼之僞造。爲此,毛奇齡深爲感慨地稱:"朱子有《大學》,五經無《大學》矣。"

毛奇齡之所以激烈地反對朱熹改本,是因爲朱熹改本勒爲功令後,使得原本《大學》被忽略,士子僅知有朱本而不知有舊本。少數知舊本者,也紛起仿效朱熹,各依其意增删移易,甚至出現了僞造石經古本的《大學》,使得《大學》的版本變得更加複雜,原貌盡失。毛奇齡認爲朱熹

〔1〕 毛奇齡《大學證文》卷一,第1—2頁。

的這種做法就是“禍經”。

> 漢制分古學、今學，考正大義、辨析疑異爲古學；設科射策、勸以利禄爲今學。古學各有師承，不得同異，違者加非聖悖師之律；若今學，則更端發揮，彼此角互，統不爲害，以重在義理，不在文字也。若明代，則設科對策，嚴立令甲，至考古家講析剖辨，則人自爲説，分争植棚，視爲固然。是以應舉之外，紛綸立論，與漢制正反。第古學師承衹在訓詁，至經文字句稍或移易，便膺大戾。而明代諸儒，競作改本，致輕薄士子有以納粟太學生爲大學生者，以其訛舛可彈摘也。嗟乎！何以致此！〔1〕

毛奇齡針對各种改本的危害，認爲就算經文有所遺漏，也不應當擅自增修，衹要在参注之下説明即可，這樣才不至於造成“經禍”。所以他對漢儒校經中“首禁私易”的做法表示贊同。

> 特漢儒校經，首禁私易，即《禮記》“子貢問樂”一章，明知錯簡，而仍其故文，並不敢增損一字。而《周書·武成》所謂無今文有古文者，即簡編錯互，未嘗敢擅爲動移，而但爲之参注於其下。以爲校經當如是耳。向使《大學》果有錯誤，苟非萬不能通，亦宜效漢儒校經之例，還其原文，而假以辨釋。況其所爲錯誤者，則又程改而朱否、兄改而弟否者也？〔2〕

毛奇齡通過强調漢儒校經首重存疑傳信，禁止私易經文的情形，對改經就已的習氣提出批評。

三、論《大學》的作者

關於《大學》的作者問題，自程顥首先提出《大學》爲“孔氏遺書”後，

〔1〕毛奇齡《大學證文》卷一，第6頁下至第7頁上。
〔2〕毛奇齡《大學證文》卷一，第3頁下至第4頁上。

朱熹進一步將《大學》的作者推定爲曾子及曾子門人。元、明兩代學者在程、朱的啓發下,對《大學》的作者也續有討論,其意見大致可分爲四種:

1. 孔子作《大學》。元許謙《讀四書叢説》、明李材、羅汝芳主之。

2.《大學》出於曾子,成於曾子門人之手。宋黎立武《大學發微》、元何異孫《十一名經問對》主之。

3.《大學》爲子思所作,是子思記其師曾子之言而作。宋王柏、明豐坊主之。

4. 否定《大學》爲聖門之書。宋楊簡主之。〔1〕

上述四種説法,除楊簡否定《大學》爲聖人之書外,其他三種都不出程、朱的推論範圍。個中因由,應該是由於一開始對《大學》作者的探究,便是在推尊《大學》的過程中順帶出來的問題。也就是説,程、朱等人因爲重視《大學》,所以便設想如此"規模大"的著作,理應是聖賢手筆,於是便將《大學》的作者指向孔子、曾子等人,這種想當然的推論心態,朱熹自己已有所意識:"正經辭約而理備,言近而指遠,非聖人不能及也。然以其無他左驗,且意其或出於古昔先民之言也,故疑之而不敢質。至於傳文,或引曾子之言,而又多與《中庸》、《孟子》者合,則知其成于曾氏門人之手,而子思以授孟子,無疑也。"〔2〕朱熹在這段話中明言他認爲《大學》之"經"出自孔子的理由是"正經辭約而理備,言近而指遠,非聖人不能及也",可是他很清楚地知道這是"無他左驗"的推測,所以"疑而不敢質",至於他認爲"傳"是出自曾子及曾子門人之手,則表現得十分自信。但究其實,僅憑"傳"中引用曾子之言、"傳"中字句與《中庸》、《孟子》有相合之處,便構畫出其間的傳授譜系,仍然有臆測的成分在裡面。因此,我們可以這麽説:《大學》的作者,其實是宋明儒者的一

〔1〕［日］佐野公治《四書學史の研究》第三章,東京:創文社,1988年,第157—188頁。
〔2〕(宋)朱熹《大學或問》上,上海:上海古籍出版社,2001年,第10頁。

種主觀信念的投射。宋明儒者相信他們藉由《大學》、《論語》、《孟子》、《中庸》所建構的儒學理論,是繼承了孔、曾、思、孟以來的道統,那麼這些典籍的來源不可能是别人,必然是孔、曾、思、孟等聖人及聖門弟子,所以衹要是在宋明主流學術體系中的學者,當他們在討論《大學》作者問題時,必然圍繞在所謂"孔門傳授"的範圍中思考。

毛奇齡身處明末清初這一特殊的歷史時期,對宋明理學空疏的學風表示不滿,從而對宋明理學的文獻載體四書也有許多不同于此前"主流"的意見,他對《大學》作者的看法,便不認同一貫的"想當然"的方式,而從"實據"的觀點出發,駁斥朱子立論無據,他説:

若《大學》誰作?朱氏自分經傳,謂"經"是曾子述孔子之言,"傳"是門人記曾子之意,則已不專屬曾子書矣。至《或問》曾子作《大學》,朱氏又言:"或古昔先民有之,未必曾子。"則安可據耶?〔1〕

毛奇齡認爲朱熹在《大學章句》中直指《大學》的作者是曾子或曾子門人,説明曾子不是《大學》的唯一作者,到《大學或問》,朱熹又有"或古昔先民有之,未必曾子"的説法,這就表示朱熹對曾子作《大學》的説法也不確定。

舊稱孔子没後,七十二子之徒共撰所聞,以爲此《記》。《中庸》子思所作,《緇衣》公孫尼子所撰,鄭康成云《月令》吕不韋所修,盧植云《王制》漢文時博士所録,《三年問》荀卿所著,《樂記》河間獻王諸生所輯,斷無妄逞臆見可曰"某人作者"。若《大學》舊亦稱爲子思作,則見鄭端簡《古言》與唐氏《奏疏》,有曰:"虞松《校刻石經于魏表》引漢賈逵之言曰:'孔伋窮居於宋,懼先聖之學不明,而帝王之道墜,故作《大學》以經之,《中庸》以緯之。'"則亦指爲子思之書。第鄭《注》不言,而孔氏《正義》亦未明指,則尚未敢信耳。若止庵楊氏作《大學四體文》有云:"賈逵數語,在他書所載有之,亦傳聞偶爲

〔1〕毛奇齡著,胡春麗點校《四書改錯》卷一,第1—2頁。

之言。"夫不信其書則已矣,既曰"有之",又曰"偶爲之言",則明代去漢甚遠,何以知逵爲傳聞、爲偶言,此仍是憑虚逞臆之語,豈好學君子所宜有焉?〔1〕

毛奇齡考辨歷來相關説法,認爲實無法確指《大學》的作者,由此證明朱子關於《大學》作者的説法,並無根據,不妨存疑傳信。毛奇齡在《四書改錯》中也指出諸古書都無曾子作《大學》的記載。

若曾子記述《大學》,則自漢迄今,從無是説。以《禮記》四十九篇較之,則子思作《中庸》,公孫尼子作《緇衣》,荀卿作《三年問》,吕不韋作《月令》,檀弓作《檀弓》,漢文博士作《王制》,河間獻王諸生作《樂記》,曾子無有也。以七十子所作書考之,自子夏作《詩傳》、《喪服傳》外,有《漆雕子》十二篇,《宓子》十六篇,《芊子》十八篇,《王史氏》二十二篇,《甘子》十六篇,子夏弟子《李克》七篇,宓子弟子《景子》十二篇,《公孫尼子》二十八篇,曾子無有也。以曾子所傳可見者計之,有《孝經》一篇,《立事》、《本孝》等十篇,《曾子問》一篇,他無有也。獨朱氏一人曰曾子作《大學》,及或問何據,則又云"無他佐驗,意其或出之先民之言,故云",則亦自言非曾子矣,且自言無佐驗矣。乃朱氏自言非曾子、無佐驗,而人之附朱氏者,必曰曾子曾子,毋論其他。即《大全》盧氏於孟獻子節有云:"或謂子思作《大學》,考孟獻子曾師子思,師不引弟言,今公然引獻子語,自是曾子而非子思。"則以獻子立于文公朝一十四年,在孔子尚未生,而以爲曾師孔子之孫子思,此真鄉里小兒病痁呌熱之言。而《大全》載之,三百年來傳誦之,此何世界?〔2〕

毛奇齡認爲朱熹推定《大學》作者時,其觀點前後頗有出入,表明朱熹自己也没有信心確定《大學》的真正作者,有很大部分是"應當如此"的推

〔1〕 毛奇齡《大學證文》卷一,第5頁至第6頁上。
〔2〕 毛奇齡著,胡春麗點校《四書改錯》卷十三,第283—284頁。

測。但是朱熹對《大學》作者的這種無實據的主觀認定,經士人的附和,《四書大全》的傳播,竟被合理化成正確的觀點,數百年來傳誦不衰。毛奇齡對這一狀況深爲不滿,他認爲將《大學》作者確指爲曾子的作法是缺乏證據的臆測,爲了證明自己的觀點,毛奇齡充分運用他的考證工夫,通過對"《禮記》四十九篇"、"七十子所作書"、"曾子所傳可見者"的考證,證明曾子作《大學》不可信。可見毛奇齡並不是出於盲目對抗朱子《大學》體系的目的而對朱熹提出批評,而是出於一種客觀考證的學術立場。雖然毛奇齡並未對《大學》的作者進行考訂,他對《大學》作者因資料闕如而不妄加揣測,表明了他在學術研究中謹慎闕疑的態度。

四、論"大學"的名義

在先秦典籍中,文章的題目通常都會反映文章的主旨,因此,對題目含義有一個正確的認識,將有利於認識文章的內容。從漢代到清初,"大學"的名義一直是學者爭論的焦點,大致可分爲以下四種說法:

1. 學之大者。唐孔穎達、北宋司馬光等主之。
2. 大人之學。朱熹主之。
3. 大成之學。宋黎立武主之。
4. 太學。清陳確、王夫之、吕留良、李光地等主之。

從以上幾種說法可以看出,在宋乃至宋以前,對"大學"一詞的認識已有不同的見解。朱熹的解釋在四書地位確立以後,長期佔有權威地位,元、明時期的學者除極少數以外,大多沿用朱熹的說法。

毛奇齡對"大學"的名義沒有提出新解,衹是祖述漢唐諸儒的說法以駁斥朱熹的解釋:

> 大學,學之大者。《漢書》、《大戴禮》皆云大學習大藝,小學習小藝。而賈誼《新書》引《容經》云:"大學,蹍大節,業大道;小學,蹍小節,業小道。"總是一義。朱氏改《大學》,補格物窮理爲學者始

事,而時多譏之,因心不自安,乃作答胡廣仲諸人書,自爲辨説。且造《小學》一書,以爲古人涵養、主敬皆在小學中,故入大學後便可格物窮理。因目小學爲小子之學,而于大學則添一"人"字,曰"大人之學"。然終不能解説。及《或問》"大人"二字,但曰對小子之學而言,亦竝不言此何等大人也。〔1〕

毛奇齡雖然沿用了漢儒關於"大學"名義的説法,但並非衹是簡單地復述,而是運用"以經解經"、以史證經的方法,引用《漢書》、《大戴禮記》關於"大學"的論述,來證明漢唐諸儒的解釋較合乎事實。接著,毛奇齡又對朱熹將"大學"解釋爲"大人之學"的因由進行分析,認爲是朱熹添補經文所致。

張氏仲誠曰:"古文錯簡,何處蔑有?獨不宜有所闕失而重賴於補。且其所闕失者,則又入學之要功也。"夫功之要者,雖謚不闕,況要之尤要,他不之闕,而獨闕於是,亦可怪矣。及觀《語類》,則致知之傳,朱子補之,而亦若悔之,其《答胡氏書》有云:"聖學惟用敬耳。"向謂先致知而後用敬,殊不其然,是必于小學中灑掃應對之時涵養用敬,以先於格致,而後大學可言焉。夫衹此聖功,初以爲首在窮理不在用敬,當加格物於誠意之先而補之"大學",既又以爲首在用敬,不盡在窮理,又當加誠意於格物之先而暗補之"小學",則猶是闕失。而既補其文于文外,又補其意于文之文外,將見從入之途,不得之前人之傳,而僅得之後人之補救,且不僅得之後人之補救,而必隱探之他書,暗寄之别録,而並不使入學之文之得以自見於經傳,豈列聖相傳之意哉?〔2〕

毛奇齡對朱熹在解"大學"名義時隨意添補經文的做法表示不滿,認爲這樣會與聖人原旨相背離。

---

〔1〕 毛奇齡著,胡春麗點校《四書改錯》卷十七,第381—382頁。
〔2〕 毛奇齡《大學證文》卷一,第2頁下至第3頁下。

五、論《大學》的單行時間

《大學》的單行問題,也是隨著《大學》地位的提高才逐漸被學者注意。在漢唐時期,《大學》並未受到特别重視,學者們衹是將它視爲《禮記》的一篇,北宋時,朝野上下普遍重視《大學》,其地位也因而逐漸提升,其單行問題也被提出討論。學者們關於《大學》最早單行本的説法,大致可歸納爲三種:

1. 認爲北宋司馬光《大學廣義》是《大學》單行之始。朱彝尊《經義考》主之。

2. 認爲《大學》作爲"小經"之一,在漢唐早已單行。毛奇齡主之。

3. 認爲《大學》應該從朱熹賦予四書特殊地位時才算真正意義上的單行。臺灣岑溢成《大學義理疏解》主之。

在《大學》單行的問題上,毛奇齡認爲《大學》、《中庸》在宋以前早已有單篇行世的情形:

> 謂《大》、《中》本《禮記》中文,程氏、朱氏始專行之,錯也。《大學》本《禮記》四十九篇之第四十二,《中庸》第三十一,然早已專行。《漢志》有《中庸説》二篇,《隋志》有梁武帝《中庸講義》,唐人有《大學》專本,即宋仁宗朝亦曾以《大學》專本賜及第進士。皆程、朱以前事也。〔1〕

在《大學證文》中,毛奇齡進一步指出:

> 舊以《易》、《詩》、《書》、《春秋》、《禮記》爲五經,《易》、《詩》、《書》、《春秋》、《禮記》、《樂記》爲六經,《易》、《詩》、《書》、《周禮》、《禮記》、《儀禮》、《春秋》三傳爲九經,《易》、《詩》、《書》、《春秋》三傳、《禮記》、《周禮》、《儀禮》、《論語》、《爾雅》、《孝經》、《孟子》爲十

〔1〕毛奇齡著,胡春麗點校《四書改錯》卷一,第2頁。

> 三經。然又有以《春秋》諸經爲大經,《孟子》、《論語》、《大學》、《中庸》、《孝經》爲小經者,則《大》、《中》、《論語》、《孟子》在漢唐早已單行,不始宋儒作四子書也。宋仁宗天聖八年,曾以《大學》賜新第王拱辰等,惟爾時已有專本,故可取爲賜。觀韓愈《原道》獨標誠意,即在唐世已專行其書,可驗耳。[1]

毛奇齡通過"唐人有《大學》專本"等幾條例證證明《大學》在漢唐已有單行的情形,並認爲漢唐時《大學》與《中庸》、《論語》、《孟子》等稱爲小經的情況,以此來證明《大學》在漢唐早已單行。衹是引據未詳,無法進一步檢驗,所以全祖望認爲此是毛奇齡"造爲典故以欺人者"。

六、論《大學》改本

毛奇齡强調忠於經典,視改本如同秦火。爲了釐清《大學》的版本,他按版本由來及時間先後,在《大學證文》中存録了不同改本,辨析其間因襲的痕跡,藉以表彰古本《大學》,闡明尊古的立場。兹依其收録内容,略述如下。

1.《大學》注疏本

毛奇齡認爲《禮記》中的《大學》就是原本,而這個版本的《大學》原文見於《十三經注疏》中的鄭玄注,因此稱之爲注疏本《大學》。自朱熹改本風行於世後,《禮記》删除《大學》一文,注疏本《大學》不爲人重,士子多已不習。直到王陽明表彰注疏本,才稍復其面目,人們就稱之爲"古本《大學》"。但毛奇齡認爲"第其稱古本,則原無今本可爲匹偶,不如直稱'大學'二字爲當"。[2]至於内容部分,鄭《注》孔《疏》並未分章節,衹以"大學之道"至"止於信"爲一截,"子曰:'聽訟'"之後又爲一截,

〔1〕毛奇齡《大學證文》卷一,第5頁上。
〔2〕毛奇齡《大學證文》卷一,第6頁上。

分成兩部分疏解,毛奇齡則分成四段疏解,其分段如下:

(1) 大學之道……而後天下平。

(2) 自天子以至於庶人……此謂知之至也。

(3) 所謂誠其意者……此謂知本。

(4) 所謂修身……以義爲利也。

毛奇齡以第一段總論綱目,第二段闡釋修身爲本,第三、四段進一步分釋誠意、正心、修身、齊家、治國、平天下等條目,依原文次序,分四段區別義理層次,架構全文。

2.《大學》石經本

毛奇齡認爲《大學》石經本與注疏本祇是字體不同,内容完全是相同的,所以没有引録全文,後面附有毛奇齡的考辨,對各種石經包括漢熹平石經,魏正始石經,貞觀大唐石經,天寶、開成石經,後唐、後蜀石經等的刊刻淵源作了詳細説明。

> 漢定諸經,用竹簡木册,編摘煩重,民間未易購觀。遠方學者大率口耳授受,以訛傳訛,惟恐日久舛錯,漸至移易,故東漢盧植特上書請刊定其文。會其時博士以甲乙科爭第高下,又復用私文暗易古字,因詔諸儒校經,命蔡邕正定其文,曰篆、曰隸、曰八分,以熹平四年勒石,名"熹平石經",其中經文一從獻王、后蒼、高堂、馬融所傳至鄭玄古本,不移一字。[1]

毛奇齡引《後漢書·蔡邕傳》及《儒林傳》説明熹平石經刊刻緣由,全祖望批駁毛奇齡"此節無一語不錯"。[2]據今人考證,熹平石經不包括《禮記》,自然無《大學》一文。[3]但唐開成石經以下有《禮記》,説明毛奇齡據唐石經推論漢石經的情况有誤。

---

〔1〕毛奇齡《大學證文》卷二,第1頁。

〔2〕(清)全祖望《鮚埼亭集外編》卷四十一《答杭堇浦辨毛西河述石經原委帖》,上海:上海古籍出版社,2000年,第1621頁。

〔3〕參錢存訓《中國古代書史》第67—71頁及張國淦《歷代石經考》第40—46頁。

3. 魏正始石經本

明嘉靖年間,豐坊僞造魏正始石經,由於託言古本,學者頗多崇信,影響甚廣。毛奇齡述其事説:

> 至明嘉靖間,忽有魏正始本石經出於甬東豐考功坊家。其時海鹽鄭端簡曉從同邑許黄門仁卿宅得其書,極爲表章,且筆之《古言》,以溯其所由來。《古言》者,端簡著書名也。其言曰:"魏政和中,詔諸儒虞松等,考正五經,衛覬、邯鄲淳、鍾會等以小篆、八分刻之于石,始行《禮記》,而《大學》、《中庸》傳焉。"〔1〕

曹魏並無"政和"年號,毛奇齡認爲"政和"應是"政始"筆誤,不過魏齊王年號是"正始",題爲"政始",有失嚴謹。毛奇齡通過對僞石經本刊刻諸人、授受淵源以及文字等三方面的考辨,斷定此實爲豐氏僞作。

> 今豐氏所傳,初屬抄本五葉,皆楷字,即唐氏疏請云得之吉安鄒氏,亦係抄本楷字,及其既而忽有篆隸之刻流傳人間。……夫豐氏初不知正始石刻原有三體,而先爲楷書以嘗其事。及既知三體,而不曉碑石之已亡,與碑石之所搨之並無一有,而公然爲篆隸之跡以流布於世。是欲贋古鼎,而不知有模,而思以之欺三家之子,必不得也。……夫唐宋石經猶正始石經也,後碑不殊,則前碑不得殊也。且未有諸經所傳合若干萬言,並無異同,而專專於《大學》有獨異者。〔2〕

毛奇齡對豐氏作僞的痕跡,指證鑿鑿。

4. 程顥改本

《大學》有改本,自程顥始。但程顥改本並未單篇傳世,僅收録於《程氏經説》中。程顥認爲注疏本《大學》誠意章有錯簡,所以將"《康誥》

〔1〕毛奇齡《大學證文》卷二,第2頁。
〔2〕毛奇齡《大學證文》卷二,第3—5頁。

曰克明德……與國人交，止於信"一段，移至"大學之道……則近道矣"之後，用以闡明"明德"、"親民"、"止於至善"三綱領。並將"《詩》云瞻彼淇澳……此以没世不忘也"，以及"子曰聽訟……大畏民智，此謂知本"移於"所謂平天下在治其國者……辟則爲天下僇矣"之後，用來詮釋治國平天下的内涵，藉以呈顯綱目分離的情形，其結構如下：

三綱—三綱釋，八目—八目釋

毛奇齡對程顥改文没有多加辨析，衹是引録周應賓《九經考異》來説明傳載情況，引柴紹炳《家誡》來批評改經不當，最後以姚際恒的考辨對於程顥改經提出批評。可見毛奇齡對程顥移易《大學》經文之舉，並無意多致批評，衹是備列其説，藉以表明改本淵源。

5. 程頤改本

程頤踵繼其兄，也對《大學》加以移易改動，但兩人改動的部分並不相同，程頤的結構形式如下：

三綱八目，格致釋，三綱釋，誠意釋，正心修身釋，齊家治國釋，治國平天下釋

程頤先以三綱八目作爲總綱領，藉以指示爲學進程，並且特别標出格致的工夫。此外，程頤並且將"親民"改爲"新民"，而"此謂知本"一句則以其復遝，視爲衍文。毛奇齡對於程頤改本，也僅以證人書院示學語提示"《大學》首誠意，《中庸》首誠身"的道理，批駁程頤"格致説"並不正確，並未將程頤作爲批評的重點。

6. 朱熹改本

朱熹承繼二程，重新移易、删改、增補《大學》原文，撰成《大學章句》，其結構即"經一章，傳十章"。朱熹所分雖然結構明晰，但也呈現許多問題，毛奇齡即以馮屺章《稽古篇》、陳耀文《經典稽疑》、陳確《學録》、何之杰《古小學講義》，以及姚際恒等人的説法，批駁朱子指明《大學》作者、分經别傳、格物補傳。

關於毛奇齡對朱熹改本的批評，前已分析，此不贅述。

7. 王柏改本

王柏依朱子經、傳之分,但認爲《大學》並無闕文,所以反對補傳,而將"知止而後有定……則近道矣"、"子曰聽訟,此謂知本"、"此謂知本,此謂知之至也"合併組成格致傳,毛奇齡述其要説:

> 王魯齋柏謂《大學》錯簡或有之,然未嘗闕也,安事補矣?遂就本文略作移易,而其義已備,因有王氏改本相傳,董氏槐、葉氏夢鼎、吴氏澄,皆説與之同,而王氏本獨著。其後車氏清臣嘗爲書以昌明其説,吴江徐師曾作《禮記集注》,則並收其文入《禮記》中,蕺山劉子又復依其説,作《大學考義》一卷,此皆從朱子改本,而僅去其補傳,以自爲説者。[1]

王柏改本仍然是依循朱子分經别傳的主張,祇是以移文方式取代補作。但王柏與董槐改本並不完全相同,且王柏改本實際上是車清臣所傳本,祇是王柏聲名較盛,後人也就誤以爲是王柏所改。

8. 蔡清改本

蔡清改本也是依循朱子分經别傳的架構,但以"物有本末……則近道矣"、"知止而後有定……慮而後能得"、"子曰聽訟……此謂知本"、"此謂知之至也"組成格致傳,並且在傳前冠上"所謂致知在格物者",而删去"此謂知本"四字。除承繼王柏改本退經補傳的作法外,更依據釋八目各節有"所謂……者"的開頭,在格致傳添補"所謂致知在格物者"一句,作爲承接的開頭,使各節文字更趨一致,是於移易之外,又有補作。

9. 季本改本

季本是王陽明弟子,改本主要是依陽明標舉的古本而删去"故治國在齊其家"七字,内容上不分章節,不分經傳,但其中改動原文之處頗多,與古文大不相同。毛奇齡並未對改文多加疏解,僅注明其中内容是

[1] 毛奇齡《大學證文》卷四,第17頁上。

“不分章節，刪‘故治國在齊其家’七字”。此外，季本將《大學》中徵引古書文句移置於文末，使内容上正文與引證截然兩分，也是其與衆不同之處。

10. 高攀龍改本

高攀龍改本其實是崔銑改本，毛奇齡述其概曰：

> 高氏景逸攀龍講學東林，即以古本《大學》授人，山陰劉氏蕺山曾受古本《大學》于東林書院是也。是時所授者即陽明先生刻本，故稱古本。後見崔後渠名銑者，更有改本，而高氏信之，遂重闡其説於書院以爲準則，然人不知有崔氏本，第稱曰“高氏改本”，今其文列《高忠憲集》卷首。〔1〕

毛奇齡説明崔銑改本經高攀龍表彰而聞名於世，所以世稱高氏改本。高氏改本不按照朱子分别經傳的架構，而是將原本“所謂誠意……故君子必誠其意”一節移至“此謂知本”後，使誠意、正心、修齊、治平諸節整齊集中，但衹移易而不刪補。

11. 葛寅亮改本

葛寅亮改本是古本、朱氏改本及僞古本内容雜湊而成，毛奇齡述其要曰：

> 錢唐葛屺瞻寅亮曾作《四書湖南講》，又作《大學詁》，雖自稱古本，而又分章節，且以“故君子必誠其意”後所引《詩》、《書》俱列在卷末，謂之末章。此從古本、僞古本、朱氏本而雜組以成文者，故于引古本曰“康成本”，引僞古本曰“賈逵本”。且曰：“《漢志》謂《禮記》爲孔氏祖孫家語，則明指子思作”，以證賈逵“子思作《大學》”之説。〔2〕

毛奇齡認爲葛氏效法朱子分别章節的方式，於《大學》作者則指爲子思

〔1〕 毛奇齡《大學證文》卷四，第18頁下。
〔2〕 毛奇齡《大學證文》卷四，第19頁上。

所作,而自稱其書爲古本,實則葛氏衹不過是在改動經文的前提下綜合諸家之説而已。

從毛奇齡所列《大學》各種改本可以看出,《大學》改本越到後代改動越大,離原本的實際面貌差距也越大。需要指出的是,毛奇齡將他當時所見的各種《大學》版本詳細著録,目的並非在於肯定這些改本的内容與價值,而是藉由這樣的整理,説明改本的數量多而繁雜,其主旨在於要求恢復原本經文的面貌,所以不必對各種改本提出批評,即可瞭解此舉對後世的不良影響。

綜上可以看出,從毛奇齡對朱熹關於《大學》作者無實據的認定及後世附會朱説現象的批評來看,他是想通過對《大學》作者的考辨來否定朱熹之説,以此摧毁朱子四書學架構中的一個關鍵環節,再配合其對《大學》單行不始于程朱的論述、對《大學》古本的認定及重構《大學》義理體系結構來達到全面否定朱子《大學》學説的目的。毛奇齡所作的這些是要打破幾百年來朱熹佔有的《大學》話語霸權,將《大學》從程朱理學的體系中分離出來,恢復它在歷史上原有的重要性和完整性。從這個意義上説,毛奇齡的《大學》研究有回歸原典的傾向。

江永禮學研究學術影響略説

蘇正道*

江永是清代著名學者,撰有數十種著述,其中禮學研究引人矚目,自謂於"《禮經》用功尤多",[1]成果作範後世,影響深遠。其禮學研究由禮書編撰和禮學考證等内容構成,代表作分别是《禮書綱目》和《深衣考誤》、《周禮疑義舉要》等,二者間有著密切的學術聯繫。清代學者以禮學研究著稱,乾嘉學者的禮學考證集中於乾隆後期和嘉、道時期,且多受朱熹學術和禮學研究的影響。作爲乾嘉學人研究的先驅,尊崇和創新朱熹學術的江永,其禮學研究對於清代的禮書編撰和乾嘉禮學考證起著怎樣的先導作用,似乎缺少較爲深入的研究。[2]筆者不揣譾陋,擬作嘗試,乞願方家斧正。

* 作者單位:安徽大學哲學系。

〔1〕(清)余龍光《雙池先生年譜》"乾隆三年四十七歲"條,薛貞芳主編《清代徽人年譜合刊》,合肥:黄山書社,2006年,第178頁。

〔2〕徐到穩《略論江永在清代禮學史上的地位》,《安徽文學》2014年第2期,第152—153頁。文章爲作者博士論文(清華大學,2013年)結論部分,提綱挈領,但論證稍疏。作者在博士論文的禮學考證部分,分校勘、名物、典制等例,對相關學術史脈絡作了梳理,事實上對江氏禮學考證的學術影響進行了部分研究。武勇的論文指出,江永《禮書綱目》主要在體例、分節等方面,對秦蕙田、黄以周等有很大影響。作者對江、秦二書的"會同禮"進行比較,説明兩者間的學術聯繫,但考慮到江書的流傳限制,二書事實上未有面遇的機會,其結論值得商榷。作者同時對江氏禮學于朱彬、孫詒讓著述的影響作了論述,但並不深入。武勇《江永的三禮學研究》,華中師範大學博士論文,2016年。

一、江永《禮書綱目》與清代禮書編撰

清代的禮學研究享譽盛名,但收入二《經解》的多爲其中的考證著作,限於篇幅、體例和學術旨趣,理學家的相關著述和清代學者的禮書編撰著作,未能收録。周啓榮先生的研究表明,在乾隆初三禮館開館前,尤其是康熙時的禮學研究,主要基於實際改革和施行禮制而進行,其禮學著作幾乎都是環繞朱熹《朱子家禮》、《儀禮經傳通解》而提出進一步的增修研究、批評或者辯護,或者用朱熹的禮學著作爲基礎,繼續編纂有關禮制的書。[1]因此,討論清代,尤其是乾隆中葉前的禮學研究,必須論及禮書編撰及其影響。江永禮書編撰就是其中之一。

江永的禮學研究包括前期禮書編撰和後期禮學考證諸作。在禮書編撰方面,他既有經禮書的編撰,也有家禮書的編撰。其《禮書綱目》便屬經禮書編撰,一直以來,影響廣泛。但其家禮書編撰卻不爲人知,《昏禮從宜》一書不見於常用文獻目録,甚至引起僞作的質疑。[2]這也從側面説明該書隱没不彰。論及江氏禮書編撰的學術影響,主要是《禮書綱目》一書。

《禮書綱目》成書於康熙六十年(1721),是江永禮書編撰和禮學研究的重要著述。是書篇幅浩繁,共計禮樂八門八十五卷,而且還是未成之書。按照江氏計畫,他"更欲增入唐宋義疏與古今諸儒議論。苦無力,乏人鈔寫,有志未逮"。[3]缺少人手和精力的江氏,删削注疏,竟獲意外成功。

但該書在成書十數年後,仍未付梓,衹有極少量鈔本流傳,影響有

〔1〕周啓榮《儒家禮教思潮的興起與清代考證學》,《南京師範大學學報》(社會科學版)2011年第3期。

〔2〕徐道彬《〈昏禮從宜〉辨僞》,《中國典籍與文化》2013年第4期。

〔3〕余龍光《雙池先生年譜》"乾隆三年四十七歲"條,《清代徽人年譜合刊》,第178頁。

限。乾隆元年(1736),同邑汪紱致書江永,詢問所著書大旨,還不知曉具體書名,誤謂書名爲《三禮合参》。但本書賡續朱子而作,有一定影響,戴震所作《江慎修先生事略狀》謂:“值朝廷開館定《三禮義疏》,纂修諸臣聞先生是書,檄下郡縣,録送以備参訂,知者亦稍稍傳寫。”[1]究竟哪位纂修聞聽舉薦江氏是書,不得而知,但亦可見江氏禮學稍具影響,不僅及於鄉邦,且達京城學術圈。

三禮館的開設,是弘曆親政後即行的文化舉措,意在賡續康熙朝已經完成的《易》、《書》、《詩》、《春秋》四經匯纂,[2]同時,《禮經》切於人倫日用,有利改變士子的功利性追求。《義疏》主要利用《永樂大典》及内府藏書,以及各省徵書進行編撰,其中《禮書綱目》被徵集。清内閣文檔《收到書目檔》記載,乾隆二年“安撫趙咨送《三禮合纂》二套,計十二本”。[3]此蓋爲江永《禮書綱目》。據《江慎修先生年譜》記載,“乾隆元年,撫院趙檄取《禮經綱目》。”撫院趙,即趙國麟,山東泰山人,時任巡撫安慶都察院右副都御史。“二年丁巳,是年三禮館檄取《禮書綱目》。三年戊午十一月,禮部檄取《禮書綱目》。”[4]《三禮合纂》蓋據書目内容改名呈送,所以被同邑汪紱誤聞爲《三禮合参》。此書始爲十二册,後增訂至十九册,江永曾記載,有人“承訪及《儀禮》一書,今易名《禮書綱目》,原有八十五卷,並且録共一十九册,不止十二册也”。[5]

《禮書綱目》與《三禮義疏》均擬賡續朱子未成之《儀禮經傳通解》,但修撰方法各異。《綱目》在朱子禮書基礎上增删櫽括,幾乎删削全部注疏而成,綱舉目張,風格簡省。江氏絶無意識的删削工作,最終以一

---

〔1〕(清)戴震《江慎修先生事略狀》,趙玉新點校《戴震文集》卷十二,北京:中華書局,1980年,第178頁。

〔2〕(清)江藩《国朝汉学师承记序》,北京:中华书局,1983年,第4—5页。

〔3〕林存陽《三禮館:清代學術與政治互動的鏈環》,北京:社會科學文獻出版社,2008年,第45頁。

〔4〕見《江慎修先生年譜》相關各條,《戴震文集》卷十二。

〔5〕(清)江永《答程栗也太史書》,《善餘堂文集》,上海圖書館藏抄本。

己之力賡續完成朱熹禮書。《三禮義疏》則舉國之力,採取分撰方式完成,二者殊途同歸。

值得注意的是,《三禮義疏》擬效法朱子《通解》,成一部禮經彙編。但三禮纂修非常困難,"欲從《大全》之例,則無一人之説爲之宗;欲如《折衷》、《匯纂》,但依時代編次群言,則漫無統紀,學者茫茫莫知其指要。"[1]最後以每書分纂方式進行,編例採納方苞建議,分"正義"、"辨正"、"通論"、"餘論"、"存疑"、"存異"、"總論"等進行編撰。《義疏》由"匯纂"變成"分疏",説明禮書編撰的困難。乾隆後期,考證禮學興盛,江永由禮書編撰轉向禮學考證,體現著學風遷變的先聲。

儘管《綱目》稿本被徵集,但一直未有刊本。由於卷帙浩繁,《綱目》寫成後束之高閣,即使偶有傳鈔,也罕有全本。戴震《壽序》謂"前大中丞趙公暨禮館所鈔者特其梗概",[2]便是其例。直到乾隆二十七年(1762)江永去世,《禮書綱目》仍未刊刻,這直接影響該書的播衍。

在未附梓的情況下,江永是書及其學術,有賴於戴震的紹介和傳播。作爲清學史上最具影響力的人物,年輕的戴震避難進京,迎來學術爆發。他對江永學術的傳播,尤其是《禮書綱目》的紹介,擴大了此書影響。其表現之一就是秦蕙田主編的《五禮通考》對《禮書綱目》的吸收和借鑒。

和江氏禮書一樣,秦蕙田《五禮通考》意在賡續朱熹《通解》,[3]其直接的編撰契機,則是秦氏丁憂期間讀禮,見徐乾學《讀禮通考》未爲完書,而決定補輯。[4]該書自雍正二年(1724)始纂,歷經三十八年,至乾隆二十六年(1761)書竣,時秦氏年六十矣。最後成書凡七十五門類,二

[1] (清)方苞《擬定纂修三禮條例劄子》,劉季高點校《方苞集集外文》卷二,上海:上海古籍出版社,2008年,第564—565頁。

[2] 林勝彩、鍾彩鈞以爲所謂梗概,是江氏本書意欲增入唐宋注疏與歷代諸儒研究,因此撫院趙公及禮館所抄爲全本。(《善餘堂文集》,"中研院"中國文哲研究所,2013年,第16頁。戴震《壽序》見第70頁。)筆者以爲從四庫館再次徵集江氏此書來看,三禮館當時所鈔衹是梗概,並非全書,不然無重徵之必要。

[3] (清)秦蕙田《五禮通考自序》,景印文淵閣四庫全書第135册,第60頁。

[4] 秦蕙田《五禮通考自序》,第61頁。

百六十二卷。

秦蕙田是書無疑是承繼徐乾學禮書,但秦氏亦聽聞江氏禮書,其中介是戴震。乾隆二十年(1755),戴震脱身攜策入都,以學問名一時,名公卿爭相交焉。公卿中便有秦蕙田,"金匱秦文恭公聞其善步算,即日命駕,延主其邸,朝夕講論《五禮通考》中觀象授時一門,以爲聞所未聞也。文恭全載先生(戴震)《句股割圜記》三篇,爲《古今演算法大全》之範,其全書往往采先生說。"〔1〕

戴震在秦蕙田幕府,與秦氏的學術交流自然提及江永學術。戴震向秦蕙田介紹了江永的曆算、音韻和《禮書綱目》一書。戴震記載"嘗入都,秦尚書蕙田客之,見書笥中有先生曆學數篇,奇其書。戴震因爲言先生(江永)。尚書撰《五禮通考》,摭先生說入觀象授時一類,而《推步法解》則取全書載入,憾不獲見先生《禮經綱目》也"。〔2〕

據戴震與秦蕙田交往,江氏《禮書綱目》大體結構爲秦氏知悉。從現存二書的體例及裁剪來看,《五禮通考》以"吉禮"爲首,亦以"吉禮"篇幅最多,共一百二十七卷,占全書一半左右。接下來依次爲"嘉禮"九十二卷、"賓禮"十三卷、"軍禮"十三卷,最後以"祭禮十七卷"結束。在内容上,秦氏將"律吕"歸入"吉禮",將"曆法"、"官制"歸入"嘉禮",將"會同"、"覲禮"歸入"賓禮",均與江氏不同。江氏於五禮之外,另設"通禮"賅括曆法、官制,設"樂"包含律吕,還設"曲禮"包羅其他禮學材料。四庫館臣批評秦氏"不免有炫博之意",〔3〕其中部分緣由,蓋秦氏拘囿于《周禮·大宗伯》"吉、凶、軍、賓、嘉"五禮,太過墨守所致。

二者内容亦有所不同。江氏禮書以《儀禮》冠、昏、喪、祭爲主,突出個人禮儀,而在所增通禮中以曆法、典制爲主。而秦氏禮書整體偏重典制,具有史書性質,個人禮儀被擯除在外。此外,秦氏禮書保留了相當

〔1〕(清)段玉裁《戴東原先生年譜》,《戴震文集》附録,第221頁。

〔2〕戴震《江慎修先生事略狀》,《戴震文集》卷十二,第181頁。

〔3〕(清)永瑢等撰《四庫全書總目》卷二十二,北京:中華書局,1965年,第179頁。

多的註疏,包括史傳材料,並以下注方式引據相關研究。這不可避免地陷入朱子《通解》繁難的弊病。相較而言,《綱目》删削注疏,十分簡潔,便於傳鈔,秦氏禮書無法比擬。

江氏去世後,《綱目》又被四庫館徵集。乾隆三十二年(1767),婺源縣令言朝楫將江氏著述十三部詳撫院馮鈐,咨送國史館並禮部。乾隆三十七年(1772),朝廷開四庫全書館博采遺書,采入江氏書十三部,其中包括《禮書綱目》八十五卷。在四庫館謄録江氏《禮書綱目》之前,部分館臣曾對江氏稿本的一些錯誤進行了校正。這就是王太岳等編撰的《四庫全書考證》對江氏稿本的勘驗,其書利用朱子《文集》、《語類》、《儀禮經傳通解》、三禮注疏等與《禮書綱目》進行對勘,改正了江氏稿本每卷一到二條錯誤。[1]這些錯誤後來被四庫鈔本一一改正,也爲《禮書綱目》的刊刻提供了條件。

由於四庫鈔本貯藏于清宫及江浙官衙,一般士子無以得見。江永去世後,其弟子金榜、程瑶田謀刻此書,屢謀剞劂而中輟,最後得到婺源俞氏兄弟資助,于嘉慶十五年(1810)竣刊。但此刊本傳世甚稀,葉德輝云:"吾嘗欲遍購前續兩《經解》中之單行書,遠如新安江永之經學各種,近如遵義鄭珍所著遺書,求之二十餘年,至今尚有缺者。"[2]兩《經解》中江氏著述尚不可得,更不用説未能刊入其中的《禮書綱目》,其罕見程度可知。

由於婺源刊本的稀缺,加上自道、咸來,江永被尊爲漢宋兼采的代表人物,備受青睞,特别受到曾國藩表揚。曾氏以爲江氏《綱目》與秦蕙田《五禮通考》"可以通漢宋二家之結,而熄頓漸諸説之爭"。[3]這促使

[1] (清)王太岳等撰《四庫全書考證》卷十四,清武英殿聚珍版叢書本。

[2] (清)葉德輝《書林清話》卷九《經解單行本之不易得》,長沙:嶽麓書社,1999年,第207頁。

[3] (清)曾國藩《曾文正公書劄》卷十三《覆夏弢夫》,清光緒二年傳忠書局刻增修本。清末皮錫瑞論更是擯棄曾氏折衷之説,以爲"惟江永《禮書綱目》,本于朱子,足以補正朱子之書,治三禮者,可由此入門,而《五禮通考》姑置之可也。"《經學通論》,北京:中華書局,1954年,"禮經通論"第36頁。

是書有著刊刻需求。太平天國後,同、光間又復“中興”,致用之學再被提及。光緒間,張之洞調任兩廣總督,捐資興辦廣雅書局,刊行經世類圖書。光緒二十一年(1895),廣雅書局本《禮書綱目》竣刊。

廣雅書局本《禮書綱目》據嘉慶婺源刊本改進,去掉原序跋“國朝”、“四庫”等欽定字樣,並且删去嘉慶本每卷後的校對人姓名,行數與内頁相同,均較嘉慶本加密。光緒季年,廣雅書局逐漸没落,刊片大多散遺。民國八年(1920),番禺徐紹棨將其中較爲畫一的書片重新刊刻,其中包括《禮書綱目》。廣雅書局本《禮書綱目》印數多,流行廣。1994 年,上海書店出版叢書集成續編,其中經部選入《禮書綱目》,據廣雅書局刻本縮排影印。

不過,在江氏後具有里程碑意義的禮書編撰,是清季黄以周的《禮書通故》。是書草創于庚申,告蒇於戊寅,即從一八六〇年到一八七八年,歷時十九年完稿。它分四十九目,外加敘目共五十目,一百零二卷,分别對禮書、宫室、衣服、卜筮、冠禮、昏禮等展開論述,最後以敘目作結,説明每篇考證的緣由。

黄氏著述的旨趣,不在於資料的彙集編纂,而著眼於辨析是非,很好地解決了禮書編撰和禮學考證的相容問題,將江永以來的禮書編撰和禮學研究推向新高度。是書學術地位極高,俞樾以爲該書“視秦氏《五禮通考》博或不及,精則過之。向使文正得見此書,必大嗟歎,謂秦氏之後又有此作,可益三通而五矣”。[1]梁啓超也説:“這部書可謂爲集清代禮學之大成。”[2]這些並非虚譽。

該書的考證,對江永引用極多,批評不少。如《衣服通故》關於“冕”的尺寸、形狀,黄氏引《説文》,又據江永,從大小夏侯説,以爲“江説是也”。[3]

〔1〕(清)俞樾《禮書通故序》,王文錦點校《禮書通故》,北京:中華書局,2007 年,第 1—2 頁。
〔2〕梁啓超《清代學者整理舊學之總成績(一)》,朱維錚先生校點《梁啓超論清學史二種》,上海:復旦大學出版社,1985 年,第 311 頁。
〔3〕(清)黄以周《禮書通故》卷三《衣服通故》,北京:中華書局,2007 年,第 78 頁。

又如《軍制》"正卒"和"餘羨",黄氏亦引江氏之説。〔1〕在軍旗的使用上,黄氏以旂旗旟旐證龍虎鳥蛇四旗,以爲"江慎修已有斯説,甚通"。〔2〕此外,黄氏在"卜筮"的考證中,亦引江説,批評韋昭。〔3〕

但他不同意江永關於春秋時兵農已分的觀點,以爲"本難據信",又批評"朱仲鈞申江説……説更無稽。"〔4〕他批評江氏"推士禮致天子之説"爲誤。〔5〕即使精深如深衣考證,江永以爲前後襟當有五幅,如後世之袍制,《家禮圖》之"兩襟相掩"可能爲朱子未定之説。黄氏讚揚江氏懷疑朱子未定之説,同時引任氏《釋例》,以爲"深衣前後當有六幅,内外皆有襟"。〔6〕並且剪裁上與江氏相異。黄氏以爲江永的錯誤在於"誤信孔疏,自生支節",且"裳十二幅,象十二月,又有鉤邊,其象閏與"的説法有杜撰嫌疑。〔7〕

《通故》引證並非全出自《綱目》,多數來自江氏後期的禮學考證諸作。黄氏的編撰和考證,新見迭出,將《綱目》所具有的簡潔性和條理性,以及所缺失的注疏及諸儒禮説有效結合起來,不僅很好地處理禮書編撰的冗繁弊病,而且在考證的專精化上取得突破,實現了江氏未竟之緒,在禮書編撰和禮學研究上具有劃時代意義。不過,梁啓超謂"《禮書綱目》的體例,爲後來的秦、黄兩家所本,雖後起者勝,而前人之功萬不容没",〔8〕洵爲至論。

黄氏的禮書編撰,代表著清代後期學風的轉變。一是禮書編撰逐漸式微,考證禮學興起。這從二《經解》收録的禮學著作可以見出。二

〔1〕黄以周《禮書通故》卷四十《軍禮通故》,第1623頁。
〔2〕黄以周《禮書通故》卷四十《軍禮通故》,第1643頁。
〔3〕黄以周《禮書通故》卷四《卜筮通故》,第222頁。
〔4〕黄以周《禮書通故》卷四十《軍禮通故》,第1627頁。
〔5〕黄以周《禮書通故》卷一,第8—9頁。
〔6〕黄以周《禮書通故》卷三《衣服通故》,第155頁。
〔7〕黄以周《禮書通故》卷三《衣服通故》,第159頁。
〔8〕梁啓超《清代學者整理舊學之總成績(一)》,朱維錚先生校點《梁啓超論清學史二種》,第311頁。

是即使禮書的編撰,也注重禮學考證和體系編撰的結合,而不再一味追隨朱子,進行理學體系的構建。江永的禮學研究,後期轉向考證,這合乎學術趨勢。儘管江氏禮書得到很高評價,如阮元盛讚此書,以爲相比之下,江氏考核精詳的《群經補義》和《鄉黨圖考》二書"皆吉光片羽,非其絶詣",〔1〕汪廷珍説他"承朱子之學,而不苟同于朱子",〔2〕曾國藩更以爲該書可以消弭漢宋爭論。但實事求是地説,該書是一本學術上乘的考證性彙編著作,但影響有限。這側面説明禮書編撰的困難,同時證明清代學者的思想性在減弱,學術性在增强。

另外,清代禮書編撰還有姜兆錫《儀禮經傳内外編》及梁萬方《重刊朱子儀禮經傳通解》。姜氏《儀禮經傳内外編》分《内編》二十三卷和《外編》五卷。《内編》按嘉禮、軍禮、賓禮、凶禮、吉禮排列,《外編》爲喪服及圖考,多因襲前人,發明最少,四庫館臣謂其"欲補正《儀禮經傳通解》,然不及原書遠矣"。〔3〕梁萬方有《重刊朱子儀禮經傳通解》六十九卷,此本名爲"重刊",實則改修,四庫館臣謂儘管該書間有考證,但失之蕪雜,"如所補《學禮書》數篇,朱子原序本云取許氏《説文·序説》及《九章算經》爲此篇。萬方乃曼衍及五百四十部之首,附以周伯琦之《字原》。非略非詳,已無裁制。……掩其書名而觀之,殆莫能知爲《儀禮經傳通解》之文也。"〔4〕二書無論是結構,還是體例,都亦步亦趨,未能擺脱朱熹禮書編撰的窠臼,無法與江氏禮書相提並論,四庫編撰將其存目,宜然也。

---

〔1〕(清)阮元《禮書綱目序》,叢書集成續編經部第11册,第151頁。

〔2〕(清)汪廷珍《禮書綱目序》,叢書集成續編經部第11册,第152頁。

〔3〕永瑢等撰《四庫全書總目》卷二十五,第206頁。姜兆錫《儀禮經傳内編二十三卷外編五卷首一卷》,《四庫全書存目叢書》影印北京大學圖書館藏清雍正乾隆間刻九經補注本,齊魯書社,1997年,第112册第1—530頁。

〔4〕永瑢等撰《四庫全書總目》卷二十五,第206頁。梁萬方《重刊朱子儀禮經傳通解六十九卷目録一卷》,《四庫全書存目叢書》影印北京圖書館藏清乾隆刻本,濟南:齊魯書社,1997年,第112—114册。

二、江永禮學考證的學術傳承及其影響

《禮書綱目》未爲完書,受自身經濟條件的限制,學術興趣的轉移等,江氏停止修撰此書,儘管此後仍有《昏禮從宜》類的家禮書編撰,但江氏學術的重心,開始轉向禮學考證研究,著有《深衣考誤》、《周禮疑義舉要》、《儀禮釋例》、《儀禮釋宫增注》、《禮記訓義擇言》、《鄉黨圖考》等。這些考證著述的突出特點,是對於朱熹禮學的揚棄,和對鄭玄注解的重視。由"朱學"向"鄭學"的遷移,映照著清代學術的變遷,代表著清代學術由宋而漢,由博轉精的歷程。乾嘉以來,江氏禮學考證巨大影響,有必要予以專門討論。

首先是江永禮學的傳承問題。江永一生雖蟄伏鄉間,卻桃李滿天下。江氏在就館汪梧鳳不疏園之時,前來相與研學的青年才俊較著者共七人,人稱"江門七子"。其中戴震、金榜、程瑶田三人出類拔萃,在禮學研究,尤其是名物制度的考證上成就卓著,建立起皖派學術的特色。

戴震與江永的關係,向受爭議。但戴震禮學承繼江氏,幾成定讞。戴震成名作爲《考工記圖》一書,初稿作於乾隆十一年(1746),乾隆二十一年(1756)由紀昀資助刊行。戴震原稿衹有器物圖像和部分研究心得,在刊行前據紀昀建議,增加了先後鄭注,並部分作了補注,同時引用友朋研究,其中包括江氏研究成果。如"戟"圖下附注,注中全引江氏之説。〔1〕其書先後有兩處對於"軓"、"軌"、"軹"、"軿"四字的辨析,〔2〕並在《釋車》"式前謂之軓"條下申論,〔3〕同時在《文集》裏續行考證。〔4〕但戴震的這一發現承繼江永。江永早已指出,"軓、軌、軹三字轉寫易訛,

〔1〕戴震《考工記圖》卷上,閲微草堂刊本,第36頁B面。

〔2〕戴震《考工記圖》卷上,第4頁B面。

〔3〕戴震《考工記圖》卷上,第25頁B面。

〔4〕戴震《辨正詩禮注軓軌軹軿四字》,《戴震文集》,第50—51頁。

軥又作軵,尤易訛爲軌。……軌本軥字之訛。"[1]戴震的深衣考釋,儘管未提及江永影響,但他關於衣料的分配,衣、裳、衽的裁剪,以及位置、功能,均與江氏一致。[2]

金榜禮著爲《禮箋》,其書取名仿"鄭箋",其特色是宗法鄭玄和專精研究。《禮箋》形式上仿江氏《周禮疑義舉要》,於有疑處揀出經文,下附鄭注,後以箋名案下己見。在研究深度上亦仿江氏《舉要》,體現出乾嘉禮學考證的專精化趨勢。如其言"《司馬法》有正卒、羨卒之分",先引戴震之説,又結合文獻記載,論及《司馬法》本文和劉劭《爵制》、李衛公《問對》、《周禮·大司馬》,又比較孫武、管子、班固及《魯頌》之説,指出《司馬法》中軍賦問題一直難解的症結在於儒者"雜引《管子》釋之,而于《司馬法》與《周官》更相表裏,轉茫然莫辨"。[3]其論"三江漢爲北、岷爲中、浙爲南"、"秦正月用亥"、"禘兼天地人之説",皆精深之學。金榜禮學研究得益于江永,他自敘"幼承義方,治《禮》宗鄭氏學,長而受學于先師江慎修先生,遂窺禮堂論贊之緒"。[4]江藩《漢學師承記》列金榜于江永之後,其直接江氏學術亦可見矣。

程瑶田與戴震、金榜同學于江永。程氏學問博通,篤志治經,戴震自言遜其精密。程氏著有《通藝録》共十九種四十二卷,除卷首的《論學小記》、《論學外編》等少數幾篇義理篇章外,其餘多爲考證性作品,包括《儀禮喪服文足徵記》、《九穀考》、《宗法小記》、《考工創物小紀》、《禹貢三江考》等。讚揚者説他"長於旁搜曲證,不屑依傍傳注,而融會貫通,確有心得",[5]批評者説他"尋章摘句,連篇累牘,以致爲使文獻記載前

〔1〕江永《禮記訓義擇言》卷七《少儀》"祭左右軌範乃飲"條,景印文淵閣四庫全書第128册,第377頁。

〔2〕戴震《記深衣》,《戴震文集》,第34頁。

〔3〕(清)金榜《禮箋》卷一《周官軍賦》,清乾隆五十九年方起泰胡国辅刻后印本。

〔4〕金榜《禮箋序》。

〔5〕徐世昌編,沈芝盈、梁運華點校《清儒學案》卷八十二《讓堂學案》,北京:中華書局,第4册,總第3183頁。

後相通而自改其説,以致不通"。[1]

程瑶田擅長典制考證,學長專精,受江氏影響。如其《釋草小記》,收有《釋藜》、《釋蓬》、《釋荼》、《釋萑葦》、《釋芸》、《釋荔》、《芄蘭疏證》等,每篇廣搜材料,敘述清晰,間有圖示,極有根底。[2]其《釋蟲小記》所收的《螟蛉蜾蠃異聞記》、《蜜蜂記畧》、《鸕鷀吐鶵辨》、《蛞蝓蝸牛本草正訛記》、《改正爾雅羭羖牝牡轉寫互訛記》、《馬齒記》等,引據確鑿,糾正了不少文獻積誤。將文獻與實物相結合,成爲程氏名物考證的特色。如《小宛》"螟蛉有子,蜾蠃負之",《毛傳》據《爾雅》以桑蟲釋螟蛉,以蒲盧釋蜾蠃,負則以持釋之,《鄭箋》增成其説,而陶弘景注《本草經》進行過訂正,但程氏並不盲從。他實地考察果蜾蠃捕蟲喂子的全過程,寫成《螟蛉蜾蠃異聞記》,證成其説。他的《考工創物小記》,採取古器物和銘文相結合的研究方式,對古代鐘、磬、鎛、車、干、戈、戟、戚、削、匕首的相關考察,開拓了用實物考證研究古代制度的新途徑。

江永對程瑶田的學術影響,不是考證的結論,而是原則、方法,尤其是江氏禮學考證中展現的專精化特色。相較江永,程氏考證博或不及,精則過之。相比其他學者,亦洵無愧焉。程氏考證後出轉精,但江氏開創之功不可没。

其次,江永考證在乾嘉以來禮學研究中備受推崇。江永學術由其弟子的再傳,其風被及,章太炎《清儒》已有述及。乾隆三十七年(1772),朝廷開四庫館,采入江永書十三部,其中考證之作最多,包括《周禮疑義舉要》七卷,《儀禮釋宫譜增注》、《禮記訓義擇言》、《深衣考誤》、《群經補義》、《鄉黨圖考》等。乾隆五十一年(1786),江南鄉試以《鄉黨》篇命題,士子主江永説者皆得中式,由是海内益重其學。具體來説,江氏考證的書劄形式成爲相關研究的典範,其窄而深的專精原則在

---

[1] 楊向奎《清儒學案新編》第五卷,濟南:齊魯書社,1994年,第47頁。
[2] (清)程瑶田《釋草小記》,《續修四庫全書》影印上海師大圖書館藏清嘉慶刻《通藝録》本,上海:上海古籍出版社,2002年,第191册,第497—516頁。

禮經新疏出現前廣受借鑒。

相較宋元明禮學研究的衰落,清代禮學研究最大的轉變是重新凸顯《儀禮》的正經地位,以及對《周禮》典章制度進行專題探究,並在此基礎上實現對於禮經的重新疏證,其集大成的著作是孫詒讓《周禮正義》和胡培翬《儀禮正義》。而唐宋以來一度淩駕《儀禮》之上的《禮記》,研究稍顯落寞。

從清代禮學的研究歷程來看,在經書新疏出現之前,專精研究佔據主流。同時,清代學者的學術研究多採取筆劄形式。儘管這種形式不始于江永,南宋學者王應麟的《困學紀聞》已開先河,與江永同時的沈彤、任啓運等亦在進行類似研究,但江氏是用筆劄形式進行禮學研究的典型學者。例如關於宫室的考證,江氏既有《增注》,又訂正進《鄉黨圖考》。又如"卦變",其以"相反卦論卦變"的觀點成爲卦變研究有影響的説法之一,江氏將其載入隨筆性的《群經補義》中,後又改寫進《河洛精蘊》。江氏禮學考證的劄記形式,受其影響者衆多。如金榜氏曾采劄記十數條送閱大興朱珪請序,[1]戴震亦多有揀采書劄送閱他人以邀譽,可見書劄性考證普遍流行於清代學人中。江氏的禮學考證被乾嘉學人轉相引據,其書劄形式和專精研究影響巨大。

説到具體影響,我們可以舉例清代三禮研究的主要著作,一探究竟。我們知道,江氏《周禮》研究的代表作是《周禮疑義舉要》,《群經補義》亦有少許相關考證。[2]江永是書《考工記》部分成績突出,成爲清代《考工記》研究的必參書目。同時,是書在軍制、賦税等方面對於清代典制考證影響較大,如金榜《禮箋》、王鳴盛《周禮軍賦説》,明顯受到江氏啓發。孫詒讓《周禮正義》引據江氏《舉要》處甚多,分析這些引據,亦可

---

〔1〕(清)朱珪《禮箋序》,清乾隆五十九年方起泰胡国辅刻后印本。

〔2〕《周禮疑義舉要》七卷與《群經補義》五卷合爲《讀書隨筆》,《舉要》特爲其《周禮》部分之劄記,但《群經補義》卷五爲"雜説",包括少許條《周禮》考證,見景印文淵閣四庫全書第194册,第55—59頁。

窺見江氏考證之影響。

孫詒讓《周禮正義》對江氏考證的引據,認爲可取處,均全引用。數量之多,幾乎賅括全書。如《天官・大宰》條引江氏之説二十例,《地官・大司徒》條引江氏十條。江氏《考工記》劄記共一百二十三條,爲孫氏《正義》所取者超過九十條。

《正義》引據江氏考證,不僅注重結論,而且强調材料和論證。孫氏是書大段全引江氏考證,如《天官・鹽人》,孫氏不僅引據江氏"鹽人惟掌鹽之用,而地官虞衡之後,不設掌鹽,蓋王畿内鹽非所産也"的結論,也引用江氏材料,包括鹽産地、鹽官設置以及鹽業國營的歷史。〔1〕孫氏認同江永考證處較多,如《天官・大宰》"以九職任萬民",孫氏引據江永考證,以爲"江説是也"。〔2〕《地官・司徒・遺人》,孫氏引江永結論,以爲"江説是也"。〔3〕《大宰》條,孫氏引據江氏,以爲"江説是也,注義未晐"。〔4〕孫氏亦附引衆説,明其異同,如《司徒・敘官・縣師》條,孫氏考證江永、姜兆錫、林喬蔭説同。〔5〕

孫氏引據注重學術原創性。如江氏"三農"之説别有新意,但主要引據惠士奇《禮説》,孫氏便回溯其源,並下案語,以爲"惠説亦通"。〔6〕值得注意的是,《正義》考證並不全據《舉要》,其《秋官》多取《鄉黨圖考》之説。如《小司寇》之職,孫氏引江氏之語,出自《鄉黨圖考》,其後所引江永所云僖十五年、定八年二條,亦出自該書。〔7〕孫氏《正義》被譽爲清代《周禮》研究的集大成者,其對於江氏禮學考證的引據與疑義,證明著江氏考證的學術影響。

〔1〕(清)孫詒讓撰,王文錦、陳玉霞點校《周禮正義》卷一《天官・敘官》,北京:中華書局,1987年,第37頁。

〔2〕孫詒讓《周禮正義》卷二《天官・大宰》,第81頁。

〔3〕孫詒讓《周禮正義》卷二十五,第987頁。

〔4〕孫詒讓《周禮正義》卷二,第74頁。

〔5〕孫詒讓《周禮正義》卷十七,第657頁。

〔6〕孫詒讓《周禮正義》卷二,第84頁。

〔7〕江永《鄉黨圖考》卷四《外朝考》,北京:學苑出版社,1993年。

江氏《儀禮》研究主要有《儀禮釋宫增注》及《鄉黨圖考》的宫室考證。此外,他的《深衣考誤》和《儀禮釋例》,從不同角度嘗試對《儀禮》進行深入研究。江氏研究的最大貢獻,是開啓《儀禮》專題專精研究的序幕,尤其是宫室考證。清代學者涉及宫室制度,必據江氏研究,胡培翬的《儀禮》研究即是其例。

胡培翬畢生研治《儀禮》,重視宫室制度。其《上羅椒生學使書》詳述自己全面研治《儀禮》之計畫,其中之一即爲考訂宫室制度。他欲撰《儀禮宫室提綱》,書成擬冠于《正義》之首。胡氏宫室考證主要見《燕寢考》、《儀禮正義》相關經注和《研六室文鈔》,其中以《燕寢考》爲代表之作。〔1〕

《燕寢考》共三卷,卷首論"東方西室疑問",卷上論"自天子至諸侯、大夫,皆有燕寢,其配偶皆有寢","父子異宫"及"正寢的用處",卷下考證"堂階"、注疏有關"東房西室"的錯誤,及廟寢、庶人之寢室。在"東方西室疑問"中,胡氏據《内則》經文,同意江氏《釋宫增注》謂"此經爲燕寢之制"的説法。〔2〕據《曲禮》經文,胡氏下注"凡居奥必東面,《儀禮》每云'席於奥,東面',鄭注解當户爲向明,江氏《鄉黨圖考》已辨之,但未明此爲言寢之制耳"。〔3〕胡氏在卷下"燕寢房室户牖堂階考"引《玉藻》經文,以"按語"形式申説,"江氏謂室中以奥爲尊位,甚是。而疑居恒當户之説,恐不然。由未明燕寢之室户在東,而此經所居爲燕寢故也"。〔4〕可見胡氏對江氏考據並不盲從,其于《曲禮》、《檀弓》、《玉藻》之文皆能融會貫穿,與《儀禮》經文亦皆相合,較江説爲通達。

〔1〕關於胡培翬對宫室的考證,可以參閲張文《胡培翬禮學研究——以〈儀禮正義〉爲中心》第五章第一節《胡培翬宫室研究考論》,北京大學博士論文,2013年,第196—212頁。

〔2〕胡氏還注明,此引《增注》内容僅"見《釋宫增注》單行本,《鄉黨圖考》内無此注",説明胡氏仔細閲讀且細繹了江氏二書。(清)胡培翬《燕寢考》,《續修四庫全書》影印上海辭書出版社圖書館藏清道光二十五年錢氏刻指海本,第110册,第553頁。

〔3〕胡培翬《燕寢考》,第554頁。

〔4〕胡培翬《燕寢考》,第568頁。

胡氏《正義》不僅引據江永宫室考證,還引據江氏服制、飲食、祭祀之説,但主據《鄉黨圖考》。服制考證如卷一引江氏永《鄉黨圖考》云:古未有棉花,布以麻爲之。布幅闊二尺二寸十五升一千二百縷,麻布之極細者也,云衣不言色者,衣與冠同也者。今案經不云裳,統於服中,鄭知素裳者,固以素韠推而知之,然亦有所本。[1]《正義》卷十六引《鄉黨圖考》云"今人服裘或以毛向外,古人正是如此。故有虞人反裘而負薪之喻",胡氏引《新序》表之。[2]飲食考證如《正義》卷四"若君賜之食,則君祭先飯,徧嘗膳,飲而俟,君命之食,然後食",胡氏以爲《鄉黨圖考》常駁之,恐非葢論。[3]

梁啓超論清代學術師承,以爲"戴震受學于江永,亦事棟以先輩禮。震之在鄉里,衍其學者,有金榜、程瑶田、淩廷堪、三胡——匡衷、培翬、春喬——等",[4]則胡培翬之學乃江、戴之遺風也。胡氏師承淩廷堪,且禮學著述對宫室、服制等的考證多引據江氏,從中可見江氏學術之影響。胡氏對於江氏考證的不盲從,其對江氏學術的批評與承繼,亦可見清代禮學的傳承與創新。

相比起學者蜂起對於《周禮》典章的考證,對《儀禮》名物禮儀的訂正,清代的《禮記》研究顯得落寞。儘管《禮記》的研究有乾隆初官方編訂的《禮記義疏》,其他有納蘭性德《陳氏集説補正》、李光坡《禮記述注》、方苞《禮記析疑》、朱軾《禮記纂言》等,但影響最大的除了元明以來通行的陳澔《集説》外,便是孫希旦《禮記集解》和朱彬《禮記訓纂》二書。

孫希旦曾參修四庫全書,《禮記集解》爲其代表作。孫氏"易簀時,

[1] 胡培翬《儀禮正義》卷一,《續修四庫全書》影印南京圖書館藏清木犀香館刻本,第 91 册,第 596 頁。
[2] 胡培翬《儀禮正義》卷十六,《續修四庫全書》第 92 册,第 254—255 頁。
[3] 胡培翬《儀禮正義》卷四,《續修四庫全書》第 92 册,第 9—10 頁。
[4] 梁啓超《清代學術概論》,朱維錚先生校注《梁啓超論清學史二種》,第 4 頁。

年未逾五十，於是書已三易稿”。[1]但是該書多引宋元理學家義解，如陳祥道、朱子、黄榦、陳澔等，對名物制度的研究較少。該書寫作時，江永《禮記訓義擇言》已選入四庫館，但並未遠播，造成孫氏之書並無徵引江氏之作，未免留下遺憾。所以論及江氏《禮記》研究的影響，不得不提稍後朱彬《禮記訓纂》一書。

朱彬《禮記訓纂》共四十九卷，彙集歷代對《禮記》的相關訓釋，引據江永、戴震、金榜、程瑶田等，其中引江永考證一百二十條，戴震、金榜、程瑶田三人共二十九條。[2]如《曲禮上》“立如齋”條下，朱氏引江氏永曰：“齋，嚴敬貌。如齋者，正立自定，不跛不倚，《儀禮》所謂疑立，是也。”[3]《文王世子》條，朱氏引江氏永注曰：“管者，袍竹之總名，以管奏《象》舞，吹禽秉翟而舞。《仲尼燕居》云：‘下管《象》、《武》，《夏》禽序興’，是也。大合衆以事，事即奏《象》舞《武》之事。”[4]朱彬善於從江氏看似矛盾卻一脈相承的論述去徵引，在肯定江氏對原典的闡釋時，又反映其新看法，如《文王世子》條，江氏注曰：“大樂正、小樂正所教者，儀文器數，别設大司成一官，專講説義理，故下文有侍坐于大司成，函丈問答之事。此經官名官制，不必盡與《周禮》合。”[5]

朱彬對江永批評處極多，多以“非也”、“不然”、“皆非之”、“誤矣”、“亦非也”、“得之”、“是也”、“當矣”等對語述之。如《曲禮上》“夫禮者，自卑而尊人，雖負販者，必有尊也，而況富貴乎”條下，朱彬不同意江氏

[1] (清)孫鏘鳴《禮記解解序》，(清)孫希旦撰，沈嘯寰、王星賢點校《禮記集解》，北京：中華書局，1989年，第2頁。

[2] 統計資料見王文忠《朱彬〈禮記訓纂〉的學術繼承》，安徽大學碩士論文，2011年，第12頁。徐道彬先生《皖派學術與傳承》一書對江永於皖派學術的影響作了考察，特别指出江永的禮制考證得到朱彬《禮記訓纂》的傳承，主要表現爲注重文字訓詁和典章制度的研究。《皖派學術與傳承》下篇第六章《〈禮記訓纂〉：朱彬傳承江永的禮制之學》，合肥：黄山書社，2012年，第476—492頁。

[3] (清)朱彬撰，饒欽農點校《禮記訓纂》卷一，北京：中華書局，1996年，第3頁。

[4] 朱彬《禮記訓纂》卷八，第328頁。

[5] 朱彬《禮記訓纂》卷八，第316頁。王文忠《朱彬〈禮記訓纂〉的學術繼承》，第14—15頁。

之説,云:“彬謂負販,當如《鄉黨》‘式負版者’之版,雖至賤者亦不可忽。鄭《注》‘負販者,尤輕恌志利,宜若無禮’,非也。”[1]《禮器》“孔子曰:‘我戰則克,祭則受福,蓋得其道矣”條:“彬謂此孔子自任之事。鄭《注》‘我,我知禮也’,孔《疏》遂言‘君子務在謙光,不應自言祭祀受福之事’,非也。”[2]朱氏引據經典,但不迷信經典,而善於批判創新,這與江永的治學理路具有相通性。[3]

江氏《論語》研究主要爲《鄉黨圖考》一書,以《論語・鄉黨》爲切入點,從禮制考證的角度打破了傳統《論語》研究注重義理的藩籬。江氏《鄉黨圖考》的寫作本爲所編《鄉党文》“作注”,爲《鄉黨》一篇尋源。因此,該書具有學術研究和科舉用書的雙重作用。

清代的《論語》研究,劉寶楠《論語正義》爲集大成者。該書的詳博超於舊疏,囊括清代幾乎所有《論語》研究著述,包括毛奇齡《論語稽求篇》、《四書剩言》,劉台拱《論語駢枝》,劉寶樹《經義説略》,方觀旭《論語偶記》,錢坫《論語後録》,包慎言《論語温故録》,焦循《論語補疏》,黄式三《論語後案》等,其中也包括江永《鄉黨圖考》。劉寶楠在注釋《論語》時對江永的直接引用多達四十七處,暗襲之處勿論。劉氏引書亦不限於《鄉黨圖考》,也包括江氏之《周禮疑義舉要》、《春秋地理考實》、《群經補義》、《深衣考誤》。[4]

《論語正義》對於江永考證的引據,多出自《群經補義》。如《學而》“道千乘之國”條,《雍也》“原思爲之宰”條。[5]在《鄉黨》卷中,劉氏除直接引據江説外,還暗襲江説。如“孔子於鄉黨,恂恂如也,似不能言者”條,如《曾子問》“諸侯旅見天子,雨沾服失容,則廢”,明在廷中也。又

〔1〕朱彬《禮記訓纂》卷一,第7—8頁。
〔2〕朱彬《禮記訓纂》卷十,第369頁。
〔3〕王文忠《朱彬〈禮記訓纂〉的學術繼承》,第15—16頁。
〔4〕徐道彬先生對江永禮學與劉氏《正義》之影響有詳細考證。《皖派學術與傳承》下篇第七章《〈論語正義〉:劉寶楠對江永學術的繼承》,第493—511頁。
〔5〕(清)劉寶楠撰,高流水點校《論語正義》卷七,北京:中華書局,1990年,第216頁。

曰:“外朝治朝,皆平地無堂,惟路寢朝有堂有階。”劉寶楠承續江説,辨析“廷”、“庭”字義,論證“三朝朝位皆平地”。[1]《鄉黨》“趨進,翼如也”的解釋,劉氏大幅引據江氏《群經補義》。[2]此外,《季氏》、《微子》等篇亦多引據《群經補義》。

三、結論

綜上所述,江永的禮學研究包括禮書編撰和禮學考證諸作,其學術影響亦在此間展開。其禮書編撰主要是《禮書綱目》一書。該書融合理學體系和漢學考據,廣受推崇,但受限於禮書編撰的困難,而實際影響有限。江永後期轉向考證,主要以劄記形式,進行專題專精研究,内容廣泛,考證精深。江氏考證通過學生傳授,以及刊本播遷,巨大影響。這種影響,不僅表現在他的訓詁、名物、典制等方面的結論被競相引據,而且,其考證的思維、原則和方法亦被承繼。清代後期考證禮學對江氏的批判繼承,顯示出專精化趨勢。清代禮書編撰在中後期逐漸式微,而考證禮學興起,表徵著清初理學轉向漢學的歷程。江永禮學研究由禮書編撰轉向考證,體現著學風遷變的先聲。

〔1〕 見《正義》相關各條,亦見《皖派學術與傳承》,第500—501頁。
〔2〕 劉寶楠《論語正義》卷十,第371頁。

《四庫全書總目》評論王應麟析探[*]

楊晉龍[**]

一、前言

學術研究的對象,無論是學者、專書或時代,理想上最終都需要從學術的角度,針對該選擇探討的對象,進行學術歷史地位的評價。亦即將選擇研究對象之學術表現,置入"歷時性"和"共時性"的學術發展歷程內進行深度的分析比較,瞭解其在學術歷史發展過程中,相對於既有的相關研究成果,具備有何學術實質意義的不同收穫,以便有效地認知該研究對象的學術貢獻,進而更實際地貞定其在學術史上的價值及地位。以現代一般純學術研究的角度來看,研究對象在學術上實質價值的內涵,至少要能包括兩項主要內容:一是學術上的創見;二是學術上的影響。必須結合這兩者的實際表現,方能明確研究對象的學術價值

---

* 此文初稿發表於2015年11月5日臺灣桃園"中央"大學儒學研究中心主辦,"中央研究院"明清研究推動委員會合辦的"宋明清儒學的類型與發展Ⅱ"學術研討會中,謹據評論人蔣秋華教授及與會學者等提供的睿見,以及臺灣科技主管部門2017年專題研究計劃"王應麟學術傳播研究(Ⅱ):清朝時期"(MOST 106—2410—H—001—088—)的審查意見改寫:改正內容訛誤者,修正意見模糊者。感謝與會學者和臺灣科技主管部門專題研究計劃審查學者的指正,使得此文訛誤,因之可以降至最低,謹此致謝。

** 作者單位:臺灣"中研院"中國文哲研究所暨高雄師範大學經學研究所、臺北大學中國文學系合聘。

與學術貢獻,進而爲其在整個學術發展歷史内定位。

然而就實際的學術角度而論,學術創見可以見仁見智,學術影響則可以從較爲“實證”的角度,獲得較無爭議的客觀答案。理由是:學者的學術發明或學術發現等創發性表現的學術創見,無論如何優越超群,如果該學説或著作並未出版或傳鈔而公諸於世,學界對該學説或著作毫無所知,因而毫無反應,亦即該學説或著作完全没有進入學術圈的運作範圍,是以没有被引述、没有被評論、没有被研究等等,如此即可斷定該學者没有學術影響力,在學術史上不具有實質的影響力,因而没有學術地位。若該著作持續並大量發行,且被學者或相關論著大量引述、評論,對該學者學術表現的研究成果豐碩,如此即可斷定該學者在學術史上具有重要的影響力與地位。在前述“實證”角度學術評價的意義下,即使再高明的學術創見,若未能受到學界的認知、接受、反對、修正、傳述、研究等回應,則也就缺乏學術價值與地位了。從而可知學術創見與學術影響固然均爲學術價值或貢獻的判斷主體,但兩者並不必然等同,[1]蓋有學術創見者不見得有學術影響,有學術影響者不一定具備學術創見,是以有必要分别研討,然後再加以統合評析,如此方能獲得較爲可信有效的學術史評價。爲有效區别兩者,筆者乃將探討學術創見的研究歸類爲“内部研究”;將探討學術影響的研究稱爲“外部研究”。

[1] 臺灣科技主管部門未具名審查學者,曾針對此一主要關注“學術影響”的研究,提出評論的睿見,認爲“古代書籍傳播途徑甚爲封閉,普及性讀物相對易於流通;而多數學者因刻貲昂貴,著作往往無力付刻,因此常以稿、鈔本形式流傳,倘幸得名家品題,或經碩儒稱引,其他學者即展轉引述,歷久不衰,但引者未必親見其書。古人著作被引用,牽涉到作者地位、著作的普及性、作者所在地域、刻書地的流通性、學風……等諸多外在因素。而此種‘計量’方式存在的最大問題是‘引用均等’原則,名儒碩學引用,與一般凡夫俗子的引用完全等值;但文史研究貴乎‘洞識’,一些卓見特識往往祇有‘别具隻眼’者始能看出其價值,因此這類‘計量’研究,本身即存在‘否定特識’的盲點。筆者……發覺申請人花費大力所得的研究結論,往往祇是印證一些學術史(或經學史)已經定論的事實,真能改變學術史既有論述之處,似乎極爲有限。”審查學者的意見,顯然是立基於“學術創見”角度的評論。但筆者進行的是“學術影響”的研究,因此審查學者的睿見,對筆者這類探討“學術影響”的研究,固然具有參考價值,但用來實質評價“學術影響”的研究價值,顯非貼切之舉。

“内部研究”的重點是尋找特定研究議題,以期獲得正統意義下的正確答案。“外部研究”重視的則是研究對象受學界關注的實況與受到關注的内容,此項内容在理想上至少需要包括:出版情況、引述實況、引述内容、評論意見與研究狀況等實際的表現。雖然運用實證性觀察而獲得的學術影響訊息,以評價研究對象的學術史價值與地位,最後所得結果並未保證能够“改變學術史既有論述之處”。但“外部研究”此種針對學界平常“認定”或“假定”爲理所當然“正確”的“共識性答案”,進行更爲細膩的檢視,因而讓那類隱藏的主觀性假定、鬆散的思維、模糊的意義等内涵,重新獲得有效的確認或否認。亦即不將學界平常的認知與經驗,當作理所當然存在的真理,反而針對“共識性答案”嘗試提出必要的質疑,並根據有效的證據,進行合乎邏輯演繹或實際經驗的檢證,[1]實際上在設計思考之初,本就没有非要“改變學術史既有論述之處”的企圖。“外部研究”的重點,事實上衹是從“實證”的角度,針對學界“理所當然”認定的“既定答案”進行檢視反思,研究最終結果無論是“證實”、“證僞”、“修改”學術史既有的論述,至少對學術研究者都提供了比較可信的答案,這也就是設計“外部研究”的意義與價值所在。這類針對學界既有而不知從何而來的“理所當然”之答案,重新檢證而獲得的答案,較之學界現存許多僅憑既有“答案”而理所當然“接受”的“共識”,應該具有更高的可信度。當然若就研究需要的文獻與資料的佔有狀況而論,“外部研究”比較不可能達到理想狀態,因爲理想上要通讀研究對象同時代及後代的所有論著,以及研究對象論著的出版狀況,這些確實都是比較難以有效掌握的歷史資訊,這是進行“外部研究”之際需要優先瞭解的基本認知,從而可知關注學術影響的“外部研究”,並不能完全取代關注學術創見的“内部研究”,而是根據“實證”有效的增强或輔助“内

〔1〕 此義係參照“教育哲學”的内涵。主要根據李奉儒等《創刊詞》,《臺灣教育哲學》第1卷第1期(2017年3月),第2頁的敘述而再加發揮。

部研究”成果的不同研究方式而已,至於相對於“内部研究”,研究所得價值高或低,當該祇能是見仁見智的問題了。

本文從“外部研究”的角度,探討《四庫全書總目》(下稱《總目》)針對宋末元初學者王應麟(1223—1296)學術表現的評價。清代學者推崇的南宋學者並不多,即使是朝廷最推崇的朱熹(1130—1200),偶爾也不免受到某些學者的批評,如毛奇齡(1623—1716)抨擊之類。然而卻有一位在南宋既無顯赫官位,學術地位和知名度也遠遠比不上朱熹的學者,雖則清代史學家對其稍有微詞,[1]然而卻幾乎受到清代漢學家的一致性推崇。此即章太炎(1868—1936)在1935年將其列入“鄉賢”;[2]梁啓超(1873—1929)説清人對其“尊尚幾等古子”;[3]南宋與元代學者均肯認其“博學”;[4]明代宋濂(1310—1381)稱其“博極群書”;[5]清代王士禎(1634—1711)謂其“著述之富,冠絶古今”;[6]納蘭性德(1655—1685)將之與洪邁(1123—1202)、程大昌(1123—1195)並列爲“南宋諸儒稱博洽者凡三人”中的第一位。[7]此即宋末元初之際,隸籍浙江寧波的王應麟。前述諸人的評論,大致可以概括王應麟三項

[1] 章學誠説:“王氏諸書,謂之纂輯可也,謂之著述則不可也;謂之學者求知之功力可也,謂之成家之學術則未可也。”(清)章學誠:《文史通義·内篇二·博約中》(嘉業堂《章氏遺書》本,《中國基本古籍庫》),第36頁。王鳴盛説他“限於時風衆勢,一齊衆咻,遂致茫無定見”。(清)王鳴盛:《十七史商榷·漢藝文志考證》(乾隆五十二年洞涇草堂刻本,《中國基本古籍庫》),卷二十三,第114頁。“中國基本古籍庫”以下簡稱“古籍庫”。

[2] 日日社《歷代鄉賢選定》,《申報》第22514期(1935年12月28日),第8版。

[3] 梁啓超《中國近三百年學術史》,臺北:五南圖書出版公司,2013年,第322頁。

[4] 王應麟在南宋與元代學術地位和學術知名度的實際狀況,請參閲楊晉龍:《元代學術視域下的王應麟傳播意義下的考徵》,《中國典籍與文化論叢》第18輯(2017年4月),第138—154頁。

[5] (明)宋濂《孔子生卒歲月辯》,(明)程敏政《明文衡》(《四部叢刊》景明本,《古籍庫》)卷十三,第165頁。

[6] (清)王士禎《帶經堂集·蠶尾文·跋王厚齋集》(康熙五十年程哲七略書堂刻本,《古籍庫》)卷七十二,第634頁。另外趙翼也將王應麟列入“文人著述之最富者”。(清)趙翼《陔餘叢考·著述最多》(乾隆五十五年湛貽堂刻本,《古籍庫》)卷四十,第544—545頁。

[7] (清)納蘭性德《通志堂集·程泰之禹貢圖論序》(康熙三十年徐乾學刻本,《古籍庫》)卷十一,第93頁。

重要的學識與學術表現:閲讀多、學識廣、著述富。

王應麟挾帶著這三項涉及學識與學術的表現,進入清代漢學家的視野,結果誠如何澤恒(1950—　)研究所得“清初諸儒之重視《日知録》者,幾無不同時注意《困學紀聞》”之結論那般,[1]確實受到清代漢學家有如對待顧炎武(1613—1682)般的高度讚賞。這自然是因爲清代漢學家推崇的《日知録》,大致上是“仿《困學紀聞》之作”的緣故。[2]王應麟此種考據實證性的學術表現,不僅符合清代漢學家的學術標準,同時也符合現代學術研究要求盡量客觀的標準,因而繼續受到民國以來研究者的矚目。由於王應麟閲讀多方、學術博洽、著述宏富,[3]是以前賢研究之際關注的議題,因而呈現出多方、多元的狀況,無論是經學、史學、文學、輯佚學、編纂學等,均有相關的研究成果,[4]但考察前賢這些研究的内容,大致均屬探討王應麟學術發明與學術發現等學術創見的“内部研究”範圍,至於王應麟在學術界被接受的狀況,以及接受傳播影響

[1] 何澤恒老師《王應麟之經史學》,新北:花木蘭文化出版社,2009 年,第 3 頁。此書係何澤恒老師 1981 年 6 月完成之博士論文。

[2] 陳仕華《王伯厚及其玉海藝文部研究》,臺北:臺灣商務印書館,1993 年,第 26 頁。

[3] 王應麟博雅多學和勤於著述,請參閲黄忠慎學長《從〈玉海〉、〈困學紀聞〉看王應麟的〈詩經〉文獻學》(《中國文哲研究集刊》第 45 期[2014 年 9 月],第 171—205 頁)一文的相關討論。

[4] 臺灣、香港與日本對王應麟的研究並不熱烈,大陸學者稍微熱烈。根據《臺灣期刊論文索引系統》(1970—2014)有 15 篇論文;《臺灣博碩士論文加值系統》(1972—2011)有 5 篇學位論文。日本《東洋學文獻類目》(1986—2007)僅有 9 篇論文。大陸《中國知識資源總庫》(CNKI)(1980—2014)有 252 篇論文、碩士論文(2005—2013)14 篇、博士論文(2007—2011)2 篇。香港《港澳期刊網》僅 1955 年 1 篇相關研究。2009 年之前的王應麟研究概況,可參錢茂偉《近五十年王應麟研究的學術史考察》,傅璇琮、施孝峰主編《王應麟學術討論集(2009)》(北京:清華大學出版社,2009 年),第 240—266 頁。郭美玲《玉海研究》第一章第三節《文獻探討》(臺北:中國文化大學中文研究所博士論文,2011 年),第 4—6 頁,討論了陳仕華、何澤恒、喬衍琯、吕美雀、王文華、張元、王德毅、林素芬、許光明、莊謙一、錢穆、Charles Bradford Langley 等的研究内容。張驍飛《王應麟文集研究》(北京:中華書局,2011 年)《緒論・本研究領域學術史的回顧》第 3—10 頁,討論了錢茂偉、王重民、吕美雀、許光明、莊謙一、錢穆、甲凱、何澤恒、陳仕華、喬衍琯、侯外廬、王文華、譚其驤、李忠平、張祝平、吴懷祺、葛榮晉、魏殿金與楊渭生、布仁圖、王德毅、林素芬、唐燮軍、吴漫、李剛、汪春泓、傅璇琮等相關的研究成果;並提及 Charles Bradford Langley、蘇費翔(Christian Soffel)、李小茹等未見的論著。

等"外部研究"範圍的議題,至今似乎未曾受到學界應有的關注,此即設計此一研究的背後原因。

王應麟的學術成就多方,然則其在學術界被引述、被評論、被研究的狀況如何? 受關注的是哪些内容? 關注的實際狀況如何? 亦即王應麟在學術界的影響實況,就學術史的角度來看,這應該都是值得關注的研究議題,但卻一直未能受到應有的關注。有鑒於此項缺漏,因而期望經由"外部研究"的方式,可以更進一步地瞭解王應麟在學術史上的影響狀況,以便能更深入瞭解其在學術界的實質地位,此即設計本研究的目的。

本文雖以探討王應麟整體性學術影響實況爲最終目的,但僅以一篇短文的篇幅,勢必無法達成此一企圖,因此先以大致代表清代"漢學者"觀點的《四庫全書總目》爲對象,[1]考察《總目》對王應麟的接受與評價狀況,以爲後續之研究奠基。本文實以考察《總目》對王應麟學術的評價爲宗旨,將透過直接閱讀,再歸納、分析的程序,以得最後之結果。研究之際使用的相關文獻,主要是透過網絡資料庫的搜尋方式爲主,除非網絡資料庫没有收録或不提供下載,或者有版本上的爭議或疑慮,方使用紙本文獻。使用的網絡資料庫,包括:文淵閣四庫全書、中國基本古籍庫、臺灣期刊論文索引系統、臺灣博碩士論文加值系統、"中央研究院"漢籍電子文獻瀚典全文檢索系統、中國知識資源總庫(CNKI)等。研究進行的步驟,首先確實考察《總目》評論王應麟的實際表現;其次歸納分析《總目》評論呈現的學術意義;最後進一步統整研究所得的成果及其學術意義與價值,結束本文的研究。

二、《四庫全書總目》對王應麟著作評論考實

王應麟一生到底編著有哪些著作? 哪些是他生前就已完成? 哪些

[1] (清)永瑢等《欽定四庫全書總目》,文淵閣四庫全書本。

是未完成而由後代補苴?非家屬整理出版而掛名王應麟的著作,是不是王應麟的著作?如何判斷?根據何種標準判斷?這些問題直至今日尚無法有效解決,因而也就難以取得必要的共識,[1]但由此也可見王應麟確實著作宏富,同時也顯示王應麟在傳統學術界受到高度的重視,否則就不至於出現這類著作難以計數,甚至出現可能是僞作的問題了。不過本文是以《總目》爲研究對象,因此直接以《總目》之言爲依據,不涉入前述的爭論。

《總目》對王應麟著作的認知,大致可依《玉海附辭學指南提要》(卷一三五,第47—48頁)所言而瞭解。[2]該《提要》謂王應麟的著作,除《玉海》、《辭學指南》(《詞學指南》)外,還有:《詩攷》、《詩地理攷》、《漢藝文志考》、《通鑑地理通釋》、《王會篇解》(即《王會解注》)、《漢制考》、《踐阼篇解》(《大戴禮踐阼篇解》)、《急就篇解》(《補注急就篇》或《急就篇補注》)、《小學紺珠》、《姓氏急就篇》、《周易鄭注》(《周易鄭康成注》)、《六經天文編》、《通鑑答問》等十三種。《總目》另外還收入《困學紀聞》,以及部分疑似後人整理編輯掛名王應麟的《箴膏肓起廢疾發墨守》、《駁五經異義》、《論語孟子考異》和後人掇拾編輯的文集《四明文獻集》等書,總共有二十種。《總目》實際收録的王應麟書籍,包括著録與存目有:《周易鄭康成注》、《詩考》、《詩地理攷》、《箴膏肓起廢疾發墨守》、《駁五經異義》、《論語孟子考異》、《通鑑地理通釋》、《漢制考》、《漢藝文志考證》、《通鑑答問》、《六經天文編》、《困學紀聞》、《玉海》、《辭學指南》、《小學紺珠》、《姓氏急就篇》、《四明文獻集》等十七種。《王會篇解》、《踐阼

---

〔1〕錢茂偉曾謂王應麟著作與研究存在作品數量及真僞鑑定、作品的分類研究、作品的繫年考訂、學術人生的分期等四大難題,其中"作品數量及真僞鑑"即排在第一位。錢茂偉《王應麟學術評傳》,北京:中華書局,2011年,第164—168頁。關於王應麟著作爭論的實情,請參閱黄忠慎《從〈玉海〉、〈困學紀聞〉看王應麟的〈詩經〉文獻學》,第172頁腳註4的討論。

〔2〕案:"卷一三五,第47—48頁"指收録於文淵閣《四庫全書》内的《四庫全書總目》的卷數及頁碼,本文所用皆此本,故直接標示於引述文字之後,以節省篇幅。

篇解》、《急就篇解》等三種《總目》未收録。然則《總目》對這十七部書的評論内容狀況如何？謹製成下表明之：

《總目》著録的王應麟著作

書名	部類	出處	評論
周易鄭康成注	經部易類	卷一，第5—7頁	應麟始旁摭諸書，裒爲此帙。應麟能於散佚之餘，蒐羅放失，以存漢《易》之一線，可謂篤志遺經，研心古義者矣。近時惠棟别有考訂之本，體例較密，然經營刱始，實自應麟，其捃拾之勞亦不可泯。〔1〕
詩考	經部詩類	卷十五，第31—32頁	應麟檢諸書所引，集以成帙，以存三家逸文，又旁搜廣討，每條各著其所出。其蒐輯頗爲勤摯。近時會稽范家相，摘應麟所録逸詩，皆子書雜説，且不當録及殷以前，所言亦不爲無理。然古書散佚，蒐採爲難，後人踵事增修，較創始易於爲力，篳路藍縷，終當以應麟爲首庸也。
詩地理攷	經部詩類	卷十五，第33—34頁	皆採録遺文，案而不斷，故得失往往並存。應麟兼持兩端，亦失斷制。兼採異聞，亦資考證。經無明文，而因事以存其人，亦徵引該洽，固説《詩》者所宜考也。
箴膏肓起廢疾發墨守	經部春秋類	卷二六，第9—10頁	雖不出自應麟手，要亦究心古義者之所爲矣。
駁五經異義	經部五經總義類	卷三三，第2—3頁	此本從諸書採掇而成，或題宋王應麟編，然無確據。
論語孟子考異	經部四書類存目	卷三七，第6頁	皆採之《困學紀聞》中，凡註疏諸儒之説，與《集註》互異者，各爲考訂。
通鑑地理通釋	史部編年類	卷四七，第19頁	徵引浩博，考核明確，而敘列朝分據戰攻，尤一一得其要領，於史學最爲有功。
漢制考	史部政書類	卷八一，第12—13頁	摭採諸家經注及諸書所載，鈎稽排纂，以補其遺，頗足以資考證。於舊文不必悉符，亦一一詳爲訂辨或旁引證明。其中偶失考定者，未免千慮之一失。要其大致精核，具有依據，較南宋末年諸人，侈空談而鮮實徵者，其分量相去遠矣！

〔1〕此係在不與原意相左的前提下，剪裁《總目》涉及評論之原文而成，以下皆仿此。

续表

書　名	部　類	出　處	評　論
漢藝文志考證	史部 目録類	卷八五, 第12—13頁	應麟始捃摭舊文,各爲補註。間失之嗜奇,然論其該洽,究非他家所及也。
通鑑答問	史部 史評類	卷八八, 第17—18頁	蓋未成之本。其所評隲,刻覈古人,似胡寅之《管見》,與應麟所著他書,殊不相類,其真贋蓋不可知。或王厚孫刻《玉海》時,僞作此編,以附其祖於道學歟?然别無顯證,無由確驗其非,姑取其大旨之不詭於正可矣。
六經天文編	子部 天文算法類	卷一〇六, 第6—8頁	此編雖以天文爲名,而不專主於星象,凡陰陽五行風雨,以及卦義悉彙集之。採録先儒經説爲多,義有未備,則旁涉史志以明之,亦推步家所當考證也。
困學紀聞	子部 雜家類	卷一一八, 第44—46頁	應麟博極羣書,著述至六百餘卷,是編乃其劄記考證之文,應麟博洽多聞,在宋代罕其倫比,考證是非,不相阿附,不肯堅持門户;亦不肆相攻擊。蓋學問既深,意氣自平,能知漢唐諸儒,本本原原,具有根柢,未可妄詆以空言。又能知洛閩諸儒,亦非全無心得,未可概視爲弇陋,故能兼收併取,絶無黨同伐異之私,所考率切實可據,良有由也。
玉海	子部 類書類	卷一三五, 第47—48頁	應麟尤爲博洽。所引自經史子集、百家傳記,無不賅具,而宋一代之掌故,率本諸《實録》、《國史》、《日曆》,尤多後來史志所未詳。其貫串奥博,唐宋諸大類書,未有能過之者。〔1〕
辭學指南	子部 類書類	卷一三五, 第47—48頁	
小學紺珠	子部 類書類	卷一三五, 第48—49頁	仿世傳陶潛《四八目》之例,以數目分隸故實,遂爲類事者别刱一格也。其間隨筆記録或有不及編次者,前後殊無條理。亦自亂其例。間有採摭未備,失之耳目之前者,如斯之類,不一而足。然後來雖採掇編輯較爲明備,而實皆以是書爲藍本。踵事者易,刱始者難,蓽路籃縷,又烏可没應麟之功歟!

〔1〕陳仕華的研究指稱《總目》之評論"洵非溢美",且論《玉海・藝文部》對後世學者有補史料之不足、辯證史志之疏失、考見佚書之内容等重要功能。陳仕華《王伯厚及其玉海藝文部研究》,第159—176頁。

续表

書　名	部　類	出　處	評　　論
姓氏急就篇	子部 類書類	卷一三五， 第 50 頁	雖以記録姓氏爲主，而臚列名物，組織典故，意義融貫，亦可爲小學之資。每句之下，各注其受氏之源與歷代知名之士，必一一標所據之書，尤爲詳密。
四明文獻集	集部 别集類	卷一六五， 第 10—11 頁	應麟以詞科起家，其《玉海》、《詞學指南》諸書，賸馥殘膏，尚多所沾溉，故所自作無不典雅温麗，有承平館閣之遺。且所載事迹，多足與史傳相證。則雖零章斷簡，固不以殘缺棄矣！

歸納《總目》評論王應麟著作的相關訊息，首先，就《總目》對王應麟學問與治學的内涵與態度而論，《總目》以爲王應麟博極羣書，博洽多聞，篤志遺經，研心古義，在宋代罕有倫比。治學的態度則是考證是非，不相阿附，不肯堅持門户，亦不肆相攻擊。總之，王應麟因爲學問深厚，故而意氣平和，是以既能知漢唐諸儒的學問，本本原原，具有根柢，不可妄詆以空言；又能知洛閩諸儒的學問，亦非全無心得，未可概視爲弇陋，所以能够兼收併取，絶無黨同伐異之私，因此考證所得，皆切實可據。其次，就著作的表現而言，《總目》以爲王應麟著述宏富，多達六百餘卷，諸書大多徵引該洽浩博，考核明確，具有依據，尤其《困學紀聞》考證是非，率皆切實可據；《通鑑地理通釋》徵引浩博，考核明確，於史學最爲有功；《姓氏急就篇》一一標明所據之書，詳密精核，所得結果足以作爲相關研究者參考依循之用；《六經天文編》更是推步家所宜參考之書；《玉海》相對於唐宋諸大類書，更是未有能過之者。〔1〕再如《漢藝文志考證》雖有"失之嗜奇"者，但論其該洽，實非他家所及。至文集諸文，不僅文筆典雅温麗，有承平館閣之遺風；同時所載事迹内容，亦多足與史傳相證，雖是零章斷簡的殘本，但價值也相當高。其

〔1〕李祖陶評論李振裕《白石山房稿·補刊玉海序》云："以《玉海》爲類書之最，《四庫全書總目》中亦同此説。"（清）李祖陶《國朝文録續編》（同治刻本，《古籍庫》），第 879 頁。

三,就王應麟表現的缺失而論,雖然《總目》相當讚賞肯定王應麟的學問與學術表現,但《總目》也同樣指出王應麟某些著作存在的缺失,如:《詩地理攷》案而不斷;《小學紺珠》自亂其例;《漢制考》偶失考定;《通鑑答問》評論過苛等的瑕疵。不過《總目》並没有因此而下負面的定論,反而出現有踵事增華者易,篳路藍縷創始者難,不可因此而埋没王應麟捃拾之勞、創始之功的維護之詞。根據前述歸納所得,在在可見《總目》對王應麟學術的讚賞,故多正面的評價,少負面的批判,即使出現負面評論,也會提出維護的理由或説詞。這是觀察《總目》針對王應麟著作評論狀況的結果。以下則觀察《總目》他書"提要"對王應麟評價的狀況。

三、《四庫全書總目》他書提要評論王應麟考實

《總目》的書寫慣例,除在作者著作下直接評論該作者與書籍外,同時也會在其他書籍的"提要"中,引述相關著作的説法爲正反面的證據,有時祇是單純的引證,有時會針對引述的説法進行評論,王應麟的情況也是如此。根據初步統計,王應麟的名諱及其著作,除出現在《進表》者不計外,出現在《總目》其他書籍"提要"者:經部有四十七部、史部十八部、子部四十七部、集部二十六部,總共出現在一百三十八部書籍的"提要"内,這些書籍"提要"既有純粹引證者,亦有引證後發言評論者,以下即整理過録涉及評論之意見製成下表:

《總目》他書評論王應麟之資訊

書名	部類	出處	評論
新本鄭氏周易	經部 易類	卷一, 第7—8頁	王應麟輯鄭玄《易注》一卷,雖殘章斷句,尚頗見漢學之崖略,然皆不著所出之書,又次序先後,間與經文不應,亦有遺漏未載者。應麟固鄭氏之功臣,棟之是編,亦可謂王氏之功臣矣。

续表

書 名	部 類	出 處	評 論
陸氏易解	經部 易類	卷一， 第8—9頁	宋王應麟輯《鄭氏易注》，爲學者所重，士奔此本，雖不及應麟搜討之勤博，而掇拾殘剩，存什一於千百，亦可以見陸氏《易注》之大畧矣！
周易窺餘	經部 易類	卷三， 第1—3頁	王應麟《困學紀聞》稱鄭剛中有《周禮解義》，考王與義《周禮訂義》，首列諸家姓氏，有三山鄭鍔字剛中，淳熙中進《周禮全解》，蓋別自一人，字與剛中名偶同，或混而一之，非也。
禹貢論山川地理圖	經部 書類	卷十一， 第9—10頁	王應麟《玉海》謂淳熙四年七月“大昌上《禹貢論》五十三(二)篇、《後論》八篇，詔付秘閣”。不及其圖，蓋偶遺也。
絜齋家塾書抄	經部 書類	卷十一， 第17—19頁	王應麟發明洛閩之學，多與金谿殊軌，然於燮所解《儆誡無虞》諸條，特採入《困學紀聞》中，蓋其理至足，則異趣者亦不能易也。
尚書通考	經部 書類	卷十二， 第6—7頁	《書》本以道政事，而儒者以大經大法爲麤迹，類引之而言心。王應麟《困學紀聞》曰：“《仲虺之誥》言仁之始也，《湯誥》言性之始也，《太甲》言誠之始也，《説命》言學之始也。”然則删《書》録此四篇，果僅因此四語乎？
尚書大傳	經部 書類	卷十二， 第41—43頁	第四卷題曰《畧説》，王應麟《玉海》別爲一書，是“大傳”爲大名，“畧説”爲小目，應麟析而二之，非也。
詩疑辨證	經部 詩類	卷十六， 第38—39頁	《韓奕》之梁山韓城，王應麟兩存舊説，而其意以在晉爲主，中松疑梁山在晉地，並疑梁山宫爲三梁山，則支離繳繞，弊亦與應麟等矣。
三家詩拾遺	經部 詩類	卷十六， 第39—40頁	王應麟於咸淳之末，始掇拾殘賸，輯爲《詩考》三卷，然創始難工，多所挂漏。又增掇逸詩篇目，雜採諸子依託之説，亦頗少持擇。
毛詩鳥獸草木考	經部 詩類存目	卷十七， 第23頁	惟不考地理，或無以加於王應麟書，故置之歟？
儀禮逸經	經部 禮類	卷二〇， 第10—13頁	引二《戴記》著所出，鄭《註》不著所出，則與王應麟《鄭氏易》同，由古人著書，不及後來體例之密，不足異也。

续表

書　名	部　類	出　處	評　　論
大戴禮記	經部 禮類	卷二一, 第30—32頁	王應麟《困學記聞》指爲盧辯注,王氏之言,信而有徵。
春秋意林	經部 春秋類	卷二六, 第27—28頁	《宋史·藝文志》作二卷,王應麟《玉海》作五卷,傳寫誤也。
春秋經解	經部 春秋類	卷二六, 第29—31頁	王應麟《玉海》所載無《春秋經解》,《春秋學纂》即《春秋經解》之别名,《宋志》誤分爲二書,並訛其卷數,《書録解題》亦訛十三卷爲十五卷,惟《玉海》所記爲得其真矣。
鄭　志	經部 五經 總義類	卷三三, 第3—5頁	劉知幾《史通》稱:"鄭弟子追論師説及應答謂之鄭志;分受門徒,各述師言,更不問答謂之鄭記。"考《孝經疏》引此文,作"各述師言,更爲問答",知"不"字乃"爲"字之訛。王應麟《玉海》、朱彝尊《經義考》,並沿用誤本,殊失訂正。
經　稗	經部 五經 總義類	卷三三, 第41—42頁	自鄭玄淹貫六藝,參互鉤稽,旁及緯書,亦多採摭,言考證之學者,自是始。宋代諸儒,惟朱子窮究典籍,其餘研求經義者,大抵斷之以理,不甚觀書,故其時博學之徒,多從而探索舊文,網羅遺佚,舉古義以補其闕,於是漢儒考證之學,遂散見雜家筆記之内,宋洪邁、王應麟諸人,明楊慎、焦竑諸人,國朝顧炎武、閻若璩諸人,其尤著者也。夫窮經之要,在於講明大義,得立教之精意,原不以搜求奇秘爲長。然有時名物訓詁之不明,事迹時地之不考,遂有憑臆空談,乖聖人之本旨者,諸人於漢學放失之餘,捃摭而存一線,亦未始非餼羊之遺也。
急就章	經部 小學類	卷四一, 第1—2頁	惟顔師古注一卷存。王應麟又補注之,釐爲四卷。應麟《藝文志考證》標真定常山至高邑句,以爲此二章起於東漢,最爲精確。其注亦考證典核,足補師古之闕。
聖賢圖贊	史部 傳記類 存目	卷五九, 第8—10頁	《玉海》卷一百十三云高宗《七十二子贊》與此書人數正合。然《玉海》謂所去十一人内有申黨,而此書仍列申黨;《玉海》稱增申堂續,而此書於申黨之外,乃增申根,互相剌謬。

续表

書　名	部　類	出　處	評　　論
麟臺故事	史部 職官類	卷七九， 第 5—6 頁	《玉海》引《謝泌傳》上言請分四庫書籍，人掌一庫，事在端拱初，而其一百六十八卷又載此事於天聖五年，前後自相剌謬。
荀　子	子部 儒家類	卷九一， 第 5—7 頁	王應麟《困學紀聞》據《韓詩外傳》所引(荀)卿但非十子，而無子思、孟子，以今本爲其徒李斯等所增。不知子思、孟子後來論定爲聖賢耳，其在當時，固亦卿之曹偶，是猶朱陸之相非，不足訝也。
緝古算經	子部 天文 算法類	卷一〇七， 第 12—14 頁	王應麟《玉海》謂"今亡其三"。案：書内條目並無缺佚，不知應麟何所據而云也。
唐開元占經	子部 術數類	卷一〇八， 第 29—31 頁	《玉海》載《九執曆》"以開元二年二月朔爲曆首"，今考此書明云："今起明慶二年丁巳歲二月一日以爲曆首"。亦足以訂《玉海》所傳之誤。
投轄録	子部 雜家類	卷一一八， 第 39—40 頁	較王觀國《學林》、王應麟《困學紀聞》，皆爲少遜。然大致考據詳核。
丹鉛餘録	子部 雜家類	卷一一九， 第 2—3 頁	雖未必追蹤馬、鄭，亦未必遽在王應麟、馬端臨下，而取名太急，衹成雜學。求之於古，可以位置鄭樵、羅泌之間，其在有明，固鐵中錚錚者矣。
山堂考索	子部 類書類	卷一三五， 第 43—44 頁	在宋人著述之中，較《通考》雖體例稍雜，而優於釋經；較《玉海》雖博贍不及，而詳於時政；較《黄氏日鈔》則條目獨明；較吕氏《制度詳説》則源流爲備。
玉海纂	子部 類書類 存目	卷一三七， 第 14—15 頁	王應麟《玉海》卷帙浩繁，《詞學指南》專爲當時詞科而設，删之亦可。至其全書，正以典核詳贍爲長，删存十之一二，遂變爲記誦剽竊之本，非著書之初指矣。
千家姓文	子部 類書類 存目	卷一三九， 第 6 頁	不及王應麟《姓氏急就篇》典核有據也。
浮山集	集部 别集類	卷一五八， 第 13—14 頁	王應麟《困學紀聞》嘗引所作《咏韋執誼不看嶺南圖詩》，以爲誅奸諛之蕭斧。然其詞淺露，殊不盡(仲)并之所長，應麟蓋偶拈及之，以爲仲并詩止此，則非矣。

续表

書名	部類	出處	評論
古文苑	集部 總集類	卷一八六, 第28—30頁	紹定間章樵爲之註釋,編録未爲精核,傳寫之訛,註復詳爲之解,王應麟《困學紀聞》亦辨之,則註釋亦不能無失。
同文館唱和詩	集部 總集類	卷一八六, 第37—39頁	曹輔非靖康時爲樞筦者,樓鑰誤合爲一,王應麟《困學記聞》已辨之矣!

《總目》出現王應麟名諱或著作的一百三十八部書籍,共有三十部書籍的"提要"出現直接或間接評論王應麟的意見。統合這三十本書的評論意見,首先,涉及王應麟學術淵源的陳述:以爲王應麟發明洛閩之學,因此《困學紀聞》中纔會出現引述《尚書》"《仲虺之誥》言仁之始也,《湯誥》言性之始也,《太甲》言誠之始也,《説命》言學之始也"等以言心,大失《書》以道政事之本意。其次,關於王應麟學術地位的定位:以爲王應麟與馬端臨(1245—1322)的學術表現接近,兩者皆在"著述之富,古今罕儔"的楊慎(1488—1559)之上。[1]從漢學復興的角度評論,以爲王應麟和洪邁、楊慎、焦竑(1540—1620)、顧炎武、閻若璩(1636—1704)等在考證學方面的表現,都屬有助於漢學復興的重要人物,所以纔有所謂"窮經之要,在於講明大義,得立教之精意,原不以搜求奇秘爲長。然有時名物訓詁之不明,事迹時地之不考,遂有憑臆空談,乖聖人之本旨者,諸人於漢學放失之餘,捃摭而存一線,亦未始非餼羊之遺也"的發言。其三,對於王應麟著作的評論:一則讚美《姓氏急就篇》典核有據;稱美《詩經地理考》具有難以超越的地位;稱讚《急就章注》考證典核,足補顔師古《注》之闕;稱美《藝文志考證》標真定常山至高邑句起於東漢,最爲精確。再則讚美《鄭氏易注》因搜討勤博,故爲學者所重,但也指出不註明蒐獲資料所出之書,體例不够嚴密,且間有遺漏之失。讚美《困學紀聞》考據詳核,例如:

〔1〕(明)何宇度:《益部談資》卷中:"楊用修著述之富,古今罕儔;予所見已刻者二十九種;未見已刻者三十九種;未刻者尚有七十一種,總之一百四十種。"文淵閣四庫全書本,第12—14頁。

指明《大戴禮記》爲盧辯注；辯駁《古文苑》注釋之失；辯駁樓鑰誤以曹輔爲靖康時樞筦等皆信而有徵。但也指出《困學紀聞》中出現有：混鄭鍔與鄭剛中爲一人；引《書》以言心，失《書》以道政事之本意；《韓奕》之梁山韓城，兩存舊説，支離繳繞；據《韓詩外傳》荀子但非十子，無子思、孟子，以《荀子》爲其徒李斯等所增，不知子思、孟子當時與荀子地位相當；誤導讀者小看仲并之詩的嫌疑等訛誤。稱美《玉海》典核詳贍，例如所載《春秋學纂》即《春秋經解》之别名，所記爲得其真。然亦指出《玉海》有：偶遺程大昌《山川地理圖》；誤析《尚書大傳》之《略説》爲另一書；誤《鄭志》"更爲問答"之語爲"更不問答"；論孔子七十二弟子之增減；言謝泌請分四庫書籍一事，皆前後自相剌謬；不知何據而謂《緝古算經》亡其三；誤《九執曆》以開元二年二月朔爲曆首等失誤。[1]三則，批評《詩考》多所挂漏，增掇逸詩篇目，雜採諸子依託之説，頗少持擇。並以爲《詞學指南》專爲詞科而設，删之亦無不可。以上是《總目》在三十部書籍"提要"内對王應麟的評論。

綜合觀察《總目》在王應麟著作的"提要"與他書的"提要"對王應麟的評論，可見《總目》對王應麟學術與著作的推崇，雖然在他處言及王應麟學術淵源於洛閩之學，因而對其傾向宋學家的"言心"稍有微詞，但整體來看，《總目》認爲王應麟雖有宋代理學家的某些瑕疵，但實際上卻没有偏執宋學，而是能充分瞭解宋學與漢學利弊的南宋少數綜合漢學考證和宋學義理的經學家，因此所有的著作雖有少數千慮一失的瑕疵，但確實都是屬於考證精核的佳作。王應麟被《總目》認定的此種立場，正與《經部總敘》所謂"漢學具有根柢，講學者以淺陋輕之，不足服漢儒也。宋學具有精微，讀書者以空疏薄之，亦不足服宋儒也。消融門户之見而各取所長，則私心祛而公理出，公理出而經義明矣"（卷一，第 2 頁）的評價立場，完全相符，毋怪明確肯定爲王應麟著作的十四部書，均被抄入《四庫全書》。再

〔1〕王應麟《玉海》之缺失，亦可參考陳仕華《王伯厚及其玉海藝文部研究》，第 177—181 頁所論。

者《總目》既然稱美王應麟著作,並評價《急就章注》(《急就篇解》)考證典核,足補顔師古之《注》,卻没有收録;《總目》提及的《王會篇解》、《踐阼篇解》等二書,亦没有收録。[1]但無論如何,亦可看出《總目》對超越宋學家與漢學家而可歸入經學家的王應麟,確實給予非常高度的評價,尤其基於《總目》評論的基本立場(詳下),因而對其在考證學方面的表現,《總目》更是給予特別的强調。《總目》如此高度評價王應麟,然則《總目》又如何運用王應麟的學術成果呢?以下即考論之。

四、《四庫全書總目》引述王應麟學術成果考實

《總目》除收録確認爲王應麟著作及疑似王應麟的著作十七部之外,並在其他一百三十八部書的《提要》中,提及王應麟或其著作,歸納這些《提要》引述王應麟或其著作的狀況及功能,大致可以瞭解《總目》對王應麟學術認知的狀況,以及王應麟著作何者較符合《總目》的需要、較受重視及重視的程度。然而《總目》文字數量龐大,文字出自衆手,負責抄録者也不見得絶對用心,覆校的主事者也可能眼花疏忽,訛誤字因此也就在所難免,徵引王應麟論著的内容,因而也偶有文字訛誤或出處錯誤者。[2]下文的考論,對於《總目》未明確指明出處者,則確實辨明之,[3]《總目》

[1] 林素芬學妹以爲《王會篇解》、《踐阼篇解》"未著録的原因,或許因爲二書各僅一卷,卷帙短小;或許這二種著作不符合《總目》的著録原則"。林素芬《博識以致用——王應麟學術的再評價》,新北:花木蘭文化出版社,2009年,第84頁。

[2] 樊得仁《龍門志提要》:"《玉海》云:'梁山之北有龍門山,大禹所鑿,通孟津河口,廣八十步。'是書既已引之,而後又引此數語,別標曰'出魏《地理志》',顛倒重複,殊爲蕪穢。"(卷七十六,第19頁)案:見《玉海》卷二十《地理》引《水經注》云:出"魏《土地記》"。馬融《忠經提要》:"《玉海》引宋《兩朝志》載有海鵬《忠經》。"(卷九十五,第4頁)案:《玉海》(卷四十一《藝文》作"《崇文目・小説》:'《兩朝志》:濤鵬《忠經》'"。

[3] 蘇轍《詩集傳提要》:"王應麟《韓詩考》所載"(卷十五,第13頁);實出《玉海》卷三十八《韓詩》。林兆珂《檀弓述註提要》:"王應麟考證'蒼梧'之類"(卷二十四,第9頁);實出《困學紀聞》卷五《禮記》。周南《山房集提要》:"敕内別有'兵於五材,誰能去之;臣無二心,天之制也'數語,亦極爲王應麟所激賞"(卷一百六十一,第14頁);實出《困學紀聞》卷十九《評文》。

出處訛誤者,則考證以正之,〔1〕並去除某些來源不明的引述,〔2〕然後歸納《總目》引述王應麟著作爲説的狀况,大致如下表所述:

《總目》引述王應麟著作實况統計

著作名稱	引述次數	正面引述	負面引述	行文提及
玉　海	87〔3〕	67〔4〕	9〔5〕	11〔6〕
困學紀聞	36	26〔7〕	5〔8〕	5〔9〕

〔1〕吕祖謙《書説提要》:"王應麟《玉海》云:'林少穎《書説》至《洛誥》而終,吕成公《書説》自《洛誥》而始。'"(卷十一,第15頁)案:實出《困學紀聞》卷二《書》。劉勰《文心雕龍提要》:"考王應麟《玉海》曰:'《周書·謚法》:"惟三月既生魄,周公旦、太公望相,嗣王發既賦憲受臚於牧之野,將葬,乃制作謚。"《文心雕龍》云:"賦憲之謚出於此。"'然則二字不誤,古人已言,以是例之,其以意雌黄者多矣。"(卷一百九十五,第3頁)案:實出《困學紀聞》卷二《書》。

〔2〕《毛詩正義提要》:"王應麟引其駁《芣苢》一條,謂'王不及鄭'。(見《困學記聞》)"(卷十五,第6頁)案:《困學記聞》未見"王不及鄭"之文。胡寅《讀史管見提要》"王應麟《通鑑問答》謂:'但就一事詆斥,不究其事之始終',誠篤論也。"(卷八十九,第5頁)案:王應麟《通鑑問答》未見相關資訊。

〔3〕《總目》同一部書之"提要",引述王應麟同一本著作多次者,均分别計算。

〔4〕見《周易注》、《易變體義》、《周易經傳集解》、《詩集傳》、《禮記惜陰録》、《春秋皇綱論》、《春秋權衡》、《春秋經解》(兩次)、《春秋傳》、《古文孝經指解》、《埤雅》、《韻學通指》、《舊五代史》、《建炎以來繫年要録》、《通鑑紀事本末》、《隆平集》、《春秋列國諸臣傳》、《聖賢圖贊》、《越史畧》(兩次)、《元豐九域志》、《海塘録》、《龍門志》、《麟臺故事》、《崇文總目》、《史通通釋》、《荀子》、《新語》、《中説》、《曾子全書》、《忠經》、《韓子》、《巢氏諸病源候論》、《外臺秘要》、《銅人鍼灸經》、《證類本草》、《太平惠民和劑局方指南總論》(兩次)、《元包附元包數總義》、《皇極經世索隱》、《洪範皇極内外篇》、《唐開元占經》(兩次)、《洪範政鑒》、《翰墨志》、《畫史》、《紹興内府古器評》、《鬼谷子》、《獨斷》、《北堂書鈔》、《白孔六帖》(三次)、《册府元龜》、《古今姓氏書辨證》(兩次)、《山堂考索前集後集續集别集》、《玉海纂》、《漢武帝内傳》、《搜神記》、《太平廣記》(兩次)、《别集類小敍》、《曲阜集》、《御製樂善堂文集定本》、《杜律意註》等書提要。

〔5〕見《禹貢論山川地理圖》、《尚書大傳》、《春秋意林》、《春秋道統》、《鄭志》、《聖賢圖贊》、《麟臺故事》、《緝古算經》、《唐開元占經》等書提要。

〔6〕見《書古文訓》、《樂原》、《爾雅翼》、《南朝史精語》、《一菴雜問録》、《格致叢書》、《圖書編》、《古儷府》、《黔類》、《考古畧》、《文莊集》等書提要。

〔7〕見《子夏易傳》、《周易舉正》、《書説》、《絜齋家塾書抄》、《周禮新義附考工記解》、《大戴禮記》、《檀弓述註》、《韶舞九成樂補》、《三國志補註附諸史然疑》、《中説》、《投轄録》、《少室山房筆叢正集續集》、《續古今考》、《顔魯公集補遺》、《灊山集》、《北海集》、《浮山集》、《攻媿集》、《燭湖集》、《山房集》、《滄浪集》、《秋堂集》、《南塘四六》、《古文苑》、《同文館唱和詩》、《文心雕龍》等書提要。

〔8〕見《周易窺餘》、《尚書通考》、《毛詩草木鳥獸蟲魚疏》、《詩疑辨證》、《荀子》等書提要。

〔9〕見《周易口訣義》、《毛詩解》、《三魚堂四書大全》、《格致叢書》、《文莊集》等書提要。

续表

著作名稱	引述次數	正面引述	負面引述	行文提及
周易鄭康成注	5	3	0	2[1]
小學紺珠	5	1	0	4[2]
姓氏急就篇	3	2	0	1[3]
詩考	2	0	1	1[4]
漢藝文志考證	2	1	1	0[5]
論語孟子考異	2	0	0	2[6]
詩地理攷	1	1	0	0[7]
王會補傳	1	1	0	0[8]
急就篇解	1	1	0	0[9]

上述諸書中《王會補傳》和《急就篇解》並没有收入《總目》,卻出現在《提要》中,並且屬於正面肯定的引述,表示該書有其價值。根據上表的統計,可見《總目》引述王應麟的著作,基本上都是從正面肯定的角度引述,《玉海》的正面引述是負面引述的七倍多、[10]《困學紀聞》的正面引述是負面引述的五倍多。這兩部被引述次數最多的書籍,顯示其書的性質與内容,相當符合《總目》的需要,同時也顯示這兩部書在《總目》認定的學術價值與地位較高,毋怪《總目》在兩書的《提要》中給予最高的評價。

僅從《總目》單一對象的評論,當然很難觀察到實際的狀況,是以有

[1] "正面引述"見《新本鄭氏周易》、《陸氏易解提要》、《管城碩記》等書提要。"行文提及"見《儀禮逸經》、《九經古義》等書提要。

[2] "正面引述"見《羣書拾唾提要》。"行文提及"見《讀書紀數畧》、《諸經紀數》、《藝林彙百》、《考古類編》等書提要。

[3] "正面引述"見《陸氏世史鈔》、《千家姓文》等書提要。"行文提及"見《風俗通義提要》。

[4] "負面引述"見《三家詩拾遺提要》。"行文提及"見《九經古義提要》。

[5] "正面引述"見《急就章提要》。"負面引述"見《韓子提要》。

[6] 見《四書大全辨》、《三魚堂四書大全》等書提要。

[7] 見《毛詩鳥獸草木考提要》。

[8] 見《山海經提要》。

[9] 見《急就章提要》。

[10] 陳仕華認爲《玉海·藝文部》"體例賅備,考證精詳",故"逮乎清代,則多徵引其資料,以爲考證之資"。陳仕華《王伯厚及其玉海藝文部研究》,第113頁。

必要從更廣闊的範圍，考察《總目》對其他學者的評論，更進一步的比較，以便瞭解《總目》評價的實質意義。本文當然不可能對所有收入《總目》的學者論著進行比較，姑且以《總目》曾經用來與王應麟共同比較討論的杜佑（735—812）及《通典》、洪邁及《容齋隨筆》、馬端臨及《經籍考》、楊慎及《丹鉛録》、焦竑及《國史經籍志》、顧炎武及《日知録》、閻若璩及《潛邱劄記》等七位學者爲對象，並以諸人名諱和書籍出現在《總目》的次數，製成下表進行比較：

王應麟與相關學者出現在《總目》次數之比較

姓　名	名諱出現次數	主要著作	著作出現次數
杜　佑	28	通典	61
洪　邁	111	容齋隨筆	79
馬端臨	64	經籍考	38
楊　慎	164	丹鉛録	25
焦　竑	187	國史經籍志	111
顧炎武	133	日知録	44
閻若璩	55	潛邱劄記	27
王應麟	113	玉海	87
王應麟	113	困學紀聞	36

王應麟的名諱出現次數居於第四位，在焦竑、楊慎、顧炎武之下；著作被引述的狀況，《玉海》和相同性質的杜佑《通典》、馬端臨《經籍考》、焦竑《國史經籍志》相比，位居第二。《困學紀聞》和性質相近的洪邁《容齋隨筆》、楊慎《丹鉛録》、顧炎武《日知録》、閻若璩《潛邱劄記》等相比，居於楊慎與閻若璩之上。《總目》在編纂之際，除了書籍必然要介紹作者之外，對於非原作者書籍"提要"需要引述何人之見解進入討論，當然不可能事先即規定，同時根據現在的一般性共識，《總目》每一則"提要"的形成，並不是僅有一位作者，實際上是經由多位作者合作而成，《總目》的編纂官員既没有刻意選擇何人或何書進入討論的規定，顯然在《提要》中出現的名諱與書籍，衹是順著編纂書寫者的記憶與偏好選擇引述，此

種無意中呈顯的狀況，當然更能表現被引述者在《總目》編纂官員心目中的熟悉程度與學術地位，從而可知王應麟在《總目》編纂官員中的地位，確實是數一數二的重要學者，難怪確定爲王應麟的著作，甚至是疑似王應麟的著作，都列入《四庫全書》抄録傳世的書籍，即使被《總目》評爲"刪之亦可"的《詞學指南》，也愛屋及烏的抄入《四庫全書》內，[1]此亦可見《總目》編纂官員對王應麟學術的肯定。

五、結論

總括《總目》對王應麟的評論意見，大致可歸納如下：論其學問則曰"博洽多聞，在宋代罕其倫比"；論其學術態度則曰"能知漢唐諸儒，又能知洛閩諸儒，故能兼收併取，絶無黨同伐異之私，所考率切實可據"。論其學術成就則特别强調勤奮蒐羅漢代《三家詩》和鄭玄《周易注》等佚文的創始之功；[2]對於個别書籍的評價：《詩地理攷》"徵引該洽，固説《詩》者所宜考"；《玉海》"典核詳贍"、"貫串奥博，唐宋諸大類書，未有能過之者"；《小學紺珠》創造"類事者"之書的新體例；《姓氏急就篇》"典核有據"、"組織典故，意義融貫，亦可爲小學之資"；《通鑑地理通釋》"徵引浩博，考核明確"，有功於史學；《漢制考》"鈎稽排纂，以補其遺，頗足以資考證"；《漢藝文志考證》"論其該洽，非他家所及"；《六經天文編》"推步家所當考證"；《急就篇解》"考證典核，足補顔師古之闕"。綜合《總目》上述高度讚美之論，可見《總目》讚美王應麟的學術表現，都是在考

〔1〕《詞學指南》收於《玉海》卷二百一至二百四。

〔2〕《總目》强調的僅是王應麟在漢代《三家詩》和鄭玄《周易注》的輯佚首創之功，後人或者誤讀《總目》之文，或者過度推崇王應麟，因而以王應麟爲中國歷史上進行實際輯佚的第一人。如傅璇琮説"輯佚工作正式起始於王應麟"，傅璇琮《王應麟著作集成總序》，《王應麟著作集成·周易鄭康成注》，北京：中華書局，2012年，第2頁。相關考辨見曹書杰先生《王應麟與輯佚起源問題》，傅璇琮、施孝峰主編《王應麟學術討論集(2011)》，北京：清華大學出版社，2012年，第60—66頁。

證或輯佚等可歸入“漢學”範圍的成果,《總目》同時也曾明白將王應麟歸入宋代以來有功於復興漢儒考證之學的重要人物之列。但《總目》其實也曾明白强調王應麟學兼漢宋的學術特色,還説“王應麟發明洛閩之學,多與金谿殊軌”。甚至批評王應麟引《尚書》以“言心”之不當,顯然《總目》的相關編纂者知道王應麟在宋學研究上有其成就,但《總目》對王應麟的正面評論中,絶不涉及王應麟思想義理等有關宋學方面的成就,毋怪林素芬要振振有辭地説《總目》“頗能掌握王氏的考證學成就,卻無法掌握王氏學術中的義理面向”、“雖然《總目》對王氏考證之學十分肯定,然而拘於評價視域,忽略了王氏學術中的義理面向,對王氏仍是誤解了”。〔1〕然則集合乾隆年間諸多宋學與漢學等大學者,在皇帝的關切下共同用心編纂而成的《總目》,真的有“無法掌握王氏學術中的義理面向”的問題,真的“誤解”了王應麟而不自知的疏忽,需要等待後世學者的指正補苴嗎? 實際上對《總目》所謂“漢學家本營”或“貶抑宋學”等被現代多數學者接受的評論,大致是民初梁啓超一類天才學者,讀書之際一時疏忽,因而引發的學術問題。〔2〕因爲《總目·凡例》第二十條(最後一條)説:

是書主於考訂異同,别白得失,故辨駁之文爲多。然大抵於衆説互殊者,權其去取,幽光未耀者,加以表章。至於馬班之史,李杜之詩,韓柳歐蘇之文章,濂洛關閩之道學,定論久孚,無庸更贅一語者,則但論其刊刻傳寫之異同,編次增删之始末,著是本之善否而已。蓋不可不辨者,不敢因襲舊文;無可復議者,亦不敢横生别解。凡以求歸至當,以昭去取之至公。(卷首3/第12—13頁)

此條明白説明《總目》編纂的内容是“主於考訂異同,别白得失,故辨駁

〔1〕林素芬:《博識以致用——王應麟學術的再評價》,第65—66、86頁。

〔2〕朱維錚先生説:“歷史學的研究,要想真正有所成就,依賴的不是天才,而是勤奮。”“《清代學術概論》又堪稱一部天才論述,越是離著作情境更遠的讀者,越易將它看作客觀勝於主觀的學術史佳作。”“但本書實非客觀的歷史論著。”朱維錚:《〈清代學術概論〉導讀》,梁啓超《清代學術概論》,上海:上海古籍出版社,1998年,第29—30頁。

之文爲多”,對於“濂洛關閩之道學,定論久孚”者,則“但論其刊刻傳寫之異同,編次增删之始末,著是本之善否而已”。顯然《總目》的著作宗旨是“考訂異同”,思想義理並非《總目》關心所在,除非是“不可不辨者”,否則《總目》應該不會特别加以表揚。可見《總目》特别表揚王應麟在考證學方面的成就,確實符合《總目》編纂的基本宗旨,《總目》當然有“拘於評價視域”的問題,但謂《總目》“無法掌握”、“疏忽”或“誤解”王應麟學術義理層面的表現,恐怕不免也有“誤解”《總目》之虞。

本文從學術傳播史的角度,立基於“外部研究”的視域,探討《總目》評論引述王應麟的狀況,經由前述的討論,應該可以獲得一個比較明確的瞭解。研究過程主要是透過電腦搜尋功能的協助,再經由實證式閲讀後加以歸納分析,最終獲得的結果如下:

首先,王應麟的著作宏富,至今無法確實掌握其編輯與著作的數量,《總目》提及的著作總共有二十種,收録了其中十七種,可確定爲王應麟著作的十四種,這十四種均收入《總目》的“著録”内,没有列入“存目”者。《總目》除在王應麟著作的“提要”進行評論外,同時也在其他一百三十八部書籍的“提要”,引述或提及王應麟的名諱或著作,並有三十本書的“提要”出現評論王應麟的意見。

其次,就《總目》的整體評論意見而論,《總目》固然也指出王應麟著作中的某些瑕疵,但《總目》的評論主要還是從讚美的角度入手,負面評論之際因此多見恕詞。總體而言,《總目》認爲王應麟學問博洽精深,不拘於一格,是一位能充分瞭解漢學與宋學的優缺點,漢宋兼收不偏不倚的學者,同時也是宋代以來漢學沉晦之際,復興漢學的重要人物。王應麟著作在四庫館臣眼中,因此乃是考證精詳、確然可信的精核之作。

其三,《總目》在其他非王應麟的書籍“提要”中,引述王應麟的十一部著作爲言,以《玉海》和《困學紀聞》的引述最多,《玉海》在討論中做爲證據或正面對比的引述,高達遭受批判的負面引述七倍多;《困學紀聞》

正面引述也達負面引述的五倍多，可見兩書受《總目》重視的程度。[1]相對於杜佑及《通典》、洪邁及《容齋隨筆》、馬端臨及《經籍考》、楊慎及《丹鉛録》、焦竑及《國史經籍志》、顧炎武及《日知録》、閻若璩及《潛邱劄記》等在《總目》中的表現，王應麟及其著作受《總目》重視的程度：名諱出現的次數居四，雖不如焦竑、楊慎、顧炎武，卻在杜佑、洪邁、馬端臨、閻若璩等之上。《玉海》居二，在焦竑《國史經籍志》之下，在杜佑《通典》、馬端臨《經籍考》之上。《困學紀聞》居三，在楊慎《丹鉛録》、閻若璩《潛邱劄記》之上，在洪邁《容齋隨筆》、顧炎武《日知録》之下。總體而言，大致與顧炎武及《日知録》的地位相當，此可證實前述何澤恒所言清初諸儒重視顧炎武《日知録》者，也同時重視《困學紀聞》的觀察。

本文探討《總目》評論與引述王應麟學術的實際狀況，用以瞭解王應麟在《總目》編纂者心目中的學術形象及其學術表現與專業的狀況，以見王應麟在《總目》受重視的程度及其學術地位。經由實證性的蒐尋、閱讀、分析，可知王應麟在《總目》的學術形象：知漢宋學優劣而兼採漢宋學的經學研究者；著作考證精確；輯佚與書籍體例等方面都有創始之功；《玉海》和《困學紀聞》成就特大。所得研究成果，對王應麟、《總目》等研究者，提供部分確實可信的有效答案，這當是本文研究的意義與價值所在。

---

〔1〕《四庫全書總目》對《玉海》和《困學紀聞》等二書的充分肯定，是否即清代學界的共識，或者説王應麟的著作，在清代"學術影響"上，此二書是否居於首位？這當然是個值得關切的學術議題，這也就是筆者設計"王應麟學術傳播研究(Ⅱ)：清朝時期"專題研究計劃，進行研究探討的一個重要原因。

“在今天，我們需要什麼樣的古典學術”圓桌會議暨《新經學》創辦出版研討會會議紀要

謝春彥、陳尚君、嚴佐之、張汝倫、虞萬里、史應勇、章益國、劉海濱、熊明心、鄧秉元

2017 年 7 月 14 日，上海人民出版社舉辦“‘在今天，我們需要什麼樣的古典學術’圓桌會議暨《新經學》創辦出版研討會”，邀請滬上各界專家各抒己見。以下爲本次會議紀要，專家發言已經本人審定。

鄧秉元(復旦大學歷史學系教授)：很榮幸參加今天的座談會。感謝出版社利用《新經學》這部小書出版爲契機，作爲拋磚引玉的基礎。在座的很多都是我的老師輩，讓我首先發言，感到有些慚愧和不安，好像又回到了十七年前博士論文答辯的場景。上周出版社安排座談會的時候還没留意，前天猛然想到今天(7 月 14 號)正是業師、經學史家朱維錚先生的八十一周歲冥誕，這可能祇是個巧合，但對我而言，卻格外值得紀念。

感到不安的是《新經學》這本刊物的書名。二十世紀以來，所謂新史學、新儒學、新道學、新理學、新子學、新文學等的提法便不絶於耳。到了這個世紀，所謂新儒家、新墨家、新道家更是被許多人重新自居。

在一個崇拜創新的時代,新甚至在許多時候成爲一種魔咒。但正如古人所説的,以道自任則可,以道自居則不可。那麽爲什麽我們還要把"新經學"用作書名呢? 除了因爲没有找到更加契合的刊名之外,也因爲我覺得新固然不可自我標榜,但卻在某種意義上依然可以作爲一種理想。强調"經學",是爲了和此前許多認爲經學已死的觀點有所區隔,返回到作爲中國文化生命本源的經學視野;强調"新",是爲了提示經學應該找到與這個時代相適應的新的形態。新不是爲了否定舊,而是説不必僅以舊的形態爲歸宿,新的前提依然是真。所以《新經學》發刊詞提前在《文匯學人》發表時,所用的標題便是"什麽是理想的新經學?"這本書目前看來其實遠未達到理想,但我們希望將來能有越來越多的文章符合理想的經學。藉這個機會我想簡單向各位前輩及同仁匯報一下編輯這本小書的緣起和初衷,以及我自己對於傳統學術研究的一點淺見。

大概地説,八十年代應該説是 1949 年以來文化最爲開放的時代,至少在各階層的心態上。無論是接引西學還是接契傳統,一時都如雨後春筍一般。九十年代初,這兩種思路衝突加劇,出現了所謂國學熱。可以説我大學生涯的很大一部分就是在這種思想氛圍裡逐漸度過的。我自己的專業本來是自然科學,但因爲個人原因後來轉向了傳統文化的學習,所以這兩種思潮如何協調,對我個人來説也是非常實際的問題。1997 年,我在讀碩士期間生平第一次正式發表文章,就題爲"也談國學與西學的論爭",1999 年還寫過兩篇文章討論"中國學術文化的重建",所謂初生牛犢不怕虎,文章觀點都是大而化之,現在看來真是無地自容,借用明朝張居正當年的一句話,是足以令人"發笑而自點耳"。但勉强説來,或許可以算作我們這個年輩出生的不少學人的一點初心。記得當時因爲經濟大潮的裹挾,人心浮動,我剛來上海讀研,就趕上了一波人文精神大討論,在座的好幾位老師的文章和討論我就是在那時開始拜讀的。我後來在博士論文中提出過一個傳統士大夫的"師道精神",其實便是在這種背景刺激下對傳統士人的一次精神的考古學。

但2001年前後,我從復旦歷史系畢業,在復旦古籍所做博士後那兩年,卻是我人生中最困惑的兩年。通過歷史研究我們能發現傳統文化中許多可愛的地方,譬如文學、藝術,甚至像武術養生,包括許多倫理價值,等等,等等。但問題是,可愛者未必可信,這還是王國維當年的老問題。我們在什麽意義上可以説中國文化除了她的歷史存在之外,還足以自立於人類思想之林?這種自立不是基於她是善的,是美的,她是曾經存在過的,而同時也因爲她是真的?儘管黑格爾説過,存在的必是合理的,但中國文化的合理性似乎尚未完全證成,至少没有完全説服我。我曾經很憤激,憑什麽讓中國文化傳統向近代西方文化證明自身的合法性?但後來還是逐漸意識到,當西方文化已經被絶大多數人先入爲主地接受,甚至要唯我獨尊、大革其命的時代,儘管已經花果飄零,中國文化除了在實踐的堅守外,也有責任向不理解中國文化的人證明自身。證明是這個時代的主要教化方式。這種證明不是舉例説中國文化也曾經有過西學那些足以傲人的東西,譬如民主與科學,中國曾經是早熟的文明,衹是後來走錯了路;而是説,除了躬行踐履之外,傳統的經學視域在真理的意義上同樣具有自足的意義。我們不能簡單説一句,我相信,我認爲,就萬事大吉了。我覺得這是西方文明進入之後,向中國文化提出的一個最基本的問題。這個問題讓我意識到歷史研究雖然重要且不可或缺,但還不能局限於歷史研究。所以在某種意義上,那幾年我事實上掉入了一個深淵。因爲假如中國文化不真,或者無法揭示她的真,傳統的許多偉大的精神力量都衹是建基於某種獨斷的精神信念或者血氣之勇,也許對於文學家、藝術家、宗教家還有意義,但對於我自己來説,完全没有辦法説服自己再繼續對她的研究。這也是我自己真正從思想史轉向經學研究的契機。

具體的辦法是,我爲自己提出了一條設準。章太炎曾説,“中國學術其失在於汗漫”。儘管先秦諸子及後世許多第一流的佛學、理學、史學、文論等著作都有著嚴謹而闊大的結構,但一是鳳毛麟角,而且因爲當時人所共喻的知識基礎隱而不彰,常常在言說上需要現代學者爲之重新建構;而且大量論述本身確實缺乏條理,缺乏系統,很容易讓那些江湖術士之類的學術混跡其間。所以我的設準是,既然中國學術的基礎在經學,而六經之中作爲義理基礎的就是《周易》,或者説《周易》在某種意義上可以視作中國學術的真正基石;而以往的《周易》研究又是最爲神秘汗漫,學派之間無法調和;那麽能否在二十世紀人類思維水準的檢視下,證明《周易》的系統性、無矛盾性以及真理性?假如這個問題可以解決,那麽中國文化就能在新的基礎上重新奠基,否則她就無法擺脱被作爲某種獨斷論受到質疑的局面。

關於這些問題的思考和解決,基本彙集在我 2011 年出版的那本《周易義疏》之中。這本書在目前的學術界看來也許微不足道,但對於我卻具有精神治療的作用,讓我恢復並堅固了對中國文化的信心,儘管代價也很大。所以經學對於我並非像有些學者一樣,首先看作某種圓坨坨、光碩碩,需要我們去膜拜的宗教性的存在;相反,我們必須重新向傳統的經典發問,讓她們自己去顯示在這個時代作爲經典而存在的理由。《學記》所謂"善待問者如撞鐘,叩之以小者則小鳴,叩之以大者則大鳴"。經典就應該是這個待問者。真金應該不怕火煉。假如經不起追問,那麽儘管是祖先的遺物,或許可以尊重和保存,但又憑什麽得到認同?那種普泛地承認一切經典的價值,固然應該作爲我們對待傳統的基本態度,但一旦進入具體的真理領域的討論,我們還是要直面並遵從自己的本心。也正是因此,對於晚清以來以康有爲爲代表、其後還不絶如縷的各種宗教化的扭曲了的經學研究,我一直認爲是需要警惕的。

按照我一直以來的想法,傳統學術大廈的重建是一個異常艱巨的任務,每個人應該做好他自己的事,而我則常常滿足於自己的書齋生活。但一個偶然的原因,使我改變了看法。2014 年年底我正好在愛丁堡大學神學院訪問,接到學校的兩個緊急信件。爲了趕上次年 5 月的一百一十周年校慶,需要重編並出版一批老教授的代表著作。希望我能爲周予同先生重編一部文集,並撰寫導言。由於我所從事的工作,這對於我似乎是責無旁貸的事情。文集其實編得很不理想,但也正是這個工作,讓我不僅重温了晚清以來有關經史研究的大量著作,而且重新思考了二十世紀從否定經學到本世紀開始經學回潮的基本脈絡和問題意識,因此撰寫了一篇《新文化運動百年祭》,作爲該書的導言。我發現了一個不得不承認的事實。首先,許多人站在儒學或傳統學術立場控訴"五四"以來對傳統學術的批判,固然不無理據,但卻並没有意識到,經學之所以被二十世紀蔑棄,首先是因爲自清朝以後,雖然産生了大量基於語言學與歷史學的經學史研究,但經學本身卻没有産生真正有價值的東西。經學的常道需要在具體的歷史時空找到她合適的表達形式。對傳統文化具有好感的學者不應該拒絶其他文化的批評甚至否定,相反應該反求諸己,意識到這個基本現實。也正是在這個基礎上,我在《新經學》發刊詞裡明確提出了第三期經學的看法。這就是接續並深化由清初三大家所開啓的,能够將中印兩希四個知識系統融爲一體的新經學。二十世紀以來其實有一小部分學者已經開展了這方面的工作,譬如馬一浮、熊十力、牟宗三、唐君毅等爲代表的新儒家學者。我無法全部同意他們那些頗具分歧的具體觀點,也不認爲中國學術重建的任務已經完成,但卻無疑認爲他們已經在途路之中。這些年有些研究中西學術的學者也都不約而同走在了這條路上。在這個意義上,中國傳統學術研究,不僅有利於中國文化自身,無疑也會豐富人類的自我認識。

不僅如此。古人説,君子以文會友,以友輔仁。在我寫完那篇《新文化運動百年祭》之後,我突然意識到中國文化的現實處境,和"五四"時代又有了某種相通之處。除了學術本身之外,我們似乎必須要做點兒什麽。所以從愛丁堡回來後,我和應勇、立波、鈺翰等幾位朋友商量,並分頭組稿,在出版社的支持下,於是有了這本小書。感謝對我們給予各種善意支持甚至批評的朋友們。

最後需要補充的是,由於 1949 年後經學一度被視作意識形態,所以反過來意識形態也常被稱作經學。我看到的最早的新經學的提法是"文革"以後,黎澍、程千帆等不約而同反對此前的所謂"新經學"。2001年前後饒宗頤先生也在北大做過倡導"新經學"的報告,已經扭轉了此前的看法,並産生了不小的影響。2004年以後直接倡導經學的觀點和刊物也不斷湧現,但細心的讀者應該會看到彼此之間的異同之處。

謝春彦(著名畫家,美術評論家):我要先給大家鞠躬,因爲我是一個畫畫的,畫也没畫好,剛剛看主持的先生介紹,説我是上海中國畫院高級畫師,不是的,我那時候拒絶參加職稱評定。我今天是抱著一種請教各位專家,包括主持這本雜志的鄧教授的心情來參加的。我在《文匯報》上看到秉元先生的這篇發刊詞,非常高興,半懂不懂,但是有一點興奮,我就打電話給爲松社長。我搞不懂,爲什麽在這個時刻,會出這樣的東西。像現在畫畫的情況,你們諸位是做學術的,不太瞭解,我因爲是混在這個圈子裏,可以稍微簡單介紹一下,説明我爲什麽對這本書感到激動並寄予很大的希望。

改革開放以後,寫字、畫畫的人,不管有没有學問,畫得好壞,掙錢卻大都很多,搞得很不成體統。這大概代表了我自己在做的事情、看到的社會狀況,或者説我所從事的專業現狀。我的興趣是比較雜的,不止畫畫,還亂七八糟地寫東西,也寫藝術評論。想想我這一代畫畫的,歷史上一流的畫家要比現在三流的畫家享受的名聲和物質待遇差遠了。我想這一小撥畫畫的人,字也寫不好,在各種所謂的專業團體裏,做大小文化管理的人,實際給文化起到相當巨大的破壞作用。我很希望從《新經學》這一不定期的刊物裏找到些解決之道。所以我就打電話給爲松先生,因爲我跟他很熟,從前在他的出版社裏出過一些書和畫册,我就建議做一個座談會,爲這本《新經學》的雜志誕生做一點宣傳和呼籲,讓更多的像我們界外的讀者,從《新經學》這本雜志當中吸收一點讓我能够拒腐蝕的東西。我不知道什麽叫經學,也搞不清楚新經學和原來的經學有什麽區别,但是我想中國人常常是像魯迅講的一樣,比較隨便,比較容易趕時髦。中央電視臺的詩詞大會以後,古典詩詞走紅,但是也讓我感到困惑,我就問一位領導,馬克思没有讀過中國詩吧,他不依然是我們中國偉大的導師嗎?如果不懂,不叫我的孩子讀中國傳統詩,是不是不能够成爲一個新中國的合格的接班人?對於傳統文化這宗遺産恐怕不能妄自菲薄,也不能夜郎自大,前倨後恭到令人瞠目的地步吧;對於西學似乎也不應昨日跪今朝傲也。這些困惑我的問題,我希望能够在《新經學》裏得到一部分的解決。

我衹是把一般的讀者,界外的讀者,没有文化的讀者的真實的想法向諸位報告,同時也提一些希望給《新經學》。香港六七年前搞了一個《國學新視野》,也有點類似的東西,我在裏面有一個通俗的專欄,以我作爲低層次讀者的知識級别來説,我希望《新經學》能够有深的東西,也有淺的東西。有時候淺的東西,可能對群衆,對更多的讀者會更有幫助。《新經學》可能在爭取到更多讀者的時候,反過來會推進舊經學和新經學的發展。我是比較功利主義的,在座的各位有很多我經常在報刊上讀他們的文章,如陳尚君先生的文章,我經常讀,而且他産量多、質量高,非常佩服,其他有幾位先生我也零零碎碎地讀過,我就是希望經學的研究者和學者教授們關注社會上的問題。包括各種階層在内,甚至層次很高的人,實際上都有很多困惑的問題。

我跟秉元説不要拒絶通俗的文章。我記得小時候讀梁啓超的書,他談書法談得很簡單,但是談得很受用。最近我們的書法繪畫界開了一個很堂皇的展覽,本人也被弄去作品參加。我看了以後非常難過,所謂上海中國書畫的新海派,實在太成問題了,我今天帶來一本,請各位研究經學的專家看看,也可以突破我們的壁壘,找出毛病來,毛病到底在哪裏。我想淺而言之是没有中心思想,除了錢和虚名,已經没有什麽可以追求的了,商品畫賣得太好,根本就不在意什麽經學。我常想,經學對我們這個民族和國家,到底還有什麽意義。所以我問秉元先生,你到底要通過新經學送什麽精神給我這種卑微的人,想要解決一點真事兒的人。我想對中國這是很重要的事情。

看了秉元的《新經學》發刊詞以後,我曾經寫過幾句順口溜登在《新民晚報》上,是這樣説的:“六經註我我已死,我註六經我未生。百障千魔誰去掃,王先生責鄧先生。”這個王先生就是説出“六經責我開生面”的船山先生。現在我把它念出來,算是我對《新經學》的最大祝愿!

謝謝大家。

陳尚君(復旦大學中文系教授):首先應該祝賀《新經學》的問世,至少在中國大陸的部分,最近六七十年經學還是沉寂太久了,有更多這樣的刊物問世總是很好的事情。《新經學》,從題目來講,核心是“經”,根本是學問,要有新意,這是值得期待的。

近年來因爲在香港、臺灣走了很多,特别在臺灣,能够明顯地感覺傳統文化中,特别是在經學教育的部分,具體涉及人的行爲的規範,人際的禮儀,包括商業的信用,與臺灣比較,大陸有比較大的失落的地方。總的感覺就是舊道德被掃除了,新道德還没有被很好地建立。傳統的經學,實際上包括在很多的層面上,至少在日常的行爲之中,它是傳統的人倫道德的基本規範,人際禮儀最基本的行爲,還有很多可説的話題。

我特别想要講的一點在於,這幾年講了很多的國學,國學有很多種不同的理解方法。有的認爲國學就是經學,甚至在講國學各派學者中,最大的一派是所謂宋明理學派,希望重新來爲我們現代社會提供理論的支撑,想法很多。最近看到葛兆光先生對於新儒學的批評文章,有一些人的理想遠遠超過我們現在的想象。怎麽理解所謂國學,在我們現在的社會和學術環境之中,國學如何定位,實際上應該是大家認真思考的話題。我的態度是,國學是中國傳統的學術,國學的另外一個對面是西學,客觀地説,西學和國學應該不是對立的,而且最近的兩百年之中,我用兩百年的概念是從清中期算起,中國的國勢走向衰微以後,非常明顯地可以看到,西學特别是以科學支撑的西學,以基督教信仰爲支撑的西學在全世界的勝利,對於中國傳統學術道德的重新認識,是需要我們重新認真看待的。中國傳統的學術,可以講是四部之學,也可以講經學是其中最重要的部分,確定了中國傳統的文化或者是傳統宗法倫理社會的一個最基本的學術表達,或者是主導的思想等等。至於現在有人覺得要把經學或者是一部分人所認爲的傳統的學術,作爲我們現代社會的主導思想,我是很不表示贊成的。從另外一方面來講,中國傳統的學術,包括四部之學,包括繁體字的運用,包括文言文的寫作,也包括中國傳統學説的種種表達手段和方法,學説的氣象和融通,以及傳統學説所應該具有的當代科學精神,這幾個方面需要我們重新來定位和思考。

去年(2016年)嶽麓書院和鳳凰衛視辦的國學獎,評審的過程之中發生了一段小的花絮,就是裘錫圭先生公開聲明,他不接受國學獎,他不贊成這樣的提法。事情的緣起是因爲復旦哲學學院成立上海儒學院,没有經過裘先生的同意,提名他做顧問。裘先生公開聲明他不能接受。據我所知道的情況,這次的國學獎終身成就獎,裘先生提名居先。裘先生聽到這個消息以後,公開致信組委會,説他不會接受。我覺得裘先生的提法之中,不講其中是不是有意氣用事的成分,至少他是清晰地表達傳統學術的那種格局,和他所追求的以古文字的出土文獻爲支持的重建古典學致力的方向,是完全不同的。這種不同,就像日本史的認識之中,神代的歷史是一回事情,日本的天皇的合法性的政權的支撑就在於神武天皇以來的譜系,但是在教科書中,日本是不承認神代的歷史的,而是説科學考古史當中重新認識了日本的歷史。我們現在對於上古的學術也應該有這樣的認識,而在現在的情況之下,我覺得國學可以分爲好幾個不同的成分,傳統的漢學和宋學延傳到現在的部分,各自有各自可以發展的方向,求新或者變化的必然的做法。但是我更多希望中國傳統學術的以四部爲格局,以經學爲根底或者基礎,以文言的精緻表達爲表述載體,這樣的一種學術的格局,應該得到延續。我更多的希望現代的國學研究之中,要有更多的科學精神。這種科學精神的表達,包括了對出土的新的文獻的重視,包括了對現代的各種新的手段的利用,包括了對於西學所體現的科學精神的尊重和我們的接受,同時也包括了對於現代各種新的手段利用之中我們可以追求的傳統學術的全新的面貌。

最近幾個月中,有一件事情看了之後非常感慨,頤和園還是天壇有一個大的宅子,每年春天雨燕都到那裡築巢,但是到了秋天雨燕走了,誰也不知道它去哪裡。以前有個歌詞小燕子年年春天到這裡,這裡的春天真美麗。現在通過科學的手段能够知道的話,這群燕子到哪裡去了? 飛到了南非和納米比亞的交界口,而且現在的手段能够知道它在飛過去的一百多天,來回的過程之中,每天在哪個點落脚,走哪個路線,全部都復原了。以現在的科技手段和新的文獻的大量提供,我們在傳統學術之中不可能還原一百多天中雨燕每天的落脚點,但若我們利用現代科學手段,改變傳統思路,即便僅掌握若干點,至少可以大致廓清基本線路。各路學問都可以從中得到啓示。對傳統學術的重新認識是會有很多全新的格局的。我自己現在也向大家報告,最近幾年全力以赴在做唐詩文本的重新寫定。不僅新增加作品數量可觀,對舊有唐詩也有許多新認識,希望把唐詩在一千多年中流傳軌跡的每一個點能够具體勾勒出來。做完這一工作,深信傳統學術在現代社會也會具有很特殊的意義,也會有全新的面貌。

今天祝賀《新經學》的出版,也是希望我們這一代人能够建立我們這一代人的學術,而且是以比較開放的、融通的、新的視野來追求我們的目標。

張汝倫(復旦大學哲學學院教授):我本來想圍繞著一個來講,就是學無古今中西,因爲我始終認爲分中和西、古和今,實際上是我們現在

“吃了藥”以後才會有這樣的想法,學無古今中西,真是很有見地的一句話。所以等一會兒再稍微講幾句。而中國近代祇要加個“新”,天生就有道德優勢,居高臨下,就能把舊打倒。我就説我們中國最難的就是自稱我就是保守派,我主張保守。還有主張我就是舊經學,我就是舊學,没有人敢講。從梁啓超他們一開始,新就有殺人的功效,從道德上可以把别人否定了。我是新,你要批我的話,你是反對進步。這不對的,經學就是經學,問題在於這個經學我們今天要如何來看。剛才有人在講古典學,classics(古典學)在西方是經典的意思,當然可以説是古代的經典。經典有一個最基本的條件,就是要經受時間的考驗。那麽當然總是過去的東西。可是問題在於説,西方人研究這個東西,並不是像我們這樣來研究的,即僅僅將它們當作古代的東西。他們一直到今天,從來就没有認爲説,赫西俄德的《神譜》和《荷馬史詩》是荒誕不經的神話,他們没有這樣一個認識。希羅多德的《歷史》裡面有很多的虚構、傳説、民間故事,有很多的道聽途説。和修昔底德的《伯羅奔尼薩戰爭史》是不能比,我們現在認爲修昔底德的《伯羅奔尼薩戰爭史》才是符合現代史學的標準,因爲基本都是事實,没有很多虚構的東西。可是西方人並没有認爲説希羅多德的《歷史》没有意義,恰恰相反,他作爲西方歷史之父的地位是不能動摇的。我們一百年來講老實話,無論是對中學和西學的研究,基本的立足點都是學術以外的東西,所以中不中,西不西,西學的東西我現在不想講,就是謝老師現在講的現在不會畫畫的人是大師,現在恐怕也是不看書的人名頭很大。這個我們就不去説它了。

鄧志峰我比較欣賞你的是這一句,你整個發刊詞裡面就一個意思,我逢人就説我比較欣賞,經學是一種生活方式,對的,現在有這種認識的人很少了。你剛才講經學不是“五四”的時候批了它倒了,是從清朝的時候没人接上,爲什麽没人接上?什麽叫生活方式,生活方式就是爲人爲事,我們對世界對自己,對自己的進退出處,對自己的人生追求的拿捏,以它爲準繩,所以經學在經史子集有不可替代的地位,因爲它有闗天道,而天道有闗大是大非。我昨天晚上没事兒幹,看劉師培的《清儒得失論》,他説清代的學術最荒誕也是最混帳的事情(由此可見清人的墮落),就是以爵位的顯貴來判斷自己在讀書圈子當中的地位,就像我們現在你是不是長江學者,你是不是一級教授,你是不是院士。所以現在有很多人給我的名片,我找他名字要找半天,因爲前面頭銜排滿了,他名字找不到了,很小的。現在如果有個人死了,墓碑上還會寫,前什麽什麽,前什麽什麽,這個已經不是把自己當做人了。孔子衹不過做了個大司寇,可孟子没有當過官,司馬遷下場也很慘,在古代的讀書人的心目當中他們的地位是鐵定不可動摇的,跟你長江學者不長江學者,一級教授不一級教授,没有闗係。這個問題在清代已經有了,而且是清代的中期。這是第一點。第二點讀書人行爲很不堪,劉逢禄、陳澧這些家伙都是一塌糊涂的人。當然劉師培人家説他也一塌糊涂。但他指出清代學術衰落的原因還是值得後人警惕的,就是學術應有學術本身的標準。西方人都認爲哲學是科學的起始,可是西方哲學産生於哪裡?産生於《神譜》和《荷馬史詩》,在我們今天中國人看來,這個話根本不通的,那兩部書根本不叫哲學,根本就是神話,亂七八糟的。可是西方的一流的哲學家不是一個兩個,都是這麽認爲的。所以我們對西方的東西根本就不懂,到西方去轉了一圈,回來别人就把他當大佬了。人們會説,他在那裡十幾年了,還能不懂?你一百年都不會懂!爲什麽?你一開始就没帶著頭腦去,你怎麽可能懂?你無我,你怎麽能够懂?我們是從自己的需要去理解西方學術,帶有很主觀的期待去讀西學,結果當然衹能是山寨西學,離登堂入室還遠得很。然後你是根據我這裡没有什麽,比如説我没有科學,我去懂你科學。

你們史學界有一個詞我也剛剛學到,叫"經典淡出",認爲"五四"以後的學問特徵是經典淡出。什麽叫經典淡出,兩個意思,第一别人不把它當回事了,不是安身立命的東西,也不是我們理解世界的東西。比如説原來它是經典上很多天經地義的東西,現在對不起,不承認你了。過去説萬惡淫爲首,現在説萬惡孝爲先,對不對？這叫經典淡出,即極力降低它們的地位,不把它們當回事,甚而至於認爲它們有害。章太炎也是經典淡出的始作俑者之一。經典是知識的對象,不是人生的指南,這也是一種經典淡出。當然,淡出不等於没有人不斷地在鼓搗它,靠它吃飯,不斷地有人在研究它,可衹是把它作爲一個知識追求的對象,或者説得不好聽一點,吃飯的傢伙。我是《周易》專家,我是《左傳》專家,但是你没有説,或者問一下,爲什麽古人對這些書的理解跟你不一樣。但他的理解可能是因爲古人不懂西方科學,所以古人對這書就是看錯了,現在我們有了西方的思想,我們要把這個書看作是知識的對象。這個就荒謬了,這是荒謬之極的話。在古人眼裏,經典首先是安身立命的東西,而不是知識的對象。焦循的《孟子正義》,光看書名就知道作者不是把《孟子》作爲知識的對象。即便是清代漢學家,也不是知識主義者,我們衹要讀一下錢大昕的《潛研堂集》就清楚了。我們在西方近代知識主義(還是山寨版的)偏見下來理解和解釋清代漢學,往往會不管當時的人是如何理解他們自己的。這是我要講的第二個問題。

第三個問題是古典研究,我在想我們的古典研究到底是一個怎麽的研究法,是把它作爲像醫學院的解剖學教研室那樣把它作爲一個屍體來解剖清楚,這裡有個三叉神經,那裡有個肌肉,還是把它當做一個活的東西來研究,這是有典範在的。中國人以前也有過這樣的典範,西方人也有過這樣的典範。剛才尚君也講了,也有的人志不在學,可能有别的考慮,這是另外一個問題。但是我在想,如果我們今天研究古典學的話,從什麽意義上來研究,就是剛才講的《易》,《易》怎麽講？《書》怎麽來講？我個人最近發表的文章講到,中國哲學開篇於兩個文獻,一個是《易》,一個是《洪範》。問題是《洪範》怎麽講,《洪範》就那麽好講？不好講的。這是我們今天碰到的問題。中國現在最壞的是什麽？學術界有不少人都在提倡新國學,提倡新儒學,號召家很多。號召家不是説不可以,但是號召家本身要有號召的資本,你的學問人家佩服那你可以號召,你没有學問你號召什麼東西?你根本没有東西,號召了就成爲大師,這是可笑的。

我可能講多了,秉元我對他是很看好的,因爲我覺得他和一般的同輩的人不太一樣,做事情很認真,而且有信仰,這個不能光相信錢,還要有別的信,他對學還信,這一點我很看重。現在的人衹信名衹信利,不信學。你不要説自己有問題,有問題的東西多了,我們這些人寫的東西都有問題,問題在於現在這麼個情況,你能够堅持下去。但是話説回來,有的思想上要改一改,你剛才的發言裡面有的也不太對,基本上你没有想過,王國維先生講的學無古今中西,在什麼意義上講的?現在的妄人很多。三十幾歲,就説我已經是打通中西了,我已經融貫了。學術没有那麼便宜的事情,我對裘先生很佩服,就是因爲他真有學問卻毫不張揚。我第一次知道裘錫圭這個人的時候,是上大學,《人民日報》介紹他,他下什麼功夫?把《新華字典》背下來!當然《新華字典》現在看來不是篇幅太大,可是你要背下來,没有下個恒心,我背《新華字典》幹嘛?這個功夫不得了,現在有幾個人能下這個功夫?還有在牽扯到個人進退出處的事情,他拿得準,該不要的不要,終身成就獎不管怎麼説,雖然不是一個國家性的獎項,也是一個很高的榮譽,他能够棄之如敝屣,我很佩服。

現在經學這東西你要認它是個經,蠻難的,中國古人講的義利之辨,你要把它搞清楚,不把它搞清楚的話是不會把經當經的。因爲把它當知識的對象是很容易出名的。茴香豆有幾種寫法,你知道四種,我知道六種,我水準比你高一點,現在就是這種搞法了,没有意義。我們中國學術最大的問題是什麼,缺乏理解。你讀讀《太史公自序》,他對歷史有個理解,他是在這樣的理解的情况下來寫書的。當然班固雖然抄了太史公很多的東西,但是他是有理解的。你看他的《漢書》就可以知道,他對很多重要的問題有相當深的理解,儘管借鑒前人很多東西,可是他是有理解的。你没有理解要去搞材料,那我問你爲什麼要搞這個材料,不搞那個材料。從來没有完全客觀的歷史,歷史總是有取捨,我爲什麽記這件事情,不記那件事情,爲什麽説這句話,那句話就略過不講,背後是哲學。我對這世界怎麽理解,才會覺得什麽是我應該講的,什麽是不重要的。中國的學術吃虧在於不重視哲學。對中國近代學術産生過重要影響的傅斯年説過一句很有名的話:中國人托祖宗之福,總算没有哲學這個東西,這是中國人的福氣。我也聽有些學者公然説:"哲學系的人有什麽學問,他們懂什麽東西?"對不對? 還是傅斯年那個傳統下來的。經學這個東西不能説就是哲學,但是經學裡面是有思想的。

嚴佐之(華東師範大學古籍所教授):志峰的《發刊詞》我是先在《文匯報》上看,後來拿到書後又拜讀了一遍,並且比較認真地看了他的《孟子講疏》這一篇文章,印象還是蠻深的。他在《發刊詞》當中表達的那個理念,我基本上是很認同的。

對剛才汝倫老師講的那個"新",我當初也是有這麽一個考慮的。現在講"新"的東西太多了,究竟"新"什麽呢? 剛才講到很多提法,"新國學"、"新子學"、"新儒學"、"新理學"等等,現在又要"新經學",究竟新在哪里? 這幾天因爲在做一個項目,寫論文,又重温了一下錢賓四先生的《朱子新學案》。賓四先生從中國學術史、經學史上梳理下來,講到漢代的經學有事功的一面,也有經義方面的一面。但是在經學方面,從來都重在訓詁、章句。他講到宋代的時候有一句話,説相對于漢唐而言,宋代的儒學其實也可以稱爲新經學。爲什麽是新經學呢? 因爲它對於經學的研究已經不僅僅停留在訓詁和章句上了,而是要有創新,就這點來講可以稱之爲新經學。但後面又加了一句,講朱子當然是跟北宋以來的新經學完全契合,一脈相承的,但是它在一定程度上還要回到漢唐經書裏面去看。

如果借用此説,宋代以來的儒學也可以稱"新經學",也有幾個特點,跟志峰的《發刊詞》上面的幾個理念也是相吻合的。第一個是經世致用的問題,有義理有考據還要有致用。朱熹一直提到胡瑗在湖州辦學,設立經義齋和治事齋。經義所以治事,治事所本經義。剛才汝倫老師聯繫到志峰講的經學是一種生活方式,確實,因爲經義是用來治事的,治事就是你生活當中所有大大小小的事,大到國事,小到家事,都要處理。第二,但是也要有所本,所本就是如何治事要從經義裏面生發出來。第三點是要不斷擴充,宋代的儒學、經學不像漢唐那樣,僅僅是在六經裏面打轉,它還向先秦的子部去拓展,最典型的就是把孟子囊括進來。剛才尚君講到要有科學的精神,科學的精神某種意義上來講就是志峰在《孟子講疏》裏面講到的聞見之知,跟郭嵩燾講到的格致之學。總之,"新經學"要著重於回歸對經典本身的研究,對經義進行重新的闡發,同時貫徹於我們的生活當中,指導我們的治事。這些現在是新,以前也是新,祇不過現在我們有西學,有科學,在這種情況下經學的研究要和這種新的思想、新的知識結合起來,要把它們融在經學研究當中。不是我們振臂一呼這個"新"就能够出來的,確實是希望我們要有板凳一坐十年冷這樣的精神,可能也不是我們這一代能够解決的,應該是把它作爲一個時代、一個時期來延續,才能完成對傳統文化繼承創新的時代使命。

最後也有一點疑惑,最近也看到很多有爭議性的東西,剛才提到兆光的那篇文章,也有反駁的。前面講的經義跟治事是一對,一體兩面的東西,必須要治事,治事也必須要有用,當然治家是一種用,治國也是一種用。我對現在所謂的政治儒學不能苟同,但是任何一種學派,任何一種思想,特别是一個自認爲好的思想,都希望能够影響到上層,影響到甚至可以起到治國的作用,所以不能隨便地用你一定要做"帝王師"呀來嘲諷他。美國特朗普也有他的團隊,他後面的經濟學的導師,哲學的導師,也希望自己的思想,自己的研究成果,能够爲當今的政府政權來使用。有些人講當下的經學研究就是研究經義,最多用在自己的修身,而不去管治事之用了。我不認爲這符合現在的實際,從邏輯上也講不大通。不僅僅是中國的儒學,儒家是有外王的思想,在西方的一些哲學家、政治學家、思想家同樣也有外王的。所以關鍵不在於你外王不外王,你資政不資政,而是你提出的是什麼樣的東西,你把我們的經學、儒學看成是什麼東西。然後你能不能有一種包容的心態,包容的理念來吸收世界上一切能够爲我所用的好的思想,來放到我們的經學裏面去。如果一旦我們的經學能够達到這樣一步,能够融合當今世界上最好的,能够把爲人類和我們中國人民謀福祉的思想融合進來,最後它成爲一種"新經學"是毫無疑問的。

當然"新經學"不是自己命名的,北宋的時候,他們也不稱自己是"新經學"、"新儒學",而是就這麼做了。所以將來我們是不是能成就一個"新經學",可能也須留給後代來評價:他們是不是新?新在哪里?

章益國(上海財經大學副教授):在座各位老師都是前輩,前輩講完我們附注一下。鄧志峰老師的書是在杭州開會的時候拿到的,當時還聽他講了另外一篇相關的大文章。首先表示祝賀!沿著剛才幾位老師提到的,我想到幾個點,像張汝倫老師提到的《新經學》這個名字,其實首先這作爲一個出版策略是無可厚非的,"新史學、新宋學、新漢學、新儒學"都有了,難得一個經學居然没有被冠以"新"字,這很好!當然即便作爲策略,它也可能産生思想史的後果。

我想有待界定的是後兩字,即"經學",把"什麼是經學"搞清楚了,"新"也就自然做到了。"經學"這個容器,其實近代是被質疑、被消解了的。傳統學問在近代遭遇了幾個比較大的困難:一個是制度性的儒學解體了,成了所謂"遊魂",我們不靠考儒學來當官了,它與我們的人倫日用之間的關係也被剥離了;第二個是"祛魅",人們靠科學理性的精神來審視它,不會再拿崇拜的、信仰的態度,其上面不再覆蓋一層神秘的面紗了。"經學"成了一個客觀的對象、人們採取一種"研究"的態度對待它,止此而已。就像周予同先生説的:和化學家化驗尿素,醫學者檢查糞便一樣。我們抽身而出,不再浸潤其中——我們今天如果仍有人想在其中再次找到安身立命之所,要“返魅”其實不錯,但這和古人的差别在哪裡?“新”在哪裡?與此相關是第三點,近代中國知識最大的變遷是分類系統出現變化,“經學”作爲一個門類的依據已經没了。達恩頓《屠貓記》裡講百科全書派革命,第一步就是規劃知識的分類,“分門别類就是行使權力”,你要掌握知識話語權,最重要其實是劃分知識區劃,重新設置容器的結構。這是最潛移默化的,也是最深遠的——“舊經學”其實就是這樣被“殺人於無形”。今天我們提“新經學”,首先就是要重建“經學”這個容器的合法性。裝盛經學的那個容器近代已經被敲破了。如蒙文通反思過的:《易》歸哲學,《詩》歸文學,《春秋》歸史學,經學被文史哲都分掉了。當然這裡面肯定會遺漏一些什麽,像三角形拆成三條邊去認識,這個“形”、這個“格式塔”就没了。一方面,都到今天這個理性時代了,你不能像馬一浮那樣仍然囫圇吞棗地談什麽六藝包天下學問、“西來學術統於六藝”;另一方面,你其實也不能像華兹華斯説的那樣:我們剖析,等於謀殺。戴東原講,你要先認識這個字,然後再認識這個詞,然後再搞懂句子。這個樸學的基本方法論是有疏漏的,你看霓虹燈,直接看它的圖形文字,難道要先認識它底下的一個個燈泡?“經學”作爲一個整體被打散、被剖析,此間肯定有失落的東西,這個東西是什麽呢?我們有必要恢復它嗎?重新找出這個東西,新經學大概就成立了一半了。

知識劃分是很重要的。舉一個我熟悉的例子,我最近幾年的興趣是章學誠。衆所周知,生前寂寞的章學誠在近代被“再發現”,前後顯晦,判若雲泥,此間原因很多,但有一個前人講的較少:這是因爲近代知識分類遭遇結構變遷之後産生的“框架效應”。例如某人買了一張價格爲50元的電影票,他到了電影院後,發現電影票不見了。他會再買張票嗎?另一種情形:某人到了電影院,想花50元買一張電影票,結果發現原計劃用來買票的50元不見了。他還會再買嗎?同樣是損失了50

元,在買好的電影票丢了之後,他很可能就回家了;但如果丢的是 50 元,他則更有可能再買一張。按卡尼曼等心理學家的解釋是,這是因爲不同的框架會觸發不同的心理賬户,買票的 50 元屬於“娱樂賬户”,丢了票等於用掉了。但丢掉的錢屬於“一般賬户”,這個賬户裡的錢更多,而且用途不明。也就是説,同樣 50 元,在不同的心理賬户中,它的重要性是不一樣的。同理,學科分類構成一個整體“框架”,人們對分處於不同知識單元中(類似不同的心理賬户)各個學者重要性的評價,也會不一樣。在古代不分科的狀態下,在思想史或學術史這個“一般賬户”中,章學誠學問不及戴震,才情遜于袁枚,學術文章也没汪中寫得好,但在“中國史學史”特别是“歷史思想史”這個近代新設的“賬户”中,他成功躋身第一流,在“歷史哲學”這個“賬户”中,按余英時的説法他甚至是唯一的。這好比在武林中,少林派裡第 20 名的,可能比崆峒派、括蒼派的第 1 名還要厲害。但是評比,每個門派祇能出來一名,少林就吃虧了。我們一般的感受,文史哲等大科系訓練出來的,排名 20 的,學養比教育學、新聞學訓練出來的第 1 名可能還要厲害,但是評什麽江、什麽山學者之類,一個學科一名,仿佛公平,大學科就吃虧了。經學其實就是被這麽消滅的,原來經學是第一大門派,現在,門牌都没有了。

張汝倫老師剛才説的王國維的“學無古今中西”很要緊,因爲如果“學無古今中西”成立,就取消了“(中國)經學”存在的理由。“學無古今中西”很重要的依據人類的理性是一樣的,就像培根説的理性之光是一樣的,照到哪裡地方可能不同,如照到邯鄲路復旦,照到隔壁我們國定路財大,地方不一樣,光是一樣的。不可能照到我這裡就和你不一樣了。金岳霖講没有中國哲學,祇有哲學在中國。以此類推,那就没有“經學”了,也没有“中國古典學”了。但是中國傳統學術的想法其實是完全不一樣的,鄧志峰老師研究過“師説”、“家法”,中國古代是分師的,分家的,但是不分科的。這是跟近代學問非常大的不同。在古代,你跟著孔子就是儒家,你跟著老子就是道家。蘇東坡是學什麽學科的? 傅斯年、顧頡剛講古今中西學術最大不同就是中國古代分家、西方現代分科,錢穆曾經提出復興家學,當然,也沒復興起來。因此,"經學"是作爲一個地方性知識嗎? 它的依據在哪裡? 學無中西某種程度上當然是對的,特别在今天,再强調也不爲過。但是科學傳承當中確實有一些地域性區别的,如法蘭克福學派、哥本哈根學派、芝加哥學派,這些學派的成果難道不是古今中西皆一律的? 還是它在方法上有自己的特色? 這個特色爲什麽會有地域差别? 總有一些東西不是能够被齊一化的。現代的大學,在課程制之外,還有導師制存在,就説明"師説"、"家法"有一定道理。同樣一個哲學系,跟從兩個不同的老師,後果應當是很不一樣的。如果一樣,那結論衹有一個,老師很平庸。

李凱爾特講過分科的兩種依據,學科成立,第一理由是它有獨立的對象,一般學科都是這樣的。物理和化學能成立,因爲有物理現象和化學現象的不同。"經學"是否因爲它的對象能成立,它就那幾本書,這個對象是否達到一個學科的程度? 李凱爾特講第二個學科成立的依據是它有獨特的方法,這個社會學比較典型,社會學"建國"時,它的對象已經被政治學、經濟學、歷史學瓜分光了,它似乎没有獨立的對象,它是以方法"立國"的。假設學無古今中西了,那麽"經學"難道有不同的方法嗎?

在今天,"經學"還成立嗎? 是否要在教育制度上把它恢復起來(從策略上講,這是關鍵一步)? 是否有足够的"學理深度"來支撑這樣一個分類? 這才是我最想知道的問題。這個問題解決了,"經學"大概就算步入"新"境了。

史應勇(江南大學人文學院教授):今天非常榮幸,因爲跟志峰一起編這個刊物,有幸到這裡來跟大家一起交流。

今天的主題是"我們需要什麽樣的古典學術",其實關於這個話題,私下裡和志峰十多年來討論得非常非常多。各自的思考方向、角度不完全一樣,但思考的焦點可以殊途同歸。

我最近寫文章强調,人文學科必須要有一個價值導向,如果没有一個價值導向的話,我甚至覺得人文學科是没有意義的。我在做博士後期間跟一個同仁討論起這個話題,他説這衹是一個工作而已,就像剛才張老師説的,衹是一個吃飯的工具而已。當時聽完以後覺得很不認同,但是又不知道怎麽反駁他。人家振振有辭,這就是一個職業而已,就是一個工作而已,你想那麽多幹什麽?我和志峰這麽多年來經常爲此而糾結,至少我自己覺得,人文學科確實必須要有一個價值追求。

張汝倫:王國維當然知道中學西學有區别,這點不需要懷疑。他所説的"學無古今中西"我的理解是主要兩點:(1)中學與西學具有同樣的價值。這是針對當時許多在進化論影響下的人認爲中學爲古學,在現代世界已無意義。"學無古今中西"是説衹要是"學",都同樣有價值和意義。(2)爲學不可固步自封,在全球交往的現代,應該打通中西古今。打通古今中西不等於不承認學之地域性。但是,地域性不等於不可溝通性和不可融會貫通。

中國古代的經學之特徵是它的實踐性,它要求研究者不但把它作爲研究的對象,更把它作爲人生的指南。今天我們是否依然應該這樣要求經學研究者?有一個新儒家的第四代代表人物説,儒學衹是他的職業,不是他的生活方式。在我看來,這就是爲什麽新儒家不可能産生程朱陸王、船山蕺山這樣的人物的主要原因。對於古人來説,學之爲言覺也,覺悟其所未知也。而對於現代學者來説,學衹是客觀掌握,所以現代學者儘管出入中外庠序,"受過西方嚴格的學術訓練",卻還没有可以與古代大師比肩的人物。在我看來,對於真正的經學研究者來説,經學不僅是他的研究對象,也應該是他的信仰所在。至少應該是他畢生的志業,而非純粹謀生的手段。

史應勇:接著剛才的話説。人文學科如果真的衹是一個混飯吃的東西,你就無法批判剛才我們所講到的那些所謂的"妄人",還有那些非常功利主義的人。如果我們也衹是混飯吃,你也是混飯吃,那就衹是混飯吃的方式不同而已,互相沒有本質的區别。所以我是一直堅持,我們這個學科可能還是要有個追求。至於説價值導向到底是什麼,可能每個人會不一樣,比如説研究傳統的東西,這個傳統的精神到底是不是我們的皈依,這還可以去討論。我們從學校畢業後這麼多年,接觸了學術界許多人,發現各人有各人的不同取向。因此當初在商議辦這個刊物的時候,還是覺得要有一點不同的歸趣在裡面。我們在這個刊物裡面所要弘揚的東西不會完全是一種聲音,但總體上説,還是要和國内其他的一些派别有所不同。目前國内各種進入經學、儒學研究的人群,有各種資訊傳遞,有各種導向,有一些我們不太認同,所以我們想要通過一個陣地,表達一點相對不同的意見。比如説剛才志峰講到的"可愛"與"可信"的問題,這些東西是不是真可愛?你還可以去商討。如果那些東西是可愛的,那麼它們是不是都保留到了現在,保留到了我們的社會現實中?我跟人大的梁濤討論過這個問題。在國内的經學、儒學研究者中,有一個群體我稱之爲"信仰派",我説你們所信仰的那些東西,現在在我們的現實中麼?在我們的現代社會裡面嗎?我們留下來的是不是這些東西?我們所感受到的是,現實中留下來的東西,落實在我們這個社會裡面的,更多的不是我們所説的那些最優良的東西。再有,如果你信那些東西,要不要真信?是不是真信?我現在特别批判一種人,那就是,他根本没有真信仰。我發現很多人根本不是真信儒家,許多所謂儒家是一夜之間冒出來的,如果有一個形勢的變化,可能第二天他就表示不信儒家了。爲什麼今天一下子冒出那麼多儒家來?過去怎麼没有?十年前怎麼没有?如果你信仰儒家,那要真信才行。如果你不太信的話,在可愛和可信這個問題上,你還可以在"可愛"的後面劃一個問號。那麼至少我們還要有一個"求真"的精神吧?求真是做學問的一個基本準則。求真本身也是一種精神,也是一種價值導向。不管精神上是否皈依於它,我們對於學問的真的、客觀的追求要堅持。這也是一種價值追求。如果衹是混飯吃的話,很多人就連這個求真的精神也不信仰了。現在我在學界碰到很多人,當你跟他商討某個學術問題時,進行所謂商榷的時候,他説你跟我商榷什麽呢,我自己寫的自己都不相信,我那篇文章是爲了評職稱用的,我自己都不相信。這時候我自己就非常傷感。我自己是覺得要信一個東西才去寫,可是我現在碰到很多人就連這一點信仰都没有了。所以我説,我們至少還是要表達一點不一樣的聲音吧,希望我們這個刊物是這樣子的。雖然每位作者的表達還是有區别,但是可能還是要和一些人有所不同。當然,客觀的説,可能很久以來已經有一種情況出現,就是剛才張老師説到的,就是把它衹當做一個混飯吃的東西,我也不信仰它什麽。清代以來就有這樣的人,比如朱維錚先生生前經常講的王鳴盛的故事。當時有人問王鳴盛,你一輩子做經學,學問很出色,可是經典是教導人的東西,你爲什麽個人的所作所爲卻那個樣子?你成天就知道斂財,見利就上,進了富人家,還用雙手做摟抱的樣子,你幹什麽?王鳴盛説,那是我想把他的財氣摟過來。他説行己之事算什麽?那是小節。多年以後,我的這點小節早被人忘記了,可我的學問一直可以流芳百世。這就是非常非常功利的一種取向,很久以來就有。在我們的隊伍裡,在古典研究、經學研究的隊伍裡,至少還要剔除這一類的東西。所以當時跟志峰商量,在這方面,要有一個刊物的價值導向,想表達一點不同的東西。我非常不贊同太過功利的取向。雖然我們在如何“立”和“立什麽”以及怎樣“立”等方面,還可以進一步深入討論,但《新經學》還是努力要有“立”的努力。可能是因爲我們在這方面稍微比較一致,於是跟志峰等幾位經學研究的同仁走到了一起,想要共同把這個經學刊物辦好,辦出特色,也希望各位老師和同道多提意見,給予指導批評。

虞萬里(上海交通大學人文學院教授):因爲剛才應勇兄説,現在一下子冒出來那麽多儒家。我想我開始讀經學是七十年代末八十年代初,但是我到現在還没冒出來,而且我今後永遠不會冒出來。其實這裡面有一個爲學的爲己與爲人的問題。其次,很多人把它作爲一個吃飯的工具,我想我在八十年代到九十年代二十一年詞典編纂的生涯中,經學不是我要靠它吃飯,衹是喜歡而已。那時鑽研經學,還會被人認爲傻子。你什麽不可以研究,爲什麽要研究經學?

關於今天我們怎樣來對待古典學?這古典學的名稱和定義,大家可以各抒己見,那是另外一回事。我姑且就這個題目説一説。當今我們最能做的,就是文本,文本問題我分兩點來説。第一,即使到清代阮元他們在做《十三經校勘記》的時候,看到的東西還是很有限的,所以留下來兩百多卷的《校勘記》其實很不完善,並且有顧千里和段玉裁的矛盾造成了一些混亂的痕跡。現在,再造善本影印出版,日本和西方很多善本書多已回流,這是一個千載難逢的新時代。那麽我們如果重新校勘,可以將文本推到唐宋。至少利用八行本、十行本可以推到宋代。這個問題山東杜澤遜他們在做了,《尚書》已經完成,馬上要出了。還有南京師大的王鍔和方向東把阮刻《十三經注疏》的幾個版本,全部校了一遍。所以我覺得文本上可以做很多工作。

第二,唐石經的祖本,是根據唐大和本的,它與宋初的景德校勘本,以及之前的《經典釋文》裡所保存的六朝時候的兩百多種文本,可以進行對比。當然經過研究之後,很可能這些文本的變化看不出思想上實質性的差異。但是學術是這樣的,没有差異也是研究的成果,這也是可以做的。

再次,現在竹簡出土已經那麽多了,那些竹簡中的經典確實可以讓我們看到了以前你翻遍所有清代經解都看不到的東西。我最近幾年一直在做石經研究。就拿《魯詩》來説。現在從出土的《熹平石經》八千多字裡面,《魯詩》有一千三百多字,我們確實找出了它篇與篇的排列不同,章與章的多少,以及章與章之間的顛倒。這些差異,讓我們真切地感覺到當時今古文爲什麽要爭,古文學家爲什麽要立古文博士,因爲文本確實不同。還有,我用一千三百多個石經《魯詩》文字寫了大概十幾萬字的文章,就發現清代陳喬樅、王先謙所做的《三家詩》復原,一半是對的,一半是錯的,而以前這是没辦法檢驗的。

我最近發表了一篇文章,是關於《尚書·無逸》裡面"太甲"一段三十八字的錯位句子。前兩千年中無數《尚書》學研究有太多的猜測,都無法解決。我利用石經進行排列,用竹簡的錯簡給它一個較爲客觀的説法。它是因爲先秦時寫在竹簡上,有兩支簡前後錯簡了,造成了兩千年的一樁公案。這個問題涉及殷商的帝王世系歷史年代學。《無逸》中的太甲,到底是商湯的孫子還是高宗的兒子,這中間相差二十一代。根據漢代石經復原後排列,太甲一定是商湯的孫子,因爲經復原的《熹平石經》,中宗前面有四十字左右的空位。不僅如此,《無逸》太甲定爲商湯孫子,這對晚商年代學可以做出比較合理的排列。當然你可以説文本並不重要,因爲宋代的理學不是建立在不同的文本上的,況且宋儒所見文本和唐代大和本基本上還是一樣的。但是我們目前已經有這樣好的條件,就應該乘勢把它做好。我想,《新經學》是否也可以刊登一些這類文章。

第三,也就是説剛才尚君和佐之兩位老師都已經略微涉及了的話題,這些若從正面談我覺得有點無聊。我最近在閲讀唐文治的著作,跟鈺翰電話裡也説過,像他這樣一個從科舉——光緒十八年(1892)進士,和蔡元培、張元濟、汪康年等都是同年——從舊時代出來的人,你可以説他是守舊的遺少,但他的思想新得不得了,我看比現在很多人要新。但他的新是有理性的,是充分考慮時代需要的。就從讀經來説,何炳松向七十多位專家調查讀經問題意見,刊於《教育雜誌》,他排第一個,因爲他主張讀經,年齡也最大。但是他在闡述如何讀經時,把經分成很多種類型,哪些適合於小學,哪些適合於中學;哪些不適合現代讀,哪些是對我們今天有幫助的,可以拯救全民的道德,讓中國人挺起民族的脊樑的,他分得很清楚。他倒是一個真正的從舊時代出來的與時俱進的人。我們暫不去談資政,經典確實可以資政,但如何資政,這是一個非常複雜的問題,絶不是躲在書齋裡想象一個烏托邦就萬事大吉了。但是至少經典裡面很多關於爲人的道德、品行、人格等學説,不僅應該古爲今用,而且應該去推廣發揚。唐文治先生在廢經之後説過,舊的道德打破了,新的道德建立不起來,整個社會一片迷茫。一百年過去了,新的道德是不是建立起來了?大家是有目共睹的。經典裡面合理的、適時的,尤其是人類共通的永久性的内涵,需要我們去整理發掘,去理解闡述。我想,這也是《新經學》所應該關注的。

劉海濱(上海古籍出版社副編審):鄧秉元教授在《新經學》發刊詞裡,以明末以來的發展作爲經學第三期,其歷史任務是融攝西學,而且以現代新儒家爲經學第三期的主要承擔者,認爲現在仍然是在第三期當中。這裡想以現代新儒家爲例,簡單探討一下相關問題,以期對新經學的開展提供借鑒。

有幾年的時間,我比較關注新儒家,主要是基於個人的需要。在此之前我對傳統文化已經有了價值的認同,進而想從中尋找可以安身立命的東西。因爲新儒家既是立足現代的,又以接續傳統爲己任,自然成爲我關注的目標。十年前我策劃出版了一套熊十力的著作,藉此機緣,認真讀了熊十力、牟宗三的著作,並涉及所謂第三代第四代新儒家的一些觀點和文章,在這期間一直在思考新儒家與傳統、學術與修養等問題,並形成了一點相對完整的看法。現在《新經學》有這樣一個大的文化關懷,我想可以提供一點借鑒。

大家知道,儒家是一貫之學,是以修身爲本,這大概是没有異議的。所謂修身就是德性的自我提升,是實踐性的,在修身的基礎上由内而外,推己及人,形成所謂内聖外王之學。儒家可以成立一個理論系統,但是這個理論系統是來自於實踐,且爲實踐服務的,其目的是成君子、做聖賢,是從個人的自我修養,一直擴充到社會的治理、天下的安定,是這麼一套實踐性的學問。而現代新儒家所開創的,簡單地説是一個哲學化、學術化的路線,至少從第二代、第三代之後就確立了這麼一個路線。這個路線其實就是用一個知識性的、思辨性的方法來重建傳統學問的理論系統。表面看起來,就像後來新儒家所宣稱的,有一個代際傳承關係,幾代新儒家是一脈相承的,但是仔細考察一下,第一、第二、第三代新儒家之間有著重要的區别。

熊十力被認爲是現代新儒家的開山祖師,熊十力雖然提倡要開出學統,建立理論系統,但是在我看來,他跟後面的二三代是有所不同的。比如在方法上,熊先生經常以體認與思辨(或者性智與量智)對舉,認爲研究傳統學問必須二者兼用(體認即返身體驗,亦即熊先生經常説的冥悟證會),並且應以體認爲主,用熊先生的説法就是以"性智"統攝"量智"。體認和思辨在中國學問傳統中是不可分的,並且是以體證爲本的。用佛教的話來説,叫做"依智不依識"。思辨是意識(第六識)的作用,是用概念界定和邏輯推理的方法,是建立在主客觀相對的基礎上的一種施設(假立),是有局限的;能够體證的是智,是一照即了的,是根本的。在傳統的義理之學,智和識是不可分的,而且是要以智爲主,以識爲輔。在我看來,熊十力在某種程度上是繼承了這個傳統的。

另外,這種以體認爲主的學術方法是跟修身相聯繫的。爲什麼這麼説?所謂體認是建立在修養工夫的基礎之上的,或者説體認本身就是一種修養工夫。所以我們來考察新儒家三代人對自我修養工夫的要求,也能看出學術方法的不同。熊先生雖然大家説他在個人修養方面有些瑕疵,脾氣比較大,但是他對自我有一個清醒的認識,同時他對修養工夫是有要求的。熊先生在給友人的信中自述:"智及彌難仁守。失今不圖,伊于胡底?念兹惶懼,常終夕以難安;矢向精勤,又逾時而退轉。幾曾責志,故知朽木難雕;誰實發心,而任瘧根潛伏。平生枉費推移力,到老方知此事難。"(《十力語要》卷二《答敖均生》)雖然修養工夫(此事)很難,但是他對自己是有要求的(責志),並且始終在做修養工夫。

再看第二代,牟宗三要確立一個以思辨爲主的學術路線,用他的話來説就是,儒學第三期須"純學術從頭建立","須待哲學系統之建立與鑄造","此期不復能以聖賢之人格爲媒介,而將以思想家爲媒介"(牟宗三《儒家學術之發展及其使命》)。後面一句明確點明了所謂"純學術"與傳統學問的區别:聖賢人格即是以智統識,思想家則以思辨爲主。就是説,第二代新儒家要以純思辨的方法(或者以思辨的方法爲主)建立儒家的"哲學系統",這與熊十力是有區别的。

第三代新儒家經常表達的一個觀點是,老一代的新儒家主觀的成分多,他們這一代更加客觀化、邏輯化——這是他們自認爲超越老一代的地方。與之相關聯的是,第三代新儒家已經明確放棄了傳統儒者的修養工夫,有學者公開表達:像宋明儒者那樣實踐修身工夫,是不太現實的,或者是不必要,或者是不可能。這些話都是明確説出來的。

下面我們引用一段熊十力的話,來看看他與後來者的區别。熊十力在晚年與劉静窗(即劉述先的父親)有長達十年的通信論學和交往,在熊十力寫給劉静窗的一封信裡,論及孟子説的"小體"和"大體",熊十力説大體就是道心,小體就是人心。道心相當於佛教的如來藏心;人心相當於佛教所説的識,"是從小己之私,隨物而迷執,亡失大體者也"。而中學和西學的區别(他説的西學主要是指思辨哲學或者科學)即在於,中國傳統的學問是要"從大體",人心要服從道心,從大體來破除小體的執著和局限。

> 中夏聖賢之學,與西學判天壤者,即聖賢是從大體之學。而西洋哲學雖談宇宙論,亦衹是各弄一套空理論,與自家履踐處無絲毫關係。從大體之意義,西洋學人根本夢想不到。吾國後生,習于西學,亦早喪失固有精神,無可與言矣。

這個意思就很清楚了,熊先生雖然要開出學統來,但是他在基本點上還是要認同傳統學問的"體認"和"履踐",至少思辨是要跟體認結合的,不是要脱開體認,脱開實踐,建立一套空頭理論。熊先生接著説:

> 西洋之學,科學爲主,發展小體到極大極高,無有已至。因爲自恃小體之知能可以征服大自然,操縱大自然,改造大自然。知能即是權力。小體有此無限的權力,縱横於宇宙中,此西洋自希臘而後,到近四百餘年來小體發展之運會也。後來世運當復如何,老夫弗知之矣。

這裡有一個很深的感慨。("後來世運當復如何",《新經學》的創辦也基於同樣的感慨和期許吧。)近四百年西學的"從小體"之學發展到極致,熊先生顯然不認爲"吾國後生"當跟在西學後面亦步亦趨,更不會認同以西變中,拋棄"從大體"之學。讀到這一段,我突然感覺,熊先生如果看到後來新儒家的發展,未必會覺得後繼有人。

從牟宗三那裡開始,其實就已經以思辨爲主,這從前面引用的儒學第三期"將以思想家爲媒介"這句話可以明確看出來。但是在他身上還是保留著對傳統學問的某種親切之感,猶有餘韻。到了後來的第三第四代,就把體認和修養工夫自覺放棄了,甚至認爲這正是他們超越前輩的地方。

現在很多人都有同感,就是現代新儒家到了第三第四代之後,原來那種勃勃生機,那種生氣没有了。有學者提出所謂政治儒學,部分原因是他們看到港臺新儒家失去了與實踐的聯繫,他們要强調儒學的實踐性,應該説有其理由,但是"政治儒學"這個詞本身是有問題的,因爲儒學如果不以修身爲本,以心性爲主,根本就不是儒學了。

現在《新經學》的同仁們有一個很大的期許,要開出新的經學,鄧教授在《發刊詞》中提倡回到經典,力求"對原典的貫通性理解"。這個方向我很贊同,但用什麼方法?是以西變中,走第三代新儒家的路子,用純思辨的方式去建構,還是至少應該先回到熊十力那裡去,不要拋棄體認的方法,而且要將理論與實踐尤其是學者自身的修養緊密相連。儒家從來不會脱開實踐修行去講一套空頭的理論,如果是這樣的話,儒家已經不成爲儒家(佛家道家也是一樣,古典學問本質上是一致的)。在此基礎上,我們是不是還可以更進一步回到古人的方式上去,古人的方式就是以行爲本,解行相應,以智爲本,以識爲輔。所謂返本開新,祇有返回到這個"本"上才能開出"新"來,新就是發用。不存在一個體(本)上的新,體是萬古不變的,但每個時期有每個時期要解決的問題,針對新的問題,有新的發用就好了。問題是如何返本,現在很多問題的根源都是我們把體給丢了,不知道怎麽回到"體"上去,才産生了這麽多"用"的問題。

還有一個問題,我們採取什麽樣的話語來表達?一百多年以來,中國學者爲了讓西方人聽得懂,讓中國學術得到西方承認,我們放棄了傳統的語言,試圖用西學的概念、西學的思想方法改造傳統的學問,重建新的學術。其結果是,一方面用西學術語闡釋的傳統學問已經變味了變質了,另一方面恰恰産生了一個隔離,把中國人跟傳統學問隔開了。回到開始時謝春彦先生的問題,普通人從這種學術當中,能不能得到受用,在我看來不可能,因爲學者自身已經不能從中得到受用了。我們的學術話語也要重新來過,不能照搬西學的概念術語,如果要用術語,也儘量用傳統的術語,而更多的是要用日常的話語,現代中國人的話語去解説傳統的經典和學問,這也是一種返本開新。

總結一下我的意思:經學或者古典學術的重新建立或者開新,需要先回到古人的方法上去,才可能重新接上傳統的"體";在此基礎上,運用現代人容易懂的話語來解決現代人所面臨的問題:此之謂返本開新。這也就是孔子説的"述而不作",其實用不著"作","新"自然就在其中了。

熊明心(漢堡大學博士):各位老師和師兄大家好。先説説這些年我在德國留學的個人感受吧。首先,我能够感受到,古典學的全面衰落,不管是東方還是西方。用謝老師剛才的話説,全世界的人都處於迷茫中。和德國人交流時,能够感覺到他們腦子是被洗過的,確切是説,是被啓蒙觀念洗過的。而對於對啓蒙觀念本身,並没有批判和反思。他們的贊同、批判或者捍衛,都以啓蒙觀念爲基準,這些觀念在西方已經有幾百年,隨著文化和經濟上的優勢地位一直被强化。他們對自己的觀念完全没有自覺。所以跟西方人探討中國文化常常很辛苦。他們站在一個未經批判的既定的立足點上,其實没有辦法在一個具體的情境中設身處地地去理解其他文化。我們現代人中國人對自己的古典文化境遇可能也是相似的,非常隔膜。

在藝術上也有同樣感受。我在西方經常去聽音樂會,各種古典音樂會。看節目單,在漢堡最受歡迎的肯定是十九世紀以後的浪漫派音樂作品,比如理查・施特勞斯特别受歡迎。當我去看巴羅克的歌劇時,觀衆和我這個東方人一樣對巴羅克樂器充滿好奇,我和他們没有特别大的差别,大家都對西方文化藝術中更古典的内容感到疏離。

最有趣的是,西方人一方面對自己的古典感到疏離,但是對自己文化的根源並不懷疑,這個不懷疑也是不過心的不懷疑。比如説我參加一個朋友的婚禮,他們是孩子出生後再結婚的,爲了省事,把婚禮和孩子的洗禮放在一起。衹要是基督教家庭,每個孩子都會受洗,但那些受洗過的人,大多數人不認爲自己是基督徒。如果這些孩子長大,如果成了漢學系的學生,上課就會對《論語》的意義、對於孔子這個人是否存在有千萬種質疑,他們很會辯,别人不一定説得過他。可是課程一旦涉及《聖經》,他們就没有那麽多質疑了,自然而然就接受《聖經》是一部經典。中國人認爲孔子是聖人,他們就非要考察孔子是不是聖人,但衹能停留於知識上的考察和主觀的判斷,對他們自己文化最根源的東西,他們態度兩可,没有經過任何檢驗。這有點像我們現在中國人,很多人一聽到"儒學",或者聽到"傳統",噌的一下火氣就冒出來,莫名反感。這些態度都是相似的,是没有經過核對和思考的知見。

剛剛有老師講到經學與現代科學的關係,我也談些感受。我的博士論文研究馮桂芬,當時選擇這個題目的原因是因爲學界一般認爲馮桂芬是"中體西用"理論的源頭,"以中國之倫常名教爲原本,輔以諸國富强之術"。早期希望順著這條線挖下去,結果非常遺憾,什麽也没有挖到。結果就是,在同治初,大概1860到1861年間,馮桂芬在上海待了不到兩年,這兩年他應該和王韜有過交往。王韜臭名昭著,作爲蘇南士紳領袖的馮桂芬,不願提及與他的交往,但馮兒子的日記裡提到在上海和王韜有交往。馮桂芬早年對西方數學很感興趣,同治初很可能通過王韜這個媒介,間接對西學有了進一步瞭解。但馮桂芬本人是不懂外文的,和傳教士很可能没有直接交往。他在1860年代初寫了一系列文章,就是今天收録在《校邠廬抗議》裡的《采西學議》、《製洋器議》、《善馭夷議》等關於採納西學的那些。等李鴻章收復蘇州後,馮桂芬回到故鄉,晚年在家鄉生活了十二三年,他再也没有提過西學。一個不懂外文,對西學没有切實研究體悟的人,看了點翻譯的書,聽了些二手介紹,憑藉自身的敏感,提出"中體西用"。之後一百多年,大家繼續講中體西用,既不體察清代中晚期人提中體西用的集體情境,也不思考當今的中學應該如何融合西學。這樣的講法太籠統模糊。

如果説有一件事情,是馮桂芬一生傾盡全力去做的,我認爲是對蘇南的漕運的合理化。馮最關注的,第一,是在土地税的徵收過程中減少中間環節的貪腐,減輕實際税負;第二,馮非常希望但是不敢輕易提,最後還是成功實現的,是降低江南漕運的額定税率。馮桂芬的知識很廣博,他的很多興趣點都是指向蘇南漕運的,比如他喜歡幾何學,是因爲他認爲這個對土地測量很有幫助,因爲蘇南的土地測量和記録都是極其混亂,胥吏貪污舞弊層出不窮,利用幾何學清丈繪圖可以解決這個問題。馮桂芬最崇拜的人是顧亭林,他的好朋友吴雲也是把他稱作當代顧亭林。馮桂芬作爲清代中晚期的大學者,這樣一個人,學問博雜,典章制度歷史地理文字學無所不知,但他一生最關注的還是地方經濟和地方利益的問題,因爲經濟問題涉及到整個中華帝國中晚期的各種叛亂,太平天國、小刀會,都和這有關。除此之外,馮桂芬並不像宋明大儒那樣有"道"的自覺,人生也有迷茫之處。

我在論文答辯時有種荒謬感,一個迷茫的人在研究一個多多少少也可以説是迷茫的清代人,一群迷茫的答辯委員是在對我發問,有的問題也很荒誕。有位答辯委員問,説馮桂芬當時主張大小户均税,他作爲大户,利益也會受到損害的,難道你的論文就是要論證馮桂芬是一個好人嗎? 這個想法太過簡單,這不是一個好人壞人的問題。我想説的是,對人生意義的迷茫,無所不在。我一遍遍讀馮桂芬,我也能够感覺到他的堅定和他的迷茫。

最後做個總結,第一,我非常贊同鄧老師講到的經學也是一種生活方式,也非常贊同劉海濱師兄説的儒學首先要回到體認這個點上。其次是我想説,中學如何融攝西學是一個很大的問題,真正的研究可能剛剛開頭,馮桂芬不懂西學,祇是靈光一閃這麽一提,我們作爲二十一世紀的人,不能不加反省地就這麽跟著説。

鄧秉元:前面各位老師的發言讓我很受益,每位老師都從自己的角度講了一些我看不到的東西,這一點我非常感激。這裡我祇想稍微補充一點剛才的發言,有些是我聽了各位老師的講話以後想到的。

首先是關於所謂新舊的問題,無論新舊,經學首先應該是真的經學。看武俠小説的人都知道,《天龍八部》裡面有一個鳩摩智用小無相功摧動七十二絶技,看起來都是少林派的功夫,最後的内功卻是一個小無相功,是道家的功夫,在我看來,這就是個問題。剛才史老師也特别談到了,爲什麽有很多儒學家突然冒出來。我自己一直認爲學術是要認祖歸宗的,但是認祖歸宗是個很神聖的事情。我們要把自己的學統、道統認同在哪個譜系上。譬如一個人説自己是誰的兒子,就是刀架在脖子上,你還是他兒子,這個才是真的。今天我是馬克思主義者,明天我是自由主義者,後天我變成儒家了。馬克思主義也好,自由主義也好,都應該受到尊重,但是你不能這麽變來變去,學問不是這樣變的。傳統經學的問題在哪裡?就是汗漫,這跟漢武帝獨尊儒術,罷黜百家有一定的關係。所有的人因爲要通過經學來證明自己,諸子百家都説我是儒家,都説我是孔子門徒,所以最後爲什麽出現學問汗漫,不講條理的問題,根基就在這個地方。有人本來是個道家,但是要科舉考試,要找個出身,那衹好用儒家的東西去做敲門磚了。這個也倒罷了,問題是很多人要打著某種旗號來曲學阿世。所以我説無論新舊,首先應該是真正的經學。

所謂的新,不是説我們今天一般意義上的新,剛才嚴老師也特别講了,錢穆先生也認爲宋明理學是新經學,這是相對于漢唐時代而言的新。我其實講第三期意義上的,它的開山我認爲是顧、黄、王,在這之前宋明理學它的新在什麽地方,其實就是融攝了佛學,就是中印文化兩個系統,跟原來的系統,我們自發的系統之間還是有一個區别。這個地方,經學雖然形態變了,但是它内在的精神還是有一個一以貫之、生生不息的東西。在這個意義上來講,講新的東西不等於抛棄舊的東西,實際上是在舊的東西裡面長出來的,它才是同樣的東西,否則這個新就是無根之木,無源之水。

張汝倫:返本開新,不是返舊開新。現在應該講返舊開新都不錯,連返舊都不講,更不用説返本,怎麽開新法?這是一個。而且有清人已經看出,他説宋人是膽子比較大,漢人歸漢人講,宋人歸宋人講。但我們現在當然也可以自己講一套,所以當你現在再講第三期和第二期、第一期的時候,這種編年史的意義有意義嗎?用編年史的方法來講,我現在是第三期,没有意義。没有意義所以你就不用去講。當然,我還是同意海濱説的新儒家到了第三代、第四代與第一代新儒家有明顯不同。

現在我們面臨的問題是什麽？是毫不留情的自我批判，反省我們做錯了什麽。中國人就這條不如西方人，從來不檢討自已做錯過什麽。總認爲我們現在所有的觀點都没有問題了，怎麽没有問題？問題太多，幾乎每一個假設都經不起考驗。比如理性，理性本身是不是一個問題？西方的學術也不是都對，至少他們比較有一個不斷的推進，不斷的返觀自我。我們現在，就認爲有些做法天生就是對的。不一定天生是對的。有人問我，你現在在幹什麽，我説還得要再清算自已，原來我想問題的很多前提，比如我拿來就用的概念有没有問題？你仔細想想這個上面能够突破了，才真正是突破。所以講第幾期、第幾期，没有必要。有一個現成的成語，返本開新就可以，新也有了，本也有了，秉元你剛才説的我體會到你還是認爲經學是有個本的，剛才海濱講得很好，大本，小本，熊(十力)先生提出的，要從本質上提出，本者根也。經學的根是什麽，這個如果不講，你講第二期也好，第三期也好，都很無謂。

我們現在知識論的追求對孔夫子來説是第二位的，第一位的是你怎麽做人，所以你問他什麽是人，他不是像蘇格拉底一樣我給你個概念定義，什麽叫人，我隨處指點，根據你不同的根器我給你不同的指點，對子貢和子路，回答不一樣的，爲什麽？根器不一樣，所以指點就不一樣。這高明得很，比一刀切的幾何學的方法高明得多。什麽叫公正，西方人往往一下來個定義，我不管這公正是要落實到具體上面去，這個定義像三角形的定義一樣，通吃。中國没有通吃的事情，衹是隨處指點，但是你又不能够説隨處指點是任意的，没有普遍性在。複雜就複雜在這個地方，歸根到底我們現在的思維能力要跟上他，而不是認爲説古人不懂西方哲學，他們不懂外語，他們不如我們現在對西方的瞭解。你想錯了，一個人思維能力的高低跟他生在什麽時代没有關係。其實我們對西方的瞭解根本是不够的，是山寨西化。我們接觸的西方學術西方思想很少在經典著作、大師巨擘上下長期紮實的功夫。返本是要回到中外學術的根本上去。

鄧秉元:張老師講的很多我其實都非常贊成。爲什麽剛才要强調真,我理解的經學就像一個河流,這個河流的本源,從這兒流過來,它突然出現一個新的境遇,比如説有印度文化進來了,在這個流域裡面它就會發生關聯,往下突然西學又進來了,又發生變化。所以西學也好,印度文化也好,都是一種境遇,但是那個本源的東西還是一樣的東西,河流看起來有變化,實際上還是一條河流,這是我理解的那個經學。所以剛才我特别强調的新的意思,新並不是我本意,我認爲新經學首先應該是真的經學,否則新没有意義。也不是説今天我們要把西方的觀念加進來,這就叫新,這種新二十世紀我們一直在做這個工作,但是很多東西在我看來是有問題的。

張汝倫:臺灣人反而因爲這個看不起我們,你知道林慶彰幾次在臺灣、大陸都講過這樣的話,説臺灣研究經學是有師承的,有家法的。他可能會問鄧秉元有家法嗎? 我不是説他(林慶彰)對,你要考慮到他也代表一種做法,他認爲這個是按照家法怎麽來做下來的。當然,他的家法是否靠得住,並不是由他説了就算。

鄧秉元:海濱講的我也很贊同。我以前也曾説過,新儒學衹要在講第一代、第二代、第三代,他就不是新儒學了,因爲從宋學的系統來講,衹講道統,不認學統。考據是講學統的,義理衹能是道統,你能接上就是對的,接不上就是錯,跟哪個老師没有任何關係。在義理的層面來講,比如老師是胡塞爾,學生是海德格爾,這是學統,但從道統角度來看二者並不一樣。而家法這個觀念也是孔門裡面出來的,子夏傳出來的,誰來代表正統? 所以後來宋明理學一定要沿著顔曾思孟這個系統走。宋學如果要完全講學統的話,就會没有宋學的。道統實際上就是孟子講的自得,需要後人去接契。

説到返本,能够接得上的,才是真正的返本。這也是在近代我特别欣賞熊十力、馬一浮、梁漱溟三位先生的緣故。但也不可拘泥於形式。譬如牟宗三先生自己也是把他的學術接到熊十力這個根源上的,二者相反相成,並非互相否定。所以今天講返本,固然應該回復内聖體認之功,但誠如張汝倫老師剛才所言,這是實踐性的。更多地應該像佛道兩家的密行,或者孔子所説的"内自訟",不斷地自我批判,而不宜像宋明儒以道德淑世爲話柄,最後常流於矯飾。前車之鑒可思。要在宋明儒基礎上接著講,而不衹是照著講。

當然我這裡可能妄言了,有點過分,請各位老師批評指正。

張汝倫:不存在,這衹不過是大家都拿出來討論,大家都認爲你做的事情很好,很有價值,但是在過程當中,每個人看問題總有自己的角度,不一定對和錯。經學無所謂真和假,什麼叫真和假?古人早就説過,《詩》無達詁,《易》無達占,《春秋》無達辭。斷章取義,在孔子的時代,是好話,不是貶義詞,就是讀《詩》應該斷章取義。不斷章取義你就不會讀《詩》。

接近古典學術,我們衹是在途路之中

——《解放日報·讀書周刊》關於《新經學》的採訪報道

王　一*

作爲中國傳統知識體系基石的經學,本是華夏文明的根源所在。但自二十世紀以來,卻連如何界定都成了問題,各種觀點紛然雜陳。

二〇〇一年,學界泰斗饒宗頤提出"新經學"的講法,讓人們進一步認識到經典的價值,開展了一場新的"文藝復興"。在這場"文藝復興"中,復旦大學歷史學系教授鄧秉元也作出了自己的嘗試,他與同道創辦了《新經學》,作爲古典學術在今天的一種新的發展。而鄧秉元自己,則僅僅把這本書看作一個起點,"接近古典學術,我們衹是在途路之中"。

在許多人看來枯燥乏味、高深莫測的學問,對現代人究竟意味著什麼?不妨讓我們一起走近新經學的發展之路。

凡有儒學義理處,便有經學

讀書周刊:經學可以被看作國學中最核心的部分,但提起經學的概念,大多數人並不清楚,究竟什麼是經學?

* 作者單位:解放日報社。

鄧秉元:其實,經學在傳統時代有過不同説法,但總的來説共識大於分歧。司馬遷所謂"自天子王侯,中國言六藝者,折中于夫子",六藝即指六經。魏晉以後,經史子集四部之學興起,經學的概念逐漸穩定下來。假如把四部之學看成傳統時代的知識體系,那麽經學便是整個知識體系之中最根基的部分。

所謂"經",就是"常道",我們既不能簡單把經學視爲一種信仰形態,也不能像許多人那樣望文生義地把它視作關於六經及歷代儒家經典的文獻研究。作爲一種思維方式,一方面要注意到經學在傳統知識體系中的基石地位,一方面也應該承認傳統的經學常道祇是人類文化不同知識體系所理解的常道中的一種。如何理解不同知識體系之間的異同,是經學在未來的主要任務之一。

讀書周刊:馮友蘭先生在《中國哲學史》裏曾提到,"董仲舒之主張行,而子學時代終;董仲舒之學説立,而經學時代始",子學和經學的區别又是什麽?

鄧秉元:至於經學與子學,雖然二者共同淵源於三代以來的知識系統,所謂"諸子出於王官",但其實有著大宗和小宗的區别。六經基本對應春秋以前的王官之學,代表了一種從總體上接續原有知識體系的努力,而諸子則各有自己的立場,經學與諸子分别相當於莊子所説的"道術"和"一曲之術",二者在歷史上有著極爲複雜的關係。

讀書周刊:但人們對經學談論得越來越少,西學東漸,經學是否被瓦解了?

鄧秉元:不得不承認,晚清以來,舊經學的確衰落了。但經學並不是被西學所瓦解的,絶大多數堡壘其實都是從内部被攻破的。我在《新文化運動百年祭》一文中曾經强調一個看法,經學之所以在晚清發生摧枯拉朽式的崩解,主要原因在於康熙以後閉關鎖國的一百多年中,中國學術由晚明以前體用兼備的經子之學爲中心,轉向以客觀觀照爲目的的史學爲中心,使得清代學術基本喪失了因應現實問題的能力。

在西洋文明蒸蒸日上的時代，中國文化幾乎成爲一潭死水，柳詒徵與周予同都曾指出，所謂乾嘉漢學主要並非經學，而是經學史。很少有人會瘋狂到認爲歷史學不重要，但一個民族的文化如果以史學爲中心是遠遠不够的。道咸以後理學與今文經學雖然稍稍振作，但在學術上並没有超出此前中國的固有學術，更不足以在短時期内融攝相較於晚明耶穌會士入華時代已經大爲發展了的西學。史學研究有餘，思想創造不足，這是二十世紀中國學術的基本局面。

祇有真正的古，才可以常新

讀書周刊：在您所倡導的"新經學"研究中，"新"這個字很醒目，經學要怎麼新？

鄧秉元：猶太人有句諺語，"太陽底下没有新鮮事"，中國古人則説"苟日新，日日新，又日新"，這兩句話合起來可以算是對新舊問題的完整闡述。

理想的"新經學"首先應該是真正的經學，與傳統經學有著内在的接契；但真正的經學也一定是"因時"而變的、活生生的，在不同的時空境遇中新新不已。祇有真正能古的東西，才可以常新，古在這裏意味著源頭活水，而不是某個古典時代的具體形態。在這個意義上，爭論"舊瓶裝新酒"或"新瓶裝舊酒"是没有意義的。

"新經學"還有一個具體意義上的新。作爲一種理解世界的方式，經學在西漢以前支配著中國的政治與社會生活，是爲經學第一期。佛教入華以後，爲中國文化帶來了新的因素，表現在經學上則是宋明理學的興起，宋明理學也因此是一種"新經學"。晚明以後，中西學術正式相遇，便成爲第三期經學的應有之義。從今天回顧既往，有些"舊學"其實已經屬於新經學，但決非所有舊學都當得起這一稱謂。因此所謂新，並不是一個具體的時間觀念，而是一個具有歷史性的觀念，意味著新的時代性。

讀書周刊:那麽,理想的新經學將是怎樣一種形態呢?

鄧秉元:新經學應該是明體達用的經學。新經學不僅應該具有引領及反思時代精神的新義理之學,也應該形成以新義理爲基礎的,新的考據、辭章與經濟之學。借用時下流行的西學術語來説,新經學便是要重建以經義爲基礎的新哲學、新史學、新文藝學與新社會科學。

新經學應該是繼往開來、新新不已的經學。今天,儘管許多接續傳統的努力值得尊重,甚至也是初學者的必由之路,但經學不應該止步於以往的學術形態,滿足於做一種有經學立場的學術史研究。也不應該簡單地用舊經學之中已經不合時宜的形態來畫地爲牢。新經學應該回到仁智一體的德性視域之中,重建與當代的精神聯繫。

尤其關鍵的,新經學應該是回歸經典的經學。假如以上述期許爲尺度,那麽由馬一浮、熊十力、梁漱溟、牟宗三、唐君毅、徐復觀諸先生所代表的,主張以中國文化爲本位、强調返本開新的現代新儒學,已經是當之無愧的新經學,特別是其中的新義理之學。

讀書周刊:如今,不僅僅是學術界、教育界,整個社會都表現出對中國傳統文化的特別關注,形成一股回歸經學的思想潮流。您怎麽看?

鄧秉元:回到經學首先便是出於真理的需要,一個圓融大同的真理系統,不能缺少經學。在人類文明的一體化進程中,經學不僅應當佔據一席之地,而且完全可以以經學爲基本形態融攝衆説。這樣,回到經學也不止是國人的需要,而應是人類建構其自我意識的需要,是人類理解自身歷史的需要。缺少了經學的歷史,特別是經學的内史,人類的自我意識便是不完整的。

如今有很多倡導我們回到經學的聲音,似乎也應該作一反思。有人説,經學是祖先留下的遺産,代表著華夏傳統的價值體系,所以必須回到經學。事實也不盡然。因爲再美好的價值,假如不是建基於對世界的顛撲不破的把握,便也都無異於空中樓閣。經學之所以能長久地塑造我們民族的精神,首先便是因爲它一直從知識體系的角度來把握宇宙的實相。研究經學要警惕那種訴諸盲目情感,而缺少對真理切實體認的國粹式經學。

同樣,回到經學也不能衹是因其有用。百年以來,國人對於學術,大多本著"拿來主義"心態,不僅未能虚心以求,且美其名曰"古爲今用,洋爲中用"。章太炎曾説,中國傳統學術其失在於汗漫。二十世紀許多西學研究,卻仍然衹是汗漫。即便是人人欣賞的所謂科學,也曾因缺少真正的科學精神,而變成了科學主義。由此可見,所謂汗漫乃是一種思維方式,絶非經學的專利。有了這種心態,無論研究何種學問,都難以自立,《中庸》所謂"不誠無物",信然。

讀書周刊:重拾經學,會給我們的生活帶來怎樣的改變?

鄧秉元:經學作爲一種思維方式,幾千年以來塑造了中國文化對世界的基本理解,已經廣泛滲透到我們民族的語言和心理模式之中。二十世紀對經學的否定,在某種意義上也就是中國文化的自我否定,這種自我否定不僅未能很快帶來脱胎换骨式的自我更新,反而加劇了民族精神的内在緊張,這種緊張同樣體現在當下每一個普通人的生活之中。我們今天所面臨的問題,有一部分其實是與此有關的。對於幾十年來早已先入爲主接受西方文化影響的普通人而言,重新開始瞭解經學,除了可以豐富對傳統文化的理解之外,無疑也有助於自身的心理調適。當然,這種經學不應局限于傳統的某些形態,否則已經受過現代文明洗禮的國人,可能會面臨某種新的不適。

鋪路石也正是奠基者

讀書周刊:您曾表達,希望這本書能作爲一個起點,將來能够往理想的方向去走。關於古典學術,您理想的狀態是什麽?我們還有多遠?

鄧秉元:許多人已經意識到,越是古典的,往往也越是現代的。中國、印度、古希臘、希伯來四大知識體系都是在各自的古典學術基礎上發展起來的,並因此支撑著不同的文明。人類文明的發展無論高低,但在今天所面臨的處境都是一樣的,都處在不同知識體系相互對話這一基本境遇之中。我對古典學術的理想是走出其地域性,而達到更本源的視界融合,實現文化意識宇宙更深層次的精神統一。目前的人類學術之中,中學與西學分别隱括了中、印、兩希四個知識體系,因此中西學術的對話具有尤其關鍵的意義。在這個意義上,有著獨特文化視野的中國學術有能力爲人類文明作出自己新的貢獻。但應該承認的是,目前的中西學術距離這個理想仍然很遥遠,我們衹是在途路之中。

讀書周刊:古典學術更多地走向大衆,會是經學重新發展的契機嗎?

鄧秉元:新世紀以來,一向被批評否定的儒家經學,在中國大地上變得時髦起來。這裏既有民族心靈深處久遠的温情回憶,也有物極必反的因素使然,中國文化既然經得起歐風美雨的洗禮倒而不亡,便自有其顛撲不破之處。

然而,不得不説,許多基本的學術問題依然很少人去觸碰,許多研究還是希望博得各類外行的喝彩,很多所謂重大項目甚至並不重大。學術更需要的是孤往精神,而不是追逐風氣。“高高山頭立,深深海底行”,任何學術想要真正深入的話,都必須與熱鬧保持距離。我們缺少的是鳥絶蹤滅之處的“獨釣寒江”,而不是熱鬧場中的巧言小慧。有些人可能會把熱鬧當成經世致用,其實真正的經世致用也是一門高深的學問,同樣需要孤往精神。

讀書周刊:那麽,如何讓古典學術在今天更好地發展?我們還有能力賡續經學的命脈嗎?

鄧秉元:五代之時,華夏文明幾乎陷入絶境,看不到多少有光輝的東西。但按照陳寅恪的講法，轉眼之間，中國文化便"造極於趙宋之世"。剥極而復，物極必反。孔子曾說："人能弘道，非道弘人。"又說："後生可畏，焉知來者之不如今也？"何況功成不必在我，鋪路石也正是奠基者。對於當下，我們應該勇於承認自身的局限；對於未來，我們還是可以充滿希望。宇宙不息，生命不絶。

（本文原載於《解放日報》2017 年 9 月 2 日
第 5 版《讀書周刊》，文字微有校正。）

在對比中反思

——半個世紀以來大陸、臺灣經學研究整體形勢之對照 *

史應勇**

作爲一個以中國傳統學術研究安身立命的學者而言,我以爲臺灣半個多世紀以來傳統未曾遭到斷裂性的破壞,雖然臺灣也遇到新文化對舊文化衝擊的問題。作爲傳統學術研究的主要形態之一的經學研究,因爲這樣的歷史原因,臺灣比大陸有了更好的積累和成就。半個多世紀來,臺灣的經學研究,無論就廣度而言,還是就深度而言,都是令同仁欽佩的,也是每一個研究者繞不過去的。比如"中研院"文哲所成立於 1989 年,卻在二十多年的時間裏,在經學研究領域,分時段、分地域、系統完成了多個研究計畫,成爲中國經學研究的重鎮,並推出一系列令人矚目的學術著作。其他如臺灣大學、臺灣政治大學、臺灣成功大學、臺灣師範大學、高雄師範大學等高校也都有經學研究的傳統和專門隊伍,所取得的經學研究成就也不容忽視。

---

* 本文初稿曾在 2016 年 11 月 10 日臺灣"中研院"中國文哲所召開的"臺灣戰後經學研究"專題學術研討會上全文宣讀。此次發表稍作文字修訂。

** 作者單位:江南大學人文學院。

一、兩種不同的社會環境造就兩種不同的學術命運

衆所周知,臺灣半個世紀以來的經學研究,之所以有今天的成就,與半個多世紀以來的文化環境和意識形態環境有關。蔣介石當年撤往臺灣之後,比較尊重傳統文化。而這一點,當是臺灣在半個世紀以來經學研究得以延續並獲得新生的一個重要原因。

1949 年以後,一批由大陸遷往臺灣、原本在中國傳統學術方面功力和基礎比較可觀的學者,繼續沿著原來的傳統學術研究路徑,做出了不小的成就,其中經學研究是重要的一部分。戴君仁、屈萬里、高明、林尹、王夢鷗等人均屬這一批,他們在經學研究方面可稱戰後臺灣經學研究的第一代,是"戰後臺灣經學研究"的奠基人。錢穆先生雖於 1967 年才由香港遷居臺灣,也不專以經學研究稱名於世,但他的《劉向、歆父子年譜》、《兩漢經學今古文平議》等相關著作,都是經學研究之必備。他也可列入這第一代。這些學者從不同角度、不同方面入手,爲中國經學的研究貢獻良多,同時也爲臺灣地區培養了諸多經學研究人才。無論是屈萬里先生的由金石學、目録學、文字學、校勘學入經學,還是錢穆先生的由史學入經學,他們所面對的學術環境,所能投入的學術研究精力,都是比較好的。

1949 年以後,大陸學人在外在環境方面首先遇到的是一場影響深遠的全國大學院系調整(1952)。這場運動有兩個基本的宗旨,一是强化應用技術學科,弱化人文社會科學;二是加强對縮編後的人文社會科學從内容到學科體系的意識形態整合。縮編後的傳統學術研究,主要存在於已爲數不多的綜合性大學中,其空間顯然比 1949 年以前縮小了,這不僅指相關的研究平臺、機構的數量變少了,更主要是 1949 年以前所有的人文社會科學研究人員、學科體系,都要從角度、方法、立場等多方面接受新的意識形態化的整合。經學,

是舊時代封建帝王的政治統治學,當然是受批判的對象,不可能再依樣存在。

如此,我們才能理解爲何大陸在 1949 年以後,雖然還是存在有不少在經學研究方面頗有造詣的學者,卻在這一時期一直不見他們有經學研究論著發表?范文瀾在上世紀二十年代就出版過《群經概論》,[1] 1949 年以後卻幾乎没再碰過經學研究。黄侃之侄黄焯先生初稿完成於上世紀四十年代的《毛詩鄭箋平議》,直至八十年代才刊出。[2]錢玄的禮學在上世紀二十年代就已卓有成就,但 1949 年以後基本無人問津,他自己也不再繼續這項研究,直至上世紀末至近年,他的《三禮通論》和《三禮辭典》才陸續出版。段熙仲的《春秋公羊學講疏》本是 1949 年以前中央大學的授課講稿,1949 年以後他幾乎不再提及,直至上世紀末他故去後,其弟子才提及如何整理出版此講稿,最終於 2002 年由南京師範大學出版社出版。

於是我們看到,單就經學研究而言,大陸有了大約三十年的冷落和凋敝期,臺灣則無論在人才的培養方面,還是在具體研究的推進方面,都作出了相當的貢獻。

二、值得關注的兩種不同價值取向

在大陸經學研究特别冷落的三十年中,不能不提到的是復旦大學歷史系周予同先生曾自 1959 年始,獨一無二地開設過"中國經學史"課程,直至"文革"開始。周予同先生的學生朱維錚在上世紀八十年代撰寫《中國經學史研究五十年》一文時明確説:"這是當時全國大學文科中獨一無二的一門課程",至"文革"前,共開設七年,每學年一期,每

[1] 范文瀾《群經概論》,收入上海書店《民國叢書》第二編第三册。
[2] 黄焯《毛詩鄭箋平議》,上海:上海古籍出版社,1985 年。後又由武漢大學出版社(2008 年)作爲"武漢大學百年名典"再版。

周四學時。[1]至少從培養經學研究人才方面説,這成爲那個時期大陸的絶響。正因如此,數年前中國人民大學因應剛剛成立的國學院,舉辦"經學:知識與價值"學術研討會時(2010),李學勤先生在會上特别指出,恢復研究經學,應當重視復旦大學的周予同先生。當然,會上還是有人提出了對周予同先生經學研究取向的批評。

問題是,周予同先生的研究視角、出發點、歸趣,與同期臺灣的經學研究者比較,顯得很不一樣。或許同時期臺灣也有同類的表達,但至少臺灣經學研究的後繼者們受這種取向的影響似乎要小些,而大陸周予同先生的研究取向卻成爲重要的一翼。

周予同先生的取向,可以説是民國初年以來一直存在的、也可算是本來的主流,衹是在1949年以後,這種取向獲得了特别的生長土壤,這種土壤就是這一時期大陸的意識形態土壤。

周予同先生經學研究的代表性話語是:(1)將二十世紀二十年代有關當局提倡在校學生讀經斥作"僵屍的出祟";(2)"經是可以研究的,但是絶對不可以迷戀的。經是可以讓國内最少數的學者去研究,好像醫學者檢查糞便,化學者化驗尿素一樣,但是絶對不可以讓國内大多數的民衆,更其是青年的學生去崇拜……經不是神靈,不是拯救苦難的神靈,衹是一個僵屍,穿戴著古衣冠的僵屍!它將伸出可怖的手爪,給你們或你們的子弟以不測的禍患!"[2]

這是大陸所有經學研究者都很熟悉的話語。而與此同時臺灣的經

---

〔1〕參朱維錚編《周予同經學史論著選集》(增訂本),上海:上海人民出版社,1996年。朱維錚先生曾在後來撰寫《中國經學史十講·小引》(上海:復旦大學出版社,2002年)時,述及周予同先生此門課程開設起自1958年,而在二十世紀八九十年代編訂《周予同經學史論著選集》初版和再版時,都明確説此課程開設始於1959年。或當以1959年爲是。具體文字表述可見《周予同經學史論著選集》初版、再版前言,後記《中國經學史研究五十年》,及所選周予同先生《經、經學、經學史——中國經學史論之一》題下編者註(第649頁)。

〔2〕周予同《僵屍的出祟——異哉所謂學校讀經問題》,收入朱維錚編《周予同經學史論著選集》(增訂本),第591頁。

學研究者,則大多表現爲與錢穆先生一樣的對傳統的“温情與敬意”。他們不像大陸周予同一派,更多地表現爲旁觀的分析、審視和批判。我們看到,直至六十年代,高明先生在爲自己的學生李雲光博士論文《三禮鄭氏學發凡》出版作序時,仍然以“夫禮,天之經也,地之義也,國之紀也,政之本也”〔1〕這樣的話語作爲獎勉之辭。直至七十年代,高明先生的弟子李威熊在自己的博士論文《馬融之經學》的自序中仍然高揚“經也者,恒久之至道,不刊之鴻教也”〔2〕這樣的古義,仍然强調“經所言者爲常道……立國治學,當以研經爲要”這樣的傳統學術次第。〔3〕總之這一時期我們看到臺灣的經學研究前驅,他們的取向是堅守傳統的學術方法,對經學文獻進行具體、詳實的考訂、辨僞、訓詁和清理,在這種具體的研究中,我們也看到了一種與同時期大陸學者完全不同的價值取向。

三、學術研究當以求真爲職志

大陸經學研究大約從二十世紀九十年代以後開始復興,之後逐漸形成不同的取向、派别、陣營。尤其值得注意的是,這時大陸一反過去的批判傾向,出現了一批似乎是重新對經學文獻中所褒獎的傳統意識形態和價值觀産生信仰和尊崇心理的經學研究涉足者。起初我將他們稱爲“信仰派”,而將自己稱作“客觀派”。其間我聽到不少所謂“信仰派”對由周予同到朱維錚一派經學研究者的批評,認爲那種衹知“破”不知“立”的研究取向不可取,太過陳舊。後來隨著我與他們交流越來越多,我越來越看清,那些所謂傾向於“立”的一派,其實真正對經典精神

〔1〕《左傳》昭公二十五年述子産語。見楊伯峻《春秋左傳注》,北京:中華書局,1981年版,第1457頁。

〔2〕此爲劉勰《文心雕龍·宗經篇》語。

〔3〕詳見李威熊《馬融之經學》,臺灣政治大學中國文學研究所1975年博士論文,指導教師:高明、熊公哲。

有信仰的人是少數，有不少人衹是跟風而已，因爲衆所周知，大陸近年在意識形態領域出現了偏向民粹的傾向。那些打著復興儒學旗號而涉足經學研究的隊伍中，有不少屬於這一類。

就大陸經學研究復興以後的陣營傾向性而言，我更傾向於作一個客觀的研究者，而不是忙於作價值取捨。基於這樣的傾向，我看好大陸近年出現的兩類經學研究者，一是比較靠近純粹的"小學"家，即著重關注經學文獻中的文字、版本、訓詁、校勘等問題；二是以經學義理及其演進歷史之"求真"爲職志者，但不以服務於意識形態爲取向。當然，這不包括那些混跡於這兩個隊伍中，因爲急於求成，爲了名利而放棄了對學術操守的堅守，從而粗製濫造地炮製所謂學術成果者。

周予同先生的"僵屍"説、"糞便"説，是否值得商榷？還可以討論。但傳承周予同先生經學研究的朱維錚先生一貫堅持的理性的"醫者"立場，我卻以爲難能可貴。鄧志峰在追思朱維錚先生的《雪月之靜穆與莊嚴》一文中説："幾年前，當他發覺社會上有人越來越偏離學術的軌道而倡導民粹或國粹式的儒學之時，朱師不止一次地對我談及，與其成爲一個基於信仰的教徒，不如成爲一個用理性思考剖析文化積弊的醫者。或許，朱師是要借此表達他對那些或見風使舵、或扯虎皮拉大旗的僞儒的不屑吧。又或許，在朱師看來，即便是純粹的儒學，在二十世紀主流知識體系的觀照下，也早成已陳之芻狗，不再有任何生命力了。"〔1〕

不論儒學、經學本身的文化價值是否已經死亡，朱維錚先生生前經常强調的學術研究當不要輕率地作價值評判，而要首先客觀地研究它"是什麽"，然後問它"爲什麽"，這種求真的精神，在我看來非常值得在學術研究中褒揚和繼取。林慶彰先生曾經批評朱維錚的經學研究的毛病在於"不解經"，這或許是真正擊中了朱維錚研究經學問題的缺憾，但

---

〔1〕見復旦大學歷史系編《懷真集：朱維錚先生紀念文集》，上海：復旦大學出版社，2013年，第240頁。

我知道,朱維錚先生自己非常看重林先生所説的那種"解經"式的研究,他曾明確説大陸實在是缺一個林慶彰這樣的人物。朱維錚先生並不希望其他人都要和他一樣,從周邊、從歷史發生學的角度、從意識形態的角度來解讀經學發生的歷史,他希望更多的人作孫詒讓式的經學研究,希望更多的人從經學學術本身來討論、清理、解決相關問題。這一點其實與林慶彰先生批評大陸有些人的研究是"鬼打架",取向是一致的。

四、一種值得褒揚的研究方法和精神

如果説臺灣的第一代經學研究者還保有那種對於傳統經典價值觀的信仰傾向,那麽到第二代,以林慶彰先生等人爲代表的臺灣一批經學研究者,我們從他們的經學研究和表述中,已比較少看到那種價值評判和取捨。他們比較地能够從經學學術本身去討論問題,其客觀理性的學術態度已成爲一種明顯取向。正因如此,其研究所取得的深入程度和成就都是令人欽佩的。長期進入經學文獻内部和學術理路之中的爬梳,是否會進一步培養出對傳統文化的敬畏與信仰,另當别論,但學術研究必須首先放下盲目的尊崇或盲目的批判,如林慶彰先生所提倡的"回歸原典",[1]是應有的規則。這與朱維錚先生提出的學術研究當首先研究它"是什麽",然後再問"爲什麽",道理是一樣的。

在臺灣新一代經學研究者中,我們除了看到繼續由傳統學術路徑對經學文獻進行進一步探討之外,還看到了借鑒其他相關新學科的思路和視角,用以分析經學中涉及的問題。比如我早年讀到的楊晉龍先生的《神統與聖統——鄭玄、王肅感生説異解探義》[2]一文,就比較明顯地借鑒了西方社會科學中的相關理論,如社會心理學和政治學等,這

〔1〕 參見林慶彰、蔣秋華主編,張穩蘋編輯《啖助新春秋學派研究論集·出版説明》,經學研究叢刊 5,臺北:"中研院"中國文哲所,2002 年。

〔2〕 刊《中央研究院中國文哲研究集刊》1993 年第 3 期。

讓我們對傳統的經學問題有了新的現代認知。

筆者特别認同這樣一種跨學科的、現代視角的傳統研究,因爲要真正理解中國傳統社會中深奥的經學義理問題,對於當代越來越遠離那個社會的人,其實是一個難題,因爲時空隔絶的限制,社會結構與模式全新的變化,人的社會心理結構和内容的不同,都成爲理解那個時代意識形態的障礙。而運用現代人理性的社會認知理論,可以幫助我們以現代人的理性頭腦,理解並詮釋古代社會中的相關問題,從而使與我們越來越隔膜的古代社會的意識形態問題,變成我們現代人可以相知的鄰伴,而不是遠古的異類。正因如此,筆者近年也著力嘗試用西方經典詮釋學的視角,分析清理中國的經典注疏問題。在楊晉龍先生指導下,我們看到他的學生也在借鑒現代社會科學的相關理論來分析探討傳統經學中的一些問題,如劉柏宏的碩士學位論文《開創與影響:王肅禮學義理及中古傳播歷程》(2007),就借鑒了現代傳播學理論的某種視角。

除此而外,筆者也特别認同以楊晉龍先生爲代表的一類經學研究論著中所呈現的另外一種可取的方法論價值,即往往對研究對象的分析和闡發頗爲細緻入微,尤其是對研究史的清理和分析,對研究方法、路徑的交待,這是筆者特别看好的一個研究亮點。因爲時下由於利益和評價制度的驅使,學術研究中普遍存在的一個壞毛病就是粗疏和急於求成。

我以爲,現代人研究傳統的經學問題,除了我們的角度、立場已與傳統社會的經學家大不相同,另一個明顯超越、也是應該有的超越,就是我們的研究理路、我們思考和分析問題的邏輯複雜性必須超越前人。比如我們的經學研究離不開清代學者的研究成果,但我們從清代經學家阮元筆下常常能看到一個特别簡單化的解決問題的邏輯,那就是,爲了求經義之真,爲什麽要由宋學上溯到唐代,由唐代上溯到魏晉,又由魏晉追溯到漢代?因爲漢人的解説“去聖未遠”。

單靠這樣的邏輯思考能力,當然不能應對現代的學術複雜性。因此對研究對象分析和闡發的細緻入微,反映的是一個現代學者理性思維能力的提升,這是一個現代學者必須做到的。對已有相關研究的清理和分析,不衹是因爲文章格式和規範的要求,更重要的是,没有對已有研究的真正透徹的駕馭和把握,就不能真正在研究中超越前人,就不能發現前人的不足和留下的問題到底在哪里。對研究方法、路徑的交待,可以證明研究者解決問題的方法是否可靠,思路是否明晰,前期思考是否成熟。我們在以楊晉龍先生爲代表的一類經學研究論著中,常常看到文前的這部分内容非常精彩、到位,而不像有些研究著作,文前的研究史或衹是已有研究目録的羅列,缺少到位的分析。

五、跨學科的研究爲理所必然

有一個值得注意的現象是,在現代學科體系下,臺灣以往多數經學研究者以中文系爲主要學科背景,而大陸經學研究復興以後的從業者,多以歷史系爲學科背景。清華大學歷史系以彭林領銜,舉辦過大陸"首届中國經學國際學術研討會"。中國人民大學國學院有一個較爲年輕的經學研究團隊,其主要學科背景也是歷史系。新近出現的上海交通大學以虞萬里爲代表的經學研究團隊,也主要以歷史學科爲背景。散在各高校單打獨鬥式的經學研究者,也多以歷史學科爲背景。這一點似與臺灣的經學研究者有所不同。當然,隨著大陸經學研究的升温,近年也有一些大陸中文系、哲學系學科背景的研究者,加入到經學研究的行列中,比如南京師範大學中文系的部分同仁,比如中國社會科學院文學研究所的部分同仁,等等。大體情形是,歷史系學科背景的研究者研究經學,多從學術史及經學與當時政治社會的相關度的視角加以著眼;哲學系學科背景者則以概念、範疇分析居多,經學文獻的清理成爲弱項;中文系學科背景者則多見於對經學典籍的訓詁、版本、文字等的考訂,多偏向於大陸改革開放以後在高校中文系普遍設立的一個專業——古籍整理的路徑。這一特點,臺灣的經學研究者似乎並不顯現。這或許説明,臺灣原有的大學中文系學科體系本就與大陸有所不同。

總體上説,就現代學科體系而言,筆者更看好跨越文、史、哲三個學科或曰兼融三個學科對中國的經學進行研究,因爲:經學研究的最終歸趣在義理,而不在史實,也不能衹局限在版本與文字訓詁,但没有史實的考訂和解讀,就不能看清經學義理的演進軌跡;没有文字訓詁和版本的考訂,我們的經學解讀也會誤讀;哲學的思維則更有助於我們對於經學義理的宏觀思考。

最後,我想説,大陸近年的意識形態背景,似乎對於從事古典研究者有益,但又或許未必。李零教授最近已痛批當前復古潮鬧到烏煙瘴氣的程度。[1]當然他主要針對那些忽然之間盲目尊孔的人。而筆者尤其不看好那些名義上尊孔、其實並無真正信仰的人,他們現在因應時俗而標榜尊孔,哪一天形勢一變,他們的所謂信仰馬上改變。這批人目前有不少擠進經學研究隊伍,號稱也是一個經學研究者,其實他們没有求真的科學研究精神,有的衹是蠱惑與造勢,他們没有對經學文獻真正青燈古卷的爬梳精神。

而就臺灣的經學研究形勢而言,臺灣本來有尊重傳統的傳統,本來有未曾割斷的經學研究傳統,但新時期或許又出現一種過於强調本土文化獨立性而割斷與大陸文化傳統聯繫的形勢,這勢必會影響到傳統經學研究的生存空間以及其研究的視野。

---

〔1〕 見“十點公社:有情有性,無忌無諱,見仁見智”,微信帳號:shidiangongshe,轉自“愛思想網”。

跋與後記

張文江*

一、《周易表解》跋

以上《周易表解》共四卷百表，是我的老師潘雨廷先生多種易學著作中的一種，原稿初成於六十年代。由於一個時期以來，潘雨廷先生把主要精力集中於撰寫多卷本《易學史》和《道教史》，這部書稿便由我負責整理。整理工作前後歷時一年多，全稿最終仍由潘先生審定，並撰寫了序言，使這部三十年前的舊作，重新焕發了時代的色彩。

易學有上古易、中古易、下古易之别，《周易表解》所述，基本反映了下古易的主要狀況，時間跨度約相當於孔子前二百年至孔子後五百年，即春秋中、後期至西漢末年。這段長長的時間，是形成《周易》基本文獻的階段，以後二千年經學易的發展，基本相應在這一範圍中。讀《周易表解》，應當理解這一背景。凡易道三古應貫通，《周易表解》的時間界限在下古，而上古、中古易的内容亦交織其中，如此古猶今，讀《周易表解》，或能得其旨。清末唐文治(1865—1954)遇吴汝綸(1840—1903)於東京，兩人徹夜談學，關於讀《易》的見解，吴謂唐曰："讀《周易》二篇，應

---

* 作者單位：同濟大學人文學院。

當參考《太玄》。”吴、唐的這一見解,實際已衝破了經學易的傳統標準。其時尚在蔡元培(1868—1940)廢經學之前,在當時極爲新穎。以二篇參之《太玄》,研究易學即可由東漢而上溯西漢,並由西漢而上及先秦,由此可理解三古易而不爲經學易所限。《周易表解》即以吴、唐此義爲標準,謹志於此,以示淵源所自。讀《易》由上古而下古,由象數而義理,由哲學而兼卜筮,通天地人而言,於易道或能得其幾。以此讀《表解》,其旨或自現。

潘雨廷先生早年先後師從唐文治、熊十力(1875—1968)、楊踐形(1891—1965)、薛學潛(1894—1969)等人研究易學。唐文治讀《易》偏重於經學易,能重視東西方文化交流,認識時代發展是其長;熊十力貫通儒、釋,獨標性靈,於《易》識其時空之變;楊踐形以畢生精力研《易》以闡發其奥,於千餘種易著皆能一一貫通而得其旨,且精於道教和中醫理論,對《易》、道貫通有深入的體驗和心得;薛學潛將《周易》匯通於西方現代科學,以易學和二十世紀西方現代科學的尖端如相對論、量子論的核心思想相互印證,由此打破傳統易學的範圍,開出科學易創新的一路。潘雨廷先生繼承歷代易學的發展,於諸師各取所長,研究範圍遍及哲學、自然科學、宗教等多種領域,於歷代易學有所整理,有所闡明,有所發展,有所創新,其一生治學的主要成就在易學史和道教史兩方面,其他尚有相關著作多種,《周易表解》即其中之一。今整理之作爲瞭解和研究易學的基礎讀本,供初學者研讀,或能有所啓發。

若干年前,我在大學時代,有機會聽潘雨廷先生在課堂上講授易學,其中就有《周易表解》,當時極受啓發。以後逐步請益,逐步受啓發,積累有年。今日參與整理《周易表解》,既爲多年所學的一次檢驗,也屬機緣。《易》者,有其長也有其短,有其本也有其末,有其變也有其不變;其原在世界,亦可成於身。理數象占,其要不在文辭也。識其長而變其短,得其本而棄其末,執其不變以盡其可變。由此上出,步趨天地自然的發展變化,體味人生的奥秘,易乃無窮。

1990 年 7 月 26 日

再版補記

《周易表解》於 1993 年和 1997 年分别由上海社會科學院出版社、臺灣建宏出版社出版。1993 年版由於種種技術上的原因,存在一些缺失。1997 年版作了補充修正,仍然未能體現理想。近日由整理者再作修正,雖然還是未能完美,但比起前兩版多少進了一步。

《周易表解》闡發傳統易學"二篇十翼"的基本内容。雖然易學的内容不僅包括《周易》本文,然而研讀《周易》本文,仍然是進入易學的主要途徑。《周易表解》相應的是兩千年來三古三聖的經學易,可以作爲理解易學的堅實踏脚石之一。潘雨廷先生把一生奉獻給了中華學術,有著多方面成就,晚年試圖對易學有所交代,卻落實到一本小小的《周易表解》上,似偶然亦非偶然。《周易表解》書稿的整理,完成於 1990 年 7 月,第二年潘雨廷先生就去世了,而全書的出版還要在兩年以後。潘雨廷先生一生治學,著作等身,《周易表解》是他在生前得到確認出版的唯一書稿。

再版新增了三篇附録,由整理者從遺稿中搜拾而得,可從不同側面豐富《表解》的思想。《二篇取象》關涉《周易》象學,對研究《周易》本文有極大助益,若深入研讀,當有字字珠璣之感。《唐文治〈讀周易大綱〉、〈學易大旨〉大義及簡注》關涉《周易》義理,此文成於潘雨廷先生晚年,由整理者協助寫成,也是潘先生對自己老師之一所作的紀念。《〈易經十二篇〉刪成"二篇十翼"》是潘雨廷先生爲《周易表解》擬寫的提綱,稿未成而逝,今附録於此,對當時因緣作一見證。

2003 年 9 月 29 日

修訂本補記

《周易表解》是注釋《周易》經文的基礎讀本,可作爲理解易學的入口之一,也可作爲研究易學的入口之一。我受潘雨廷先生囑託整理此書,開始於 1989 年 7 月,結束於 1990 年 7 月。潘先生修改過《跋》文,但没有親見此書的問世。

本次修訂,從潘先生存稿中檢出一篇《周易表解》序言,作爲附録四。原文用毛筆寫成,雖僅存寥寥數行,卻保留了構思時的資訊,彌足珍貴。文中提到的《周易訂文》,是潘先生考訂《周易》文字的著作,寫作於 1956 年至 1957 年。完成了此書,在 1960 年前後寫作《周易表解》闡發大義,順理成章。

2012 年 6 月 12 日

(《周易表解》,上海社會科學院出版社,1993;臺北建宏出版社,1997;增訂本,上海社會科學院出版社,2004;收入《潘雨廷著作集》第 1 册,上海古籍出版社,2016)

二、《易學史發微》後記

《易學史發微》的編纂,是潘雨廷先生生前的設想,最初篇目也由潘先生本人所手定。潘先生晚年從事的主要工作之一就是編纂《易學史》,以反映中華古代文化核心部分的主要面貌,並鑒古以知今,推動中華現代文化的發展。由於此書規模龐大,在一段時間内難以完成,於是選用《易學史》中的主要篇章,編成這本《發微》。

和成於其他時期的書稿不同,《易學史發微》大部分寫作於八十年代,代表了潘雨廷先生成熟時期的思想。儘管這段時期内潘先生的思想還有發展變化,而且越到晚年越少受傳統的束縛,越精粹單純,但其主要部分的相關脈絡已然清楚,基本能一以貫之。潘先生的易學論文,以象數結合義理,篇篇有其實質性内容,其中多前人所未言,極具創新的意義。如果認真研讀,必然能獲得不少啓發。作爲二十世紀中華易學的傑出代表之一,潘先生的研究既注意考據傳統的易學文獻,也注意運用自然科學的最新成果以及地下新發現的考古材料。《發微》對《周易》爻名、《周易》編輯以及《彖》、《象》結構等的闡發乃至對數字卦、馬王堆《周易》帛書卦次、科學易等的探討,包含了潘先生一生研易的心得,取得了前所未有的成果,值得引起學術界高度重視。

《易學史發微》原擬定的篇目是二十四篇,其中關於揚雄、虞翻、李鼎祚、朱熹四篇著作的提要和另一部書稿《讀易提要》重出,今删歸該書。最末的《科學易》原來是另一長文《易學史簡介》中的一節,但因潘先生晚年極其重視易學與生物學的結合,對二十一世紀生物學發展抱有樂觀的態度,今仍保留以爲殿。《發微》中所提到的部分參看篇目,如《論〈洪範〉作者的思想結構》、《論〈周易・卦爻辭〉作者的思想結構》、《論〈周易・系辭上・大衍章〉作者的思想結構》等,這些文章最終没有寫成,今仍存其目,以見潘先生所設想《易學史》的原來規模。

一九九七年十一月二日

修訂本補記

《易學史發微》,原來的題目是《易學史論文集》,現在的書名爲整理者所擬。此書是潘雨廷先生晚年思想的精粹,最早的篇目也由潘先生所手定。在潘先生的著作中,如果選取一種代表作,整理者願意推薦此書。如果其他著作的表述和此書不一致,請以此書爲準。

潘先生去世以後，整理和出版他的著作，在開始階段進展緩慢。整理者曾經非常擔心，這些著作是否能够完全保存。直到此書出版以後，才初步鬆了口氣：潘先生一生最重要的心血，已經呈獻在社會上有識之士的座前。即使還可能遇到其他困難，臨界點已經超越過去了。

2001年，《易學史發微》由復旦大學出版社出版，印數二千册，一個月内售完，以後在市面上不大見得到。印數雖然不多，畢竟留下了種子，有不少讀者通過此書認識了潘先生的學問。時光匆匆，已是十年，此書得到了重印的機會。

此書中的大部分文章，爲整理者當年隨侍潘先生時所手抄。此次校閲一過，在改正若干錯誤的同時，整理者也得以重温舊日心情。潘先生的文章，篇篇有其精義，至今讀來，依然爲其識見驚歎。尤其使整理者久久流連的，是《序卦》、《雜卦》兩文。當年潘雨廷先生語我《雜卦》"大過顛也"之旨，聽後身心震動，以後思及此景，愈覺意味深長。近些年來，此景往往不期而現，時代之感應，有不知其然而然者。

2011年9月12日

（《易學史發微》，復旦大學出版社，2001；收入《潘雨廷著作集》第2册，上海古籍出版社，2016）

三、《易學史叢論》後記

潘雨廷先生關於易學史的主題論文已收入《易學史發微》中。然而潘雨廷先生一生從事易學研究，晚年尤致思於易學史的寫作，還存有相當數量的文稿，精彩至極，至今讀來仍然虎虎有生氣。整理者試圖搜集《發微》未收的文章，編成此《易學史叢論》，作爲《發微》的補編，希望對讀者有所助益。

《叢論》由不同來源的文稿組成,主要有以下三類:一、擬寫《易學史》的部分原稿,如《三古的易學》、《卦爻辭的原始意義》、《易學和史學》、《西漢的易學傳承和内容》。這些都是骨幹型的大文章,而未收入《發微》中。二、潘先生覺得《易學史》規模龐大,牽涉衆多,一時難以倉猝完成。晚年準備提要鈎玄,另寫一種《易學史大綱》,並盡快面世以應急需。此書最後没有寫成,但還是留下了一些相對完整的章節。《叢論》收入了這些章節,如《上古三代易學簡論》、《西周與東周的易學》等。三、潘先生所寫的其他易學史文章。這類文章比較短小精悍,往往祇有一二千字,但並不因此減少其重要性,正可作爲前二類文章的補充。本書收入的此類文章有《論〈周禮·春官〉簭人之九簭》、《〈管子〉"虙戲造作六峜以迎陰陽"》、《陸希聲之易》、《王陽明之易》等。這三類文章是否要予以標别,整理者考慮了很久,最後決定不加標别,以保持一氣呵成之感。《叢論》既已編成一書,彼此的關係宜漸漸融合,未能整齊劃一之處,恰可當其間的節奏起伏。除了以上三類文章,本書還收入潘先生一篇早年的作品:《宋易的授受及其著作》。原稿用毛筆寫成,如果和晚年的《西漢的易學傳承和内容》比較,亦可見早晚心力之相形。

本書包括附録二種。附録一是關於《易學史大綱》的二篇文章。其一《敘論》,其二《提要》,可以作爲本書的提綱挈領,也可以參觀作者的另一著作《讀易提要》。附録二《論朱熹以易學爲核心的思想結構》,是作者去世前仍在力疾書寫的論文之一,與《發微》論邵雍、王船山、熊十力思想結構的文章同類。作者對朱熹有獨特的深刻認識,此文若寫成,或可於當代朱子學研究開一生面。惜所存尚不足三分之一,今附録於此,爲有興趣進一步研究者保留若干線索。

本書的時間跨度是從上古至清,如果和《發微》合觀,已然勾勒出易學史的整體面貌。而且與《發微》不同,本書所收,多有不曾結篇的未成稿，然而編成此書皆已無礙。蓋成亦不成，不成亦成，《易》終未濟，是有所望於來者。

二〇〇四年一月三十日

修訂本補記

《易學史叢論》由上海古籍出版社於 2007 年出版。此次校訂，核對了部分引文，糾正了若干錯失。此外，從《潘雨廷先生談話録》中輯出《易學史大綱》目録，補入附録一；輯出擬寫《易學史》目録，列爲附録二。《發微》和《叢論》可以看成姐妹篇，得此二種附録的輔助，整體輪廓愈加顯出。原來的附録二調整爲附録三。此文論述孔子以後最重要的儒者朱熹，雖然没有完成，仍宜倍加珍惜。

2012 年 5 月 25 日

(《易學史叢論》，上海古籍出版社，2007；收入《潘雨廷著作集》第 3 册，上海古籍出版社，2016)

四、《讀易提要》後記

《讀易提要》是潘雨廷先生的一部遺稿。潘雨廷先生自 1949 年起開始研究易學，先後師從唐文治、周善培、馬一浮、熊十力、丁超五、沈瓞民、楊踐形、薛學潛、鍾泰諸大家，其中與唐、馬、熊、楊、薛關係較密切，與楊、薛兩師更是朝夕過從，有著深厚的情誼。潘先生的研究範圍兼及全部中國哲學史，對易學和道教爲核心的傳統學術致力尤深。他有志於撰寫《易學史》和《道教史》，並分別撰寫《提要》，以免空論之失。現存的這部《讀易提要》,就是他寫作《易學史》的準備工作之一。《讀易提要》的撰寫大約開始於1959年,此年潘雨廷先生合歷年讀《易》筆記,略加整理而成《提要》。最初未足百篇,當年增加六七十篇,至1960年已積成200餘篇。此後又絡繹續寫,共撰有500餘篇。然而在"文化大革命"期間存稿遭劫,損失大半。所幸尚存200餘篇,以後又有所增寫,也就是今天留存的這部書稿。

潘先生一生治學思想幾經變化,在《讀易提要》的寫作中也留下了痕跡。他在50年代初期大致屬於學習階段,當時主要爲諸師整理著述,並自撰讀書心得。50年代末60年代初對易學形成了整體看法,思想基本成熟,這才有了《讀易提要》的寫作。由於思想已然成熟,所以《提要》雖然涉及衆多複雜内容,而且在較長時間内錙銖積累地寫成,但仍然毫無凝滯,猶如一氣呵成。然而進入70年代,由於包括美國阿波羅飛船登月和中國"文化大革命"等事件在内的中西社會的變動發展,也由於包括馬王堆帛書、西周數字卦在内的地下材料的陸續發現,在70年代後期潘先生思想發生了進一步變化,於易學的象數和義理兩方面均已上出,而絶不僅以傳統經學爲念。《提要》寫作的本來目標之一是彌補《四庫提要》易類分經、子爲二且不明象數之失,然而以易學本身的發展來衡量,完成這一改良性質的目標仍然未足。凡《易》由天地自然而來,其變動生生不息,如果僅從經學以及《四庫提要》的角度入手,雖然也能有所得,但此種局限終宜化去。潘先生於80年代多次表示要對自己的早年著作重加修訂,隨著他把著述重心放到了其他方面,《讀易提要》也不再作有計劃的增添。然而潘先生在講《易》時,有時還會抽出幾篇《提要》以爲例證,可見此書在他本人的思想發展中仍然有著重要地位,決非準備棄置之作。總觀現存的《提要》近300篇,包括了易學史中的許多名著,其中相當部分爲《四庫全書》所未收。而對歷史上一些疑難著作的要點,《提要》進行了透徹的解析,對學《易》者有莫大的幫助。潘雨廷先生的《讀易提要》既總結了前人的成果,也包含了自己的心得,無論在數量上和品質上,都是《四庫全書》易類提要以來嶄新的發展,具有重要的參考價值。

1991年9至10月間,京滬兩地出版社多次約稿,希望能整理出版這部《讀易提要》。當時潘先生已在病中,要求我協助他完成此書的修訂。修訂分以下幾方面:一、增補篇目;二、删改内容;三、文字潤色。當時還擬訂了部分增補篇目,根據留存的筆記,擬增補的篇目有:漢代馬王堆帛書《易》、《易緯》七種;唐代李鼎祚《周易集解》;五代宋陳摶《易龍圖》;清代姚配中《周易姚氏學》、李道平《周易集解纂疏》;近代杭辛齋《學易筆談》,周善培《周易雜卦證解》,唐文治《周易消息大義》、《憂患卦釋義》,曹元弼《周易鄭氏注箋釋》、《周易集解補釋》、《周易學》,薛學潛《超相對論》、《易與物質波和量子力學》,楊踐形《周易講演録》等。然而天不假年,可惡的病魔終於奪走了潘先生的生命,使他未能完成許多重要著作,其中包括這部《讀易提要》。

潘先生畢生從事易學研究,逝世後留下了相當數量的遺稿,具有重要的學術價值。金德儀師母保存先生的遺稿,並委託我進行整理。參與整理並擔任抄寫工作的,還有同濟大學的倪學寨先生和復旦大學的劉松先生。根據潘先生生前的設想,我們對遺稿作了以下的工作:一、分卷與新增篇目。《提要》原稿依據年代排列,裝訂成五册,今依據年代分爲十卷。爲尊重原著的本來面貌,新增篇目的工作不再進行。潘先生原來有部分《提要》手稿散失在外,今作了搜輯整理補入全書。增補篇目附於每卷之末,並於題首打 * 以示區别。所補篇目計卷三1種,卷七1種,卷九2種,卷十7種,另有一種潘先生本人自撰的《易學史簡介》提要殿於全書之末,所補共計12種。二、查核内容與文字。如前所述,《讀易提要》是潘先生比較早期的著作,所依據的劃時代標準還是傳統的"三古三聖"之説。潘先生晚年再三强調"八卦不是伏羲作,二篇不是文王作,十翼不是孔子作","三古三聖"之説衹能適用於傳統的經學範圍,在現代要依據考古所得加以修正。他晚年從事的《易學史》即依據新標準寫作。《提要》的修訂原擬據此删改,但因潘先生已然逝世,此類觀點仍予保留,衹是對表述時所用的過於肯定的推擬以及强調或感歎的語氣,整理時作了相關的技術處理。原稿有部分闕字,如卷四《皇極經世書》提要中的"以□代聲,以○代音",原稿闕字,今查核補入。又如卷十尚秉和《周易古筮考》中的"李剛主",原闕"剛"字,今亦查核補入。至於原稿由於易學本身内容以及潘先生特殊行文風格所造成的難讀之處,仍保留以存原貌。三、其他。《提要》全書無序,1991 年 10 月,潘雨廷先生擬重寫序言,稿未成而逝。今試以另一長文《易學史簡介》作爲本書的代序,以此通貫全書,或能見及潘先生晚年思想的一斑。

願此書的出版能滿足潘先生畢生治《易》的部分心願,願它能給讀者理解易學帶來幫助。

一九九五年四月二日

修訂本補記

二十世紀九十年代,我整理完成潘雨廷先生四種著作:1990 年完成《周易表解》,1995 年完成《讀易提要》,1997 年完成《易學史發微》,1999 年完成《易老與養生》。然而,從 1993 年《周易表解》半自費出版以後,其他著作一直到 2000 年後才得以出版。當時社會上不太認識潘先生著作的價值,可見一斑。《讀易提要》整理完成在先,出版卻在《易學史發微》(2001)、《易老與養生》(2001)之後。此書已和某出版社簽訂合同,遷延日久,還是没有出版。後來下決心取回,由上海古籍出版社接手,於 2003 年出版了精裝本。以後又改正部分錯字,於 2006 年出版了平裝本。

《讀易提要》精密詳審,牽涉廣泛。本次修訂,請黄德海先生校正一過,並編出書名和人名索引。潘先生其他易學著作的提要,尚可參考

《道教史發微》中《介紹〈道藏〉中收録的易著》,包括相關提要 19 種。

2012 年 9 月 20 日

(《讀易提要》,精裝本,上海古籍出版社,2003;平裝本,上海古籍出版社,2006;收入《潘雨廷著作集》第 4 册,上海古籍出版社,2016)

五、《周易虞氏易象釋》後記

易學在中國傳統文化中處於核心地位,而虞氏易是其中最繁難的部分之一。解析虞氏易,既涉及《周易》經文本身的象數變化,也涉及先秦、漢魏晉、唐、清乃至現代之間的學術聯繫,有著深邃而多方面的内容。

《周易》存世著作約有二千五百餘種,其中有特色、有價值的著作約有七、八十種。這裹面還可以列出四種劃時代作品:一、李鼎祚《周易集解》(代表漢易)、孔穎達《周易正義》(代表魏晉易)、李光地《周易折中》(代表宋易)、惠棟《周易述》(代表清易)。《周易集解》編者李鼎祚是唐代人,此書輯録漢至唐的易注三十餘家二千七百餘節,保存了漢易的大量資料。書成後歷代乏人研讀,一直到清代才重新受到關注,被視爲易學重寶。《周易集解》所輯録的易注中,虞翻爲其中最大的一家,有近一千三百節。而佔第二位的荀爽急劇減少到三百節,佔第三位的崔憬更減少到約二百節。虞翻(170—239)是三國時代東吴孫權的臣屬,《三國志》有傳,小説《三國演義》也提到他。在易學象數、義理兩大派中,虞氏易是象數易的代表,《集解》輯録虞氏易,爲此書的精華所在。清代學者花費大量工夫整理虞氏易,著名的有張惠言《周易虞氏義》九卷、《周易虞氏消息》二卷、《虞氏易言》二卷、《虞氏易禮》二卷、《虞氏易事》二卷。其他如李道平《周易集解纂疏》,也涉及很多虞氏易的内容。這些著作是後人研究的踏腳石,而完成對虞氏易全面系統性解析的,是潘雨廷先生的《周易虞氏易象釋》。

本書是潘雨廷先生比較早期的著作,大致在上世紀五十年代寫成[①],在八十年代因爲被人借走而遺失。經過整理者多方搜求,找到四種不同來源、不同字跡的抄本,彼此截長補短,大體尚可拼成全書。潘先生生前的友人傅紫顯先生提供了其中的主要部分,是此書得以恢復的關鍵性因素。由於這些抄本是當年聽課的人過録給自己參考的,不是謄清後準備保存的複本,所以其中不僅有部分殘缺,而且字跡潦草,間有錯失。同時,由於年代久遠,有些地方已完全看不清了。十多年來,整理者幾次起意整理此書,但由於牽涉的工作量太大,屢次著手,屢次中止。2003 年夏天,整理者在幾位研究生的幫助下,曾經打出了卷下的文字部分。隨後發生了一些意外變故,使已經開始的工作未能繼續下去。2006 年 3 月,整理者在黄德海先生協助下,再次下決心整理此書。整理工作瑣碎而漫長,其間經歷了一遍又一遍的校改,前後九易其稿。黄德海先生的熱情和堅持,對完成此書起了重要作用。黄玉琴女士和綦曉芹小姐,也參與了部分打字工作。儘管我們已經盡了自己的努力,但書中仍然有些内容疑莫能明,希望將來有機會獲得原稿,進一步修訂完善。

《周易虞氏易象釋》的内容包括經文、虞注、潘釋三部分。而潘釋又包括兩部分,即文字和卦象圖表。經文部分沒有太大的問題,整理時把它分成了上中下三卷。在我手邊四種不同的抄本中,有三種沒有虞注,但是還有一種殘篇有虞注。整理者推想原稿應該有虞注,可能是抄稿的人爲了簡便而省略了。而且即使原稿沒有虞注,補入虞注也有助於閱讀。通過注和釋之間的對照,正可以看出潘先生的解析思路。因此從《集解》中輯出虞注補入(有兩處輯自《經典釋文》),對注和釋中的不盡協調之處也作了協調。於潘釋的文字和卦象圖表,除了辨認抄本的字跡以外,還校改了其中的一些錯失。校改的原則是注、釋、卦象圖表三者的一致。釋文的錯誤,依據注和卦象圖表改正。卦象圖表的錯誤,依據注和釋改正。抄本於卷中原缺一整頁,也就是萃卦"乃亂乃萃,其志亂也"以下,升卦全部、困卦至"劓刖,困于赤紱"部分的釋和圖表,由整理者嘗試補入。抄本卷上、卷中原缺十餘處圖表,也由整理者嘗試補入。卷下《繫辭下》中"不見利不動,不威不懲",《集解》經、虞注皆作"動",取"震爲動",潘釋從他本作"勸",取"坎爲勸",今仍存其舊。且細玩虞注、潘釋之象,似以"坎爲勸"爲是。此外在潘先生遺稿中還檢得數頁筆記,探討虞氏易的卦變,也一併附録於書後。

《易則》是潘雨廷先生解析河圖洛書的專著。此書内容重要,但篇幅較爲短小,暫時無法單行。姑且收録於此,以後再設法調整吧。

二〇〇八年三月五日

① 抄本《周易虞氏易象釋》卷下的頁邊,有一行小字:"甲午春至夏,約四月成。"雖然没有指明是哪一部分,但據此推斷全書寫於 1954 年前後,雖不中亦不遠。

修訂本補記

《周易虞氏易象釋・易則》,2009 年由上海古籍出版社出版,以後有過重印。此次修訂,調出並列的《易則》,和其他文稿組成新書。此外,將原來的三篇附録合爲附録一,又將新檢出的未刊稿《荀氏卦變考》、《虞氏卦變考》列爲附録二,《卦變總論》、《論卦爻變》列爲附録三。從虞翻、李鼎祚、張惠言以至於潘先生,可以理解虞氏易由古及今之變化。三篇附録包括了八篇文章,集中闡發了卦爻變,爲象數易學的主要内容之一。

附録三《論卦爻變》中,綜述歷代主要易家之易著,約有四十種爲

《讀易提要》所未收,可見潘先生所涉及的易著,還有更寬廣的範圍。

2012年8月18日

(《周易虞氏易象釋·易則》,上海古籍出版社,2009;收入《潘雨廷著作集》第5册,上海古籍出版社,2016)

六、《過半刃言》、《黼爻》、《衍變通論》後記

《過半刃言》、《黼爻》、《衍變通論》是潘雨廷先生的遺稿,三書完成於本世紀六十年代中國"文化大革命"期間。潘雨廷先生於中國的歷史和文化浸淫既久,有得於心,乃成此三書。三書所觀乃歷史之象,並不就某一時代而言,而時代之象亦自然合入。《黼爻》完成於一九六六年丙午夏至前三日,《衍變通論》完成於歲次丙午,《過半刃言》完成於丁未孟秋,此即所謂丙午丁未,正是"文化大革命"進行得如火如荼的時刻,當時稱"史無前例"。潘雨廷先生和大部分文化人一樣身受衝擊,所積累的書籍、文稿損失殆盡。此時所成之三書,於時事未發一言,然而通過著書行動所體現的對中國文化的繼承、發揚以及對未來的期望,本身也是對時局的抗衡,雖曰無言,其默如雷,不言也是言了。於時過境遷之後,潘雨廷先生於一九八二年所寫的《過半刃言》再跋中說:"十餘年之變幻,歷歷在目。迄今憶之,不勝滄桑。"撫今思昔,感慨繫之矣。

潘雨廷先生於讀《易》的著作常自署"二觀二玩齋主",取《系辭》"居則觀其象而玩其辭,動則觀其變而玩其占"之義。三書中《過半刃言》玩卦辭,《黼爻》玩爻辭,《衍變通論》闡大衍數之變,皆關涉二觀二玩主旨。前二書玩辭明理,後一書追象數之根,亦成配合。雖然潘雨廷先生晚年還有更重要的著作,然而三書各有特色,在他的中期著作裏佔有相當的地位。《過半刃言》、《黼爻》是易學史上不多見的玩辭之作,此一路讀

《易》法基本取明理爲主,而不管卦爻辭的本義。謂卦爻辭之義固如是乎,則未必也,固不如是乎,亦未必也。《黼爻》革初九提及“狹義相對論”、“廣義相對論”,節初九論“得一”提及“不如秘而藏之,以待來兹”,無妄九四謂“幸莊子知之,未遇無妄而其辭荒唐。惜靈均不知,不可貞而貞之,其能無咎乎”。此已達到當時時代背景下所能達到的認識高度,實已得處時代之道,能安然度厄,決非偶然。《衍變通論》窮追玩占的原理,其中相當内容爲歷代易家所未言,可以説發千古未發之秘。此書詳述筮法之變化,闡明筮占之精義,從源頭上破除迷信,有極重要的意義。

潘雨廷先生晚年多次回憶他和老師相處談學的情形。在“文化大革命”期間,師生已不能相聚,唯有各守其學,自驗於心而已。潘雨廷先生和薛學潛先生最後一次見面是在一九六九年,兩人在公園裏相遇,潘先生告訴薛先生,美國的阿波羅飛船載人登月已經成功,薛先生點點頭,説知道了。不久以後,薛先生就去世了。這是他們師生的最後一次見面,共同爲人類第一次突破二維進入三維而歡欣鼓舞。這是人類在二十世紀所取得的最偉大的成就之一,雖然祇是小小的一步,然千里之行,已始於足下。對照三書中所提及的銀河系乃至銀河外星系的時空數量級,當有所感觸。一九六九年前後,整理者在市區的一所學校念書,尚屬蒙稚未知的少年。祇記得有一年大雪過後,看見路旁的梧桐樹在寒風中光秃秃的一片,晶瑩潔淨,心中感到一種難以名狀的激動。很多當時的印象都已經淡漠了,唯有此情此景莫失莫忘,清晰如在昨天。

潘雨廷先生逝世已八年了,我們正身處千年之交。日月經天,江河行地,世代更替,易象易辭亦處於生生不息的變化之中。然其中或有不變者乎?知此乃可讀《易》也。

一九九九年十二月八日

補記

《過半刃言》、《黼爻》、《衍變通論》整理完成以後,因故未能問世,遷延至今。時光流逝,一晃又是五年了。今值三書正式出版之際,增入數文以爲附録:一、《易學的時空結構》;二、《論〈周易〉大衍筮法與正則六維空間的一一對應關係》;三、《易學象數與現代數學》。前一文闡述理、數、象、消息,是易學的基本概念。後二文涉及多維空間理論,也是易學象數的尖端部分。文章稍稍難懂,要想真正理解易學,此關非過不可。讀者肯化一定的工夫,必有所得。

二〇〇四年十月二十四日

修訂本補記

《過半刃言·黼爻·衍變通論》,在 2000 年世紀之交整理完成,曾經用《易學三種》的書名,於 2005 年由上海古籍出版社出版。此次修訂,在劉志榮先生協助下校正一過,並恢復了原來的書名。

本書附録一《易學的時空結構》,可參考其續篇《易學和人體修持》,收入《〈内經〉七篇大論述義》新編的附録二。

2012 年 10 月 28 日

(《過半刃言·黼爻·衍變通論》,上海古籍出版社,2005;收入《潘雨廷著作集》第 6 册,上海古籍出版社,2016)

七、《易與佛教、易與老莊》後記

《易與佛教》、《易與老莊》一九九七年十月整理完成，一九九八年十二月出版，收入遼寧教育出版社的《新世紀萬有文庫》。

《易與佛教》共十四篇文稿，分前後兩部分。前半部分爲《易》與印度佛教，分别論述《易》與《華嚴經》、《維摩詰經》、《觀無量壽佛經》、唯識等大乘經論以及與原始佛教的關係。後半部分爲《易》與中國佛教，分别論述《易》與中國佛教主要流派禪宗、密宗、淨土宗核心思想的關係。

《易與老莊》也分前後兩部分。前半部分爲《易》與老子，包括五篇論文，分别介紹易學、道教和老子其人其書的關係，並介紹歷代《老子》注釋中的哲理和養生思想。後半部分爲《易》與莊子，包括兩部書稿兩篇論文。書稿《莊子析義》逐篇論述《莊子》三十三篇的要義；《莊子人名釋義》論述《莊子》書中人名所對應的史實和易象。論文《論〈莊子〉的内七篇》説明内七篇和三才之道的相應關係；《論莊子的思想結構》説明莊子的整體思想。

《易與佛教》、《易與老莊》的編書設想是潘雨廷先生生前作出的，書名也由潘先生所定，由於對一些文章還準備修改和添寫，此書没有編成。潘雨廷先生逝世後，由整理者搜集遺稿並編次成書。整理中除了收入已完成的文稿外，還收入部分未完成的殘稿，如佛教部分的《〈易〉與〈觀無量壽經〉》、《論初期佛教與吾國思想的相互影響》，老莊部分的《莊子人名釋義》等。這些殘稿雖然没有最後完成，但大體已見，大義已知，可與已完成的篇章互相烘托，共同形成潘先生學術思想的整體，讀者詳之。

本次重新出版，對原書有所增補修訂。在《易與佛教》部分增入《〈易〉與〈圓覺經〉》；另外，《論初期佛教與吾國思想的相互影響》找到較完整的手稿，對原文作了替换。《易與老莊》部分增入《〈莊子〉觀刃》。

最後,在書末增入《〈内經〉七篇大論述義》作爲附録,這是潘先生關於中醫學的重要文稿之一,亦可見老莊與黄老的關聯。

二〇〇四年十一月十一日

修訂本補記

本次修訂,調出原來的附録《〈内經〉七篇大論述義》,和《易則》等組成新書。此外,增入《〈安般守意經〉講解》。此文是整理者當年的聽課筆記,由於論述的是小乘經典,在漢末傳譯入中華,故排列於印度佛教之末,中國佛教之前。

2012年8月26日

(《易與佛教·易與老莊》,遼寧教育出版社,1998;增訂本,上海古籍出版社,2005;收入《潘雨廷著作集》第7册,上海古籍出版社,2016)

八、《易老與養生》後記

《易老與養生》是潘雨廷先生晚年的重要著作,於一九八七年十月應出版社之約,窮數月之力而成。此書寫作時間雖短,卻體系謹嚴、思想縝密,包含了潘先生晚年思想的精粹。

在中國傳統學術整體中,養生學相當於《周易·繫辭下》所謂"近取諸身"。然而深入認識養生卻不僅相關"近取諸身",還相關"遠取諸物",仰觀俯察乃至"以通神明之德,以類萬物之情"皆關涉於此,實際上是中國古代文化認識宇宙、世界之内在角度。養生問題貫穿整個中國思想史和文化史,而理解養生學也成爲理解中國文化乃至東方文化的一把鑰匙。以人類文明而言,其重要内容之一是達成自我認識(know thyself),對此東西方文化實有不同之取徑。中國養生學於此積累了豐富的實踐和文獻,有重要的借鑒意義。中國養生學源遠流長,隨著時代思潮變化不斷加深其内涵。潘先生本書結合東西方文化,總結數百年文化交流之成果,是近代養生學最重要著作之一,在認識論上有超越前人之處。

潘先生寫作時見到的易老原文以一九七三年出土的馬王堆帛書爲最早,《易》的卦象則以殷墟周原所得的數字卦爲最早,本書所作的相關論斷當以此爲基礎。本書言:"李耳出關至秦遇關尹强作《道德經》事未可全信","傳本《道德經》決非全屬李耳之言","總結李耳思想及百餘年來發展情況以寫成《道德經》,太史儋爲最大可能者"。今觀一九九三年新出土郭店楚簡所得的戰國中期《老子》原文,其基本思想仍同,故本書結論依然具有參考價值。

此書寫成後,因種種原因未立即出版。潘先生一度準備抽取其中部分内容另成《修習〈参同契〉、〈黄庭經〉、〈悟真篇〉的體驗》一書,但仍未出版。今恢復本來書名,以存原貌。原書寫作時間較短,以後又因忙於其他工作而未及更定,整理時有所修治。

一九九九年四月二十二日

修訂本補記

潘雨廷先生晚年感慨説:"我三十年所讀的書,用三十年來不及寫。"他以易學史、道教史爲主線,同時從事幾個論題,冒出新的想法就作出調整,因此留下很多未成稿。《易老與養生》是少數完整寫成的著作之一,有其特殊的價值。如果説,傳統養生學以結合印度文化、倡導三教合一的《悟真篇》爲集大成的話,那麽本書結合西方文化,以多維空間理論爲基礎,開闢了一條新時代的道路。

本書第一章至第四章,總論易老與養生。其中有二節尤其應該注意:一、“通貫古今的三才易學——整體易和科學易”,二、“養生的理論和實踐”。潘先生提出多維空間理論,有其嚴密的推導過程,然而中間環節有所亡佚。在這兩節中,作者敘述了主要的邏輯線索,列出了關鍵性圖表。有志者或能據此線索,恢復其缺省的内容,更有所演進。第五章至第六章,介紹中國歷代的養生文獻。養生學以先秦爲其源頭,此後歷述五部典籍,三長兩短,篇篇有其精義。這部分内容,曾取名爲《修習〈参同契〉、〈黄庭經〉、〈悟真篇〉的體驗》,一度擬單獨出版。其中《考訂編次〈参同契〉原文》,透徹解析了原始文本,發前人所未發,是現代研究《参同契》最令人心動的成就。

《易老與養生》寫於1987年9至10月間,前後不滿五十天,約二十五萬字的著作,幾乎一氣呵成。2001年,此書和《易學史發微》一起,編入“火鳳凰”叢書,由復旦大學出版社出版。本次重版,核對了部分引文,校正了一些錯失。

2011年10月12日

(《易老與養生》,復旦大學出版社,2001;收入《潘雨廷著作集》第8册,上海古籍出版社,2016)

九、《道教史發微》後記

潘雨廷先生生前曾有編纂《道教史論文集》的設想,然而此書没有編成,篇目也没有確定。整理者嘗試依據《易學史發微》之例,搜集潘先生的道教史論文,編成了這本《道教史發微》。

道教是中國土生土長的宗教,和中華民族民族性的形成密切相關。

魯迅説過中國的根柢全在道教(《致許壽裳》),因此理解中國文化就必須理解道教。道教博大精深而又藏垢納污,對人體的認識達到相當深邃的水準,而且和古代科技的發展有明顯聯繫。深入研究道教,深入研究它所達到的成就以及相關的負面影響,至今仍有重要的借鑒意義。而研究道教就必須研究道教史,道教史以“紀事本末”爲體,也就是研究道教的生長過程。以潘雨廷先生的觀點而言,道教生長在中國土地上,由各地産生的基本相似而非全同的原始宗教(考古發掘所得可以爲證)匯合而成。此一宗教包含各種論道的教派,在殷周時代已完成其整體思想。春秋而戰國,學術思潮由堯舜孔子發展成黄帝老子,黄老道、方仙道由是而起。“仙之概念與黄帝聯繫,道之概念與老子聯繫。黄帝飛升者,所以發展殷周時代以始祖配天的宗教觀念。”(《論仙與道》)入漢,黄老爲主導思想,且有醫學經典《内經》,非僅清靜無爲而已。武帝尊儒術,黄老、方仙逐步受壓抑。至東漢楚王英時,黄老、浮屠並稱。定五斗米道爲道教之始,謂佛教傳入前中國無宗教,此不合史實。本書《論五斗米道、天師道、正一道之同異》指出,黄老道(有據於古)早於五斗米道(地方),否定道教起源於東漢順帝時的張陵。明後僅以正一、全真當道教,《四庫提要》且以《道藏》收録先秦諸子爲非,由此先秦的燦爛文化全部與道教無關,則道教内容自然貧乏,宜日漸衰微。故今日研究道教,深入體驗人體的究竟,仍當本諸先秦的仙道。如此等等,已經勾勒出道教史的大綱。以世界文化整體而言,世界文化的一部分保持在中華文化中,中華文化本身就是世界文化的組成部分。從這個意義上説,民族的也就是世界的。中國道教由人體出發以深入領會宇宙的獨特角度,確在研究生命起源等問題,這不僅可與世界文化的其他宗教比較,而且能否與發展至今的生物科學印證,也是可以探討的課題。執今之道以御今之有,道教研究可以走出寬廣的一路。

潘雨廷先生的道教史原擬撰寫二十章,每章約五六萬字,各分十節左右,每節約五千至一萬字不等。全書完成後預計約一百萬字,並試圖擬訂每節的篇目。《發微》所選,基本爲擬撰道教史中的主題論文,如論《參同契》、司馬承禎、陳摶、《性命圭旨》、洞天福地等皆是。其他重要論文尚有《黄庭經分章考述》、《並論〈參同契〉與〈悟真篇〉以究其功法》,因已見《易老與養生》,本書不再收入。《張三豐》一文未寫完,"海天萬里游,因緣容後續",之後由學生伍偉民續成。《道書釋要四篇》原自成一組,如拆散編入書中,似氣體不純,故另列爲附録一。其中陸修靜序可當南北朝時期所認識的早期道教史,《悟真篇》五言一首之釋已滲入今義。附録二《天師道序》與書中《論天師與天師道》等有同有異,可以參閲。

二〇〇三年一月二十四日

又記

《道教史發微》於 2003 年由上海社會科學院出版社出版。此次修訂,改正了其中的一些缺失。另外,新收入一篇《論南北宗在道教史上的地位》,由整理者根據作者未成稿補綴成文。

二〇一〇年二月五日

修訂本補記

2003 年,此書出簡體横排本。2012 年,經過增補修訂,此書出繁體豎排本。本次修訂,又增補一篇《太極拳理論探源》,此文是陳鑫《陳氏太極拳圖説》的引言。該書爲油印的非公開出版物,印行於二十世紀八十年代。

2012 年 11 月 30 日

（《道教史發微》，上海社會科學院出版社，2003；增訂本，復旦大學出版社，2012；收入《潘雨廷著作集》第9册，上海古籍出版社，2016）

十、《道教史叢論》後記

以整理者之愚鈍，尚不能知一本以殘篇爲主編成的著作，是否有可能成爲天下奇書。如果有可能的話，希望本書可以作爲試驗之一。潘雨廷先生的《易學史發微》，有《易學史叢論》相配合；那麽他的《道教史發微》，也應該有《道教史叢論》相配合。相對而言，本書在潘先生所有著作中使用的材料最不完整，除了少數篇章以外，絶大部分没有完成，有的甚至衹是開了一個頭，但是不妨礙此書仍然極富啓發力。

全書以一本極其特殊的《道教文化》開場。這本小册子原來是潘先生應友人之請，爲香港某大型畫册所作的文字説明，然而寫作過程卻經歷了多種磨難。首先，當時潘先生已在病中，體力漸衰，寫作時先後有多人參與，文字也不統一。其次，作者構思和出版社要求不完全一致，編輯通俗、再通俗的回饋，使稿件修改了好幾次，其間的協調並不整齊。根據整理者當年的筆記，此書初步完成於1990年11月，後來幾經波折，還是没有出版。多年來整理者一直在處理作者的其他稿件，等到終於鬆口氣來考慮此書時，手邊所有的是二種不同的稿本，此外還有若干零碎的篇章。儘管受到干擾而有所變形，本書依然是潘先生總結性著作之一，其主要構思和大體輪廓還是不可遏制地表現了出來。在整理者看來，本書在作者心目中的地位，大致相近於另一本未完成著作《易學史大綱》。《大綱》已散開編入《易學史叢論》，《道教文化》還相對獨立成篇，雖然闕一章没有完成，依然有著整體的形象。此次整理所成的文本試圖恢復潘先生的原來構思，其中引言和圖片説明由整理者綴合成文，所闕一章仍然保留題目。本書篇幅短小，氣象闊大，代表了作者研究道教的最終結論。

除了置頂的《道教文化》,以下其他諸篇收入了作者從上古至今的道教史論文。如果和《道教史發微》合觀,已然勾勒出中華道教史的整體面貌。而且全書來源和形式更爲多様,其中既有整篇的著作,如《參同契簡釋》;也有寫給自己參考的紙條,如《列子記要》、《關尹子記要》、《悟真篇批語》。既有作者本人手寫的講座提綱,也初次收入學生聽課的記録稿(整理時有所修訂)。經過整理者多次排列組合,諸篇之間彼此聯繫呼應,漸成整體之象。研究者和愛好者認真研讀,必然會有所得。

本書有附録三種。其一,作者擬寫《道教史》之目録。《道教史》雖然没有完成,但是從目録中仍然可見全書的原來規模。其二,《吴承仕〈道藏〉閱讀筆記跋》。本篇爲作者受友人黄壽祺(1911—1990)先生之托而作,原稿已不存,從保留下來的跋中,可以考見當時學者之間的交往,也可以看出作者對前輩學者的尊敬和支持。其三,《略談宋元之南北宗下及明清之東西派》。此文寫於 1991 年 12 月,是作者臨終前還在力疾書寫的最後文章。作者生前關於南北宗的文章較多,論及東西派僅此一篇,祇是於具體内容未能留下相關論述。作者於西派的傳承有極深淵源,而所獲證量未能於此表見一二,令人深爲痛惜。以整理者當年所見,作者最後的文章共有三篇,一是《論朱熹以易學爲核心的思想結構》(未完成,收入《易學史叢論》),一是《略論淨土宗及六字佛號》(已完成,收入《易與佛教、易與老莊》),還有就是這篇《略談宋元之南北宗下及明清之東西派》(未完成,收入本書)。寫作的三篇文章,恰成儒釋道三教之象。

最後,試介紹《道教文化》合作者金寶源。金寶源,上海人(1926—2002),中國攝影家協會會員,上海市文聯委員,上海市文史研究館館員。他從事出版攝影工作近四十年,歷任少年兒童出版社、上海科學技術出版社《科學畫報》攝影記者,擅長風光攝影,除了在《中國風光》、《江山如此多嬌》、《九寨溝》等大型畫册上發表作品外,還攝有《中國岩溶》、

《中國礦物》、《中國五大連池火山》、《紹興石橋》等畫册，深得國内外有關專家學者的好評，並多次獲獎。

本書的編纂醖釀了較長時間，在黄德海先生協助下完成了整理，另外一位謙讓而不肯具名的朋友也參與了部分工作。

二〇〇九年十一月三日

修訂本補記

此書和《道教史發微》一起，於 2012 年由復旦大學出版社出版。本次修訂，校正了若干錯字，將原來的繁體竪排改爲簡體横排。

2012 年 12 月 2 日

（《道教史叢論》，復旦大學出版社，2012；收入《潘雨廷著作集》第 10 册，上海古籍出版社，2016）

十一、《道藏書目提要》後記

潘雨廷先生的主要工作在於易學史和道教史。正如《讀易提要》爲易學史提供了堅實的基礎一樣，《道藏書目提要》爲道教史提供了堅實的基礎。和《讀易提要》主體部分寫作於六、七十年代不同，《道藏書目提要》寫作於一九八〇至一九八二年，已經是潘雨廷先生的晚期著作，基本可代表他成熟時期的思想。

除了和道教史密切關聯以外，《道藏書目提要》的特殊還在於它對應著一本未完成著作《道藏編目》。這是潘雨廷先生試圖整理《道藏》，重新恢復這一中華文化瑰寶的開端。《道藏編目》計劃開始於一九八二年十二月,此書雖未完成,但在《自序》、一些零星材料以及生前言談中已留下主要的構思。①讀《道藏書目提要》,應注意參照《道藏編目》的思想。就《提要》本身而言,它的最大特色在於注意各道書之間的貫通。作者以個人之力通讀全藏,逐步發現各道書有其内在聯繫,故《提要》諸篇互相呼應,決非僅注意單篇一枝一葉者可比。對將來寫作道教史尤其是重編《道藏》者,本書提供了大量的方法和線索。如"1"提出:"再輯《道藏》時應補入帛書甲、乙本,爲洞神部本文的一種。又於乙本《老子》前,尚有《黄帝四經》,亦當同時收入,庶見秦漢之際的所謂黄老之説。""3":"有志者大可爲之補足。""10":"再版當合於卷下。""68":"此書裝訂有誤,序第二當與56册閏下九之序第二對易。""70":"裝訂有誤。""129":"重刊《道藏》,此書當補足二十一卷,乃見宋以前之道教。""162":"以後重加編輯,可合成《翠虚篇》二卷。""205":"故此紫煙真人之二十首當爲另卷,今《道藏》無目,宜補之。""242":"今附刊於《正一論》未是,當自爲一書,從類於北宗。""243":"全書無目,特爲編之。""250":"凡此十書,宜分作提要。"如此等等,爲後來修訂《道藏》者作了有益的先行工作。

潘雨廷先生長期研究《周易》和道教,有極深入的體驗和心得。《道藏書目提要》研讀《道藏》這部彙集歷代體道者經驗的大總集,時時注意考察與儒書、佛藏的聯繫,注意從歷史的觀點看問題,其中包含大量作者本人畢生研究而得的特殊判斷,有重要的参考價值。如"2"提出:"此道教老子之形象,與先秦著《道德經》者,已截然不同。""163":"道教外果與密乘,爲判教極重要的内容。""176":"外則宇宙之萬有引力,内則生物之呼吸,莫非龍虎。""195":"身外有身,既未可迷信之,亦未可以爲迷信而忽之。""248":"性宫物理,命宫生物。""278":"以今日之科學水準,説明整個宇宙之真相,事實尚早,此所以未能消滅宗教而尚須加以研究。"諸如此類,對正確認識道教的核心内容,有極大的幫助。從較高層次看,《道藏》有著保存文獻的大功勞,但也存在二點缺失。一、《道藏》雖有三洞四輔的原則,但今存《明道藏》的編撰尚有問題。二、《道藏》文獻在程度上亦有不同,不必加以神化。《提要》在這方面既注意汲取精華,也注意剔除迷信,保持著可貴的批判態度。如"43"指出:"薛之夢想,實非炫名而何?""92":"僅依其形式而作此名號,何用之有。""144":"觀其結句,尚欠圓融。""165":"仍落入守身之小乘。""258":"惜明代之正一派未能因時而發展,觀《道藏》編輯之混亂,可見其將成尾聲。迄今四百餘年,於《道藏》一書絶無一人加以整理,不亦可怪乎。"本書不僅有著深厚的學術性和工具性,而且可以和歷代修習者之經驗相互印證,書中屢屢出現的精闢論述,彌足珍貴。

與今人同類著作比較,《道藏書目提要》有著鮮明的獨立特色。依據整理者見聞所及,今人同類著作有任繼愈主編的《道藏提要》(中國社會科學出版社,1991)和朱越利的《道藏分類解題》(華夏出版社,1996)。比較而言,任繼愈《提要》體現了集體攻關的特長,完整而詳盡,然而略欠深入。朱越利《解題》嚴謹純正,所附的索引尤便檢索,然而仍與修習者之經驗相隔。朱氏把道書分爲十五類,② 且每類再予分類,體現了對《道藏》進行現代化認識的嘗試,然而也失去了原有分類互相呼應,渾涵一氣的特點,較難表達道教本身的生成和發展過程。潘雨廷先生本書有著貫通整個道教史、貫通全藏的整體構思,同時也包含著個人體驗的温厚特色,既具有現代的觀點,又對前人有著同情的理解,正可和上述二書鼎足而三。對有志於研習《道藏》者,詳讀本書,必有所得。

本書附録由整理者編輯而成,共三種。一、《道藏編目》是本書的重要補充,此書雖未完成,仍列其《自序》爲附録一。二、搜集散稿而成《補遺》,列爲附録二。作者其他著作中尚有關於《易經》和《老子》的提要若干篇,可以參看。三、《〈正統道藏〉和〈萬曆續道藏〉》是一篇概述,對《道藏》可提供初步的理解,列爲附録三。

二〇〇二年一月二日

① 《道藏編目》擬分三卷。卷一:《明道藏》所收自古及漢之文獻編目,分三節,一、先秦,二、西漢,三、東漢。卷二:《明道藏》所收魏至五代之文獻編目,分五節,一、魏西晉,二、東晉,三、南北朝,四、隋唐(肅宗)、五、唐(代宗)五代。卷三、《明道藏》所收宋至明之文獻編目,分四節,一、北宋,二、遼金南宋,三、元,四、明。

② 朱氏分類如下:1.哲學,2.法律,3.軍事,4.文化,5.體育,6.語言文字,7.文學,8.藝術,9.歷史,10.地理,11.化學,12.天文學,13.醫藥,14.工業技術,15.綜合性圖書。

修訂本補記

本書中的道教文獻提要,正文 286 種,附録二 19 種,總計 305 種。其中有幾篇包含多種提要,也有幾篇重複出現,加以分合以後,實際涉及的文獻數多於 305 種。在潘雨廷先生其他著作中,有些内容可以和本書參照:在《易與佛教、易與老莊》中,有《〈道藏〉中所收〈老子〉注本提要》,包括相關提要 60 種;在《道教史發微》中,有《介紹〈道藏〉中收録的易著》,包括相關提要 19 種。[①]本書和兩文有部分篇目相同,比如"《老子》"文有 5 種相同,"易著"文有 8 種相同,然而論述角度有所不同。

此次修訂,請黃德海先生校正一過,並編出書目索引,以便查閱。

2012 年 6 月 26 日

① 在《道教史叢論》中,還有《記〈道藏〉中所收録的易著》,可以看成此文的初稿。該文包括相關提要 13 種,所收篇目略少於此文。

(《道藏書目提要》,上海古籍出版社,2003;收入《潘雨廷著作集》第 11 册,上海古籍出版社,2016)

十二、《易則、神形篇、〈内經〉七篇大論述義》後記

這是一本重新整合而成的書,包括以下三種:一、《易則》。此書原來和《周易虞氏易象釋》編在一起,上海古籍出版社於 2009 年出版。《周易虞氏易象釋》經過補充修訂後,單獨成書,《易則》拆出進入本書。二、《神形篇》。此書根據手稿整理,首次發表。三、《〈内經〉七篇大論述義》。此書原來是《易與佛教、易與老莊》的附録,上海古籍出版社於 2005 年出版。本次修訂,《易與佛教、易與老莊》增添了新的内容,而《述義》從附録中解放了出來,以獨立的面貌生存於世。

當年整理者的工作思路是,珍惜每一次難得的機會,盡可能地把手稿變成紙質書保存下來,以免流失,同時也使讀者盡早從這些著作中獲益。《易則》的原稿是油印本和手抄本,《述義》的原稿僅有油印本,整理時部分字跡已經模糊。當時將兩份稿子列入出版,多少帶有搶救的性質。本次重新編纂,終於調整到了更恰當的位置。

《易則》書名取《文言》的"乾元用九,乃見天則",此書透徹解析河圖洛書,是此一領域達到的最新成就。書末的《易範合論》闡發《易經》八卦和《洪範》九疇的關係,對傳統《尚書》學是重要的貢獻。其中"七稽疑"的象數内容,可供研究現代決策論者參考。《神形篇》完成於 1958 年(戊戌),是以五進制撰寫的"擬經"。潘先生於此書自抒胸臆,是他徹底理解《易經》的標誌,足以和《太玄》、《潛虚》、《靈棋經》並列,彪炳史册。《〈内經〉七篇大論述義》,原來收入《易與佛教、易與老莊》,可見黄老和老莊的關聯。現在抽出單行,生氣通天,既明確標示"《易》與中醫"這一向度,也關涉《易經》"近取諸身"的應用層面。

本書的兩種附録,有些特殊性。附録一《論太玄象數》對應《神形篇》,形成三進制和五進制的比較。此稿内容精深,分析謹嚴,然而没有最後寫定。原件是聽課人用藍印紙抄寫的副本,抄寫品質並不好,而且無他

本核對。整理者作了多次校改,還是似有脱漏,暫且收録於此,留待將來訂正。附録二《易與中醫》對應《〈内經〉七篇大論述義》,作爲進一步發揮。整理者在舊有存稿中搜尋了九篇論文(其中有幾篇未完成),集中了相關的論述。這些文章看起來比較零碎,卻也呈現出共同的指向:一、《中國的象數學》,這是一本未完成小册的總論,移過來作爲此附録的總論。象數學是易學的基礎,也是中醫的基礎。二、《論〈周易〉與中醫及自然科學理論的關係》。將《周易》和中醫的整體關係,厘定於自然科學的框架中。三、《初論中西醫理論的結合》。現代中醫的發展,必須和西醫互相比較。四、《論五行》。闡發五行的生克制化,此爲中醫理論的核心。五、《論五運六氣配干支法》。兩者配合有動静四法。六、《論中醫的五臟座標與心腎交媾的氣化理論》。未完成之文,五藏座標由外而内,已涉及養生。七、《易學與人體修持》。從《靈樞》中提煉出修持理論。回憶當年整理者受潘先生委託,對日本關西代表團宣讀此文,往事歷歷,猶在目前。八、《論人體經絡》。論經絡與易象,此爲氣行之路線。九、《論五十營的時間》。此文的專門計算,應該是爲第七篇所作的準備。《易與中醫》是潘先生最重視的學術方向之一,他畢生從事的易學史和道教史的關聯在此。

最後,整理者根據部分資料,嘗試介紹《神形篇》作序者之一金其源。金其源(1889—1961),字巨山,寶山人。南社成員,與柳亞子、高吹萬來往密切,著有《諸子管見》(部分收入嚴靈峰《無求備齋諸子集成》)、《讀書管見》(其中有《易經管見》)。他在民國時曾任江蘇省議員,1956年成爲上海文史館館員。此人工書法,和吴湖帆、馬一浮有筆墨唱和。《茹經先生年譜續編》記載,1951年他向唐文治介紹了潘先生,使潘先生成爲唐的晚年弟子。

本書的整理,得到了黃德海先生和另外一位謙讓而不肯具名友人的協助。

2012年12月22日

(收入《潘雨廷著作集》第12册,上海古籍出版社,2016)

十三、《易學史入門·論吾國文化中包含的自然科學理論》後記

大哲人晚年致思之處，往往是他聯繫於時代最深邃之處，也是他的學問最精粹之處。潘雨廷先生晚年的思想，有兩個不同的關注角度。一個角度是向下的，重視易學如何爲社會上一般人所理解，《繫辭上》所謂“是興神物，以前民用”。一個角度是向上的，思考易學如何與西方學術相融合，那就是當時提出的“科學易”。兩個角度雖然可以重疊、交叉，卻有著清晰的不同指向。本書的編撰試圖顯示這兩個角度，前者是《易學史入門》，後者是《論吾國文化中包含的自然科學理論》。

在中華傳統的學術中，易學是潔淨精微之教，其核心部分幾乎無法普及。然而，潘雨廷先生在闡發其最深入內容的同時，卻努力爲後學提供可以捉摸的扶手。他撰寫易學史和道教史，又計劃撰寫《周易表解》和《易學史大綱》，盡可能地深入淺出，從根源上消解其神秘性。《周易表解》在整理者協助下得以完成，作爲《周易》的基礎讀本；《易學史大綱》僅留下部分殘稿，被編入《易學史叢論》。《易學史入門》秉承潘先生的心願，在此基礎上再推進一步，把介紹易學史基本概念的文稿搜拾在一起，給初學者提供相對方便的入口。

在《易學史入門》中，首先值得注意的是《易學史入門》和《黼爻講解》，兩篇文章是整理者當初的聽課筆記，內容精粹透徹，可以代表潘先生晚年的思想境界。其次是《周易十講》，此文由作者親筆撰寫，交代了易學的整體。與《十講》對應的是《易贊》，此文寫於 1960 年，作者完成了對易學的整體認識。再次是《易學史筆記》，此文寫於 1956 年，原稿是留給自己參考的筆記，可以看成寫作易學史的材料準備。此文從經學的角度看待易學，和晚年的觀點有相當出入。① 之所以收入本書，一來可以研究潘先生前後期思想的變化，二來可以理解傳統易學的基本思路。《卦爻辭析義》和《十翼析義》詳細介紹《周易》文獻的有關內容，

以伏羲、文王、孔子三聖作爲標準,和《卦爻辭的原始意義》、《十翼的形成》對比(文見《易學史叢論》),乃見早晚心力之相形。

在《論吾國文化中包含的自然科學理論》中,首篇是潘先生精心結撰的著作之一,整理者取以爲書名。此篇層層推導,其中的圖表玲瓏剔透,晶瑩璀璨,指向易學的最高成就。如果要理解潘先生心目中的科學易,無論贊成還是反對,可以從研讀此篇入手。緊接的是一組文章,從《八卦與絜矩之道》至《幽贊釋義》。這六篇文章也是象數易的精粹,美輪美奂,觀之忘倦,渾不知究竟屬於易學、數學、幾何學還是美學?亦可思考於現代是否更有上出之道。再次值得注意的是《發揮和六龍之解析》,此文涉及兩大擬寫著作《周易發蒙》和《周易撝謙》,並引出潘先生認識易學的總結"六龍圖"。最後收一篇分子生物學作爲結束,潘先生展望二十一世紀科學在於生物學的進步,此文反映了和易學結合的初步嘗試。

本書的相當部分由散篇甚至殘篇綴合而成。《易學史入門》原來有三十節,現存的記録僅有二十四節,缺少了其中六節。根據潘先生的筆記,缺少的部分恰好屬於科學易:六合絜矩之道、多維空間;莊子《齊物論》、天府葆光、錯綜旋;認識論、方法論、消息變化;一爻變、六維空間模型;發蒙、六龍圖、心亨圖。《周易十講》是完整的著作,不知寫於何時,估計作於二十世紀七十年代末八十年代初。《易學史筆記》比較特殊,衹寫了開端的部分。《卦爻辭析義》和《十翼析義》原爲一組,其思想歸屬於舊易學。《易贊》是完整的作品,作者尚計劃寫《詩贊》和《書贊》。《黼爻講解》也没有完成,潘先生當年衹講到了二爻。《論吾國文化中包含的自然科學理論》主要集中於幾何學,未知是否尚有續篇。以下六篇原稿已佚,由整理者根據抄本整理,現在的次序也是抄本的次序。《發揮與六龍之解析》可深入研究,保留了最重要的線索。作者關於分子生物學的論述見於多處,《論六十四種遺傳密碼與六十四卦的聯繫》相對而言是最完整的。以此文爲殿,也預示著作者的生物學指向。

本書共收入三篇附録。附録一《論憂患與序卦》呼應《卦爻辭析義》

和《十翼析義》,未編入正文是因爲内容相對艱深,或非初學所必須。與《卦爻辭》、《十翼》兩文相似,此文可以和《論"周易·繫辭下·憂患章"作者的思想結構》對比(文見《易學史發微》)。附録二《論京房八宫世魂和四維八胞腔》是作者的零星論文,呼應《京氏宫世考源》,用以相互印證。《發展幾何學的人物》,原來是夾在《論吾國文化中包含的自然科學理論》中的單頁紙條,整理者再三摩挲,不忍捨棄,取來作爲附録三。對人類某一領域作出真實貢獻的人發自内心的景仰,既是提升民族文化之道,也是提升個人學術之道。

本書的整理得到黄德海先生的協助,另外一位謙讓不願具名的友人也參與了部分工作。

2011 年 9 月 22 日

① 潘雨廷先生後來認爲三古三聖屬於三個時代,而不是真實的作者。他的結論可以概括爲三句話(參見《易學史入門》十六):

一、卦象非伏羲作。

二、二篇非文王作。

三、十翼非孔子作。

(收入《潘雨廷著作集》第 13 册,上海古籍出版社,2016)

十四、《潘雨廷學術文集》後記

潘雨廷先生的文稿還在繼續整理中,不知不覺,離先生逝世已經二十年了。潘雨廷先生是二十世紀中國文化最值得重視的學者之一,要不是出於習慣性的低調,在我看來,於某些領域甚至可以試試拿走這個"之一"。潘雨廷先生的生命屬於二十世紀,然而他的著述和思想並不僅僅屬於二十世紀。中華民族理解本民族的學術文化需要時間,理解潘雨廷先生也需要時間。

潘雨廷先生著述等身,他的著述生前没有出版,死後才得以陸續問世。從我個人而言,整理潘先生著述有兩條途徑:一條是"雪中送炭",一條是"錦上添花"。"雪中送炭"指的是,通過整理,盡早把手稿變成鉛字保存於世。這些手稿有的没有完成,有的字跡漫漶不清,如果不及時搶救,將來有散失的可能。"錦上添花"指的是,在已完成的著述中,校訂錯失,以使其嚴密精准;編選文集,以凸顯其思想結構。兩條途徑當然應該以前者爲主,然而在適當時候也不妨兼顧後者。潘先生的著述已經出版了十一種,到了今天,在錦上添一朵花的時機也許成熟了吧,這就是眼前的《潘雨廷學術文集》。

《文集》嘗試描述潘先生學術的初步輪廓,依據的主要線索是易學史和道教史。《周易·説卦》有言:"窮理盡性以至於命。"如果以易學史當"窮理",道教史當"盡性","以至於命"或可當修學者之反身自知。最初的四篇是文王、孔子、老子、莊子。"文王"論述西周數字卦,這是二十世紀末的考古新發現,也是潘先生晚年思想的上出。"孔子"論述中國文化中不可繞過的最重要之人,分析他的生平和六經的關係。"老子"論述馬王堆本《德道經》,闡發其"執今之道"。馬王堆本的異文很多,於其中單單抉出"今"字,實出於潘先生的慧眼洞見。"莊子"簡明扼要,是潘先生研究莊子的總結,歸人於生物界以通天地,是畫龍點睛之處。其次的三篇是《周易》的編輯、卦爻辭、十翼,潘先生畢生研究的重心是《周易》,歷代的解説迷霧重重,三篇文章交代了此書的基本内容,提供了可靠的入口。再次的兩篇是漢代的《史記》和《漢書》。前者繼往開來,是理解先秦文化的樞紐。後者總結中國整體思想,和經學有密切聯繫,同時引出道教的相關内容。再次的兩篇是《周易參同契》,此書被稱爲"萬古丹經王",爲道教最早的典籍之一。再次的五篇是關於佛教的傳入。《易與華嚴》解析印度佛教的"經王",河圖與十方五十三參,洛書與九會七處,彼此相應,絲絲入扣。

“論初期佛教”涉及印中文化的交流,介紹中國佛教的緣起。禪宗一篇,論述道教人物陳摶開創宋學。密宗兩篇,分别論述東密和藏密,意義深邃。再次的一篇論述道教劃時代著作《悟真篇》,此書完成三教合一,而且吸收禪密思想在内。《参同契》和《悟真篇》相應於不同的時代,深究此二書,於道教修煉法或可得其要。明末結束中國文化的原創時代,再次的一篇選王船山作爲殿軍,呼應篇首的孔子。於時代而言,萬曆十年(1582)意大利人利瑪竇來華,開創了中國和歐西文化交流的新時代,其間逐漸引起的大震蕩,至今未曾停息。最後一篇談《易經》和現代數學,内容是潘先生宣導的科學易,涉及《易》與六維空間的關係,可以看成中國文化對西方學術所作的回應,也是現代易學成就的標尺。

最後,選兩篇未完成作品作爲附録。其中一篇寫的是朱熹,論述孔子以後儒家影響最大的學者。根據我的觀察,歷代關於朱子的研究成果可謂多矣,然未有如本篇得其要者。有心研究朱子學之人,可以嘗試續補此文,以檢驗自己的功力。還有一篇是擬寫《道教史》的目録,潘先生晚年心願是完成易學史和道教史,然而没有完成,留下的目録尚可見他原來設想的規模。自强不息,《易》終未濟,這是中華學術的形象,也是潘雨廷先生的形象。

子在川上曰:“逝者如斯夫,不舍晝夜!”(《論語·子罕》)

2011年8月5日

(《潘雨廷學術文集》,上海人民出版社,2011)

十五、《詩説》後記

《詩説》是潘雨廷先生的未成稿,此書以易象解説《詩經》,分析其中的結構，釐定每篇詩的位置，並演其大旨。此稿没有完成，然而大體已見，令人感到既幸運又遺憾。全書分爲四卷，《風》、《雅》、《頌》各一卷，第三卷在解説《周頌》的《雍》以後，於《載見》衹寫了一句話就中斷了。《周頌》共三十一篇，《雍》、《載見》位居第十七、十八，解説了一半多一點，以下《商頌》、《魯頌》闕。第四卷是《詩叢説》，多有闕文。存目十篇，完整保存的衹有三篇。此外七篇，兩篇有原文無述，四篇有圖無説，還有一篇有目無文。

原稿一氣呵成，字跡潦草，然而保存尚屬完整，精彩之處，在在而見。參與整理多部文稿的葉沙女士，不顧辨識困難，毅然承擔了打字工作，協助完成了録入和校對，使文稿得以清晰呈現。原稿没有列出《詩經》，整理時將原文植入，以方便閲讀。全書完成後，由黄德海先生統校一遍。

《論〈詩經〉與〈楚辭〉》不在此書中，整理者找來作爲附録一，以見《詩經》和《楚辭》的聯繫。遺稿中尚有《書贊》一頁紙，無附注，列爲附録二，作爲讀《詩贊》的輔助。潘先生闡發六經，另有《易贊》(附注)，收入《易學史入門》，作爲《潘雨廷著作集》的一種，由上海古籍出版社出版。

《序》中提到的薛師，指薛學潛先生(1894—1969)。文末所署的日期，重光大淵獻指辛亥，即 1971 年，月旅大吕日臨壬戌，指該年農曆正月初十一，即西曆 2 月 6 日。

2016 年 7 月 8 日

又記

《潘雨廷著作集》十三册十九種，上海古籍出版社於 2016 年 9 月出版。儘管存在種種不足，潘雨廷先生的學術思想，已大體可見。從 1991 年潘先生逝世算起，整理工作至今持續了二十五年，具體過程可參看各版的跋與後記。現在加上這本新的《詩説》,離全部著作的最終完成,又接近了一步。潘先生的遺稿已數量不多,希望還能整理出幾種,將來作爲《著作集》的《補編》。

除了"文化大革命"中的損失,潘雨廷先生還有一些稿件没保存下來。整理者當年親眼所見,潘先生繪製的關於多維空間的圖表,全部鋪開大約有一屋子,後來在遺稿中没有看到。這些圖表應該有幾百張,每一卦每一爻都有對應,拼攏嚴絲合縫。圖表的主要輪廓見於《易老與養生》的《論易學》一節,部分資料可參考《過半刃言、鯿爻、衍變通論》的附録二和附録三。潘先生爲《東周人物志》寫的"晏嬰"和"顔回"二條,各約四百字,也遍尋未得。

此外還有集外文,準備逐步搜拾起來。整理者在定稿時,決定增添附録三種,收入潘先生信札,爲整理集外文開個頭。這部分信札來源於網上,分二組:1.潘雨廷和金德儀致佛學家單培根;2.潘雨廷致沈延發。前者收信札十通,時間爲 1979 年至 1985 年;後者收信札三通,時間爲 1987 年至 1988 年。由黄德海先生録文,並作簡注。這些信札,對研究潘先生的思想和社會活動,有重要的意義。

潘先生還有其他信札,此處提供兩條線索。1987 年 8 月 7 日,錢學森致潘雨廷,請審閲金文傑的易學著作。此信收入《錢學森書信補編》二,李明等編,國防工業出版社 2012 年出版,第 416 頁。金著《大易探微》,青島出版社於 1988 年出版。此書的提要,收入潘著《讀易提要》中,列第 243 種。以整理者所見,錢學森於 1983 年 7 月 6 日還有致潘信,可知兩人的相識在此之前。此外,整理者還看到過任繼愈 1981 年 2 月 8 日致潘的工作信件。

這些真實的遺物,是那個時代中人的所思所感。學術人物之間交往和情誼,在平淡中有其動人之處。尤其是從事傳統學問之人,和現實似斷似聯,更是息息相通。潘雨廷先生留存的照片不多,其中有一幀 1963 年(癸卯)薛學潛先生七十歲壽宴的合影,尚可見當時人雍容祥和的精神風貌。在可以辨認的參加者中,站在最邊上的是著名畫家張充仁(1907—1998)。不禁引人遐想,他們之間的關係究竟是怎樣的呢?當年潘雨廷先生逝世後,傅紫顯先生幾次示意整理者去他家聊天,然而陰差陽錯,遷延未能上門。現在想來,真有追悔不及之感。

2017年2月16日

(《詩説》,上海書店出版社,2017)

《九經古義》校點説明

鄧秉元

《九經古義》十六卷,清儒惠棟撰。惠棟(1697—1758),字定宇,號松厓,江蘇元和人。清學吴派大師。其祖周惕、父士奇皆以學問知名。棟幼承家學,長不欲仕,"自經史諸子、百家雜説、釋道二藏,靡不津逮"(錢大昕撰《惠先生棟傳》)。一生著述甚勤,撰有《九經古義》、《周易本義辨證》、《易漢學》、《周易述》、《易微言》、《易例》、《古文尚書考》、《明堂大道録》、《禘説》、《左傳補注》、《後漢書補注》、《九曜齋筆記》、《松厓筆記》等著作多種,以復興漢學著稱於世。

《九經古義》原本十經,計有《周易》、《尚書》、《毛詩》、《周禮》、《儀禮》、《禮記》、《左傳》、《公羊傳》、《穀梁傳》、《論語》十種。或題二十二卷,其中《左傳古義》六卷,以《左傳補注》一名别行,故餘九經,凡十六卷。或題二十卷,《左傳古義》四卷(參本書目録),其《九經古義》固爲十六卷無異。蓋《左傳補注》一書卷數嘗有更革也。惠氏自言著書本意:"漢人通經有家法,……經之義存乎訓,識字審音乃知其義,是故古訓不可改也,經師不可廢也。"(《九經古義·述首》)錢大昕則以爲其書旨在"討論古字古言,以博異聞,正俗學"(前揭《惠先生棟傳》)。蓋清初學者雖不滿於明人之學,以爲游談無根,然尚不欲遽棄宋學,顧炎武因盛倡"捨經學則無理學"之説;繼則欲駕宋人而上之,其後則不滿於唐人《正義》之學，於是由唐返漢，自東漢至西漢，終則由兩漢上溯先秦。梁啓超所謂"以復古爲解放"是也(《清代學術概論》)。錢氏所云俗學，蓋指並時何焯、沈德潛一輩徒知好古，"尚洽通，雜治經史文辭"(章太炎《檢論·清儒》)，而不明其條例者言。王昶云："自孔、賈奉敕作《正義》，而漢魏六朝老師宿儒專門名家之説並廢；又近時吴中何氏焯、汪氏份以時文倡導學者，而經術益衰。"(王昶撰《惠棟墓誌銘》)即直陳其事。唐人之學既混淆家法，何焯輩尚未明大義，惠氏乃於此汗漫牽纏之中，自得乎漢儒家法條例之大端，可謂厥功甚偉。對以自我回溯爲特徵之清代學術而言，實有承上啓下之功。戴震一派學者，以裁斷自居，而譏其墨守，近世學者，或抑或揚，多本章太炎"篤於尊信"、梁啓超"凡漢必真"諸論爲説，似不足以服之。

《九經古義》之撰寫過程頗可一覘惠氏思想之演變，此過程可由上海圖書館所藏《九經古義》稿本推敲得之。此稿本乃惠棟手澤，對於研究惠氏思想極有價值，惜使用者尚罕。蓋本書初名《識小編》，取《論語》"賢者識其大者，不賢者識其小者"之義。除《易》、《書》、《詩》、《論語》以外，其餘諸卷卷首皆題"識小編"，經勾抹後，下題"改九經會最"五字，知《九經會最》一名在《識小編》之後。"識小編"右另題"九經會最卷某"，"會最"右另題"古義"二字，知《九經古義》一名尚在《九經會最》之後。《會最》成書以後，每一卷即稱"某某經考"。由《會最》之卷數及排列次序，可知稿本九卷即成型於《會最》完成之時。卷一《周易考》，卷二《尚書考》，卷三《毛詩考》，卷四《論語考》，卷五《周禮》、卷六《儀禮》、卷七《禮記》、卷八《公羊》、卷九《穀梁》皆稱《識小編》。疑《識小編》諸篇成書在《易》、《書》、《詩》、《論語》諸考之前。所謂識小云云，可知惠氏最初僅是出於博學旨趣，雖云自謙，亦未嘗不以餖飣考據視之。由識小至會最，則已由散殊而漸趨綜匯。由會最至古義，則由材料之綜匯顯現漢唐經學之内在條理，雖不云師法、家法，而家法之觀念呼之欲出。其後復於《述首》直接點明"漢儒通經有家法"，則係順理成章之事。然則《九經古義》一書,於惠氏家法觀念的形成當有著極爲關鍵之地位。

《九經古義》之版本,除手稿本之外(上海圖書館藏),其較早刊刻者,有乾隆中益都李文藻刊潮陽縣署本(《無求備齋易經集成》即據之影印),"故粤中先傳其本也"(錢林輯、王藻編《文獻徵存録》卷五《惠棟傳》)。四庫全書收録此本,題"桂林府同知李文藻刊本",並詳加讎校,對其謬誤頗有是正。其後歷城周永年於乾隆五十四年(1789)據李文藻竹西書屋刻板重印,是爲《貸園叢書初集》本(《叢書集成初編》據此重印)。此外,常熟蔣光弼曾參與校訂四庫全書,後曾先後刻省吾堂四種及省吾堂五種叢書,收入《九經古義》一書,其底本當與貸園本相同,雖偶有是正,然錯謬反增,至有重頁而不自知者,則其未能吸收四庫本之校勘成果可知。此書翻刻頗多,流傳較廣。道光中,吴江沈楙悳世楷堂刊本(收入《昭代叢書甲集補》、《叢書集成續編》)、阮元《皇清經解》本(道光學海堂本、咸豐補刊本、鴻寶齋石印本、點石齋石印本)亦微有校勘。光緒十三年(1887),吴縣朱記榮所輯《槐廬叢書二編》、《經學叢書初編》,皆收録《九經古義》一書,以李文藻刊本爲底本,"别購副本,重加校勘"(參卷首閔萃祥序及朱記榮識語),惜校勘成果未能與所言相副。由於李文藻係乾隆時知名學者及藏書家,且最早從事《九經古義》之刊刻,《四庫全書》本、省吾堂本、《清經解》本亦迭經學者校正,故此次校點即以國家圖書館藏潮陽縣署本爲底本,以上海圖書館藏惠棟手稿本、復旦大學圖書館所藏《貸園叢書初集》本、臺灣商務印書館影印文淵閣《四庫全書》本、北京大學藏省吾堂四種本、學海堂《清經解》本(上海書店1988年影印《清經解》)、復旦大學圖書館藏《槐廬叢書》本參校。此外,《九經古義》出版之後經學者收藏批校,並爲筆者所過眼者,尚有上海圖書館藏清嚴元照校跋潮陽縣署本、清張星鑑批註貸園叢書本、國家圖書館藏清朱錫庚批註清刻本、清李慈銘批校省吾堂五種本、南京圖書館藏清葉名澧批註省吾堂四種本,並吸收了若干校勘成果。除異體字及明顯錯訛之外,凡有重要改動,皆出校勘記。

本書校點過程中,《儒藏精華編》責任編輯楊韶蓉教授、通審人劉曉東教授多方予以幫助,特致謝忱。復旦大學歷史系研究生張鈺翰、鄭帆、劉浪、黎大偉、趙四方、楊智宇、成棣等曾代爲查覈材料,亦一併致謝。由於冗事纏身,校點工作時斷時續,加之水準所限,此次點校仍有許多不盡如人意之處,甚望讀者有以教我。

二〇一三年三月六日點校者謹識

二〇一四年九月六日凌晨改定

經學新著四種

《章太炎全集》,上海人民出版社,2017 年　上海人民出版社編

《全集》共二十册,包含章太炎一生的著作、書信、翻譯、演講、談話、年譜等共計六百八十餘萬字,全面呈現章太炎治學論政之面貌。

章太炎先生,1869 年生,浙江餘杭人。早歲入詁經精舍,後從事革命,奔走海内外,晚年講學,以傳承中華文化自任,1936 年逝世。章太炎學貫經、史、子、集、西學,是中國傳統學術向現代轉型過程中的關鍵人物。(匪席)

《差等秩序與公道世界——荀子思想研究》,上海人民出版社,2016 年　東方朔　著

本書延續了作者《合理性之尋求》一書的探索,主要從"外王"亦即"禮義之客觀化"的角度梳理荀子的相關思想,其中各章雖自有相對獨立的問題意識,卻都融通於同一主題之下。本書在參酌引介當代哲學及荀學研究的前提下,力求提出公允而富啓發性的論述,頗具參考價值。

東方朔教授,本名林宏星,1963 年生,復旦大學哲學博士,現爲復旦

大學哲學學院教授、博士生導師。主要研究領域爲宋明儒學、當代新儒家、荀子思想等。(成棣)

《成聖與家庭人倫——宗教對話脈絡下的明清之際儒學》,聯經出版事業股份有限公司,2017年　吕妙芬　著

本書以明末清初理學文本與話語爲主要研究對象,試圖重探明清之際思想轉型的重大議題。從儒者的生死觀、工夫論、舜的聖人形象、孝行與家禮、夫婦之倫、人性論等主題,分析明清之際儒學如何在歷史發展及反思中自我修正與轉化,建構一個能兼顧個人道德修養與家庭社群人倫,能對治晚明學風之弊,並在日用人倫中重建社會秩序的思想體系。

吕妙芬研究員,美國加州大學洛杉磯分校(UCLA)歷史學博士,現任"中央研究院"近代史研究所研究員兼所長。主要研究領域爲明清學術思想史。(成棣)

《儀禮喪服服敘變除圖釋》,中華書局,2017年　徐淵　著

歷代經學家向以治《儀禮》爲難,其中《喪服》篇更是聚訟紛紜。作者爲《喪服》繪製圖(表)共計68幅,並依圖對經、記、傳文重新做了釋文及按語,不但使文本内容一目了然,且對歷代爭訟的服制、服敘問題多有揭示。對有意閱讀《喪服》、認識繁縟禮節背後所藴禮制"精義"的讀者而言,此書具有重要參考價值。

徐淵博士,復旦大學出土文獻與古文字研究中心博士,現爲同濟大學人文學院中文系助理教授。目前主要研究領域爲"三禮"、《春秋》與出土文獻。(成棣)

編後記

《新經學》第一輯出版之後,得到一些師友的鼓勵,以及學界同仁的關注和批評。學術乃天下之公器,自然是仁者見仁,智者見智。可以作爲共識的是,經學的復歸仍然衹是一種理想,遠不是可以拿來標榜的東西。遠的不説,即便與西方神學在二十世紀的發展相比較,目前經學研究的深度、廣度與活力也還頗有不如,更不要説整個西學知識體系之下的哲學與社會科學了。至於《新經學》本身,則是一個開放的學術及文化平臺,我們希望聽到各種雖然觀點不同,但同樣具有誠意的聲音。

當然,在一九一二年取消經學學科一百年之後,經學的合法性問題重新成爲學界關注的對象,這似乎是二十世紀所始料不及的。十多年來,許多學者都從不同角度展望過新的經學研究,這一潮流恐怕還要持續一段時間。僅就我今年所參加的,在華中師大歷史文化學院(與清華大學經學研究中心合作)、福建師大經學研究所、中國社科院哲學研究所等單位舉辦的幾次以經學爲主題的學術會議上,對經學自身的反思依然是與會學者關心的重要議題之一。學術範式的更替需要一個振盪反復的過程,潮流之後纔會看到留下了什麽。衹不過理想的宣示無論如何美好,都不能代替現實中艱苦的勞作,這也是我們該有的清醒認知。

經學講究内聖外王,有體有用,其實一切知識體系莫不皆然,衹不過表達方式各異罷了。因爲缺少新義理的憑藉,又急於致用,時下也産生了不少簡單把傳統經學結論作爲前提,直接加以應用,甚至是原教旨式的聲音。這一做法的問題在於,經學從孔子開始就是採取講學而不是信仰的方式,孔子、孟子都是在與人(包括學生)討論甚至辯難中闡述自己學説的。正是在與包括信仰式學術在内的各種學術的持續辯爭中,纔形成了主流經學自身獨特的思維方式。這也是經學與宗教的區别所在。

也正是因此,在十月底社科院的會議上,我曾提出一個嘗試性意見,以期作爲重建治法之學乃至整個經學的參考。具體來説,研究經學首先要注意古事、古制,這是經學研究的文獻與史學維度。其次,應該著力探求古義,這是經學研究的歷史與義理維度。第三,應該探求經學的大義,即具體的古義與經學基本視域的融貫,這是純粹的義理維度。第四,應該試圖契解聖賢的微言,即超越於大義而能放諸一切時空的圓融之境,這是精神的證會維度。第五,即便不能基於微言,至少也要基於大義提出權時之制,此即微言與大義在當下具體時空的現實化。假如我們把這五個維度奠基於經典的文本考訂,便構成了經學研究的六維架構。其中修身之學爲大義與微言所攝,最後一個層次方是經學在當下時空的治法之學。從這個意義上説,新的治法之學不僅與義理之學不是對立關係,相反還應該建立在義理之學的基礎上。同樣,自外於心性之學的所謂政治儒學其實是很難成立的,衹能説一切有價值的政治儒學都應該奠基於某一圓融的義理之學。在未來的經學實踐中,不僅應該擺脱各種變相形式的漢宋之爭,不同維度的學術之間更是應該和衷共濟。

鄧秉元

二〇一七年十二月二日於滬上

稿約

本刊由若干學術同仁發起，旨在賡續經學傳統，推動經學新變，重塑經學與時代之聯繫，並爲學界同仁提供一學術交流園地。真誠期待海内外經學研究同仁不吝賜稿，以饗讀者。

孔門四科，堂廡甚廣。後生小子，竊有慕焉。故舉凡義理、考據、經濟、辭章，有關經義者，無論經典詮釋、儒學義理，抑或學術濟時、經學史論，皆在歡迎之列。唯期持之有故，言之成理，至於短製長篇，專論書評，則可任意所之，惟以四萬字爲限。

九流十家，源初王官，各得經學之一脈。故有關諸子之研究，皆所亟盼。及後佛教東傳，西學東漸，經學與之相得益彰。故舉凡研究諸家學術而與經學相比較者，亦所企望。

貞下起元，此後聖之將行；守先待後，乃學人之正理。倘有已故學者遺稿、函札，而願發表本刊者，皆無任欣忭。

如蒙賜稿，本刊將於兩月内敬復來函，期間請勿一稿兩投。如大作曾經發表，務請提前註明。稿件一經刊行，即寄贈樣書，並略付薄酬。

來稿請用繁體中文、word 文檔、頁下注形式，並請注明真實姓名、所在單位及聯繫方式，不必同時寄送紙本。文稿無需内容摘要、關鍵詞、英文摘要。爲防止丢失，請同時通過電子郵件發送至以下地址：

huanzhaideng@163.com　鄧秉元（復旦大學歷史學系）

yhzhang83@hotmail.com 張鈺翰(上海人民出版社)
如欲通信,可函寄:
上海市邯鄲路 220 號復旦大學歷史學系　鄧志峰收　郵編:200433

《新經學》編輯部
二〇一六年十二月

图书在版编目(CIP)数据

新经学.第2辑/邓秉元主编.—上海:上海人民出版社,2018
ISBN 978-7-208-14920-5

Ⅰ.①新… Ⅱ.①邓… Ⅲ.①经学-研究 Ⅳ.①Z126

中国版本图书馆CIP数据核字(2017)第302180号

責任編輯 張鈺翰
封面設計 陳 酌

新 經 學(第二輯)
鄧秉元 主編
世 紀 出 版 集 團
上海人民出版社出版
(200001 上海福建中路193號 www.ewen.co)
世紀出版集團發行中心發行 上海商務聯西印刷有限公司印刷
開本635×965 1/16 印張22.5 插頁2 字數287,000
2018年1月第1版 2018年1月第1次印刷
ISBN 978-7-208-14920-5/B·1313
定價68.00圓